北京大學《儒藏》編纂與研究中心 編

《儒藏》精華編選刊

春秋左氏傳賈服注輯述

〔清〕李貽德 撰

徐公喜 校點

北京大學出版社
PEKING UNIVERSITY PRESS

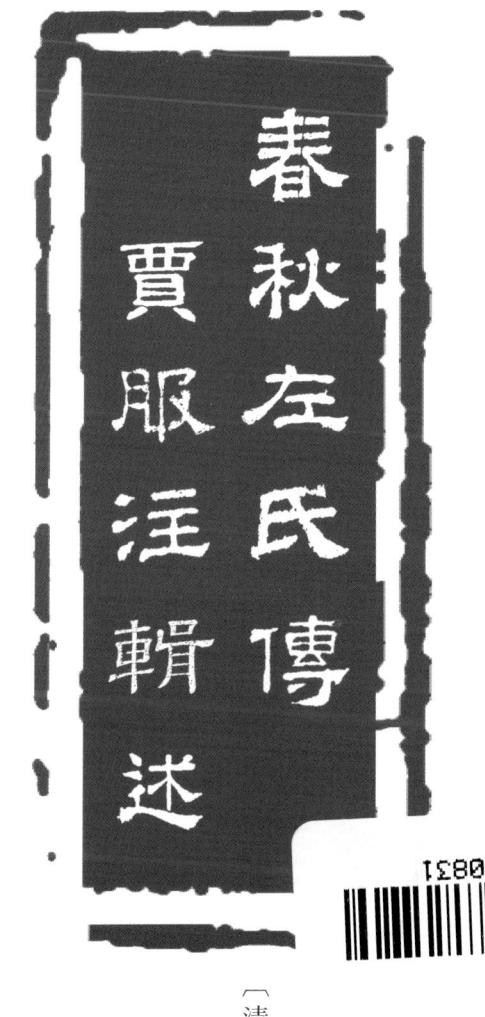

圖書在版編目(CIP)數據

春秋左氏傳賈服注輯述/（清）李貽德撰；北京大學《儒藏》編纂與研究中心編. —北京：北京大學出版社，2024.6

（《儒藏》精華編選刊）

ISBN 978-7-301-34737-9

Ⅰ.①春… Ⅱ.①李…②北… Ⅲ.①《左傳》－注釋 Ⅳ.①K225.04

中國國家版本館CIP數據核字（2024）第006700號

書　　名　春秋左氏傳賈服注輯述
　　　　　CHUNQIU ZUOSHIZHUAN JIAFUZHU JISHU

著作責任者　〔清〕李貽德　撰
　　　　　徐公喜　校點
　　　　　北京大學《儒藏》編纂與研究中心　編

策劃統籌　馬辛民

責任編輯　魏奕元

標準書號　ISBN 978-7-301-34737-9

出版發行　北京大學出版社

地　　址　北京市海淀區成府路205號　100871

網　　址　http://www.pup.cn　新浪微博：@北京大學出版社

電子郵箱　編輯部 dj@pup.cn　總編室 zpup@pup.cn

電　　話　郵購部 010-62752015　發行部 010-62750672
　　　　　編輯部 010-62756449

印 刷 者　三河市北燕印裝有限公司

經 銷 者　新華書店

650毫米×980毫米　16開本　31.75印張　357千字

2024年6月第1版　2024年6月第1次印刷

定　　價　128.00元

未經許可，不得以任何方式複製或抄襲本書之部分或全部內容。

版權所有，侵權必究

舉報電話：010-62752024　電子郵箱：fd@pup.cn

圖書如有印裝質量問題，請與出版部聯繫，電話：010-62756370

目録

校點説明

李貽德（一七八三—一八三二），字天彝，號次白，又號杏邨，浙江嘉興人。李貽德二歲而孤，外祖陸公親自教授以詩，七歲即能賦詩。後遍覽硤石蔣氏、江寧王氏兩家藏書。二十六歲時，李貽德師從江寧孫星衍，並協助孫星衍輯成《十三經佚注》。嘉慶二十三年（一八一八），李貽德中舉人，對策被列爲浙江第一，深受高郵王引之等人賞識，將其對策進呈嘉慶帝。道光十二年（一八三二），李貽德參加會試後病歿，享年五十歲。李貽德生性孝友，篤於内行，爲人耿介，與人交友肝膽披露。著作甚豐，除《春秋左氏傳賈服注輯述》二十卷外，另著有《詩考異》《詩經名物考》《周禮賸義》《十七史考異》《攬青閣詩鈔》《夢春廬詞》，並增修錢竹汀《廿二史考異》，訂正宋鄧名世《古今姓氏書辯證》，補錢諷《回溪史韻》等。

《春秋左氏傳賈服注輯述》爲李貽德代表作之一。李貽德著此書主要目的有三：一是爲了協助其師孫星衍編輯《十三經佚注》而收集資料；二是作爲吴派治經繼承人，試圖恢復漢學舊貌及闡發漢儒之説；三是爲匡正杜預《左傳》注之説，極力推崇漢儒尤其是賈逵、服虔古注，力求全面輯佚而恢復賈、服《左傳》舊注。

《春秋左氏傳賈服注輯述》主要涉及三個方面：一是解釋説明《春秋》書名緣由及其取材來源；二是闡發《春秋》經傳之義例、義藴及字詞之義；三是注釋《春秋左氏傳》及賈、服注中相關史事、人名、地名、天文、五行、制度等。李氏以《春秋左傳正義》爲主，搜羅百餘種古籍，輯録各家之舊説，旁通曲證，闡發其義，所考證、訓詁之内容涵蓋極爲廣泛。

《春秋左氏傳賈服注輯述》書成未刊，李貽德即逝。同治丙寅年（一八六六）餘姚朱蘭囑劉恭冕校勘並首次刊印。光緒壬午年（一八八二）江蘇書局重刊。光緒戊子年（一八八八），王先謙《清經解續編》收録該書。在這些版本中，以同治丙寅餘姚朱蘭刻本最佳，此次點校即以此本爲底本，以王先謙《清經解續編》本（簡稱續經解本）及光緒江蘇書局重刊本（簡稱光緒本）爲校本。鑒於《春秋左氏傳賈服注輯述》大量引用了《十三經註疏》相關内容，尤其是《春秋左傳正義》，故而重點參核了一九七九年北京中華書局影印阮元《十三經注疏》刻本，並吸收了前賢的校勘成果予以校點。

校點者　徐公喜

序

余少承先大夫訓，不敢濫交。道光壬午，北行遇次白於途。次白早聞先大夫名，遂投刺與余交，如舊相識。余聞其談論古今，十不識一，心竊愧之。入都，往來甚懽。一日寒甚，披新裘游法源寺，次白一見訶曰：「若衣此，何可令老翁見？」余悚謝，自是推服爲畏友。丁亥戊子間，次白隨海鹽朱虹舫師學幕，復隨入都。己丑，余倖捷南宫，入翰林，出所習律賦質之，次白必爲别白是非。有當意者，則曰「子所言自有身分」，且勉以正學。余處事疑難，就與商権，裁制輒當理，始歎從前之相知未盡也。庚寅假歸，次白爲余己丑同年生代撰先大夫壽言，先大夫喜曰：「作古文有學識，吾罕見其匹。」是年冬，余復至都，則次白貧愈甚，仍橐筆爲虹舫師校定《國朝從政録》。後館歙縣吴退旃師邸第，課諸公子，間握管作程文，習楷書。蓋次白數十年研究經史，忽易其所學，於不願爲者而爲之，其胸中鬱結當何如也！次白體弱，素患痰喘，至壬辰益劇。病革，取所著書付嘉興錢子萬，託其尊人衎石先生手定。既歿，退旃師哭之甚。余與子萬經紀其喪，歸之於家。丁酉，余視學楚北，任滿入都，次白子文賁已登賢書，來謁。下第將行，余助之金歸。旋聞子萬捷鄉闈，方謂：「次白遺書，錢氏父子可力任其事。」無何，文賁殁，衎石、子萬相繼物故。余於咸豐癸丑告養旋浙，詢之文賁子保蔭茂才，知遺書已從錢氏取歸，余取次白《攬青閣詩集》及其配吴孺人《早花集》擬先付梓，出百金屬保蔭别録《春秋左氏傳賈服注輯述》待刊。未幾，保蔭又歿。同治癸亥，余視學皖中，次白從姪少石刺史出《賈服注輯述》手稿畀余，塗乙增改，不能盡識。適延寶應劉叔俛茂才在幕，茂才以經學世其家，余屬爲校勘，經始於今年春，十月蕆事。爬梳抉摘，傳分件繫，❶始燦然可讀。時李少荃宫保方開書局於金陵，因將是書暨其夫婦詩集節俸鋟諸板，俾少石終其事焉。次白所書録甚多，而《賈服注輯述》尤所經意，旁通曲證，使古誼昭若發蒙；詩亦才華發越，性情真摯，酷肖其爲人。吴孺人詩秀骨天成，絶非近時閨秀所能及。綜其生平，享文字之福至厚。乃早喪嘉偶，屢上春官，終不獲一第。中年客死，遺書經歷歲時，多所散落，而是三書故完好無恙，固次白之幽光必耀，抑亦天之償於身後者尚豐耶！余老而無聞，負此畏友，惟念生平落落寡交，至今稍知自守，不背先訓，則猶賴次白提撕之力也。次白事蹟，詳衎石、惺菴兩先生所作銘傳；書之精藴，詳叔俛所撰序跋中。兹但記吾兩人相交之深，以及人享變遷，❷傳書之難如此。此書刻成，可稍慰次白於地下。世有志次白之志者，當益爲發明，以傳諸不朽也。同治丙寅冬至日餘姚朱蘭序。

---

❶「傳」，光緒本作「條」。
❷「享」，光緒本作「事」。

序

嘉興李次白先生邃於經史，❶尤善小學，❷沈潛不近名，世鮮知者，陽湖孫淵如觀察一見劇賞之。觀察晚年善病，所著書多先生爲助。嘉慶戊寅，本省鄉試以經策博贍中式，出高郵王文簡公之門。文簡小學爲海内所推，既得卷，甚喜。自是屢赴公車，徵於旅次，與餘姚朱久香宫詹訂莫逆交，❸兩先生皆謹慎不妄交友者也。先生數奇，卒不第。宫詹已捷南宫，官翰林。先生殁於退旃吴尚書京邸，宫詹親視含斂，集貲歸其喪於家。既又取所著書並古近體詩選録，將付梨棗，于是先生所著《左傳賈服注義》始見於時。其書援引甚博，字比句櫛，於義有未安者，亦加駮難。雖使沖遠復生，終未敢專樹征南之幟而盡棄舊義也。❹至《周禮賸義》《詩考異》《詩經名物考》《十七史考異》，見錢衎石先生所撰墓誌。今俱無存。所爲詩名《攬青閣詩鈔》。配吴孺人亦慧才能詩，有《早花集》，風雅商搉，或相唱酬，爲閨中

❶「先」，原作「夫」，據廣雅書局本《廣經室文鈔・李次白先生遺書序》改。
❷「善」，原作「書」，據光緒本改。
❸「香」，原作「書」，據光緒本改。
❹「舊」，原作「書」，據《寶應三劉集》改。

韻事。恭冕嘗取合讀之，沖和繇邈，怡情悦性，於温柔敦厚之旨未之失焉。吴孺人早卒，先生年未三十，遂不續娶。子戔園先生，名文賁，世其學，道光乙未科舉人，與先君子爲同年生，恭冕未之見也。其孫保恩亦謹厚，有祖父風。宫詹招至使署，與恭冕共事久，故得讀先生遺著，而謹括其學行之大，俾後之人有所考焉。同治乙丑寶應後學劉恭冕謹序。

李次白孝廉傳

平湖徐士芬撰

君諱貽德，字天彝，一字次白，又號杏村。先世由江陰徙居嘉興梅會里。曾祖我郊，官廣西參政，祖宗海、父朗皆國子生。本生祖宗渭，永昌府知府；本生父蘭，乾隆己亥舉人。君二歲而孤，三歲外祖陸公韻天口授以《詩》，至「輾轉反側」句，輒下上其手。七歲賦《柳絮》，有「滿地落花應羨汝，春風吹到最高飛」之句，族人進士集一見目爲奇童，延之家塾，爲剖析經義數十條，每覆解，未嘗失一字。十歲習舉子業，一藝出，輒冠其曹。年十八，爲縣學生，試高等，食餼。因家貧遊慈谿，習法家言。尋以母病歸，燂湯調藥，悉身親之。時説稗官雜劇，凡可以娛親心者無不爲也。後館硤川蔣氏，蔣藏書富，盡發其篋讀之，學益進。繼又館金陵王氏，時陽湖孫廉使星衍亦僑寓金陵，君投以詩百韻，即相得甚歡，與上下古今，窮晝夜不息。孫公晚年所著書，君爲卒其業居多。嘉慶戊寅，舉於鄉，對策爲浙士冠，得進呈，嗣是六上春官，屢薦不售。都下無不知君學行，争欲延致之。會朱閣學方增視學江蘇，延君衡校，所甄拔盡一時名士。壬辰，會試，復報罷。君念祖、父皆未中年賫志卒，思得甲第以慰先人，以故精力已衰而志未嘗少挫。時子文賁已食餼于庠，屢以書請歸，君報之曰：「父子各努力，毋遽作《歸去來辭》，灰乃翁心也。」是年，館吴氏，課少司空椿之子。司空重其學，倍加敬禮，君力疾督課不少輟，竟於十一月以痰喘歿於館舍，年五十歲。君生性孝友，篤於内行。本生母鄭孺人性嚴，時怒，輒跪受，無少忤。兄鳳孫有廢疾，❶終身敬事之，不少衰，撫兩從子若己出。家徒四壁立，而歲所入輒以贍宗鄗之貧無依者。配吴孺人，工吟咏。姑卒，泣血成瘵疾，不起。君時甫逾冠，誓不再娶，作《述哀》《悼亡》諸詩以見志。素耿介，人不能干以私，房師桐城李公宗傳居停、婺源王公鳳生先後攝本郡守，裹足不一及其門。與人交，肝膽披露不少隱，有不可輒面斥之，然不設崖岸。讀書一覽成誦，終身不忘。嘗徵事云「出某書第幾卷第幾葉」，人覆視之，不少爽。尤具經濟略，於天下山川阨塞、士馬芻糧，以逮治河興屯諸利弊，羅列若指諸掌。弱冠時，即工韻語，亦間爲倚聲，著有《攬青閣詩鈔》《夢春廬詞存》若干卷。後乃與馮太史登府、張孝廉昌衢以經術相切劘，著有《詩攷異》《詩經名物攷》若干卷。其在金陵時，孫廉使輯漢魏之説經者爲《十三經佚注》一書，命同志諸人分任之，君著有《周禮賸義》《春秋左傳賈服注輯述》若干卷。❷於史學則自漢以迄五代，靡不縷析條貫，❸實事求是，著有《攷異》若干卷，視錢宫詹《攷異》一書尤加詳焉。他若糾鄧氏《姓氏辨證》之謬，則爲訂正之；因錢氏《史韻》之缺，則爲

❶「孫」，同治十一年刻《漱芳閣集》卷三作「聲」。
❷「賸」，原作「廉」，據光緒本改。
❸「靡」，原作「廉」，據光緒本改。

增補之。而待勒成書者，復有數種。文賁以行狀請爲傳，因删刿其凡如此。

史官徐士芬曰：「余與次白同舉鄉試，又皆出桐城李公房，里居接壤，一見如故，遂同偕計車北上，復共舍館。嗣是每在都，間二三日必相過，氣誼之親，侔手足焉。君豐頤便腹，不事脩飾，吐屬諧雋，見者如飲醇醪，亦莫測其涯涘。座師高郵王公深契之，❶每論學術必語及君，禮闈見浙人二三場淵博深厚者，輒疑爲君卷，亟入選，蓋欲昌其學也。使其得展所負，豈止著書數尺已哉！不幸賫志以殁。令子克世其學，❷屬其哀集著述，以備采入史傳云。」

❶「契」，《漱芳閣集》卷三作「器」。
❷「令」，《漱芳閣集》卷三作「今」。

李次白墓誌銘

嘉興錢儀吉撰

嗚呼悲夫，吾何忍銘吾次白之墓也！　壬辰秋，吾將出都門，謂次白：「年五十矣，猶數以程試之文，聽得失於有司，何益？　孰與夫歸就所著，蘄見知於來世也乎？　明年吾其待子於江淮之間。」次白笑曰：「諾。」冬暮，吾到家，吾子寶惠書至，次白則死矣。　傷哉！　瀕死，謂寶惠：「篋有金二百，以謀先人窀穸未就，其付我子文賁爲之。」又謂寶惠致别於余，語悽愴不忍聞。　今文賁將卜葬君，先期乞吾文。　嗚呼，吾又何忍不銘也！　次白爲人仁直通敏，敦氣節，其學無所不綜貫。　李氏世以博雅名，康熙、乾隆間，兩舉博學宏詞科，李氏皆有薦者。　次白生二歲而孤，家故有書多散失。　年十七，補縣學生，處貧，則習法家言以養母。　其後舍館於硤石蔣氏、金陵王氏，兩家藏書聞海内，次白窮晝夜縱觀，經目輒成誦不忘。　淵如孫先生僑居金陵，賞其詩，走與語，大驚，恨知之晚。　孫先生方纂集《十三經佚註》，次白分任之，成《周禮賸義》《左傳集解》若干卷。恭冕謹案：當作《春秋左氏傳賈服注輯述》若干卷。　孫先生善病，晚年所著書多付次白爲卒其業。　舉嘉慶戊寅鄉試，入京師，於是高郵王尚書，其舉主也，深於經，尤善小學。　吾郡程學使同文善言史，尤諳習國朝掌故及山川隘塞、士馬芻糧、治河興屯，盡悉諸利弊，皆以所學名於一時。及與次白語，則皆驚歎，❶以爲殊絶。然次白處衆中，侈頤莞懌，退然若不能言者，其自守嚴甚，非其義，一無所授受，其於流俗意見無纖芥可著胸中者。與余交甚密，兩人生同歲，長同入縣庠，同嗜書，其論爲學門徑、決事可否，取舍殆無不同者。始舍館於余，一年，海鹽朱閣學方增督江南學，與之偕，及還，謂次白：「無去我。」以是居閣學家最久。閣學殁，次白經紀其喪，録成其遺書，而後返於余。顧貧益甚，且病，不食不寢，藥之若稍差者。復出授徒，朝夕呫畢，年餘而遂至於死也。悲夫！時舍館於吴侍郎椿家，疾甚，猶講授不輟。或曰：「已諸？」曰：「吾職也，一息尚存，不可懈。」侍郎使其子以疾辭，乃已。及殁，侍郎感其意，賻助之甚厚。次白兄鳳孫有廢疾，次白奉養惟謹。嘗謂余曰：「日者梅里人來謂：『吾子間市肉以奉其伯父，而已仍菜食。』此言殊慰念。」又謂余曰：「吾江南之行，家未舉之喪皆窆焉。獨吾父未葬，意朱君督學三年，留將謀之，不意其遽還也。今當奈何！」余與次白兩人家事相商度無隱，次白以語余者，不語人人也。洒其所著書，則雖余不以告，蓋次白志意深遠，初不屑屑文字間。今得其手稿，有《攬青閣詩》《望春廬詞》及《詩攷異》《詩經名物考》，❷又有姓氏、輿地諸書，草略未竟，其《十七史攷異》最完善，辨覈諦審，當與嘉定錢氏書並行者。嗚呼，次白已矣！幸而傳其所著書，其終見知於後世也夫！次白諱貽德，字天彜，又自號杏邨。先

❶「歎」，原作「敦」，據光緒本及錢儀吉《衎石齊記事稿》卷十改。

❷「望」，中華書局本《清史稿》作「夢」。

世自江陰徙嘉興，曾祖我郊，官廣西參政，祖宗海、考朗俱國子監生。永昌府知府宗渭、乾隆己亥舉人蘭，則本生祖、考也。妣陸氏，本生妣鄭氏。娶吴氏，能詩，居姑喪，泣血成瘵疾，卒。次白時方踰冠，遂不復娶。子一文賁，縣學廩膳生，有學行，能繼其家者。銘曰：

嗚呼次白！曠世之才，萬古之心。日星之耀而土壤之沈，已矣！吾弦之摧兮，其誰嗣音？

春秋左氏傳賈服注輯述卷一

嘉興李貽德學

春秋。　賈曰：「取法陰陽之中。春爲陽中，萬物以生；秋爲陰中，萬物以成。欲使人君動作不失中也。周禮盡在魯矣，史法最備，故史記與周禮同名。」本疏。

案：《爾雅·釋詁》：「法，常也。」《周禮·冢宰》「以八灋治官府」，太宰之職，後鄭注：「常，所守以爲灋式也。」「陰陽之中」，即下所指春秋也。「春爲陽中，萬物以生；秋爲陰中，萬物以成」者，《漢書·律曆志》文。《志》云：「向子歆察其微眇，作《三統曆》及《譜》以說《春秋》，推法密要，故述焉。夫曆春秋者，天時也，列人事而目以天時。傳曰『民受天地之中以生，所謂命也。是以有禮義動作威儀之則，以定命也。能者養以之福，不能者敗以取禍』。故列十二公二百四十二年之事，以陰陽之中制其禮，故『春爲陽中，萬物以生；秋爲陰中，萬物以成』。是以事舉其中，禮取其和，歷數以閏正天地之中，以作事厚生，所以定命也。」是賈義本之劉歆也。而正義駮之曰：「據周以建子爲正言之，則春非陽中，秋非陰中矣。」然案《墨子·明鬼篇》云「著在周之《春秋》，著在燕之《春秋》，著在齊之《春秋》」，又云「古者聖王必以鬼神爲其務，鬼神厚矣，又恐後世子孫不能知也，故書之竹帛，傳遺後世子孫」。言「書之竹帛」，即所云「春秋」也。稱「古者聖王」，明《春秋》之名由來已遠，當不始於周也。故劉、賈釋《春秋》制名之始，不以周正爲文，而曰「春爲陽中，秋爲陰中」也。《尚書大傳》曰「萬物非春不生，非秋不收」，收亦成也。《説文・酉部》云「丣爲春門，萬物已出」，「丣爲秋門，萬物已入」，即其義也。「欲使人君動作不失中」者，中即天地之中，動作之則所以定命，即不失中也。《玉藻》云「動則左史書之」，此《春秋》之名所由立也。「周禮盡在魯矣」，《昭二年》傳文。「史法最備」，謂未脩之《春秋》，如《隱七年》書名例云「謂之禮經」，孔氏謂「五十凡是周公舊制」，是史法最備也。「史記」即《魯春秋》，韓宣子見《春秋》而稱之，曰「周禮盡在魯矣」，是魯史與周禮同名也。

傳 孟子卒。　服曰：「嫌與惠公俱卒，故重言之。」本疏。

案：《説文》：「嫌，一曰疑。」《禮・雜記》疏引《異義》曰：「卒，終也。」「嫌與惠公俱卒」者，以上云「惠公元妃孟子」，不重言「孟子」，則「卒」之文上蒙惠公矣，故曰「嫌與惠公同卒」也。「仲子生」，正義曰「傳重言『仲子生』者，詳言之」，與上言「孟子卒」，其義同也。

聲子。　服曰：「聲子之謚，非禮也。」《通典》一百四。

案：《詩・文王》箋釋文：「謚，悉也。生存之行，❶終始悉録之，以爲謚也。」《白虎通・謚篇》：「謚

❶「存」，原作「成」，今據《經典釋文》改。

之爲言引也，引列行之迹也。」《周書·謚法解》：「謚者，行之迹。」《論衡·道虚篇》：「誄生時所行爲之謚。」稱「聲子」，謚也。《史記正義》引《謚法解》：「不生其國曰聲。」《禮記·郊特牲》：「古者生無爵，死無謚。」《白虎通》又云：「此言生有爵，死當有謚也。」《郊特牲》又云：「婦人無爵，從夫之爵。」然則婦人亦當從夫之謚矣，故《通典》引劉向《通義》曰：「婦人以隨從爲義，故得蒙夫之謚。」❶今聲子妾也，以不得蒙惠公之謚而别爲謚，非禮也。

是以隱公立而奉之。　賈曰：「隱立桓爲太子，奉以爲君。」本疏。

案：《禮記·王制》「王太子，群后之適子」，則王之子爲太子矣。《曲禮》「大夫、士之子，不敢與世子同名」，則國君之子爲世子矣。《白虎通·爵篇》：「《韓詩内傳》曰：『諸侯世子三年喪畢，上受爵命於天子。』所以名之爲世子何？　言欲其世世不絶也。　何以知天子之子亦稱世子也？《春秋傳》曰『公會王世子於首止』。　或曰天子之子稱太子。《尚書傳》曰『太子發升于舟』。」《初學記》：「或曰諸侯之子稱世子，則傳曰晉有太子申生、鄭太子華、齊太子光。　由是觀之，周制，太子、世子亦不定也。」按：此故賈以桓公爲太子也。　然太子之立，當在父存之時。　今惠公已薨，而隱立桓爲太子者，承惠公志也。《曾子問》「君薨而世子生」，則凡當繼體者，即君薨而仍稱世子矣。《廣雅·釋詁》「奉，持也」，《匡謬正俗》亦云「奉謂恭而持之」，知奉以爲君者，隱公攝也。　故元年不書即位，往還不

❶「之」，原作「子」，今據續經解本、文淵閣四庫本《通典》改。

告廟，惠公改葬不臨，尊仲子爲夫人以赴諸侯，是皆不敢自以爲君，而以君道讓桓也。正義曰：「隱雖不即位，稱公改元，號令於臣子，朝正於宗廟，言立桓爲太子可矣，安在其奉以爲君乎？」按《白虎通・爵篇》：「王者既殯而即繼體之位何？緣民臣之心不可一日無君也。」當時惠公薨，桓少，隱因爲之攝政也。隱攝政而仍改元者，所以繫臣民之望。史家從實書之。蓋於桓不能繫其虚年，於隱不能没其政令。《史記・十二諸侯表》列共和元年，是時，奉宣王爲君，而攝事者未嘗不改元也。《文王世子》云「昔者周公攝政」。《洛誥》曰：「惟周公誕保文武受命惟七年。」《尚書大傳》云「公攝政，一年救亂，二年克殷，三年踐奄，四年建侯衛，五年營成周，六年制禮作樂，七年致政」。是時，奉成王爲君而攝政者，未嘗不號令也，又何疑隱之改元號令乎？若然，則隱既奉桓爲君，隱不當直稱爲公矣。曰周公、共和臣也，以臣攝君，臣不得干天位也，故第改元號令而已。若隱，惠之子、桓之兄也。《白虎通・嫁娶篇》：「人君無再娶之義。」是元妃既卒，仲子來歸，其分與聲子等也。又《封公侯篇》：「繼世諸侯無子又無弟，但有諸父庶兄，當誰與？與庶兄，推親之序也。」《昭二十六年》傳：「王后無適，則擇立長，年鈞以德，德鈞以卜。」按：此則隱當立矣。隱當立，而奉桓爲君，隱之讓也。魯史不書即位，《穀梁傳》曰「成公志也」，成其爲公者。《春秋繁露・王道篇》：「魯隱之代桓立，執權存國，行正世之義，守惓惓之心，《春秋》嘉氣義焉。」

隱　公

元年經　春王正月。　服曰：「孔子作《春秋》，於春每月書『王』，以統三王之正。」本疏。

案：《公羊序》疏引《孝經鉤命決》云「孔子在庶，德無所施，功無所就，志在《春秋》」。是言《春秋》爲孔子作也。然杜氏云「《春秋》，魯史舊名」。《公羊》莊公七年傳云「『不脩春秋』曰『雨星不及地尺而復』，君子脩之曰『星霣如雨』」。何氏曰：「『不脩春秋』，謂史記也。古者謂史記爲『春秋』。」《公羊解題》疏云「孔子未脩之時，已名《春秋》，何言孔子脩之」？若然，則《春秋》不得言孔子作矣。而云「作」者，《公羊》莊二十九年舊注云「有所增益曰作」，蓋孔子因史文而增益之。故孟子亦曰「孔子作《春秋》」也。言「於春每月書『王』」者，謂「春王正月」「春王二月」「春王三月」也。何休曰：「二月、三月皆有王者，二月，殷之正月也；三月，夏之正月也。」「統三王之正」者，《漢書・劉向傳》注：「應劭曰：『二王之後與己爲三統也。』孟康曰：『天、地、人之始也。』」《白虎通・三正篇》曰：「正朔有三何？本天有三統，謂三微之月也。明王者當奉順而成之，故受命各統一正也，敬始重本也。《禮・三正記》曰：『正朔三而改，文質再而復也。』三微者，何謂也？陽氣始施黃泉，萬物動微而未著也。十一月之時，陽氣始養根株，黃泉之下，萬物皆赤。赤者，盛陽之氣也。故周爲天正，色尚赤也。十二月之時，萬物始牙而白。白者陰氣，故殷爲地正，色尚白也。十三月之時，萬物始達，孚甲而出，皆黑，人得加功，故夏爲人正，色尚黑。《尚書大傳》曰：『夏以孟春月爲正，殷以季冬月爲正，周以仲冬月爲正。』」案《禮記·大傳》云「改正朔，此其所得與民變革者也」。《春秋》稟承周正，自當以周王爲斷，而云「統三王之正」者，《漢書·劉向傳》：「王者必通三統，明天命所授者博，非一姓也。」《律曆志》述劉歆之言曰：「元典曆始曰元。傳曰『元，善之長也』。其養三德爲善。又曰『元，體之長也』。每月書王，元之三統也。」《郊特牲》疏引《異義》曰：「《公羊》説存二王之後，所以通夫三統之義。」蓋周監二代，其通三統，亦猶不相沿樂，而成均存《夏》《濩》；不相襲禮，而養老用饗、食也。傳於此經著之曰「王周正月」，正見王二月則殷正月，王三月則夏正月，舉一反三也。不然，告朔頒時王所建習之固然，誰不知爲王正月也，而必舉周以示例乎？

三月，公及邾儀父盟於蔑。　賈、服曰：「儀父嘉隱公有至孝、謙讓之義而與結好，故貴而字之，善其慕賢説讓。」本疏。

案：《爾雅·釋詁》：「嘉，美也。」《墨子·經上》：「孝，利親也。」賈子《道術》：「子愛利親謂之孝。」《後漢·列女傳》注：「謙讓者，德之基也。」儀父美隱有利親之孝、讓弟之賢，儀父能與結好，是尚賢矣。傳言「未王命」，知是附庸也。《莊五年》「郳黎來來朝」，傳云「未王命，故稱名」，是附庸當名。而此稱字者，《莊二十五年》傳「陳侯使女叔來聘」，傳曰「嘉之，故不名」；《僖二十五年》「衛侯燬滅邢」，傳曰「同姓也，故名」。是褒則書字，貶則稱名，書字爲貴之也。書字爲貴者，《禮記·郊特牲》曰：「冠而字之，敬其名也。」《冠義》「已冠而字之」注：「字所以相尊也。」今儀父稱字，是貴之矣。

天王使宰咺來歸惠公、仲子之賵。　賈曰：「畿内稱王，諸夏稱天王，夷狄稱天子。」《穀梁》成八年疏。服曰：「賵，覆也。天王所以覆被臣子。」本疏。

案：《周禮》：「維王建國。」《釋文》引干寶曰：「王，天子之號，三代所稱也。」《漢書・文帝紀》：「所謂天王者，乃天子也。」《公羊》成八年傳注：「或言王、或言天王、或言天子，皆相通矣。」賈氏别王與天王並天子者，《獨斷》：「王，畿内之所稱，王有天下，故稱王。天王，諸夏之所稱，天下之所歸往，故稱天王。天子，夷狄之所稱，父天母地，故稱天子。」《公羊》隱元年傳：「車馬曰賵。」《小爾雅・廣名》：「饋死者謂之賵。」《白虎通・崩薨篇》：「賵者，覆也。」《古微書》引《春秋説題辭》：「賵之爲言覆也。」《廣雅・釋詁二》：「賵，覆也。」《公羊》隱元年注亦曰：❶「賵，猶覆。」《廣雅疏證》：「冒、賵、覆，古聲並相近。」《説文》無「賵」字，新附有之。鈕氏樹玉《新附考》曰「『賵』，疑作『冒』」，是。服云覆者，古義也。其云「天王所以覆被臣子」者，《漢書・鄒陽傳》注「覆，猶被也」，故覆、被連文。服以賵來自天王，因以覆被之義申之。正義曰：「案《士喪》《既夕禮》，兄弟所知悉皆致賵，非獨君之賵臣。以賵爲覆則可矣，其言『覆被臣子』則非也。」按：服云「賵，覆也」，自詁「賵」義，云「天王所以覆被臣子」，自詁「來歸」之義，非必以賵專屬覆被臣子。《廣雅・釋詁》又云「賵，送也」。《既夕》鄭注：「賵，所以助主人送葬也。」明有數義，隨事所指，則此經之賵以上賜下，與他賵異。服因以覆被

❶ 「羊」，原作「年」，據續經解本改。

爲義，夫各有所當也。

九月，及宋人盟于宿。　賈曰：「盟載詳者書日月備，易者日月略。」《春秋釋例·大夫卒例》。

案：盟之見經百有三事，書日者五十三，不日者五十。云「盟載詳者書日月備」者，《周禮·司盟》「掌盟載之灋」注：「載，盟辭也。」僖九年盟葵邱，傳紀盟言，經書「九月戊辰」；❶二十八年盟踐土，傳紀要言，經書「五月癸丑」；襄九年同盟于戲，傳紀載書，經書「十有二月己亥」；十有一年盟于亳城，傳紀載書，經書「七月己未」。由是推之，盟載詳者，日月備。若盟載簡易者，則具月而不書日，故曰「日月略」也。

傳不書即位，攝也。　賈、服曰：「四公皆實即位，孔子修經，乃有不書。」本疏。賈又曰：「恩深不忍，則傳言『不稱』；恩淺可忍，則傳言『不書』。」本疏。「不書隱即位，所以惡桓之篡。」《春秋釋例·即位例》。

案：四公，隱、莊、閔、僖也。《禮記·燕義》注：「位，朝位也。」《白虎通·爵篇》：「踐阼爲主，南面朝臣下。」又曰：「《春秋》曰：『元年，春王正月，公即位。』改元位也。諸侯改元，即事社稷。」四公皆書「元年」，則實即位矣。謂「孔子修經，乃有不書」者，《楚辭·湘君》注：「修，飾也。」《禮·中庸》注：「修，治也。」《春秋》本魯史舊文，孔子因而飾治之，故傳亦曰「非聖人，其誰能修之」。人君即位，繼

❶「月」，原作「年」，據《春秋左傳正義》改。

體改元，舊史無不書，至孔子修時，始有不書。《釋例》引顔氏説，以爲魯十二公，國史盡書即位，仲尼修之，乃有所不書，與賈、服同。桓爲齊襄所賊，閔爲慶父所弑，莊、僖因之即位，是曰「恩深不忍」，故傳言「不稱」，以明心之至痛也。桓未克君而暫稽，般未成君而見弑，隱、閔因之即位，是曰「恩淺可忍」，故傳言「不書」，以見時之流變也。隱公存讓弟之志，居攝以俟。桓公不察隱志，竟至篡弑，故賈以爲仲尼新意特不書即位，以明隱志，而桓之惡愈見矣。

未王命，故不書爵。　服曰：「爵者，醮也，所以醮盡其材也。」本疏。

案：《説文》：「爵，禮器也。」《禮器》：「貴者獻以爵。」《祭統》：「尸飲五，君洗玉爵獻卿；尸飲七，以瑤爵獻大夫；尸飲九，以散爵獻士。」古者以爵爲秩次，故假爲爵人於朝之爵也。「爵者，醮也」者，《詩・卷耳》疏引《韓詩》説曰：「爵，盡也，足也。」醮，《曾子問》疏「酌酒爲醮」，《冠義》疏「醮者，醮盡之義」。醮通噍，《漢書・高紀》如淳注：「青州俗呼無孑遺爲噍類。」或通釂，《曲禮》「長者舉未釂」鄭注：「盡爵曰釂。」是爵爲盡，醮亦盡也。「所以醮盡其材也」者，《國語・周語》韋昭注、《吕覽・異用》高誘注並云「材，用也」。《儀禮・士冠禮》注「德大者，爵以大官」，疏「爵，位次高下之稱」，則位次高下，所以盡其用也。《白虎通・爵篇》：「爵者，盡也，各量其職盡其材也。」即服義也。

初，鄭武公娶於申。　賈曰：「言初者，隔其年後有禍福。將終之，乃言初也。」本疏。

案：「隔其年後有禍福」者，謂間隔其初年之後，或禍或福。傳將終言禍福之事，乃曰「初」，以追敘事原也。

及共叔段。　賈、服曰：「共，謚也。」本疏。

案：《謚法解》：「既過能改曰恭。」恭即共也，段謚曰共，當取此義。《莊公十六年》傳鄭伯云「不可使共叔無後」，段有後於鄭，知段當有謚矣。　正義曰：「謚法：『敬長事上曰共。』作亂而出，非有其德可稱。糊口四方，無人與之爲謚。段出奔共，故稱共。」知不然者，案《謚法解》恭之謚有九，烏知必取義於敬長事上乎？　且如正義之言，則魯之慶父親弑子般，於事上之德何如？　何亦謚共也？　且列國卿大夫出奔之後，如宣伯、太叔、成子類，皆有謚，安見共叔無人爲之謚乎？　至「餬口四方」，鄭伯權宜之詞，豈足爲典要乎？　杜注：「段出奔共，故曰共叔。」下文「出奔共」注云「共，國名」。豈有人臣出奔，繫他國之號以相稱乎？　此説之不可通者也。　正義伸杜氏而斥賈、服，過矣。

請京。　賈曰：「京，鄭都邑。」《鄭世家》注。

案：《禮記・郊特牲》疏引《異義》：「凡邑有宗廟、先君之主曰都。公子爲大夫，所食采地亦自立所出宗廟。」時叔段封京得立宗廟，故曰都也。　都亦名邑，《莊二十八年》傳「宗邑無主」，《閔元年》傳「分之都城」，皆指曲沃，而都、邑互言，故賈云「都邑」也。

都城過百雉。　賈、服曰：「雉長三丈。」賈義見本疏及《周官・典命》疏。○服義見《典命》疏。

案：定十二年《公羊傳》云「雉者何？　五板而堵，五堵而雉」，何休以爲堵四十尺，雉二百尺。　正義引《五經異義》：「《戴禮》及《韓詩》説：八尺爲板，五板爲堵，一堵爲雉。　板廣二尺，積高五板爲一丈。五堵爲雉，雉長四丈。　古《周禮》及《左氏》説：一丈爲板，板廣二尺。　五板爲堵，一堵之牆，長丈高丈。三堵爲雉，一雉之牆，長三丈高一丈，以度其長者用其長，以度其高者用其高也。」按：諸説不同如此，而賈以三丈爲雉者，《詩·鴻雁》疏引鄭康成《駁異義》云：「古之雉制，書傳各不得其詳，今以《左氏》説鄭伯之城方五里，積千五百步也。大都三國之一，則五百步也。五百步爲百雉，則知雉爲五步，五步於度長三丈，則雉長三丈也。」《禮記·坊記》疏又引《異義》云「古《春秋》説，百雉爲長三百丈，方五百步者，六尺爲步，五六三十，故三百丈爲五百步」。按此，則許雖列《大戴禮》《韓詩》説，亦以雉長三丈爲正，然則鄭於《異義》蓋申之也。鄭知鄭伯之城方五里者，《考工記·匠人》疏引《駁異義》云「周亦九里城，則公七里，侯伯五里，子男三里」，是也。正義云「賈逵、馬融之徒爲古學，皆云雉長三丈」，知古義然也。

太叔完聚。　服曰：「聚禾黍也。」本疏。

案：《禮記·月令》：「務蓄菜，多積聚。」《方言》：「萃、雜，集也。東齊曰聚。」《周禮·委人》注：「聚，凡蓄聚之物也。」禾者，《説文》云「禾，嘉穀也。二月而生，八月而熟，得時之中，故謂之禾」。《淮南·墬形訓》「禾春生秋死」注：「禾者，春木王而生，秋金王而死。」黍者，《説文》：「黍，禾屬而黏者也。以大暑而種，故謂之黍。」《月令》注：「黍，火穀。」《管子·輕重》：「黍者，穀之美者也。」《齊民要術》二引《氾勝之書》：「黍者，暑也，種者必待暑。」《孟子》：「師行而糧食。」《詩·公劉》：「于橐于囊，爰方啟行。」蓋段將襲鄭，故聚蓄之，以供軍食也。

出奔共。　賈曰：「共，國名。」《鄭世家》注。

案：《吕氏春秋・慎人》「共伯得乎共首」注：「共，國。伯，爵也。」徐文靖《竹書統箋》引《魯連子》曰：「衛州共城縣，本周共伯之國也。」

謂之鄭志。　服曰：「公本欲養成其惡而加誅，使不得生出，此鄭伯之志意也。」本疏。

案：《大戴記・夏小正》傳：「養，長也。」《詩・樛木》傳：「成，就也。」《廣雅・釋詁》：「誅，殺也。」《荀子・仲尼篇》注：「誅者，討伐殺戮之名。」《禮記・檀弓》注：「志，意也。」《國語・越語》注：「意，志也。」志、意互文，故《周語》有「不祭則修意」，韋昭云「意，志意也」。言欲長就段惡而後殺戮之，不令生全以出奔，鄭伯處心積慮如此，故謂之「鄭志」。正義曰：「鄭伯於段，實無殺心。及其謀欲襲鄭，自念友愛之深，遂起切心之恨，由是志在必殺。服虔言鄭伯本有殺意，故爲養成其惡，斯不然矣。」按：鄭伯非志在必殺，則因祭仲、子封之言，早爲裁抑，使知戒懼，必無逞志之事矣。惟深心積慮，欲厚集其毒，使殺弟出於有名，曰「自斃」，曰「將崩」，坐料其敗而不爲之節制，平時養成其惡者如是。及聞襲鄭之計，始曰「可矣」，則欲殺之心見乎辭矣。正義申杜難服，恐未盡當時要領也。

遂寘姜氏于城潁，而誓之曰：「不及黄泉。」　賈曰：「城潁，鄭地。」《鄭世家》注。　服曰：「天玄地黄，❶泉注地中，故曰黄泉也。」《文選》繆熙伯《挽歌詩》注。

案：城潁，當即《地理志》「潁川郡臨潁」，今許州臨潁縣西北十五里有故城。「天玄地黄」，《易・文

❶「玄」，原作「元」，避康熙諱，今皆回改。後同，不再出校。

言傳》文，荀爽曰：「天者陽，始于東北，故色玄也；地者陰，始于西南，故色黄也。」《説文》：「泉，水原也。象水流出成川形。」《詩・召旻》傳：「泉，水從中以益者也。」從中，即地中之義也。言地之色黄，泉由地中行，故曰「黄泉」。

爲潁谷封人。　賈曰：「潁谷，鄭地。」《鄭世家》注。

案：《水經注・潁水篇》云：「今潁水有三源奇發，右水出陽乾山之潁谷，春秋潁考叔爲其封人。」

公入而賦：「大隧之中，其樂也融融。」姜出而賦：「大隧之外，其樂也洩洩。」　服曰：「入言公，出言姜，明俱出入，互相見。」本疏。

案：公言入不言出，言姜出，則公出可知；姜言出不言入，言公入，則姜入可知：故曰「互相見」。

同軌畢至。　服曰：「軌，車轍也。」《太平御覽》五百五十三。

案：《楚辭・思古》「復往軌於初古」注、《文選・西京賦》「方軌十二」注、《東京賦》「經涂九軌」注並云「軌，車轍也」。《史記・司馬相如傳》注：「軌，車迹也。」軌，或爲車轍、或爲車迹者，《廣雅・釋詁三》云「轍，迹也」，《漢書・賈誼傳》集注「車迹曰轍，本作徹」，《説文》云「軌，車徹也」，段氏注：「高誘注《吕氏春秋》曰『兩輪之間曰軌』，毛公《匏有苦葉》傳曰『由輈以下曰軌』，合此二語，知軌所在矣。上歫輿，下歫地，兩旁歫輪，此之謂軌。《中庸》『車同軌』，兼廣陜高庳言之。徹廣六尺，軹崇三尺三寸，天下同之，同於天子所制之度也。《車人》『徹廣六尺』，自其裹言之；《匠人》注『徹廣八尺』，自其表言之。曰『由輈以下曰軌』，曰『兩輪之間曰軌』，自其裹言之；《史記》『車不得方軌』，自其表言之。自軌徹之説不明，訓之以地上之迹，迹非不名軌徹也，而迹豈軌徹也？如後人之憒憒，則許當云『軌，車轍也；轍，車迹也』。已矣！」轍與從同義，見段注。

改葬惠公。　賈曰：「改，備禮也。」同上。

案：《儀禮・喪服・記》「改葬，緦」注：「謂墳墓以他故崩壞，將亡失尸柩者也。改葬者，明棺物毀敗，改設之，如葬時也。」惠之葬未久，諒無崩壞毀敗，其欲改葬者，下文云「有宋師，太子少，葬故有闕」，是禮不備也，故據以爲義。君之葬禮，《儀禮》未詳，其散見《禮經》傳記者：《禮記・雜記》「升正柩，執紼五百人，四紼皆銜枚。司馬執鐸，左八人，右八人。匠人執羽葆御柩」，此朝祖奠之禮也；《喪大記》「飾棺：君龍帷、三池，振容，黼荒，火三列，黻三列，素錦褚，加僞荒；纁紐六，齊五采五貝；黼翣二，黻翣二，畫翣二，皆戴圭；魚躍拂池。君纁戴六，纁披六」，《禮器》「諸侯五月而葬，三重六翣」，此飾棺之禮也；《雜記》「遣車視牢具」，鄭注「諸侯亦大牢，包七个」，《禮器》「諸侯三重」注「天子葬五重者，抗木與茵也」，《檀弓》「國君七个，遣車五乘」，此陳明器之禮也；《周禮・喪祝》「及祖，飾棺，遂御，小喪亦如之」，《禮記・曾子問》「諸侯之喪，斬衰者奠」，此祖奠之禮也；《大祝》「作六辭以通上下，六曰誄」，《曾子問》「諸侯相誄，非禮也」，此謚誄之禮也；《司士》「作六軍之士執披」，鄭司農云「披，扶持棺險者也。諸侯旁八」，《喪大記》「君葬用輴，四紼，二碑，御棺用羽葆」，此柩行之禮也；《冢人》「共喪之窆器」注「下棺豐碑之屬」，《喪大記》「君封以衡，君命毋譁，以鼓封」，《冢人》「凡諸侯葬於墓者，爲之蹕，均其禁」，此窆之禮也。惠之葬爲闕何禮？傳不能明，至此改葬。

公弗臨。　賈曰：「葬，嗣君之事，公勿臨，言無恩。《禮》曰：『改葬，緦也。』」同上。

案：「葬，嗣君之事」者，《白虎通·爵篇》：「父在稱世子何？繫於君也。父殁稱子某者何？屈於尸柩也。既葬稱小子者，即尊之漸也。」嗣君之稱，别於未葬。已葬，明葬爲嗣君事也。「公勿臨，言無恩」者，《喪服四制》「其恩厚者其服重」。《穀梁》莊三年「葬桓王」，傳「改葬也。改葬之禮緦，舉下緬也」，注引江熙曰：「葬稱公，舉五等之上；改葬禮緦，舉五服之下，以喪緬藐遠也。天子、諸侯易服而葬，以爲交於神明者，不可以純凶，況其緬者乎？是故改葬之禮，其服惟輕。言緬，釋所以緦也。」《喪服·記》「改葬緦」鄭注：「服緦者，臣爲君也。子爲父也，妻爲夫也。必服緦者，親見尸柩不可以無服。」若然，則臨而見柩，禮惟服緦，服輕則恩已輕矣。今勿臨，則勿緦，恩無所録，故曰「無恩」也。「《禮》曰」云者，即引《喪服》文也。

有宋師。　服曰：「宋師即黄之師也。」本疏。

案：上文云「惠公之季年，敗宋師于黄」，故服云「即黄之師」。正義曰：「『惠公之季年，敗宋師于黄，公立而求成焉』，則隱公未立之前，惠公敗宋師也。今云『惠公之薨也，有宋師』，蓋是報黄之敗，來伐魯也。隱公將兵禦宋，委葬事於太子，故有闕也。服以爲即黄之師，則隱自敗宋，傳何當屬敗於惠公而别言公立也？」知不然者，《國語·晉語》「雖當三季之王」注云「季，末也」，《文選·天監三年策秀才文》「齊季斯甚」注「季謂末年」，則上云「惠公之季年」，謂惠公之末年也。《白虎通·爵篇》：

「踰年稱公者，緣民臣之心不可一日無君也，緣終始之義一年不可有二君。」若然，君薨以後，未改元以前，則乘前君之年。傳云「惠公之季年」，隱未改元，義當繫於惠也。其實宋師適在惠薨之後，傳故於改葬而申之，曰「惠公之薨也」。「有宋師」，其即爲黄之師甚明，不必謂「報黄之師」也。「黄」，《漢書・地理志》山陽郡有黄縣，當即其地。

葬故有闕。　賈曰：「言事以明禮闕之故。」《御覽》五百五十三。

案：《禮記・禮運》「三五而闕」疏云「謂月光虧損」。《漢書・谷永傳》「闕更減賦」注：「闕，亦謂減削之。」「禮闕之故」，即傳上文所云也。

公不與小斂，故不書日。　賈曰：「不與大斂，則不書卒。」本疏。

案：《禮記・喪大記》：「君於大夫世婦，大斂焉；爲之賜，則小斂焉。」鄭注：「爲之賜，謂有恩惠也。」是君於大夫容有不與小斂，而無不與大斂者。《白虎通・崩薨篇》：「大夫曰卒。」若君不與大斂，直不以卿佐視之，亦不得以卒予之。是賈氏所云，雖於傳無例，要與《禮》意相發明也。

二年經　無駭帥師入極。　賈曰：「《春秋》之序，三命以上，乃書於經。」《釋例・爵命例》。「極，戎邑也。」本疏。

案：《周禮・典命》：「公之卿三命，侯、伯之卿亦如之，子、男之卿再命。」是公、侯、伯之卿皆三命，固周正禮，故鄭司農引《春秋傳》曰「列國之卿當小國之君，固周制也」。正義曰：「《春秋》之例，卿乃見經。是諸名書於經，皆是卿也。」若然，則卿之正禮爲三命，惟卿乃得見經，是《春秋》之序必三命乃得見經。若《王制》云「大國之卿不過三命，下卿再命」，卿有等差，不皆三命，與《周禮》異，恐非周之正制。至叔孫昭子三命踰父兄，而其父兄並得見經者，書内事故也。列國則三命始書，通例也。極爲戎邑者，《穀梁》以極爲國，杜以爲附庸，賈以爲戎邑。正義曰：「傳無文焉。」今按：山東兖州府魚臺縣西有極亭，而故戎城在兖州府曹縣，故賈以爲戎邑。

三年經 八月庚辰，宋公和卒。賈曰：「日月詳者，弔贈備；日月略者，弔有闕。」《釋例・崩薨卒例》。

傳 爲平王卿士。賈曰：「卿士之有事者，六卿也。」《御覽》四百八十。

案：《白虎通・爵篇》：「卿之爲言章也，章善明理也。」《禮・昏義》：「天子立九卿。」《説苑・臣術篇》：「九卿者，所以參三公也。」是卿當九，而此云六卿者，《昏義》疏云「六卿之官在王六寢之前，其三孤亦分主六官之職，總謂之九卿」，故《大戴記・保傅篇》「於是爲置三少，皆上大夫也」，盧注：「卿也，謂之孤也。」云「有事者六卿也」者，《詩・假樂》箋：「卿士，卿之有事者。」《周官》孤、卿並舉，而孤之職掌無聞，是九卿中有事者惟六。六卿者，鄭司農注云：「冢宰之職，帥其屬而掌邦治；司徒之職，帥其屬而掌邦教；宗伯之職，帥其屬而掌邦禮；司馬之職，帥其屬而掌邦政；司寇之職，帥其屬而掌邦禁。此三時皆有官，惟冬無官，又無司空。以三隅反之，則事典，司空之職也。」《詩・緇衣》序「鄭桓公、武公相繼爲周司徒」，是武爲司徒矣。若莊公，不知六卿何屬，故賈氏統以六卿釋之。

王子狐爲質於鄭，鄭公子忽爲質於周。　賈曰：「王子狐，周平王之子。忽，鄭莊公太子忽也。」同上。

案：《史記·周本紀》：「諸侯共立故幽王太子宜臼，是爲平王。」平王四十九年，魯隱公即位。五十一年，平王崩。爲質時，平王未崩，故知爲平王子。忽後爲太子，《桓六年》傳云「鄭太子忽帥師救齊」。

取温之麥。　賈曰：「温，周地名，蘇氏邑也。」同上。

案：《漢書·地理志》「河内郡温」注云「蘇忿生所封也」，《隱十一年》傳「與鄭人蘇忿生之田」，温在首列，《成十一年》傳「蘇忿生以温爲司寇」，是温爲蘇忿生所封邑。

潢、汙、行潦之水。　服曰：「畜小水謂之潢，水不流謂之汙。行潦，道路之水是也。」本疏。

案：《説文》：「潢，積水池。」畜，亦作「蓄」，《後漢·和帝紀》注、《文選·東京賦》「洪恩素蓄」注並云「蓄，積也」。畜，又作「稸」，《文選·高唐賦》注引《字林》：「稸，積也。」則《説文》言「積水」，服言「畜水」，義並同也。《爾雅·釋丘》注：❶「頂上汙下者。」《釋文》：「汙，本亦作『洿』。」《説文》：「洿，濁水不流。」《一切經音義》八引《三蒼》曰：「停水曰洿。」《吕覽·達鬱》注：「水淺不流曰汙。」潢、汙義相等，《國語·周語》「猶塞川原而爲潢、汙也」，注「大曰潢，小曰汙」，《史記·屈賈傳》索隱「污，潢也」，又《老莊申韓列傳》「我寧游戲汙瀆之中自快」，索隱：「汙瀆，潢汙之小渠也。」潦，《説文》「雨水

❶ 「丘」，原避孔子諱作「邱」，今改。下同，不再出校。

大貌」，《詩・洞酌》傳「行潦，流潦」，《禮記・曲禮》釋文「雨水謂之潦」，《爾雅・釋宫》「行，道也」，《月令》「水潦盛昌」，又云「丘隰水潦」。正義云「言道上聚流者」，故以道路之水釋之。

東宫得臣之妹。　服曰：「得臣，齊世子名，居東宫。」《詩・碩人》疏。

案：《爾雅・釋宫》：「宫謂之室，室謂之宫。」《禮記・内則》：「由命士以上，父子皆異宫。」《儀禮・喪服傳》：「子不私其父，則不成爲子，故有東宫、有西宫、有南宫、有北宫，異居而同財。」若然，則得臣時居東宫，故傳稱若此。《漢書・竇皇后傳》「盡以東宫金錢、財物賜長公主嫖」，師古曰：「東宫，太后所居。」漢時，太后居東宫，是古者東宫非世子定稱也。正義曰：「四時，東爲春，萬物生長在東；西爲秋，萬物成就在西。」以此，君在西宫，太子常處東宫也，非古義也。

石碏。　賈曰：「石碏，衛上卿。」《衛世家》注。

案：《禮記・王制》：「次國三卿。」《儀禮・聘禮》疏：「卿，每國三人。」是卿有上、中、下也。

驕奢淫泆，所自邪也。　服曰：「言此四者，過從邪起。」本疏。

案：四者，驕奢淫泆。上云「弗納于邪」，明不邪則無是四者之弊，若邪則四者皆由此而起。正義曰：「驕，謂恃己陵物；奢，謂夸矜僭上；淫，謂耆欲過度；泆，謂放恣無藝。」

四年經 衛州吁弑其君完。　賈曰：「弑君取國，故以國言之。」本疏。

案：州吁，公子也。不稱公子而稱衛州吁，以其志在取國，故以國言之。

夏公及宋公遇于清。　賈曰：「遇者，用冬遇之禮。」本疏。

案：《周禮》「冬見曰遇」後鄭注：「遇，偶也。欲其若不期而俱至。」《曲禮》云「諸侯未及期相見曰遇」，是冬遇之文，亦取此義。此經《公羊傳》云「遇者何？不期也」。賈以冬遇之禮釋之，義足相輔也。《釋例》云「諸侯冬見天子曰遇，劉氏因此名以説《春秋》，自與傳違」，是賈氏説又本之劉歆也。

會宋公、陳侯、蔡人、衛人伐鄭。　服曰：「衛使宋爲主。使大夫將，故敘衛於陳蔡下。」《詩·擊鼓》疏。

案：傳曰：「州吁使告於宋，曰：『君若伐鄭，君爲主，敝邑以賦與陳、蔡從。』」是衛使宋爲主也。知「使大夫將」者，《詩·擊鼓》序「衛州吁用兵暴亂，使公孫文仲將，而平陳與宋」，鄭箋「將者，將兵以伐鄭也」，伐鄭在魯隱四年，是將兵者，爲公孫文仲，故知爲大夫也。敘於陳、蔡下者，周之宗盟，異姓爲後。定四年，敘踐土之盟，衛在蔡先。盟會征伐，敘次等差，若衛侯自行，當敘在陳、蔡前。今不然者，以大夫將兵故也。

殺州吁于濮。　服曰：「濮，陳地。」《衛世家》注。○《索隱》四十一。

案：《昭九年》傳「遷城父人於陳，以夷濮西田益之」，京相璠曰「以夷之濮西田益也」，《水經注·渠水篇》。是濮爲近陳之地。杜云「陳地水名」。顧氏棟高曰：「在今陳州府北境，即濮水。」《水經·渠水篇》注：「劉澄之著《永初記》，云『《水經》濮水，原出大騩山，東北流注泗，衛靈聞音於水上』，殊爲乖矣。余按：《水經》爲渠水，不爲濮也。是水首受渠水，川渠雙引，俱東注洧。洧與之過沙，枝流派亂，互得通稱。」是濮即渠也。此地蓋在其上。

傳 將修先君之怨於鄭。　服曰：「先君莊公。」本疏。

案：《漢書・禮樂志》「而背死忘先者衆」注：「先者，先人謂祖父。」州吁於莊公考也，故知稱莊公也。杜指二年鄭人伐衛之怨。按《史記・衛世家》稱桓公十六年乃爲州吁所弑，則隱之二年當桓之世，州吁方弑桓而奪其國，豈反爲修怨而復仇乎？則指爲隱二年之怨，非是。當是莊公時舊怨，在春秋之前。隱二年伐衛，亦是修怨，非桓公始有怨，先君不得指桓。

以賦與陳蔡從。　服曰：「賦，兵也。以田賦出兵，故謂之賦。」《衛世家》注。

案：《國語・魯語》「悉帥弊賦」注、《淮南・要略》「悉索薄賦」注並云「賦，兵也」。《説文》：「兵，械也。」《荀子・大略》注：「兵，五兵也。」《詩・擊鼓》序疏：「古者謂戰器爲兵。」《昭十四年》「簡上國之兵」疏：「戰必令人執兵，因即名人爲兵也。」然則兵亦可通爲軍也。《周禮・小司徒》：「乃經土地而井牧其田野。九夫爲井，四井爲邑，四邑爲丘，四丘爲甸，四甸爲縣，四縣爲都，以任地事而令貢賦。」後鄭注云：「賦謂出車徒、給繇役也。《司馬法》曰：『六尺爲步，步百爲畮，畮百爲夫，夫三爲屋，屋三爲井，井十爲通。通爲匹馬，三十家士一人、徒二人。通十爲成，成百井，三百家革車一乘、士十人、徒二十人。十成爲終，終千井，三千家革車十乘、士百人、徒二百人。十終爲同，同方百里、萬井，三萬家革車百乘、士千人、徒二千人。』」賈氏公彦疏謂：「凡出軍之法，先六鄉；賦不止，次出六遂；賦猶不止，徵兵於公邑及三等采；賦猶不止，乃徵兵於諸侯，大國三軍，次國二軍，小國一軍，此軍等皆出於鄉遂；賦猶不止，則諸侯有徧境出之法，則千乘之賦是也。」又《論語》「道千乘之國」、《成元年》正義引鄭注云「成方十里，出革車一乘」，《小司徒》疏引鄭注「甲士三人、步卒七十二人」，與《周禮》注所引同是《司馬法》而甲士、徒卒之數異者，賈公彦曰：「彼是畿外邦國法，外内有異故也。」《大司馬》之職「凡令賦，以地與民制之」，後鄭注云：「賦，給軍用者也。令邦國之賦亦以地之美惡、民之衆寡爲制，如六遂矣。」若然，則甲士、徒卒數容有異，而以田賦出兵則上下通制也，故謂兵爲賦也。

使右宰醜涖殺州吁于濮。　服曰：「右宰醜，衛大夫。」同上。

案：《隱元年》傳正義曰：「注諸言大夫者，以其名氏顯見於傳，更無卑賤之驗，皆以大夫言之。其實是大夫與否未可知也。」凡賈、服注名氏見傳曰「某大夫」亦同此意，故後不復疏證之。

衛人逆公子晉于邢。　服曰：「邢，周公之胤，❶姬姓國。」同上。

案：《成六年》傳「凡、蔣、邢、茅，周公之胤也」，故賈云「周公之胤」。《禮記・大傳》疏引鄭《駁異義》曰：「賜稷姓曰姬。」邢爲周公之胤，是姬姓也。

❶「胤」，原避雍正諱作「允」，今回改，下同，不再出校。

春秋左氏傳賈服注輯述卷二

嘉興李貽德學

隱公

【五年經】公矢魚于棠。　賈曰：「棠，魯地。矢魚，陳魚而觀之。」《魯世家》注。

案：《續漢書·郡國志》山陽郡方與「有武唐亭，魯侯觀魚臺」，即其地也。「陳魚而觀」，傳文也。經「矢」傳「陳」者，《爾雅·釋詁》：「矢，陳也。」

考仲子之宮。　服曰：「宮廟初成祭之名爲考。將納仲子之主，考成以致其五祀之神，以堅之。」本疏。

案：云「宮廟」者，言凡人所居之宮與宗廟一也，然宗廟亦稱宮，則此「仲子之宮」是也。云考爲宮廟初成之祭者，《大戴禮記·釁廟篇》「成廟，釁之以羊」，盧辯注：「廟新成而釁者，尊而神之。」《雜記》云「釁屋者，交神明之道也」，考即釁也。《雜記》又曰「路寢成，則考之而不釁」，鄭注：「言路寢者，生人所居。不釁者，不神之也。」若然，則成廟曰釁，成寢曰考，似不得以考爲釁。然《詩·斯干》序云「考室也」，箋云「考，成也。德行國富，人民殷衆，而皆佼好，骨肉和親，宣王於是築宮廟群寢，既成而釁之」。彼疏云：「《雜記》之文，廟成則釁，寢成則考，此序言『考室』，箋得兼云『釁廟』者，此考之名，取義甚廣。猶《無羊》云『考牧』，非獨據一燕食而已，故知考室之言可以通釁廟。」服故亦以考爲釁也。「將納仲子之主」者，「納」本作「内」，《説文》：「内，入也。」《漢書·五行志》「迺作主」注：「主，廟主也。」《初學記》十三引《白虎通》：「祭所以有主者何？言神無所依據，孝子以主繼心焉。」《曲禮》疏引《異義》云：「祔而作主，謂桑主也。期年，然後作栗主。」《檀弓》疏引鄭《駁異義》云「練時既特作栗主」。《公羊·文二年》傳注：「主狀正方，穿中央，達四方。天子長尺二寸，諸侯長一尺。」時宫廟新主尚未入，故曰將納也。「考成以致其五祀之神」者，《周禮·肆師》「及其祈珥」，後鄭注：「祈，當爲進機之機；珥，當爲衈。機衈者，釁禮之事。」亦謂其宫兆始成時也。《小子》「珥于社稷，祈于五祀」，後鄭注：「珥，讀爲衈。祈，或爲『刉』。刉衈者，釁禮之事也。用毛牲曰刉，羽牲曰衈。衈刉社稷五祀，謂始成其宫兆時也。」按：兆，指社稷言；宫，指五祀言也。是宫廟考成當致五祀。《白虎通·五祀篇》：「五祀者，何謂也？謂門、户、井、竈、中霤也。所以祭何？人之所處出入、所飲食，故爲神而祭之。」又云：「祭五祀，天子、諸侯以牛，卿、大夫以羊，因四時祭牲也。一説：户以羊，竈以雞，中霤以豚，門以犬，井以豕。」《雜記》：「成廟則釁之，其禮：祝、宗人、宰夫、雍人皆爵弁、純衣，雍人拭羊，宗人視之，宰夫北面于碑南，東上。雍人舉羊升屋，自中，中屋南面，刲羊，血流于前，乃降。門、夾室皆用雞，先門而後夾室，其衈皆於屋下。割雞，門，當門，夾室，中室，有司皆鄉室而立。既事，宗人告事畢，乃皆退。」然則「升屋自中」，釁中霤歟？先門後夾室者，釁門户歟？

「堅之」者，《爾雅・釋詁》：「堅，固也。」《淮南・時則》「堅致爲上」注：「堅致，功牢也。」正義曰：「按《雜記》釁廟之禮，止有雞、羊，既不用樂，何由獻羽？敬事何神？考仲子之宫，唯當祭仲子耳，又安得致五祀之神乎？」知不然者，策書所列考宫一時事，獻羽又一時事，故傳云「考仲子之宫，將萬焉」。《廣雅・釋詁》：「將，欲也。」明是考成仲子之宫，將欲萬焉，非考時即獻羽也。服祇言釁廟之事，不及用樂，正義不得合併經文，以妄規之也。至致五祀之神，本之《小子職》，非服臆撰。孔氏所言，良未允矣。

傳 昭文章。 服曰：「《大司馬》曰：『仲秋教治兵，辨旗物之用。王載大常，諸侯載旂，軍吏載旗，師都載旜，鄉遂載物，郊野載旐，百官載旟，各書其事與其號焉。』」本疏。

案：《大司馬》注云：「軍吏，諸軍帥也；師都，遂大夫也；鄉遂，鄉大夫也。或載旜，或載物，衆屬軍吏，無所將也。郊，謂鄉遂之州長、縣正以下也。野，謂公邑大夫。載旐者，以其將羡卒也。百官，卿大夫也。載旟者，以其屬衛王也。凡旌旗，有軍旅者畫異物，無者帛而已。書當爲畫，事也、號也，皆畫以雲氣。」按《司常職》：「及國之大閲，贊司馬頒旗物。」其所建與仲秋不同者，《大司馬》「仲冬教大閲」注：「秋辨旗物，至冬大閲，簡軍實。凡頒旗物，以出軍之旗則如秋，以尊卑之常則如冬。大閲備軍禮，而旗物不如出軍之時空辟實。」正義曰：「大閲所建，尊卑之常；治兵所建，出軍之禮。此『三年治兵』與『秋教治兵』，其名既同，建當不異。故服解此引《司馬職》文，明是旌旗所建，用秋辨旗物之法。」

不登於俎。　服曰：「登，升也。」本疏。

不登於器。　服曰：「登，成也。」本疏。

案：「登，升」者，《周禮·羊人》「登其首」注：「登，升也。」《儀禮》注「升當爲登」，是升、登同也。登爲成者，《詩·嵩高》傳、《周禮·小司徒》注並云「登，成也」。服於上爲升，下爲成者，以骨角、毛羽飾器之物，不得言升，故據成義以釋，言飾之而後成矣。正義曰：「上登爲升，下登爲成，登不容異，且云『不成於器』，爲不辭矣。」按：服以升義難以下通，不能不異，若以不成於器爲不辭，《詩·皇矣》「誕先登于岸」箋「登，成也」，《昭三年》傳「以登於釜」注「登，成也」，鄭、杜並釋爲成，皆孔氏所疏，何不云「不辭」乎？

天子用八，諸侯用六，大夫四，士二。　服曰：「天子八八，諸侯六八，大夫四八，士二八。」《宋書·樂志》。

案：八八是六十四人，六八是四十八人，四八是三十二人，二八是一十六人。《宋書·樂志》載太常傅隆議云：「杜預注《左傳》『佾舞』云諸侯六六三十六人，常以爲非。夫舞者，所以節八音者也。八音克諧，然後成樂，故必以八人爲列，自天子至士降殺以兩。兩者，減其二列爾。預以爲一列又減二人，至士止餘四人，豈復成樂？服虔注傳，其義甚允。又《春秋》鄭伯納晉悼公女樂二八，晉侯以一八賜魏絳，此樂以八人爲列之證也。若如議者，惟天子八，則鄭應納晉二六，晉應賜絳一六也。自天子至士，其文物典章，尊卑差級，莫不以兩。未有諸侯既降二列，又列輒減二人，近降太半，非惟八音不具，於兩義亦乖，杜氏之謬可見矣。」傅氏之議如此。按《白虎通·禮樂篇》：「八佾者，何謂也？佾者，列也。以八人爲行列。」《楚辭・招魂》「二八接舞」王逸注：「二八，二列也。」《國語・晉語》「女樂二八」韋昭注：「八人爲佾，備八音也。」若然，即二八亦八人爲行列矣。服説是也。

而行八風。　服曰：「八卦之風：乾音石，其風不周；坎音革，其風廣莫；艮音匏，其風融；震音竹，其風明庶；巽音木，其風清明；離音絲，其風景；坤音土，其風涼；兑音金，其風閶闔。」本疏。

案：「八卦之風」者，《漢書・律曆志》「統八卦，調八風」，是八卦應八風也。「乾音石，其風不周」者，《易緯通卦驗》云「立冬，不周風至」，《淮南・天文》云「閶闔風至四十五日，不周風至」，高誘注：「乾卦之風也，爲磬也。」按：《説文》：「磬，樂石也。」故高曰「磬」，服曰「石」，其義同也。其乾之爲石者，《易・説卦》：「乾爲玉。」《詩・商頌・那》「依我磬聲」箋云「磬，玉磬」。《爾雅・釋樂》「大磬謂之毊」，郭注：「以玉石爲之。」是石即爲玉之義也。「坎音革，其風廣莫」者，《通卦驗》云「冬至廣莫風至」，《天文》云「不周風至四十五日，廣莫風至」，注：「坎卦之風也，爲鼓也。」《律曆志》云：「皮曰鼓。」《禮記・樂記》「鼓無當於五聲」疏：「鼓，革也。」《風俗通》「聲音革曰鼓」，是鼓即革也。其坎之爲鼓者，《樂記》「鼓鼙之聲讙」疏引崔氏説「鼓鼙爲坎」，故《詩・宛丘》「坎其擊鼓」，毛傳：「坎坎，擊鼓聲。」蓋諧音以應象也。「艮音匏，其風融」者，《通卦驗》云「立春，調風至」，《天文》云「距冬至四十五日，條風至」，注：「艮卦之風，一名融，爲笙也。」《白虎通・禮樂篇》「匏曰笙」，《周禮・太師》注、《禮器》注並云「匏，笙也」。《釋名・釋樂器》「笙，生也。竹之貫匏，象物貫地而生者也」，是笙屬匏也。匏之爲艮者，《説卦》：「艮爲果蓏。」《漢書・食貨志》「還廬樹桑，菜茹有畦，瓜匏果蓏」，應劭曰

「木實曰果，草實曰蓏」，張晏曰「有核曰果，無核曰蓏」，臣瓚曰「按木上曰果，地上曰蓏也」。《儀禮·既夕》疏：「蓏瓜，瓠之屬。」《論語·陽貨》集解、《廣雅·釋草》並云「匏，瓠也」，是匏屬艮也。「震音竹，其風明庶」者，《通卦驗》云「春分，明庶風至」，《天文》云「條風至四十五日，明庶風至」，注：「震卦之風也，爲管也。」《白虎通·禮樂篇》「竹曰管」，《律曆志》亦云「竹曰管」，是管即竹也。震之爲竹者，《説卦》「震爲蒼筤竹」，《九家易》云「蒼筤，青也。震陽在下，根長堅剛。陰爻在中，使外蒼筤也」，《風俗通》云「物貫地而牙，故謂之管」，是猶震陽在下，使外蒼筤也，故竹屬震也。「巽音木，其風清明」者，《通卦驗》云「立夏，❶清明風至」，《天文》云「明庶風至四十五日，清明風至」，注：「巽卦之風也，爲柷也。」其巽之爲木者，《説卦》云「巽爲木」是也。「離音絲，其風景」者，《通卦驗》云「夏至景風至」，注「離卦之風也，爲絃也」。《律曆志》「絲曰絃」，是絃即絲也。其離之爲絲者，《白虎通·禮樂篇》「琴在南方」，《説卦》云「離也者，明也，萬物皆相見南方之卦也」，《爾雅·釋樂》「大琴謂之離」，猶古義也。「坤音土，其風涼」者，《通卦驗》曰「立秋，涼風至」，《天文》云「景風至四十五日，涼風至」，注：「坤卦之風也，爲塤也。」《律歷志》「土曰塤」，《宋書·樂志》「土之屬塤」，是塤即土也。坤之爲土者，《莊二十二年》傳、《國語·晉語》並云「坤，土也」。「兑音金，其風閶闔」者，《通卦驗》云「秋分，閶闔至」，《天文》云「涼風至四十五日，閶闔風至」，注：「兑卦之風也，爲鍾也。」《郊特

❶「卦」，原作「外」，今據文義及續經解本改。

牲》「以鍾次之」注、《呂覽》「仲夏飭鍾磬」注並云「鍾，金也」，《白虎通・禮樂篇》、《楚辭・大招》「叩鐘調磬」注並云「金曰鐘」，是鐘即金也。兑之爲金者，《禮運》疏引《異義》云「西方兑」，《白虎通・五行篇》「金在西方」，是兑爲金也。《白虎通・禮樂篇》引《樂記》云：「壎，坎音也。管，艮音也。鼓，震音也。弦，離音也。鐘，兑音也。柷敔，乾音也。」惟弦、鐘與服合，餘不同者，師説異也。正義：「沈氏引《樂緯》云：『坎主冬至，樂用管；艮主立春，樂用塤；震主春分，樂用鼓；巽主立夏，樂用笙；離主夏至，樂用絃；坤主立秋，樂用磬；兑主秋分，樂用鐘；乾主立冬，樂用柷敔。』」亦與服説異。

叔父有憾於寡人。　服曰：「諸侯稱同姓大夫，長曰伯父，少曰叔父。」《詩・伐木》疏。

案：《禮記・曲禮》「天子同姓，謂之伯父」，又曰「同姓謂之叔父」，以國之大小判也。《詩・伐木》傳：「天子謂同姓諸侯、諸侯謂同姓大夫，皆曰父。」此稱叔父，而莊十四年鄭厲公謂原繁爲伯父，是稱伯父、叔父矣。「長曰伯父，少曰叔父」者，《孟子》「不挾長」趙注「長，年長」，《漢書・賈誼傳》集注「少謂年少」。《儀禮・覲禮》：「天子稱同姓大國曰伯父，小邦曰叔父。」若大夫無大小之差矣，故當以年長少爲次。

六年經　宋人取長葛。　賈、服曰：「長葛不繫鄭者，刺不能撫有其邑。」本疏。

案：《五年》經「宋人伐鄭，圍長葛」，則長葛宜繫之鄭。《周禮・天官》注：「繫，綴也。」此云「不繫」，言無所綴屬也。《襄十三年》傳例曰：「凡書『取』，言易也。」使鄭能拊循其民，與之固守，宋豈易言取乎？惟忽視其邑，故敵能取之甚易。不稱鄭，蓋刺之耳。

傳 鄭人來渝平。　服曰：「公爲鄭所獲，釋而不結平，於是更爲約束以結之，故曰渝平。」本疏。

案：隱公爲鄭所獲，見《十一年》傳。「釋而不結平」者，《淮南・本經訓》注、《小爾雅・廣言》並云「釋，解也」，謂公於鄭解怒也。《説文》：「結，締也。」《楚辭・招魂》注：「結，連也。」言公雖已釋怨，未嘗結好，於是更爲約束以結之。「更」即傳曰「更成也」。《釋名・釋書契》：「約，約束之也。」《周禮・秋官》序官注：「約，言語之約束。」又《司約》「凡大約劑，書于宗彝」注：「大約劑，邦國約也。書于宗廟之六彝，欲神監焉。」又《司盟》「凡邦國有疑，❶則掌其盟約之載」注：「有疑，不協也。」計公立時，鄭人當有求成之舉，經不書者，如「宋人之求成」，亦不書也。是時鄭以公舊怨雖釋，非約束無以徵信，故「來渝平」。正義以公自逃歸，非鄭所釋，譏服不知。服自以釋解公之釋怨，非言鄭之釋公也。所以知公釋怨者，《四年》傳「諸侯復伐鄭，宋公使來乞師，公辭之」，則公之怨解矣。「羽父請以師會之」，非公意也，故經書「翬帥師」，惡專且逆公命也。

七年經 叔姬歸于紀。　賈曰：「書之者，刺紀貴叔姬。」本疏。

---

❶ 「疑」下，《周禮注疏》有「會同」二字。

案：《易·歸妹》釋文、《詩·葛覃》傳、《論語·八佾》注並云「婦人謂嫁曰歸」。叔姬，伯姬之娣。《公羊傳》：「諸侯娶一國，則二國往媵之，以姪娣從。姪者何？兄之子也。娣者何？弟也。」《白虎通·嫁娶篇》：「《春秋傳》曰：『二國來媵。』可求人爲士，不可求人爲妾何？士即尊之漸，賢不止於士。妾雖賢，不得爲適。」《釋名·釋親屬》：「姪娣曰媵。媵，承也，承事嫡也。」若然，則媵，賤者也。《釋例》稱劉、賈云「《春秋》之序，三命以上乃書於經」，内外相比不得書歸明矣。今紀侯既貴重之，故經特變其例，以書於策，蓋所以刺之也。

傳 初，戎朝于周，發幣于公卿，凡伯弗賓。　服曰：「戎以朝禮，及公卿大夫，發陳其幣，凡伯以諸侯爲王卿士，不脩賓主之禮，敬報于戎。」《儀禮·覲禮》疏。

案：「戎以朝禮」者，《周禮·大宗伯》「春見曰朝」，《禮記·王制》「天子無事與諸侯相見曰朝」，《經解》「聘覲之禮廢」，則朝禮即覲禮，言戎時來朝于周也。「及公卿大夫」者，《昏義》「天子立三公九卿，二十七大夫」，《王制》「天子之三公視公侯，卿視伯，大夫視子男」，《射義》「《騶虞》，樂官備也」，蓋言此也。「發陳其幣」者，《儀禮·聘禮》注「幣，謂束帛也」，《覲禮》疏云「《聘禮》享君訖，尚有幣問卿大夫。此諸侯覲天子，享天子訖，亦當有幣問公卿、大夫」。按《聘禮》：「擯者出請事。賓面，如覿幣。賓奉幣，庭實從，入門右。大夫辭，賓遂左。庭實設，揖讓如初。大夫升一等，賓從之。大夫西面，賓稱面。大夫對，北面當楣再拜，受幣于楹閒，南面，退，西面立。賓當楣再拜送幣，降，出。

大夫降，授老幣。」即服所云「發陳其幣」是也。《覲禮》文不具，以《聘禮》互證知之。「凡伯以諸侯入爲王卿士」者，《顧命》「芮伯」「畢公」、《詩・淇澳》序疏引鄭注云「芮伯入爲宗伯，畢公入爲司馬」。《尚書今古文疏》云「入者，蓋衛是畿外諸侯，召、芮、彤、畢、毛亦俱畿内諸侯，而皆爲王朝公卿，故言入」。《詩・淇澳》序「衛武公入相于周」，《國語・鄭語》「鄭桓公爲周司徒」，《左傳》「鄭武公、莊公爲平王卿士」，古有其制也。傳云「凡、蔣、邢、茅、胙、祭，周公之胤也」，是封建爲侯而入爲王朝卿士也。卿士者，《隱元年》傳賈注：「六卿之有事者也。」「不脩賓主之禮，敬報于戎」者，《國語・晉語》「不脩天罰」注：「脩，行也。」《鄉飲酒義》：「賓者，接人以義者也。主人者，接人以仁者也。」《曲禮》：「其次務施報。」戎既奉幣私面，則凡伯宜敬報之。「敬報」之文，《覲禮》亦不具，以《聘禮》證之，有大夫餼賓介禮，有大夫饗食賓介禮，今凡伯不行此禮，是弗賓也。

歃如忘。　服曰：「如，而也。」《釋文》。○本疏無「也」字。「似臨歃而忘其盟載之辭，言不精也。」本疏。

案：《莊七年》經「星隕如雨」，《論衡・增藝》作「星隕而雨」。《孝經》「高而不危，滿而不溢」，漢《脩堯廟碑》作「高如不危，滿如不溢」。《宋書・樂志》題作「艾如張」，辭作「艾而張」，是如即而也。

八年傳　先配而後祖。　賈曰：「配，成夫婦也。禮：齊而未配，三月廟見，然後配。」本疏。服曰：「大夫以上無問舅姑在否，皆三月見祖廟，之後乃始成昏。故譏鄭公子忽先爲配匹，乃見祖廟也。」《禮記・曾子問》疏。

案：「配成夫婦也」者，「配」與「妃」義同。《爾雅・釋詁》：「妃，匹也。」《詩・皇矣》「天立厥配」傳：

「配，媲也。」《易·家人》「男正位乎外，女正位乎内」，是必成夫婦之位，乃得曰「配」。故《曲禮》云「天子之妃曰后，諸侯曰夫人，大夫曰孺人」。孔子曰：「必也，正名乎！」未正名不得稱配，故曰「配，成夫婦也」。「禮齊而未配」者，《禮記·郊特牲》「壹與之齊」注：「謂共牢而食，同尊卑也。『齊』或爲『醮』。」然對筵伊始，婦禮未成，不得言「配」。《儀禮·士昏禮》：「若舅姑既没，則婦入三月，乃奠菜。祝帥婦以入告，稱婦之姓，曰『某氏來婦，敢奠嘉菜于皇舅某子』。」賈公彦曰：「若舅殁姑存，則當時見姑，三月亦廟見舅。若舅存姑殁，婦人無廟可見。」推賈氏之意，舅存者當不廟見，其實此係士禮，若士以上未有三月不見祖廟者。《曾子問》：「三月而廟見，稱來婦也。擇日而祭于禰，成婦之義也。」上是廟見，下是祭禰，明是兩事。鄭注：「三月廟見，謂舅姑既殁者也。」蓋據《士昏禮》以釋，非禮意也。《白虎通·嫁娶篇》：「婦入三月，然後祭行。舅姑既殁，亦婦入三月，奠采于廟。」是「三月祭行」爲廟見之事，「三月奠采」爲舅姑既殁之事，以「亦」字别之，明是兩事。而《士昏禮》不言見祖廟者，《王制》「士一廟」注雖據《祭義》云「上士二廟」，然據本文，是統言士，則一廟其常制也。一廟則不得有祖廟，故《士昏禮》祇奠采于舅姑而止。其必廟見然後配者，《哀公問》「合二姓之好，以繼先聖之後，以爲宗廟之主」。又《祭統》：「既内自盡，又外求助，昏禮是也。故國君取夫人之辭曰：『請君之玉女，與寡人共有敝邑，事宗廟。』」蓋娶婦以奉承祭祀爲重。苟性不柔順，又有七出以濟其變，《雜記》「妻出，夫使人致之曰『某不敏，不能從而共粢盛，使某也敢告於侍者』」是也。《白虎通·嫁娶篇》：「三月一時，物有成者，人之善惡可得知也，然後可得事宗廟之禮。」是必廟見之後，乃得成婦，乃可稱「配」。《曾子問》「女未廟見而死，歸葬于女氏之黨，示未成婦也」，則廟見成婦矣。《桓二年》傳「嘉耦曰妃」，則怨耦不得稱配矣。是以《哀公問》曰：「足以配天地之神明。」鄭注：「夫婦配，天地有日月之象焉。」《文公二年》傳「娶元妃以奉粢盛」，妃即配也。服義與賈同。曰「大夫以上」者，别士言之也。曰「無論舅姑在否」者，非如《士昏禮》「舅殁則奠菜，舅存則否」也。必三月廟見之後，乃始成婦者，即《曾子問》「三月而廟見，稱來婦」之義也。今公子忽先配後祖，故鍼子譏之。又按《詩·葛屨》「摻摻女手」，傳「婦人三月廟見，然後執婦功」，箋云「言女手者，未三月，未成爲婦」。《曾子問》疏引熊氏曰：「如鄭義，則從天子以下至於士，皆當夕成昏，舅姑殁者三月廟見。」賈、服謂「三月始成昏」，與鄭義異也。

諸侯以字。　服曰：「公之母弟，則以長幼爲氏，貴適統，伯、仲、叔、季是也。庶公子則以配字爲氏，尊公族，臧氏、展氏是也。」本疏。

案：「公之母弟」者，《宣十七年》傳：「凡太子之母弟，公在曰公子，不在曰弟。凡稱弟，皆母弟也。」蓋謂與太子同母也。「以長幼爲氏」者，《翻譯名義》一引《西域記》云「氏者，所以別子孫之所出也」，是子孫出於嫡夫人者，則以長幼爲氏。《爾雅·釋親》：「男子先生爲兄，後生爲弟。先生後生，長幼之别也。」《儀禮·士冠禮》「伯某甫，仲、叔、季惟其所當」鄭注：「伯、仲、叔、季，長幼之稱。」生以爲字，死即爲氏矣。」「貴適統」者，《詩·江有汜》序釋文云「嫡，正夫人也」，嫡與適同。《書·周官》疏引《周禮》「以統百官」馬注、《易》「乾乃統天」釋文引鄭注並云「統，本也」。蓋公之母弟，則爲適夫人所出，當重其本，以長幼爲氏，明其所生之次第也。《白虎通·姓名篇》：「適長稱伯，庶長稱孟。」《釋名·釋親屬》「弟，第也，相次第而生也」。是仲、叔、季統於伯之後，凡適所生者，乃如此稱。庶長以下則否矣。《郊特牲》「適子冠於阼，冠而字之，敬其名也」，則《儀禮》所稱「伯某甫、仲、叔、季」者，專指適子之次第言之。《冠禮》：「庶子冠于房外，遂醮焉。」其無字辭明矣，其字辭所稱伯、仲、叔、季之不繫於庶子益明矣。若然，魯公子牙，杜氏《世族譜》云「慶父同母弟」，則庶子矣，何得稱叔牙？何得稱叔？孫氏曰：「杜氏之説，雖自《世本》，不足據也。」觀莊公問後先問叔牙，蓋以母弟至親，故首問大計，而叔牙即以慶父爲對，無有嫌疑。若果爲慶父同母弟，公何以舍慶父而問叔牙，且叔牙亦不自知引嫌乎？然則以長幼爲氏者，必公之母弟，故舉伯仲叔季以申明之也。庶公子則以配字爲氏者，《大傳》「其庶姓别於上」疏：「庶，衆也。」《白虎通·姓名篇》：「諸侯之子稱公子。」《士冠禮》注：「名者質所受，❶冠成人，益文。」賈公彦曰：「益文者，對名是受於父母爲質，字者受於賓爲文。」庶公子以字爲氏。配者，合也，言其所配字後以爲氏也。「尊公族」者，《仲尼燕居》疏：「族，屬也。」公族，言屬體於公，與「繫統於適」爲對文耳。「臧氏、展氏」者，杜《世族譜》云「公子彄，字子臧，孝公子。司空無駭，公子展之子」。❷是「臧」「展」爲二公子之字，其後爲臧氏、展氏，故舉以爲

❶ 「受」下，《儀禮注疏》有「于父母」三字。

❷ 下「子」字，《春秋左傳正義》作「孫」。

例也。

則有官族，邑亦如之。　服曰：「異姓，宋司城，韓、魏是也。」本疏。

案：《桓六年》傳：「宋以武公廢司空。」服云：「武公，名司空，廢爲司城。」是司城，宋司空也。子罕爲司城，後以爲氏，服舉以證官族。正義曰：「宋司城自爲樂氏，不以司城爲族。」知不然者，《春秋》有兩稱氏者，如知罃一人也，又稱荀罃；趙午一人也，又稱邯鄲午；士會一人也，傳稱「范武子」，《檀弓》又稱爲「隨武子」。如此類者，不可枚舉，則樂氏可別爲司城也。「韓、魏」者，《桓三年》傳「韓萬御戎」，韓，其食采地。《閔元年》傳：「晉滅魏，以魏賜畢萬。」其後即以韓、魏爲氏，舉以證「邑亦如之」也。司城即樂氏。《成十六年》傳注：「樂懼，戴公六世孫。」韓萬，正義引《世本》曰：「韓萬，莊伯子。」畢萬，《史記・韓世家》「畢公高之後，於周爲同姓」，則亦與晉爲同姓。若然，則樂氏爲宋之同姓，韓、魏爲晉之同姓，而服云「異姓」，當是傳寫之誤。

九年傳　敗不相救。先者見獲，必務進。　服曰：「言必不往相救。先者見獲，各自務進，言其貪利也。」本疏。

案：「言必不往相救」者，《穀梁》僖元年傳注：「救，赴急之意。」言戎人不往赴其急也。「先者見獲，各自務進」者，《說文》：「先，前進也。」《一切經音義》六引《廣雅》：「務，遽也。」謂前進者，見有所獲，則遽進。「言其貪利」者，釋「見獲」「務進」也。《墨子・經上》：「利者，貪所得也。」得即獲也。

正義引作「先者見獲，言必不往相救，各自務進，言其貪利也」，而規之曰：「其言見獲者，當謂戎被鄭獲也。鄭人速去以誘之，安得獲戎也？在先者已被鄭獲，重進者將復爲虜，各自務進，欲何所貪，而云『貪利』也？此則不言可解，無故以解亂之。」今尋繹服意，「言必不往相救」，自釋上文「敗不相救」，「先者見獲，各自務進」，自述傳文，「言其貪利也」，乃釋「見獲」「務進」之旨。兩稱「言」字，是分詁上下文，可證孔氏所見本「先者見獲」句誤倒於「言必不往相救」之前，因滋疑義。今爲更正，知服氏所釋未爲訛也。《魏書・徐遵明傳》：「又知陽平館陶趙世業家有《服氏春秋》，是晉世永嘉舊本，乃往讀之。」河北徧習服義，而善本寶貴如此，知傳寫舛誤，由來久矣。

十一年傳 争長。　服曰：「先登授玉。」《儀禮・覲禮》疏。

案：「先登授玉」，謂争先升堂授玉也。《周禮・司儀》：「凡諸公相爲賓。及廟，賓三揖三讓。登，再拜。授幣，賓拜送幣。」後鄭謂：「授幣當爲受幣。」以下云「賓送幣」，則上爲「主受幣」矣。彼言「送幣」，而此言「授玉」者，《小行人》：「合六幣：圭以馬，璋以皮，璧以帛，琮以錦，琥以繡，璜以黼。」是幣必有玉也，故鄭注「再拜，授幣」云「主人拜至，且受玉也」。登之先後，禮無明文。《儀禮・覲禮》「諸侯前朝，皆受舍于朝。同姓西面北上，異姓東面北上。」注：「分别同姓、異姓，受之將有先後也。」受舍之先後，以同、異姓别之，則受玉之先後亦當如是矣。今薛侯不循往制，故争先登。

周之宗盟。　賈曰：「宗，尊也。」本疏。〇《路史・前紀》八。服曰：「宗盟，同宗之盟。」本疏。

案：以宗爲尊者，《詩・鳧鷖》傳云「宗，尊也」，《儀禮・喪服傳》「大宗者，尊之統」，《白虎通・宗族篇》：「宗者，尊也。爲先祖主者，宗人之所尊也。」是宗盟者，言盟之所尊也。服言「同宗之盟」者，《國語・晉語》注「宗，本宗也」，《白虎通・宗族篇》「大宗能率小宗，小宗能率群弟，所以紀理族人者也」，《禮記・祭義》：「周人貴親而尚齒。」故盟有異姓而曰同宗之盟，以貴者統之耳。正義曰：「服之言得其旨矣。而孫毓難服曰：❶『同宗之盟則無與異姓，何論先後？若通共同盟，則何稱於宗？』斯不然矣。天子之盟諸侯，令其共奬王室，未聞離逖異姓，獨與同宗者也。但周人貴親，先叙同姓，以其篤於宗族，故謂之『宗盟』。」猶公與族燕，非無異姓，而亦祇稱「族燕」，何得輕以相詆也。

潁考叔挾輈以走。　服曰：「考叔挾車轅、筆馬而走。」本疏。

案：《考工記》「輈人爲輈」注：「輈，車轅也。」《儀禮・既夕》「薦車，直東榮，北輈」注：「輈，轅也。」《方言》九：「轅，楚、衛之閒謂之輈。」《詩・小戎》疏云：「轅，從軫以前稍曲而上，至衡而嚮下句之。」《釋名・釋車》：「轅，援也，車之大援也。」爲車之援，故可挾。《國語・吴語》注：「在腋曰挾。」「筆馬而走」者，《説文》：「筆，擊馬也。」《攷工記・車人》「凡爲轅」疏「一轅，兩服馬在轅外」，故擊馬而走，欲其捷也。

使營菟裘，吾將老焉。　服曰：「菟裘，魯邑。以作宮室，欲居之以終老也。」《魯世家》注。

❶「毓」，原作「疏」，據《春秋左傳正義》改。

案：《續漢書·郡國志》「泰山郡」：「梁甫有菟裘聚。」劉昭注引此文，是魯邑也。《爾雅·釋宫》「宫謂之室，室謂之宫」，注「皆所以通古今之異語」，邵氏正義：「散文言之，古者宫、室通名。《詩·定之方中》『作于楚宫』，又云『作于楚室』，傳：『室，猶宫也。』《孟子》『爲巨室』，趙岐注：『巨室，大宫也。』是天子、諸侯所居宫室也。」「作」者，《後漢書·樊準傳》注：「作，謂營作也。」「欲居之以終老」者，《周禮·太史》注「居，猶處也」，《禮記·禮運》「老有所終」，《疾醫》注：「老者曰終。」言欲處此以終其老也。

而禱于其主鍾巫。　賈曰：「鍾巫，祭名。」同上。

案：「鍾巫，祭名」者，言所祭巫神名鍾也。《淮南·精神訓》「鄭之神巫」高注：「神在女曰巫。」《漢書·郊祀志》「巫社、巫祠」，師古曰：「皆古巫之神也。」又「巫保、巫先」注：「巫保，神名。巫先，巫之最先者也。」是古所祭之神，有名巫矣。

館于寪氏。　服曰：「館，舍也。寪氏，魯大夫。」同上。

案：《周禮·委人》「凡軍旅之賓客館焉」注、《儀禮·聘禮》「及館」注並云：「館，舍也。」《易·屯》釋文：「舍，止也。」《漢書·高紀》注：「舍，息也。」言止息於寪氏也。寪氏，《史記·魯世家》作「蔿氏」，錢氏大昕云：「蔿、薳古通用。孟僖子有薳氏之簉，其即蔿氏之後乎？」

春秋左氏傳賈服注輯述卷三

嘉興李貽德學

桓　公

【元年傳】宋華父督。　服曰：「戴公之孫。」《宋世家》注。

案：正義引《世本》云「華父督，宋戴公之孫，好父説之子」。

目逆而送之。　服曰：「目者，極視精不轉也。」同上。

案：「極視精不轉」者，《漢書·溝洫志》注、《楚詞·大司命》注並云「極，窮也」。《淮南子·主術訓》注：「睛，目童子也。」古「睛」作「精」，《説文》「眹，目精」是也。《漢書·高帝紀》注、《文選·拜中軍記室辭隋王牋》注引《莊子》司馬彪注並云：「轉，運也。」「極視精不轉」，言窮視之至目精不運轉也。

【二年經】宋督弒其君。　賈曰：「督有無君之心，故去氏。」《釋例·氏族例》。

案：傳曰：「君子謂督有無君之心。」賈據之。《隱七年》傳：「諸侯以字爲謚，因以爲族。」督爲華氏，受於君也。今督既無君，故經不稱華督，見去其受於君者之氏，以著無君也。

以成宋亂。　服曰：「成就宋亂。」本疏。

案：《詩・樛木》傳：「成，就也。」《爾雅・釋詁》：「就，成也。」是成、就互訓。傳云「會于稷，以成宋亂，爲賂故，立華氏也」。宋亂由華，納賂立之，昧討賊之義，經特書之，以成就宋亂，實由公也。

會于鄧。　賈、服曰：「鄧，國也。言蔡、鄭會於鄧之國都。」本疏。

案：《説文》：「鄧，曼姓之國，今屬南陽。」《漢書・地理志》「南陽郡鄧」自注「故國」，應劭曰：「鄧，侯國。」《公羊傳》云「離不言會，此其言會何？鄧與會爾」。是以鄧爲國，爲賈、服所本。《左傳》云「始懼楚也」，蔡、鄭、鄧皆近楚之國，鄧爲地主，蔡、鄭就往會之，故於鄧國都也。

傳十一戰。　賈曰：「十一戰：一戰，伐鄭，圍其東門；二戰，取其禾；三戰，取邾田；四戰，邾、鄭伐宋，入其郛；五戰，伐鄭，圍長葛；六戰，鄭以王命伐宋；七戰，魯敗宋師於菅；八戰，宋、衛入鄭；九戰，伐戴；十戰，鄭入宋；十一戰，鄭伯以虢師大敗宋。」《宋世家》注。服曰：「與夷，隱四年即位。一戰，伐鄭，圍其東門；再戰，取其禾，皆在隱四年。三戰，取邾田；四戰，邾、鄭入其郛；五戰，伐鄭，圍長葛，皆在隱五年。六戰，鄭伯以王命伐宋，在隱九年。七戰，公敗宋師於菅；八戰，宋、衛入鄭；九戰，宋人、蔡人、衛人伐戴；十戰，戊寅，鄭伯入宋，皆在隱十年。十一戰，鄭伯以虢師大敗宋師，在隱十一年。」本疏。

案：賈、服義同，皆詳言十一戰之實也。

是以清廟茅屋。　賈曰：「肅然清静，謂之清廟。」《詩·靈臺》疏。

案：《後漢·張衡傳》注：「肅肅，清也。」《素問·五常政大論》注：「肅，清也，静也。」是肅然狀清静也。《論語·微子》馬注：「清，純潔也。」《國語·周語》注：「静，潔也。」以見名清廟，取其潔也。

大路越席。　服曰：「大路，總名也，如今駕駟高車矣，尊卑皆乘之，其采飾有差。」《續漢書·輿服志》注。「大路，木路。」本疏。「祀天車也。越席，結括草以爲席也。」《史記·禮書》注。

案：大路不得爲總名，「大」字疑衍。「路，總名也」者，《詩·汾沮洳》傳「路，車也」，《廣雅·釋器》「輅，車也」，《荀子·哀公篇》注「路，王者之車，亦車之通名」，是路爲總名也。「如今駕駟高車矣，尊卑皆乘之」者，以漢法况也。《詩·清人》箋「駟，四馬也」，《續漢·輿服志》注引徐廣曰「立乘曰高車」，《晉書·輿服志》「車倚乘者，亦謂之高車」，《漢書·高祖紀》如淳注「律：四馬高足爲置傳，四馬中足爲馳傳，四馬下足爲乘傳」，《元帝紀》「賜宗室有屬籍者，馬一匹至二駟」，《朱買臣傳》「拜會稽太守，長安廐吏乘駟馬車來迎，遂乘傳去」，《續漢·輿服志》云「餘皆駕四，後從爲副車」，又曰「大使車，立乘，駕駟」，又《禮儀志》云「立秋之日，太宰令、謁者各一人，載獲車，馳駟送陵廟」，是漢法駕駟高車，尊卑同之，以况路爲總名也。「其采飾有差」者，《漢書·景帝紀》云：「令長吏二千石，車朱兩幡；千石至六百石，朱左幡。」《續漢·輿服志》云：「景帝中元五年，始詔六百石以上施車幡，得銅五末，軛有吉陽筩。中二千石以上右騑，三百石以上皂布蓋，千石以上皂繒覆蓋，二百石以下白布蓋。」劉昭注引《古今注》曰：「武帝天漢四年，令諸侯王大國朱輪，特虎居前，左兕右麋；小國朱輪，畫特熊居前，寢麋居左右。」是采飾爲尊卑之差也。「大路，木路」者，《禮記・禮器》「大路素而越席」注引《明堂位》「大路，殷路也」，《明堂位》注云「大路，木路也」，《周禮・巾車》注：「木路不輓，以革漆之而已。」「祀天車」者，《禮記》疏云：「大路，殷家祭天車也。」按：《巾車》「玉路以祀」，則大路宜指玉路矣。服不然者，《郊特牲》「乘素車」注：「素車，殷路也。」魯公之郊用殷禮也。今臧哀伯以魯禮誨君宜以木路，故服不從《周禮》也。「越席，結括草以爲席」者，《禮運》「與其越席」注：「越席，翦蒲也。」此言「結括草」者，《禮運》釋文：「『越』，字書作『趏』。」其實當作「鞂」。《禮器》「莞簟之安而稾鞂之設」注：「穗去實曰鞂。《禹貢》：『三百里鞂服。』」今本作「秸服」。《説文》：「稭，禾稾去其皮，祭天以爲席也。」《玉篇》作「鞂」，云「祭神席也。秸，同上」，則「鞂」「秸」一字。「括草」即「鞂草」，字書作「趏」，亦因「括」轉也，言結此草爲席也。

藻、率。　服曰：「藻，畫藻；率，刷巾。禮有刷巾。」本疏。

案：「藻，畫藻」者，《周禮・司几筵》「加繅席」注：「鄭司農云『繅讀爲藻率之藻』。」《典瑞》注：「繅有五采文，所以薦玉，木爲中幹，用韋衣而畫之。」鄭司農仍讀爲『藻率』之『藻』。」賈疏云：「藻是水草之文，故讀从之也。」是「畫藻」者，言五色采如水藻之有文也。《説文》「帥」云「佩巾，从巾，𠂤聲」，「帨」云「帥或从兑」，古「帥」「率」通。《周禮・樂師》故書「帥」爲「率」，《聘禮》古文「帥」皆作「率」，然則「率」即「帥」，服云「刷巾」即《説文》之「佩巾」。《爾雅》：「刷，清也。」《説文》「刷，括也」，又云「拭也」。《儀禮・士冠禮》注：「巾所以拭汙垢。」

鞶、厲、游、纓。　賈、服曰：「鞶，大帶。厲，大帶之垂者。」本疏。○按杜注：「鞶，紳帶也。一名大帶。厲，大帶之垂者。」孔疏：「賈、服等説鞶、厲皆與杜同。」《禮記・内則》疏引服云「鞶，大帶」，無紳帶之訓，賈、服文多同，故今節取杜文爲賈、服義焉。「纓如索帬，今乘輿大駕有之。」本疏。

案：《易・訟》「或錫之鞶帶」，《釋文》引馬注「鞶，大也」，虞注「鞶帶，大帶」，正義曰：「『上帶爲革帶，故云鞶。』『厲，帶之垂』者，服蓋用毛公《詩傳》説也。正義曰：『大帶之垂者，名之爲紳，而復名爲厲者，紳是帶之名，厲是垂之貌。《詩》稱『垂帶而厲』，是厲爲垂貌也。』」「纓如索帬，今乘輿大駕有之」者，《巾車》先鄭注「纓謂當胸。《士喪禮》下篇曰：『馬纓三就。』禮家説曰：『纓，當胸，以削革爲之』」，後鄭謂「今馬鞅」，賈公彦疏：「纓是夾馬頸，故以今馬鞅解之。」按杜預傳注曰「纓在馬膺前，如索帬」，亦與服説同。陳氏《禮書》曰：「纓，蓋用組爲之，與冠纓同，其有十二就、九就、七就、五就之别者。五采一匝爲就，與圭繅、冕旒之就同。鄭司農以《士喪》『馬纓三就』謂『削革三重』，康成謂『纓以五采罽飾之』，殆不然矣。」陳蓋援杜「索帬」之説，以斥二鄭也。索帬，魏、晉間常服。束皙《近游賦》：「親里往來服索裙。」服蓋舉時制以況也。「今乘輿大駕有之」者，《獨斷》「天子車馬、衣服、器械、百物曰乘輿」，又云「天子出有大駕」，《晉書・輿服志・乘輿》「繁纓赤罽易茸，金就十有二」，注「繁纓，馬飾，纓在馬膺前，如索帬」，是與服説合也。

錫、鸞、和、鈴。　服曰：「鸞在鑣，和在衡。」《史記・禮書》注。

案：「鸞」本作「鑾」，《説文》「鑾，人君乘車四馬鑣，八鑾鈴，象鸞鳥之聲和則敬也」，故「鑾」又通

「鸞」。《廣雅·釋器》：「鑾，鈴也。」《文選·上林賦》「鳴玉鸞」注：「鸞，鈴也。」「鑣」，《說文》：「馬銜也。」《爾雅·釋器》：「鑣謂之钀。」《釋名·釋車》：「鑣，苞也，在傍苞斂其口也。」《詩·碩人》傳：「人君以朱纏鑣扇汗。」《釋文》云：「一名扇汗，又曰排沫。」《楚詞》「靈懷斷鑣，銜以馳騖兮」，注：「鑣，勒也。」《廣雅·釋器》：「和，鈴也。」《荀子·正論》「和鸞之聲」，注：「和，車上鈴也。」《禮·經解》注：「鸞、和皆鈴也，所以爲車行節也。」「衡」，《漢書·揚雄傳》注：「衡，轅前橫木也。」《論語·爲政》包注：「衡，軶也。」按：鸞、和所在，傳注各異，《禮·經解》注引《韓詩内傳》曰「鸞在衡，和在軾前」。《周禮》「大馭」注：「鸞在衡，和在軾，皆以金爲鈴。」《吕覽·孟春》注：「鸞鳥在衡，和在軾，鳴相應和。後世不能復致，鑄銅爲之，飾以金，謂之『鸞輅』也。」《大戴禮·保傅篇》云：「在衡爲鸞，在軾爲和。」《續漢書·輿服志》注引《魯詩訓》云：「和，設軾者也；鸞，設衡者也。」諸家並以鸞衡、和軾爲義。然《詩·駟鐵》云「輶車鸞鑣」，是鸞之在鑣，《詩》有明文。《蓼蕭》毛傳「在鑣曰鑾」，《文選·思玄賦》注「鸞，鑣也」；傅玄《乘輿馬賦》注「鸞在馬勒鑣」，則鸞之在鑣明矣。後鄭用韓、魯《詩》説以注《禮記》《周官》，而其箋《詩·烈祖》篇則云「鸞在鑣」，蓋鄭注《禮》在先，後箋《毛》，知毛義爲長，故改從毛。今此服亦本諸《毛詩》説也。正義曰：「案《攷工記》『輪崇，車廣，衡長，參如一』，則衡之所容，惟兩服馬耳。《詩》辭每言『八鸞』，當謂馬有二鸞。鸞若在衡，衡惟兩馬，安得置八鸞乎？以此知鸞必在鑣。鸞既在鑣，則和當在衡。」《詩·載見》傳「和在軾前」，與《韓詩》同，軾之前蓋衡也。《蓼蕭》傳「在軾曰和」與《載見》傳異者，毛以在軾即是軾前也。《漢書·五行志》注：

「和，鈴也，以金爲之，施于衡上。鸞亦以金爲鸞鳥而銜鈴焉，施于鑣上。」正與服義相發明。

三辰旂旗。　服曰：「三辰，日、月、星也。」《詩・大明》疏。○《儀禮・覲禮》疏引略同。○恭冕謹按：《詩疏》引此注下云：「謂之辰者，辰，時也。日以照晝，月以照夜，星則運行於天，民得取其時節，故謂之辰也。」金谿王氏、陽湖洪氏皆取爲服注文。予案：《左傳疏》解「三辰」云：「謂之辰，辰，時也。日以照晝，月以照夜，星則運行於天，昏明遞帀而正，所以示民早晚，民得取爲時節，故三者皆爲辰也。」與《詩疏》略同，不言服義，然疏多乾没舊注。附識於此，以俟考焉。「旂旗，」二字以意補。九旂之總名。」《儀禮・覲禮》疏。

案：「三辰，謂日、月、星」者，《周禮・春官》「凡以神仕者，掌三辰之灋」，後鄭注云「日、月、星辰，其著位也」，《後漢・鄭興傳》《仲長統傳》注並云：「三辰，日、月、星也。」《司常》曰「日、月爲常」，不言晝星；《穆天子傳》稱「天子葬盛姬，建日月七星」，是《司常》不言星者，統于日月也。「旂旗爲九旂之總名」者，《司常》「掌九旗之物名，日月爲常，交龍爲旂，通帛爲旜，雜帛爲物，熊虎爲旗，鳥隼爲旟，龜蛇爲旐，全羽爲旞，析羽爲旌」，是九旗也。服云：「九旂」即《司常》「九旗」。《爾雅釋文》：「旂又作旗。」是旂、旗通也。服以旂旗爲九旂之總名，如《爾雅・釋天》亦以旌旂題上事也。

遷九鼎于洛邑。　服曰：「今河南有鼎中觀。」《尚書・召誥》疏。

案：《續漢書・郡國志》「河南郡」：「河南，周公時所城雒邑也。春秋時謂之王城。」服云「今河南」，即雒邑也。《續漢書》又云「東城門名鼎門」，劉昭注補引《帝王世紀》曰：「武王定鼎雒陽西南雒水北鼎中觀是也。」❶鼎中觀當是安鼎舊址，故服亦舉目見以明所在也。

師服。　賈曰：「晉大夫。」《晉世家》注。

士有隸子弟。　服曰：「士卑，自其子弟爲僕隸。」《儀禮・既夕》疏。

案：《王制》「其有中士、下士者」注「《春秋傳》謂士爲微」，是士卑也。子弟者，對父兄稱之也。士卑禄微，不足及其宗，故自役使其子弟。《廣雅・釋詁》：「僕，使也。」《國語・魯語》「子之隸也」注「隸，役也」，《既夕》「童子執帚卻之」注「童子，隸子弟」，《曲禮》「問士之子，長曰能典謁矣，幼曰未能典謁也」，是皆爲隸之證。

侵徑庭之田。　賈曰：「徑庭，翼南鄙邑名。」《晉世家》注。

案：傳作「陘」，「陘」本字，「徑」假借字。翼，《續漢書・郡國志》「河東郡」「絳邑有翼城」，江氏永《春秋地理考實》云：「翼，即今平陽府翼城縣。縣東南七十五里有熒庭城，《志》云『即陘庭也』。」襄二十三年，齊莊公伐晉，張武軍于熒庭，戍郫邵，地皆近翼城。又《水經注》「紫谷水出白馬山，西逕熒庭城南，西入澮」，亦在翼城南，則「陘庭」即「熒庭」，亦即「滎庭」也。《國語・吴語》「都鄙荐饑」注「鄙，邊邑也」，言陘庭爲翼南邊邑也。

三年經　春正月。　賈曰：「不書王，弑君、易祊田、成宋亂，無王也。元年治桓，二年治督，十年正曹

---

❶ 「北」，原作「九」，據文淵閣四庫本《續漢書》引《帝王世紀》改。

伯，十八年終始治桓。」本疏。

案：桓公自元年、二年、十年、十八年，凡四年於春有王。九年春，無王無月。其餘十三年，雖春有月而皆無王。《穀梁》元年傳曰：「桓無王，其曰王何也？謹始也。其曰無王何也？桓弟弒兄，臣弒君，天子不能定，諸侯不能救，百姓不能去，以爲無王之道，遂可以至焉爾。元年有王，所以治桓也。二年有王，正與夷之卒。十年有王，正終生之卒。」十八年有王，范氏甯云：「此年書王，以王法終治桓之事。」賈並用《穀梁》說，而「易祊田」「成宋亂」，皆無王之實，故兼言之。

公子翬如齊逆女。　賈曰：「使翬逆女，兼脩艾之盟。」《春秋釋例·外君臣逆女例》。

案：禮，諸侯當親迎，而使翬逆女者，正義謂「有故得使卿」是也。艾之盟，在隱六年。

有年。　賈曰：「桓惡而有年豐，異之也。言有，非其所宜有。」本疏。

案：《爾雅·釋天》「周曰年」注「年，取禾一熟也」，《穀梁》此年傳「五穀皆熟爲有年也」。《白虎通·災變篇》引《春秋潛潭巴》曰：「異之言怪也。」《國語·周語》曰：「國之將興，其君齊明衷正，精潔惠和，其德足以昭其馨香；國之將亡，其君貪冒辟邪，淫泆荒怠，麤穢暴虐，其政腥臊，馨香不登。」是年之豐儉，係乎主德之純否也。今桓以簒弒之人而年穀豐登，是可怪矣。「有，非其所宜有」者，《説文》：「有，不宜有也。《春秋傳》：『日有食之。』」《昭二十五年》「有鸜鵒來巢」傳曰：「書所無也。」是諸書有，皆不宜有之詞也。

【傳】韓萬御戎。　服曰：「韓萬，晉大夫。」《詩·韓奕》疏。賈、服曰：「曲沃桓叔之子、莊伯之弟。」《詩·韓奕》疏。〇《晉世家》注。

案：二年傳曰「曲沃莊伯伐翼」，杜注「莊伯，桓叔子」，《世本》云「韓萬，莊伯弟」，是萬亦桓叔子也。

五年經 蔡人、衛人、陳人伐鄭。　服曰：「言人者，時陳亂無君，則三國皆大夫也，故稱人。」《詩・伯兮》疏。

案：傳曰「陳侯鮑卒，於是陳亂」，又曰「陳亂，民莫有鬭心」，是時君猶未定，故知從王者爲大夫。陳既以大夫稱人，則蔡、衛皆大夫矣。《詩・載馳》箋「許人，許大夫也」，疏：「大夫而曰人，衆詞。」

大雩。　賈曰：「言大雩者，别於山川之雩。」《穀梁疏》。本疏引略同。　服曰：「大雩，夏祭天名。雩，遠也，遠爲百穀求膏雨也。」《續漢・禮儀志》注。　《禮・月令》疏云「注《春秋》者以雩爲遠，謂遠爲百穀求雨」，即服義，《左疏》亦有此文。

案：《月令・仲夏之月》：「命有司爲民祈祀山川百源，大雩帝，用盛樂。」《吕覽・仲夏紀》高誘注云：「名山大川，泉源所出非一，故言百。爲民祈雨，重之，故用盛樂。」其實非也。鄭《禮注》：「山川百源，能興雲雨者也。衆水始所出爲百源，必先祭其本，乃雩。雩，吁嗟求雨之祭也。雩帝，謂爲壇南郊之旁，雩五精之帝，配以先帝也。自『鞀鞞』至『柷敔』皆作曰盛樂。凡他雩用歌舞而已。」彼疏云：「《春秋考異郵》説云『天子禱九州山川，諸侯禱封内』，凡雩必先禱。故此經云『祈祀山川百源，始大雩帝』是也。」是「祈祀山川」一事，「大雩」又一事。賈云「别于山川之祭」者，言「祈祀」與「大雩」不同，非如高誘所云也。服云「夏祭天名」者，《説文》：「雩，夏祭，樂於赤帝以祈甘雨也。」「雩，遠」

者，是釋所以大雩之意。《祭法》：「雩宗，祭水旱也。」《夏小正》於三月曰「越有小旱」，先王因於未旱之先，設此常雩之祭。正義曰：「遠者，預爲秋收言，意深遠也。」「爲百穀求膏雨」者，《説文》：「穀，續也，百穀之總名。」《詩・下泉》云「陰雨膏之」，故曰「膏雨」。按《爾雅・釋訓》：「舞，雩也。」《公羊》此年傳注云：「雩，旱請雨祭名。使童男女各八人，舞而呼雩，故謂之雩。」《禮記・祭法》注「雩之言吁嗟也」，《周禮・司巫》疏引《春秋考異郵》曰「雩者，呼嗟求雨之祭」，《女巫》疏引董仲舒説「雩，求雨之術，呼嗟之」，《月令》疏「雩音近吁」，是古訓並以吁釋雩。而服不同者，《説文》云「夏祭」及《月令・仲夏》「大雩帝」，此常雩也。《玉藻》「至于八月不雨」注「至其秋秀實之時而無雨則雩，雩而得之則書雩，喜祀有益也」，此旱雩也。旱雩當以吁嗟爲義，常雩當以遠祈爲義也。

冬，州公如曹。　服曰：「春秋前，以黜陟之法進爵爲公。」本疏。

案：《世本》云：「州國，姜姓。」《説文》：「黜，貶下也。」《爾雅・釋詁》：「隲，陞也。」「隲」與「陟」同。《舜典》：「三考黜陟。」《白虎通・攷黜篇》云：「諸侯所以攷黜何？王者所以勉賢抑惡，重民之至也。」又曰：「一説：盛德始封百里者，賜三等，得征伐、專殺、斷獄。七十里伯始封，賜二等，至虎賁百人。後有功，賜弓矢。復有功，賜秬鬯，增爵爲侯，益土百里。復有功，入爲三公。五十里子男始封，賜一等，至樂則。復有功，稍賜至虎賁，增爵爲伯。復有功，稍賜至秬鬯，增爵爲侯。」又曰：「百里之侯，一削爲七十里侯，再削爲七十里伯，三削爲寄公；七十里伯，一削爲五十里伯，二削爲五十里子，三削地盡；五十里子，一削爲三十里子，再削爲三十里男，三削地盡；五十里男，一削爲三十里男，再削爲三十里附庸，三削爵盡。」《春秋繁露・考功名》云：「考績之法，諸侯月試其國，州伯時試其部，四試而一考。天子歲試天下，三試而一考，前後三考而黜陟，命之曰計。」《書大傳》曰：「三歲而小考者，正職而行事也。九歲而大考者，黜無職而賞有功也。一之三以至九年，天數窮矣，陽德終矣。積不善至于幽，六極以類降，故黜之；積善至于明，五福以類相升，故陟之。」是黜陟之法，春秋以前，王者行之。州先未知何爵，後以功陟至公爵，故曰州公。又按：《王制》鄭注謂：「殷爵三等，公、侯、伯也。周武王初定天下，更立五等之爵，增以子、男，而猶因殷之地，以九州之界尚狹也，周公斥大九州之界，制禮，成武王之意。封王者之後爲公，及有功之諸侯，大者地方五百里，其次侯四百里，其次伯三百里，其次子二百里，其次男百里。所因殷之諸侯，亦以功黜陟之。其不合者，皆益之地爲百里焉。是以周世有爵尊而國小，爵卑而國大者。」是鄭氏所云「爵尊而國小」者，即指此州公之類言之。蓋封建之初，州公無聞，今得稱公，當是以德功進爵也。

傳 旝動而鼓。　賈曰：「旝，發石，一曰飛石。《范蠡兵法》有作飛石事。」本疏。○疏謂賈引范《兵法》飛石之事以證之。

案：發石、飛石，一事二名。《説文》：「旝，建大木置石其上，發以機，以硾敵者。《春秋傳》曰：『旝動而鼓。』」許本侍中説也。《大明》詩曰：「其旝如林。」馬融《廣成頌》云「旃旝摻其如林」，「旝」與「旃」伍，則以爲旗之屬，故杜注不用賈義也。

啟蟄而郊。　服曰：「魯祭天以孟月，祭宗廟以仲月。」《禮記・王制》疏。

案：孟月、仲月指夏正言。魯郊是祈穀之郊。《襄七年》傳：「孟獻子曰：『郊祀后稷，以祈農事也。是故啟蟄而郊，郊而後耕也。』」《月令》「天子乃以元日祈穀于上帝」注即引《襄七年》傳文，明《月令》之祈穀，即魯之郊也。魯郊在夏正月者，《夏小正》云：「正月啟蟄。」此云「啟蟄而郊」，則孟月即夏孟春之月也。若然，《郊特牲》云「周之始郊，日以至」，注云「魯以無冬至祭天於圜丘之事，是以建子之月郊天」，《明堂位》云「魯君孟春乘大路，載弧韣，祀帝于郊」，鄭氏云「孟春，建子之月」，非服義也。《雜記》載孟獻子之言曰「正月日至，可以有事於上帝」，注：「魯以周公之故，得以正月日至之後郊天。」據此，則所云「正月日至」者，是夏正十一月冬至矣。《禮・雜記》與襄七年獻子之言不合。或魯有祈穀之郊，有冬至之郊，或祇一郊，而月可移易。《郊特牲》疏云：「崔氏、皇氏用王肅之説，以魯冬至郊天，至建寅之月又郊以祈穀，是二郊也。馬昭引《穀梁》以答王肅之難，是魯一郊則止。或用建子之月郊，則此云『日以至』及《宣三年》『正月郊牛之口傷』是也；或用建寅之月，則《春秋左傳》云『郊祀后稷，以祈農事』是也。」是魯郊之月可易，而服必以爲孟月者，依此傳「啟蟄而郊」，故定爲夏之孟春也。知其用夏正者，昭元年十二月晉侯烝，服注云「祭人君用孟月」，周十二月爲夏十月，則彼云「用孟月」，謂夏孟冬之月，故知此「孟月」謂夏孟春之月。然彼云「祭人君用孟月」，此云「魯祭宗廟以仲月」者，《王制》疏引南師解云：「若得祭天者，祭天以孟月，祭宗廟以仲月。其禘祭、祫祭、時祭亦用孟月，其餘諸侯不得祭天者，大祭及時祭皆用孟月。」是服此云「以仲月」者，謂祭天之月不祭宗廟，其餘祭宗廟亦用孟月也。

龍見而雩。　服曰：「龍，角、亢也，謂四月昏，龍星體見，萬物始盛，待雨而大，故雩祭以求雨也。」《續漢·禮儀志》注。

案：「龍，角、亢」者，《莊二十九年》傳「龍見而畢務」疏：「東方之宿盡爲龍星，角即蒼龍角也。故角、亢專得龍名。」邵氏《爾雅·釋天》正義云：「《史記·律書》云：『角者，言萬物皆有枝格如角也；亢者，言萬物亢見也。』《夏小正》云：『四月初昏，南門正。』南門者，亢上下之星也。角，兩星相對觸，故《天官書》云『左角李，右角將』。亢，四星曲而長，故《天官書》云『亢爲疏廟，其南北兩大星曰南門』，《小正》以識亢星所在也。」是四月角、亢昏見於東方也。「萬物始盛，待雨而大」者，《淮南·天文訓》「四時之散精爲萬物」，《素問·皮部論》注「盛謂盛滿」，《尚書大傳》曰「萬物非夏不長」是也。待，《說文》云：「竢也。」《呂覽·慎大篇》注：「大長，言萬物竢雨而長也。」「雩祭以求雨」者，《月令》注云「《春秋傳》曰『龍見而雩』，雩之正當以四月，凡周之秋三月之中而旱，❶亦脩雩禮以求雨」，❷是正雩當在周季夏，今秋而始雩，故曰「不時」，書之以懲怠也。

始殺而嘗。　賈、服曰：「始殺，孟秋。」本疏。

案：「殺」者，言陰氣肅殺也。《月令》：「孟秋之月，用始刑戮。」亦本時以爲政也。杜謂建酉之月，與

❶ 「三」，《春秋左傳正義》作「五」。

❷ 「禮」，《春秋左傳正義》作「祀」。

賈、服異，然杜于郊雩皆著孟月，此舉仲月以當之，斯不倫矣。且《月令》「孟秋，農乃登穀，天子嘗新，先薦寢廟」，《爾雅·釋天》「秋祭曰嘗」注「嘗新穀」，《白虎通·宗廟篇》「嘗者，新穀熟嘗之」，是嘗以嘗新穀取名，而嘗新穀實在建申之月，故《春秋繁露·四祭篇》謂「嘗者，以七月嘗黍、稷也」。

六年經 大閱。　賈曰：「簡車馬於廟。」《公羊》本經疏。

案：傳云「簡車馬也」，是「閱」當訓「簡」。《周禮·小宰》鄭司農注：「簡，猶閱也。」反覆相訓，「閱」亦爲「簡」。知「簡車馬于廟」者，《隱十一年》傳「授兵於太宫」，杜云：「太宫，鄭祖廟。」《攷工記·廬人》：「六建既備，車不反覆，謂之國工。」鄭注云：「六建，五兵與人也。」疏云：「六建，建在車上。」然則授兵之時，車馬咸在，故潁考叔與公孫閼争車，潁考叔挾輈以走。服彼注云：「挾輈轅，以策箠馬而走也。」授兵既在太廟，則大閱亦當在廟明矣。

子同生。　賈曰：「不稱太子者，書始生。」《禮記·曾子問》疏。

案：正義曰：「古人之立太子，其禮雖則無文，蓋亦待其長大，特加禮命，如今之臨軒策拜。始生之時，未得即爲太子也，以其備用正禮，故書其生。未得命，故不言太子也。」

傳 楚武王侵隨。　賈曰：「隨，姬姓也。」《楚世家》注。

案：《世本》：「隨，姬姓。」

吾牲牷肥腯。　服曰：「牛、羊曰肥，豕曰腯。」本疏。

案：《説文》：「牛，大牲也。」賈誼《新書》云：「羊，西方之牲也。」《説文》：「豕，彘也。竭其尾，故謂之豕。」《曲禮》：「天子以肥牛。」《詩》亦有「肥羜」。是牛、羊言肥矣。正義曰：「按《禮記》豚亦稱肥，非獨牛羊也。」而服以肥屬牛、羊，腯屬豕者，《詩·瓠葉》序箋：「牛、羊、豕爲牲。」既云「牲牷」，則備此三物矣，但肥牛、肥羜，傳記可證，而腯屬牛、羊，别無他據。郭注《方言》云：「腯腯，肥充也，音『突』。」亦作「豚」。《説文·彑部》：「彖，豕走捝也。」腯，一从彖，是散文則牛、羊、豕皆可言肥，對文則腯當專屬于豕。且《説文·月部》「腯」解云：「牛、羊曰肥，豕曰腯。」古訓如是，正義援《禮》以規服，非也。

接以太牢。　服曰：「接者，子初生，接見于父。」《御覽》一百四十六。

案：《内則》云「國君世子生，告于君，接以太牢」，鄭注：「接讀爲捷。捷，勝也。謂食其母，使補虛强氣也。」王肅曰：「以太牢接待夫人。」杜此傳注云「以禮接夫人」，是王本鄭義，而杜又本王義也。《内則》又曰：「凡接子擇日。」鄭注：「雖三日之内，尊卑必皆選其吉焉。」又曰：「三月之末，擇日，妻以子見于父。」若然，則初生時，子惟接見於母，而不接父。而服不同者，《曾子問》：「君薨而世子生。三日，子升自西階，祝立于殯東南隅，祝聲三，曰：『某之子某，敢見。』」鄭注云：「三日，負子日也。」《禮·中庸》曰：「事亡如事存。」君薨之後，猶以三日見于殯，則父在之日，亦當以三日見于父也。《内則》不言，文不具也。

公問名于申繻。　賈曰：「魯大夫。」《魯世家》注。

以德命爲義。　服曰：「謂若太王度德命文王曰昌，文王命名武王曰發。」本疏。

案：《史記・周本紀》：太王見季歷「生昌，有聖瑞」，乃言曰：「我世當有興者，其在昌乎？」是太王度德命而名文王曰昌也。武王名發之義未聞，正義引舊説，文王見武王之生，以爲必發兵誅暴，故名爲發，是亦以德命爲義矣。

不以畜牲。　服曰：「馬、牛、羊、豕、犬、雞。」本疏。

案：《周禮・庖人》「掌共六畜」後鄭注云：「六畜，六牲也。始養之曰畜，將用之曰牲。」《膳夫》「膳用六牲」後鄭注云：「六牲，馬、牛、羊、豕、犬、雞也。」《職方氏》「其畜宜六擾」後鄭注云：「馬、牛、羊、豕、犬、雞。」擾亦畜也。

不以器幣。　服曰：「器，俎豆、罍彝、犧象之屬。」本疏。

案：《易・繫辭傳》：「以制器者尚其象。」又曰：「備物致用，立成器以爲天下利。」《攷工記》云：「以辨民器。」《説文》：「器，皿也。象器之口，犬所以守之。」是切于民用者，皆謂之器，不耑于六者，故云「之屬」以晐之。「俎」，本作「且」，《説文》：「薦也，从几，足有二横。一，其下地也。」又曰：「俎，禮俎也。从半肉在且上。」《漢書・項籍傳》注：「俎者，所以薦肉。」故「且」亦作「俎」也。《禮記・明堂位》「有虞氏梡俎」，鄭注：「梡，斷木爲四足而已。」阮諶《三禮圖》云：「梡，長二尺四寸，廣一尺二寸，高一尺。」「夏后氏以嶡」，鄭注：「嶡之言蹷也，謂中足爲横距之象。《周禮》謂之『距』。」孔疏謂足以横蹷，故鄭讀「嶡」爲「蹷」，謂足横，辟不正也。今俎足間有横，似有横蹷之象。「殷以椇」，鄭

注：「謂曲橈之也。」阮《圖》云：「屈橈其足。」「周房俎」，❶鄭注：「房，謂足下跗也，上下兩間，有似於堂房。」孔疏：「俎頭各有兩足，足下各別爲跗，足間横者，似堂之壁。横下二跗，似堂之東西頭各有房也。」《説文》所言，其大略也。「豆」者，《説文》云「豆，古食肉器也」，《攷工記·梓人》「食一豆肉，中人之食」，《韓非·外儲説》「取一豆肉」，是豆者，食器之名。其「俎豆」之「豆」，當作「梪」。《説文》：「木豆謂之梪，从木豆。」《爾雅·釋器》釋文：「豆本又作梪。」然《説文》明「梪」之本字，其實經文皆省作「豆」。《爾雅·釋器》亦云「木豆謂之豆」，猶鄭注《公食禮》云「瓦豆謂之鐙」，《爾雅》亦祇作「登」也。其制，《明堂位》云：「夏后氏以楬豆，殷玉豆，周獻豆。」鄭注：「楬，無異物之飾也。獻，疏刻之。」邵氏《爾雅正義》：「《三禮圖》云：『口圓、徑尺、墨漆、飾朱，中大夫以上畫以雲氣，諸侯飾以象，天子以玉。』」「罍」者，《爾雅·釋器》云「器也」，《詩·蓼莪》疏引孫炎曰「罍，酒尊也」，《説文》作「櫑」，云「龜目酒尊，刻木作雲雷象，象施不窮也」，重文作「罍」。《周禮·鬯人》「社壝用大罍」，注云：「大罍，瓦罍也。」又《詩·卷耳》傳「人君黄金罍」，孔疏引《異義》云：「罍制。《韓詩》説：『金罍，大夫器也。天子以玉，諸侯、大夫皆以金，士以梓。』《毛詩》説：金罍，酒器也，諸臣之所酢。人君以黄金飾，尊大一碩。謹案《韓詩》説『天子以玉』，經無明文。」《爾雅》「小罍謂之坎」，是罍有大小之别，《毛詩》所説謂大罍也。郭注《爾雅》「大者，受一斛」，與《毛》説又異。「彝」者，《春官·小宗伯》

❶ 「周」下，《禮記注疏》、文淵閣四庫本《禮記》並有「以」字。

「辨六彝之名物」，後鄭注：「雞彝、鳥彝、斝彝、黄彝、虎彝、蜼彝」；《司尊彝》後鄭注云：「雞彝、鳥彝，謂刻而畫之爲雞、鳳凰之形。『斝』，讀爲『稼』，畫禾稼也。鄭司農云『黄彝，黄目尊也』。『蜼』讀爲『蛇虺』之『虺』，或讀爲『公用射隼』之『隼』。玄謂黄目，以黄金爲目。《郊特牲》曰：『黄目，鬱器之上尊也。』蜼，禺屬，卬鼻而長尾。」又鄭注《尚書》「宗彝」云：「故虞夏以上，蓋取虎彝、蜼彝而已。」賈公彦云：「雞彝是夏灋，斝彝是殷灋，黄彝是周灋。」又云：「虎彝、蜼彝當是有虞氏之尊。」亦與鄭略同也。「象」者，《禮器》云：「君西酌犧象。」《明堂位》云：「犧象，周尊也。」毛公《詩傳》云：「犧尊，有沙飾也。」《周禮・司尊彝》：「其朝踐用兩獻尊，其再獻用兩象尊。」鄭司農云：「『獻』讀爲『犧』。犧尊飾以翡翠，象尊以象鳳皇，或曰以象骨飾尊。」《詩疏》引阮諶《圖》云：「犧尊飾以牛，象尊飾以象，于尊腹之上畫爲牛、象之形。」諸家説各不同。經、傳無文，莫能定之，惟王肅以犧尊爲犧牛形，刻木爲之，顯與經異，辨見王氏《廣雅疏證》。

宋以武公廢司空。　服曰：「武公，名司空，廢爲司城。」《禮記・檀弓》疏。

案：周禮：司空爲王朝之官，而列國亦名其卿者，以卿是總名，必立官以盡其材。《成十八年》傳：「右行辛爲司空。」《襄二十五年》傳：「司空致地。」《昭四年》傳：「孟孫爲司空。」是列國之官皆有司空，不獨宋備六官有司空也。諱武公之名，「廢爲司城」者，《王制》云：「司空執度，度地居民。」《尚書大傳》曰：「溝瀆壅遏，水爲民害，則責之司空。」《白虎通・封公侯篇》：「司空主土，不言土言空者，空尚主之，何況於實。」若然，司空所掌城郭爲重，故取相近之義名「司空」爲「司城」也。

七年傳 穀伯、鄧侯來朝。名，賤之也。　服曰：「穀、鄧密邇於楚，不親仁善鄰以自固，卒爲楚所滅，無同好之救。桓又有弑賢兄之惡，故賤而名之。」本疏。

案：「密邇」者，《文十七年》傳「以陳、蔡之密邇於楚」注：「密邇，比近也。」《漢書·地理志》「南陽郡筑陽」自注：「故穀伯國。」師古曰：「《春秋》『穀伯綏來朝』是也。」「鄧」自注：「故國。」應劭曰：「鄧，侯國。」《春秋地理考實》本《彙纂》謂：「襄陽府穀城縣治爲故筑陽城，古穀城在縣北。」又謂：「鄧國在今南陽府西南百二十里鄧州。」是皆與楚地相近也。「親仁善鄰」，《隱五年》五父語也。傳曰：「服于有禮，社稷之衛也。」親仁事也。又曰：「要結外援，善事鄰國，以衛社稷。」善鄰事也。今穀、鄧不然，無以自固，以致卒爲楚滅。蓋魯弱於楚而又遠于穀、鄧，力不足以芘二國，而二國乃背楚以事之，是適以怒楚而自速其亡耳。其又何望于「同好之救」哉！且桓又親弑賢兄，天下之所共棄，而二國乃相率來朝，其可賤孰甚焉。《曲禮》曰：「諸侯生不名。」賤之，故名之。滅鄧事在《莊十六年》，滅穀于傳未聞。

九年經 曹伯使其世子射姑來朝。　服曰：「桓公子莊公射姑。」《御覽》一百四十六。

傳 賓之以上卿禮也。　服曰：「曹伯有故，使其太子攝而朝。曲禮曰：諸侯之嫡子攝其君，未誓于天子，則以皮帛繼子男，如諸侯之上卿，禮也。上卿出入三積，食三牢、牽二牢、一享、一食宴之也。」同上。

案：《廣雅·釋詁》：「故，事也。」有故，言有事也。服引《周禮·典命》文而云「曲禮」者，《御覽》刊誤也。《典命》注云：「誓，猶命也。言誓者，明天子既命以爲之嗣，樹子不易也。《春秋》桓九年『曹伯使其世子射姑來朝，行國君之禮』是也。子、男之子與未誓者，皆次小國之君，執皮帛而朝會焉，其賓之，皆以上卿之禮焉。」《大宗伯》云：「孤執皮帛。」世子儗孤而賓之以上卿者，《典命》又云「公之孤，四命」，鄭司農云：「九命上公，得置孤卿一人。」若然，惟公有孤，諸侯不得有孤，則以上卿當之，故服云「如諸侯之上卿禮也」。「上卿出入三積，食三牢、牽二牢、一享、一食宴之也」者，《掌客》：「子、男三積，飧三牢、牽二牢，壹饗、壹食、壹燕。」《周禮》言「子、男」，而服舉以證「上卿」者，《司儀》云「諸公之臣相爲國客，則三積」，是諸公使臣得有三積，其他飧、牢、饗、燕之數皆得與子、男同，況「列國之卿當小國之君，固周制也」。《僖二十九年》傳：「在禮，卿不會侯，伯，會子、男可也。」❶曹爲伯爵，則其上卿正與子、男相當，故服引待子、男者，證上卿也。

初獻。　服曰：「初獻酒，如獻爵。」同上。

案：《聘禮》有醴賓之事，「宰夫實觶以醴」，然云送醴與獻酬禮異，此云「初獻酒」，蓋燕禮也。《酒人》「共賓客之禮酒，飲酒」注：「禮酒，饗燕之酒。」即此獻酒。《燕禮》：「主人升，坐取觚。執冪者舉冪。主人酌膳，執冪者反冪。主人筵前獻賓。」即此「初獻酒」也。云「如獻爵」者，《燕禮》「坐取觚」注：「曰獻不以爵，辟正主也。」賈疏曰：「此宰夫爲主人，非正主，故用觚對。《鄉飲酒》《鄉射》是正

❶「卿不會侯、伯，會子、男可也」，《春秋左傳正義》作「卿不會公、侯，會伯、子、男可也」。

主，皆用爵。」云「如」者，言此獻酒用觚，與《鄉飲酒》《鄉射》之獻爵同也。

樂奏而歎。　服曰：「樂奏，人上堂也。初獻爵，樂奏，太子嘆而哀樂也。」同上。

案：《燕禮》：「席工于西階上，少東，樂正先升，北面立于其西。小臣納工，工四人，二瑟。小臣左何瑟，面鼓，執越，内弦，右手相。入，升自西階，北面東上坐。小臣坐授瑟，乃降。工歌《鹿鳴》《四牡》《皇皇者華》。」是燕禮樂奏也。服云「人上堂」者，人即工，堂即西階以東之位也。《燕禮》注：「《鹿鳴》，君與臣下及四方之賓宴，講道修政之樂歌也；《四牡》，君勞使臣之來樂歌也；《皇皇者華》，君遣使臣之樂歌也。」是樂，即樂歌也。《説苑·修文篇》：「樂者，聖人之所樂也。」《禮記·仲尼燕居》：「行而樂之，樂也。」《樂記》：「樂者，先王之所飾喜也。」今太子聞樂而嘆，是哀樂也。

施父。　服曰：「魯大夫。」同上。

曹太子其有憂乎？　非歎所也。　服曰：「古之爲享食，所以觀威儀、省禍福，無喪而戚，憂必讐焉。太子臨樂而歎，是父將死而兆先見也。」本疏。

案：「古之爲饗食也，以觀威儀、省禍福也」，《成十四年》傳文。《大宗伯》：「以饗燕之禮親四方之賓客。」《掌客》：「凡諸侯之禮：上公三饗、三食。」「饗」與「享」同。《廣雅·釋詁》：「觀，視也。」《襄三十一年》傳：「有威而可畏，謂之威；有儀而可象，謂之儀。」《爾雅·釋言》：「威，則也。」《説文》：「儀，度也。」《爾雅·釋詁》：「省，察也。」《荀子·天論》：「逆其類者，謂之禍。」賈子《道德説》：「安利之謂福。」《説文》：「禍，害也，神不福也。」《國語·周語》：「夫王公諸侯之有飫也，將以講事成章，建大德、昭大物也。服物昭融，采飾顯明，文章比象，周旋序順，容貌有崇，威儀可觀。」❶是即以觀威儀也。《周語》又曰：「晉使郤至告慶于周。王叔簡公飲之酒，交酬好貨皆厚，飲酒宴語相説也。王叔子譽諸朝，單襄公曰：『兵在其頸，其郤子之謂乎。』」又曰：「晉羊舌肹聘于周，發幣於諸大夫及單靖公，靖公享之，儉而敬。叔向曰：『異哉！吾聞之「一姓不再興」，今周其興乎？其有單子也。』」是即以察禍福也。「無喪而戚，憂必讎焉」，《僖七年》傳文也。杜注：「讎，對也。」引以證太子之臨樂而嘆也。「是父將死而兆先見」者，明年，曹桓公卒，是父將死也。《荀子・王制》「占祲兆」注：「兆，萌兆。」《文選・魏都賦》「是以兆朕振古」注：「兆，猶幾事之先見者也。」

十一年經　齊人、衛人、鄭人盟于惡曹。　服曰：「不書宋，宋後盟。」本疏。

案：傳云「齊、衛、鄭、宋盟于惡曹」，列宋于衛、鄭之後，以其後至而盟，故列于下也。當來告時，止有三國，故史據書之，不及宋也。

傳　君多内寵。　服曰：「言庶子有寵者多。」《鄭世家》注。

案：傳言「莊公之子，猶有八人」，子突入鄭而曰「猶有」，則前時當不止八人。下文云「三公子皆君也」，是諸子中有寵者已有三人。語云「母寵者子抱」，莊公多内寵，故庶子有寵者多。

---

❶「可觀」，文淵閣四庫本《國語》作「有則」。

宋雍氏女於鄭莊公，曰雍姞。　賈曰：「雍氏，黄帝之孫，姞姓之後，爲宋大夫。」同上。

案：《國語·晉語》言「黄帝之子二十五宗，其得姓者十四人，爲十二姓」，有姞姓。《説文》：「姞，黄帝之後伯鯈姓。」雍氏爲黄帝之孫，故稱雍姞也。雍氏距黄帝已遠而稱孫者，《周頌》「曾孫篤之」疏云「孫是其正稱，自曾孫以下，皆得稱孫」是也。雍氏爲宋大夫，無明文，賈以意知之。

雍氏宗有寵於宋莊公。　服曰：「爲宋正卿，故曰有寵。」同上。

案：傳曰：「並于正卿。」《晉語》：「范宣子與稣大夫争田，祁午見曰：『子爲正卿。』」則正卿爲上卿矣。知雍氏有寵爲上卿者，如上文「祭封人有寵于鄭莊公，公使爲卿」，蓋以相例而知也。

十三年經　公會紀侯、鄭伯。己巳，及齊侯、宋公、衛侯、燕人戰。　服曰：「下日者，公至，而後定戰日。」本疏。「衛先君未葬而稱爵者，譏其不稱子也。」《禮記·曲禮》疏。

案：經順文當云「二月己巳，公會紀侯、鄭伯」，今退日于鄭伯之下者，是俟公至而後定戰日也。古者戰必卜日。《周禮·太史》：「大師抱天時，與太師同車。」鄭司農云：「大出師，則太史主抱式，以知天時，處吉凶。」惠氏士奇《禮説》云：「式，即栻也。《漢書》：『天文郎按栻。』抱猶按也。師古曰：『式所以占時日。』《龜筴傳》：『運式定日月，分衡度，視吉凶。』」按：此則古法，戰必占天時，以定日矣。衛先君者，宣公也。前年十一月，「衛侯晉卒」。《隱元年》傳：「諸侯五月而葬。」宣公之卒距今四月，故下經三月書「葬衛宣公」。此戰在三月，是尚未葬也。《曲禮》曰：「天子未除喪，曰『予小子』。」《春秋繁露·精華》：「未踰年之君稱子。」《僖九年》傳例曰：「凡在喪，公侯曰子。」今宣公未葬，朔不稱子而稱侯，違于禮矣。經故直書，以譏之也。

夫固謂君訓衆而好鎮撫之。　服曰：「夫，謂鬬伯比。」本疏。

案：《説文》：「夫，丈夫也。」《禮記·檀弓》注：「夫夫，猶言此丈夫也。」古語稱人往往曰「夫」。《詩·車攻》疏：「夫，男子之總名。」故知此稱「夫」，即謂伯比也。猶此人云「爾」，非發語辭。

十四年經　秋，八月壬申，御廩災。乙亥，嘗。　服曰：「魯以壬申被災，至乙亥而嘗，不以災害爲恐。」本疏。

案：《宣十六年》傳例：「天火曰災。」「御廩」，即《月令》所云「神倉」，鄭注「重粢盛之委」是也。《公羊傳》：「御廩者何？粢盛委之所藏也。」《晉書·天文志》：「天廩四星，主蓄黍稷，以供饗祀。」即《春秋》之御廩也。今御廩災，「董仲舒以爲先是四國共伐魯，大破之于龍門。百姓傷者未瘳，怨咎未復，而君臣俱惰，内怠政事，外侮四鄰，非能保守宗廟，終其天年者也，故天災御廩以戒之。劉向以爲御廩，夫人八妾所舂米之臧，以奉宗廟者也。時夫人有淫行，挾逆心，天戒若曰，夫人不可以奉宗廟。桓不寤，與夫人俱會齊，夫人譖於齊侯，齊侯殺桓公。劉歆以爲御廩，公所親耕耤田，以奉粢盛者也，棄法度亡禮之應也」。歷觀諸説，則天之棄桓甚矣，乃乙亥而嘗，距災之日僅四日耳。不能遇災而懼，而猶藉他穀以奉祭祀。傳云「不害」者，《淮南子·修務篇》注：「害，患也。」言不以災爲患也。服云「不以災爲恐」者，申傳義也。杜云：「苟不害嘉穀，則祭不應廢，故書以示法。」衛冀隆難杜曰：「若救之則息，不害嘉穀，則傳當有『救火』之文，若如宋災，傳舉『救火』。案：衞説亦不然，傳有詳略，無以見魯不救火，但當遇災而懼，廢一時祭耳。今直言『不害』，明知不以災爲害。」《公羊傳》云：「乙亥，嘗。何以書？譏。何譏爾？譏嘗也。曰猶嘗乎！御廩災，不如勿嘗而已矣。」注云「當廢一時祭，自責以奉天災也」。惠氏《春秋説》曰：「人君遇災而懼，當廢一時之祭，何休之論篤矣。《左氏》謂書不害也，豈其然乎？」愚按：如服氏所釋，二傳義足相成，不得詆左爲短也。杜云「不害嘉穀，書以示法」，則失傳義，亦與自來諸儒之説異矣。

十五年經 鄭伯突入于櫟。　服曰：「櫟，鄭之大都。」《水經·潁水注》。〇《鄭世家》注：「櫟，大都。」

案：《水經注·潁水篇》云：「櫟，宋忠曰：『今陽翟也。』王隱曰：『陽翟，本櫟也。故潁川郡治也。』」知櫟爲鄭大都者，《昭十六年》傳稱「五大不在邊」，又云「鄭京、櫟實殺子元」，是櫟爲大都也。

傳 雍糾。　賈曰：「鄭大夫。」《鄭世家》注。

殺檀伯。　服曰：「檀伯，鄭守櫟大夫。」《水經·潁水注》。

案：《史記索隱》引《十三州記》曰：「大郡曰守。」

十六年傳 構急子。　服曰：「構，會其過惡。」《詩·二子乘舟》疏。

案：《詩·四月》箋：「構，猶合集也。」《説文》：「會，合也。从亼，从曾省。曾，益也。」朔與宣姜合謀增益急子之罪惡也。

使盜待諸莘。　服曰：「莘，衞東地。」同上。

案：《續漢書・郡國志》「東郡」「陽平侯國有故莘亭」，劉昭注補：「衞殺公子伋之地。」《水經》卷五《河水篇》云：「漯水又北，絶莘道，城之西北有莘亭，伋、壽繼殞于此亭。京相璠曰：『今平原陽平縣北十里，近刻作「平陽縣」，此从戴校。有故莘亭。近刻「亭」下有「道」字，此从戴校。阨限蹊要，自衞適齊之道也。』」按：齊在衞東，今適齊，故曰「衞東地」。莘亭故城在今山東東昌府莘縣北。

十七年經　葬蔡桓侯。　賈曰：「桓卒而季歸，無臣子之辭也。」本疏。

案：諸侯卒書爵，葬書謚稱公。其得稱公者，各國臣子據本國之稱以赴告，而簡策亦據以書之也。此獨稱侯者，則以桓卒三月而季始歸，是喪無主，喪無主，則猶之無臣子矣。賈云「無臣子之詞」，以釋經之稱侯也。

傳　天子有日官，諸侯有日御。　服曰：「日官、日御，典曆數者也。」《周禮・太史》疏。

案：《呂覽・孟春》注：「典，掌也。」《尚書・堯典》「曆象」，《史記・五帝本紀》作「數法」，是「曆」即「數」也。《周禮・太史》注云「太史，日官也」，又「正歲年以序事」注云：「中數曰歲，朔數曰年。中朔大小不齊，正之以閏，若今時作曆日矣。」是日官即史官，掌曆數，即正歲年。諸侯稱日御，避日官之稱，其掌曆同也。

日官居卿以底日。　服曰：「是居卿者，使卿居其官以主之，重曆數也。」同上。

案：鄭注《太史》引此文解之云：「居，猶處也，言建六典以處六卿之職。」疏曰：「鄭注與服不同。服君之意，太史雖下大夫，使卿來居之，治太史之職，與《堯典》云『乃命羲、和，欽若昊天，曆象日月星辰』，是卿掌曆數，明周掌曆數亦是日官。鄭意以五帝殊時，三王異世，文質不等，故設官不同。五帝之時使卿掌曆數，至周使下大夫爲之，故云『建六典處六卿之職』以解之。」按：《周禮》太史爲下大夫，鄭以處六卿爲文，而《左氏》所述或即古義。《周官敘》引《尚書傳》云「惟元祀巡狩四岳八伯」，注云：「舜格文祖之年，堯始以羲、和爲六卿。」是古者欽崇天道，曆象以卿主之，是其證也。

十八年傳 齊侯通焉。　服曰：「傍淫曰通。」又曰：「凡淫曰通。」《詩・雄雉》疏。

案：《國語・晉語》注、《小爾雅・廣義》並云「傍淫曰通」，《詩・雄雉》疏云：「《牆有茨》云『公子頑通乎君母』，《左傳》曰『孔悝之母與其豎渾良夫通』，皆上淫也。齊莊公通於崔杼之妻，蔡景侯爲太子般取於楚，通焉，皆下淫也。以此知通者總名。」

夏四月丙子，享公。　服曰：「爲公設享燕之禮。」《魯世家》注。

師于首止。　服曰：「首止，近鄭之地。」《鄭世家》注。

案：《續漢書・郡國志》「陳留郡」：「已吾有首鄉。」劉昭注補：「《左傳》桓十八年：齊侯師于首止。」

按：其地與鄭相近，故服云然。恭冕謹案：杜注云「衛地」，然服言「近鄭」，固以首止爲衛地而近鄭也。

逆鄭子于陳。　服曰：「鄭子，昭公弟子儀也。」《詩・出其東門》疏。

案：陳樹華云：「《史記》作『召公子嬰于陳而立之，是爲鄭子』。《索隱》曰：『左氏以鄭子名子儀，此云嬰，蓋别有所見。』」《校勘記》云：「按『儀』同『伣』，『伣』即『兒』，小兒也，故《左》作『儀』，《史》作『嬰』。」

而立王子克。　賈曰：「莊王弟子儀也。」《周本紀》注。

辛伯告王。　賈曰：「辛伯，周大夫。」同上。

春秋左氏傳賈服注輯述卷四

嘉興李貽德學

莊公

【元年經】三月，夫人孫於齊。　賈、服曰：「桓公之薨至是年三月期而小祥，公憂思少殺，念及于母，以其罪重，不可以反之，故書『孫于齊』耳。其實先在於齊，本未歸也。」《詩・南山》疏。　服曰：「蓋魯桓公之喪從齊來。」《詩・南山》疏。○按：疏引此句下云「以文姜爲二年始來」，語氣不接。此下引《魏書》云云，似爲一貫，識此以俟質焉。「文姜通於兄齊襄，與殺公而不反。父殺母出，隱痛深諱，期而中練，思慕少殺，念至於母，故經書『三月，夫人孫于齊』。」《魏書・竇瑗傳》。○按：《魏書》「孫于齊」句下云「既有念母深諱之文，明無讐疾告列之理」，玩其語義，似有駁難服氏之意，故此節去而識其語於此。　賈、服並以文姜爲二年始來。《詩・南山》疏。○按：疏云「服虔以文姜爲二年始來」，鄭於《喪服小記》之注引《公羊》正月存親之事，則亦同於賈、服至二年乃歸也，是賈、服同義。孔疏引用時多刪節，故文有詳略。

案：桓公以往年四月薨，至此年三月爲一期也。《說文》云：「朞，復其時也。」「期，會也。」二字義略同。會有合訓，「復其時」，合於此月也。《禮記・間傳》云「期而小祥」，祥者，吉也。言小，小從吉也。公於斯時憂思其父，其心少殺。殺者，減損也。《問喪》云：「思慕之心，孝子之志也。」《荀子・禮論》「喪禮之凡，久而平」注：「久則哀殺，如平常也。」「念及于母」者，謂思念母也。雖思母，而母罪太重，不可請于齊而反之，故書「孫于齊」。《公羊傳》：「夫人固在齊矣，其言『孫于齊』何？念母也。」蓋前此深痛父仇，無暇計母之出，至是哀思少殺，始念母出未反，簡策宜書，即繫之此月，以爲首事，其實卒未歸也。魯桓之喪以前年四月，至夫人宜與同反，經不書夫人之反，見文姜與聞殺公之謀，内歉於心，故不敢還。「隱痛深諱」者，《魏書・竇瑗傳》：「瑗曰：尋注義，『隱痛深諱者』，以父爲齊所殺，而母與之。隱痛父死，深諱母出。」「期而中練」者，《禮記・喪服四制》「期而練」、《曾子問》「主人練祭而不旅」疏：「練，小祥祭也。」《周禮・大祝》疏：「練，謂十三月小祥練祭。」蓋桓公之薨至此將練祭矣。《喪服小記》：「故期而祭，練也；❶期而除喪，道也。祭不爲除喪也。」注：「此謂練祭也。禮：正月存親，親亡至今而期，期則宜祭，天道一變，哀惻之情益衰。」若然，則練祭之時，哀少減矣。正義曰：「《公羊》《穀梁傳》意言文姜往年如齊，至此年三月，猶尚不反，三月練祭，念及其母，乃書其出奔，非三月始從魯去也。左氏先儒皆用此説，杜不然者，史之所書，據實而録，未有虚書其事者也。夫人若遂不還，則孫已久矣，何故至是三月始言『孫于齊』乎？公若念及於母，自可迎使來歸，何以反書其孫，豈莊公召命史官使書其母孫乎？」正義申杜之文如此，然《詩・南山》

❶「練」，《禮記正義》作「禮」。

序疏云：「夫人久留於齊，莊公即位後乃來也。其來年月，三傳無文。《莊元年》經書『三月，夫人孫于齊』，《公羊傳》云：『夫人固在齊矣，其言孫何？❶念母也。正月以存君，念母以首事。』何休及賈、服云云，至二年『夫人會齊侯于禚』，是從魯往之，則於會之前已反魯矣。服虔以文姜爲二年始來，杜預以莊元年歲首即位之時文姜來，公以母出之故不忍即位，文姜於時感公意而來，既至，爲魯人所尤，故三月又遜於齊。杜預創爲此説，前儒盡不然也。」按：此以杜預之説爲創，則以先儒之説爲然矣。二疏並出孔氏，而枘鑿如此。蓋疏《詩》之時無容袒杜，故折衷有當也。

傳 不稱姜氏，絶不爲親，禮也。　服曰：「夫人有與殺桓公之罪，絶不爲親，得尊父之義。善莊公思大義、絶有罪，故曰禮也。」《魏書·竇瑗傳》。

案：傳公謫文姜，文姜以告齊襄公，始爲彭生所搤殺，是桓公之殺，姜實與之。「絶不爲親，得尊父之義」者，《禮·喪服小記》《大傳》注並云：「親，謂父母也。」《桓六年》疏鄭《駁五經異義》云：「婦人歸宗，女子雖適人，字猶繫姓，明不得與父兄爲異族。」又引《異義》云：「今《禮》戴、《尚書》歐陽説：九族乃異姓有屬者。母族三，母之父姓爲一族。」若然，則因母而立母族，以見恩有由起也。《儀禮·喪服》曰：「出妻之子爲母期，則爲外祖父母無服。傳曰：絶族無施服。」賈疏謂：「絶族者，嫁來承

❶「孫」下，《春秋公羊傳》有「于齊」二字。

奉宗廟，與族相連綴，今出則與族絶，故云絶族。」愚謂賈氏之説非也。婦人無由以夫家爲族，其云「絶族」，謂母族已絶，依子言之也。若然，出母曰「絶族」，則與母絶者當去族矣。經之不稱姜氏，是也。雷次宗曰：「子無出母之文。」鄭注《喪服傳》云：「母子至親，無絶道。」今乃以絶不爲親爲禮者，文姜與聞殺公，其罪至大，非有過而出者可比。莊公隱痛父死，絶其私恩，得尊父之義矣。《喪服》云：「父，至尊也。」《坊記》云：「尊無二上。」《喪服傳》又曰：「禽獸知母而不知父，野人曰：『父母何算焉！』都邑之士，則知尊禰矣。」此其義也。洪氏亮吉《左傳詁》：「按《説苑》亦云絶文姜之屬，而不爲不愛其母。」與服説相發明。

【三年經】紀季以酅入于齊。　賈曰：「紀季以酅奔齊，不言叛，不能專酅也。」本疏。

案：《春秋繁露・玉英篇》云：「《春秋》之法，大夫不得用地。又曰：『君子無去國之義。』又曰：『君子不避外難。』紀季犯此三者，何以爲賢？賢臣故盜地以下敵，棄君以避患乎？曰賢者不爲是。是故託賢于紀季，以見季之弗爲也。紀季弗爲，而紀侯使之可知矣。齊將復讎，紀侯自知力不加而志距之，故謂其弟曰：『我宗廟之主不可絶也，❶汝以酅往，服罪於齊，請以立五廟，使我先君有所依歸。』」《左氏》襄二十六年傳疏：「所言叛者，或據邑而距其君，或竊地他國，皆爲有地隨己，故稱爲

❶ 「絶」，文淵閣四庫本《春秋繁露》作「以不死」。

叛。」《公羊傳》曰：「何賢乎紀季？ 服罪也。 魯子曰：『請後五廟以存姑姊妹。』」《穀梁傳》曰：「酅，紀之邑也。 入于齊者，以酅事齊也。」故賈意亦以紀季之奔，受命于紀侯，以存宗祀。 非專邑自恣者比。 且入以事齊，則不能專有其邑，故曰「不言叛，不能專酅也」。

八年經 師次于郎，以俟陳人、蔡人。 賈曰：「陳、蔡欲伐魯，故待之。」服曰：「欲共伐郕。」本疏。

案：賈説本《穀梁傳》。 傳云：「甲午，治兵。」「習戰也。 治兵而陳、蔡不至矣。 兵事以嚴終，故曰善陳者不戰。」據此，則《穀梁》亦以次爲俟陳、蔡之來伐矣。 服説本《公羊傳》。 傳云「託不得已也」，何休注：「師出本爲下滅盛盛與郕同。 興，陳、蔡屬與魯伐衛同心，又國遠，故因假以諱滅同姓，託待二國爲留辭主，所以辟下言及也。」此服言「欲共伐郕」之義也。❶

齊無知弒其君諸兒。 賈曰：「不稱公孫，弒君取國，故以國言之。」《春秋釋例·氏族例》。

案：與隱四年州吁同例。

傳 連稱、管至父。 賈曰：「齊大夫。」《齊世家》注。

瓜時而往。 服曰：「七月。」同上。

案：《夏小正》：「五月乃瓜。」夏五月，周七月也。 服云「七月」，據周正也。《詩·豳風》：「七月食

---

❶ 「此服言欲共伐郕之義也」，續經解本作「此服義也」。

瓜。」服不取以爲時者，以此云瓜期，當指瓜之始生，非言蓄瓜之候也。

及瓜而代。　服曰：「謂後年瓜時。」同上。

案：《吕覽·長見篇》注：「後，來也。」後年，猶來歲。《周禮·肆師》「涖卜來歲之稼」，後鄭注「卜者問後歲稼所宜」是也。

連稱有從妹在公宫。　服曰：「爲妾在宫也。」同上。

案：《白虎通·嫁娶篇》：「妾者，接也，以時接見也。」據傳云「無寵」，又公孫無知使之間公，曰「捷，吾以女爲夫人」，明在公宫時未爲夫人，則是爲妾也。

齊侯遊于姑棼。　賈曰：「齊地也。」《齊世家》注。

案：顧氏楝高曰：「姑棼，即薄姑，一名蒲姑。樂安博昌縣北有薄姑城。周成王時，薄姑與四國作亂，成王滅之，以益太公之封。後胡公徙都于此。在今青州府博興縣東北十五里。」按杜氏《土地名例》：「姑棼，地闕。」《郡國志》「樂安國」「博昌有薄姑城」，劉昭注：「《左傳》姑棼，杜預曰『薄姑地』。」即顧氏所本。《郡國志》于「博昌」又曰：「有貝中聚。」注引此傳「齊侯田于貝丘」，遊田相次，地亦相比，則在博昌明矣。

公子彭生也。　服曰：「公見彘，從者乃見彭生，鬼改形爲豕也。」同上。

案：《説文》：「豕，彘也。」故注以「彘」釋「豕」。公見爲彘，從者見爲彭生，言所見異也。「鬼改形爲豕」者，《易·繫辭傳》「游魂爲變」，鄭注「游魂謂之鬼」，《廣雅·釋天》：「物神謂之鬼。」《墨子·明鬼篇》：「若以衆之所同見，與衆之所同聞，則若昔者杜伯是也。周宣王殺其臣杜伯而不辜。其三年，周宣王合諸侯而田于圃。日中，杜伯乘白馬、素車，朱衣冠，執朱弓，挾朱矢，追周宣王，射入車上，中心折脊，殪車中，伏弢而死。當是之時，周人從者莫不見，遠者莫不聞，著在周之《春秋》。昔者燕簡公殺其臣莊子儀而不辜。期年，燕簡公方將馳於祖塗，日中，莊子儀荷朱杖而擊之，殪之車上。當是之時，燕人從者莫不見，遠者莫不聞，著在燕之《春秋》。昔者齊莊君之臣，有所謂王里國、中里徼者，此二子者，訟三年而獄不斷。齊君乃使人共一羊，盟齊之神社，二子許諾。於是䘏血摡羊而漉其血，讀王里國之詞既已終矣，讀中里徼之詞未半也，羊起而觸之，折其脚，祧神而槀之，殪之盟所。當是時，齊人從者莫不見，遠者莫不聞，著在齊之《春秋》。」則彭生死而爲厲，變化易形，理或然也。

豕人立而啼。　服曰：「啼，呼也。」《文選·蜀都賦》注。

案：《説文》：「嗁，號也。」啼與嗁同。《曲禮》釋文：「呼，號叫也。」

虐于雍廩。　賈曰：「渠丘大夫也。」《齊世家》注。

案：《昭十一年》傳：「齊渠丘實殺無知。」故知雍廩爲渠丘大夫。

九年經 春，齊人殺無知。　賈曰：「君惡及國，稱國以弑君；惡不及國，則稱人以弑。」《春秋釋例·書弑例》。

案：此賈氏説《春秋》之例。無知雖弑君，然惡不及國，故稱人以弑。弑、殺同辭。正義曰：「《釋例》

曰：『諸侯不受先君之命而簒立，得與諸侯會者，則以成君書之，齊商人、蔡侯般之屬是也。若未得接於諸侯，則不稱爵。楚公子棄疾殺公子比、蔡人殺陳佗、齊人殺無知、衞人殺州吁、公子瑕之屬是也。諸侯簒立，雖以會諸侯爲正。至於國内，策名委質，即君臣之分已定，故雖殺不成君，亦與成君同義也。』」

納糾。　賈曰：「不言公子，次正也。」本疏。

案：《管子・大匡篇》：「齊僖公生公子諸兒、公子糾、公子小白。」又曰：「諸兒長而賤。」是襄公本爲庶長，而子糾爲次正矣。《公羊傳》：「其稱子糾何？貴也。其貴奈何？宜爲君者也。」《白虎通・封公侯篇》：「《春秋經》曰：『齊無知殺其君。』貴妾子公子糾當立也。」亦以糾爲次正也。《春秋》之例，諸侯庶子皆得稱公子，以糾爲次正，故不書公子，嫌與庶子同也。今本有「子」字，臧氏琳曰：「沿唐定本之誤也。」

齊小白入于齊。　賈、服曰：「齊大夫來迎子糾，公不亟遣，而盟以要之。齊人歸迎小白。」同上。

案：盟，謂前年盟于蔇也。《齊語》：「桓公自莒反于齊。」韋昭注亦曰：「齊人逆子糾于魯，魯嚴公不即遣，而盟以要之。齊大夫歸逆小白於莒，桓公自莒先入。」是古説相承如此。

齊人取子糾殺之。　賈曰：「稱子者，愍之。」同上。

案：《一切經音義》三引《字詁》：「古文『愍』，今作『閔』。愍，憐也。」前「納糾」不書「子」，今書「子」，故知憐之也。按唐定本上「納糾」有「子」字，故正義曰：「上已稱子，則此言子，非愍之也。」然《公》

《穀》皆云「納糾」，無「子」字，可見賈景伯所見《左傳》本亦無「子」字，故所釋如此。孔氏執定本以斥賈氏，非也。

浚洙。　服曰：「洙水在魯城北。」《水經·泗水篇》注。

案：《水經·泗水篇》：「泗水出魯卞縣北山，西南過魯縣北。」注云：「北爲洙瀆。」是洙水在魯城北也。

【傳】乃殺子糾于生竇。　賈曰：「生竇，魯地，句竇也。」《齊世家》注。

案：《史記》作「笙瀆」，「瀆」「竇」通。《周禮·大宗伯》注「四竇」，《釋文》「『竇』，本亦作『瀆』」是也。「句竇」者，《襄十九年》：「執公子牙于句瀆之丘。」《論語》云：「自經于溝瀆，而莫之知也。」「溝瀆」，即「句瀆」。「句」古讀如「溝」，如句芒、句龍、句吳皆古讀也。子糾殺于其地，召忽亦自經于此。《論語》「溝瀆」，即生竇之地。

及堂阜而稅之。　賈曰：「堂阜，魯北境。」同上。

案：杜氏以堂阜爲齊地，云：「東莞蒙陰縣西北有夷吾亭，或曰鮑叔解夷吾縛於此，因以爲名。」賈云「魯北境」，蓋據齊魯接壤處言之。洪氏亮吉曰：「《文十五年》傳：『飾棺置諸堂阜。』明堂阜爲齊、魯交界，既至齊境，故即釋其縛也。」

管夷吾治於高傒。　賈曰：「齊正卿高敬仲也。」同上。

案：《禮・王制》「次國三卿，二卿命于天子」，《僖十二年》傳「有天子之二守國、高在」，則命于天子爲正卿矣。《襄十九年》傳「齊人立敬仲之曾孫，良敬仲也」，❶是「敬」爲傒謚，「仲」爲傒字也。

十年傳 蒙皋比而先犯之。　服曰：「包之以虎皮，名之曰建皋。」本疏。

案：服用《樂記》文，「皋」本作「櫜」。《説文》：「櫜，咎聲。」皋陶亦作「咎陶」，是其證。故《集韵》「櫜」亦作「韟」也。彼注云：「建讀爲鍵，字之誤也。兵甲之衣曰櫜。鍵櫜，言閉藏兵甲也。」若然，兵甲之櫜當以虎皮包之，服故援以解「皋」之由名，以見蒙虎皮于兵甲之上，與鍵藏時其制相似。

十一年傳 覆而敗之曰取某師。　服曰：「覆，隱也，設伏而敗之。謂攻其無備，出其不意，敵人不知，敗之易，故曰取。」本疏。

案：《隱九年》傳「君爲三覆以待之」，杜注云：「覆，伏兵也。」《國語・晉語》注：「伏，隱也。」則覆爲伏，伏爲隱也。「攻其無備，出其不意」，《孫子》文。「敗之易」者，《襄十二年》傳：「凡書取，言易也。」服義本之。

公使弔焉。　賈曰：「問凶曰弔。」《宋世家》注。

案：《周禮・大宗伯》「以弔禮哀禍裁」，鄭注謂「遭水火」，又曰「以荒禮哀凶札」。若然，則此是問禍

---

❶ 引文見《左傳》襄公二十九年。

裁，不當云「問凶」。然《曲禮》云「歲凶，年穀不登」，今傳云「害于粢盛」，則歲凶矣，故賈曰「問凶」也。

射南宮長萬。　賈曰：「南宮，氏；萬，名。宋卿。」同上。

宋公靳之。　服曰：「恥而惡之曰靳。」《釋文》。○本疏。

案：《公羊傳》：「宋萬與閔公博，婦人皆在側。萬曰：『甚矣。魯侯之淑！魯侯之美也！』閔公矜此婦人，妬其言曰：『此虜也！魯侯之美惡乎至。』」服氏尋《公羊傳》文，故知爲「恥而惡之」。若杜云「戲而相愧」，則「此虜也」之言非戲言也，萬亦何至弒公？因事攷義，服氏爲長。正義曰：「恥惡其人，不應爲之請魯。」不知靳之之由因萬歸國後夸美魯侯而致，是始則重其人而請，繼則妬其言而靳，前後固不相妨也。如孔氏言，固矣。

十二年經 宋萬弒其君捷。　賈曰：「未賜族。」本疏引《釋例》。

案：《隱八年》傳：「諸侯以字爲氏，因以爲族。官有世功，則有官族，邑亦如之。」杜注：「皆稟之時君。」是賜氏即賜族也。《春秋》之例，賜族則書其族，此書「宋萬」，是未賜族也。正義曰：「按傳稱南宮長萬，則爲已氏南宮，不得爲未賜族也。」然按《隱八年》傳「無駭卒」疏：「士會之孥，處秦者爲劉氏。伍員之子，在齊爲王孫氏。智果知知伯之將滅，自別其族爲輔氏。如此之類，皆是身自爲之，非復君賜。」是春秋時有賜族，亦有私氏也。傳稱「南宮萬」，而經止言「宋萬」，則南宮當是私氏，故賈于「射南宫長萬」注云「南宫，氏」，而此云「未賜族」也。

[傳]宋萬弑閔公于蒙澤。 賈曰：「宋澤名。」《宋世家》注。

案：《郡國志》「梁國」：「蒙有蒙澤。」劉昭注引此文。杜云「宋地，梁國有蒙縣」，與賈異。按下文云「遇仇牧于門，批而殺之。遇太宰督于東宫之西，又殺之」，則蒙澤當有宋别宫矣。賈云「澤名」者，言蒙澤之地，以澤名蒙也。《周禮・大司徒》注：「水鍾曰澤。」又《澤虞》注：「澤，水所鍾也。」

羣公子奔蕭，公子御説奔亳。 服曰：「蕭、亳，宋邑也。」同上。

案：《漢書・地理志》「沛郡」：「蕭，故蕭叔國，宋别封，附庸也。」考蕭爲附庸，即是年所封，説見正義。未封爲宋邑。今徐州府蕭縣北十里有蕭城。《郡國志》「梁國薄」劉昭注引杜預曰：「蒙縣西北有薄城。」《左傳》「宋公子御説奔亳」，案：《僖二十年》：「公會諸侯，盟于薄。釋宋公。」《哀十四年》：「桓魋請以鞌易薄，公曰：『薄，宗邑也。』」即此。

使婦人飲之酒。 服曰：「宋萬多力，勇不可執，故先使婦人誘而飲之酒，醉而縛之。」同上。

案：《説文》：「縛，束也。」《釋名・釋言語》：「縛，薄也，使相薄著也。」

宋人皆醢之。 服曰：「醢，肉醬。」同上。

案：《爾雅・釋器》：「肉謂之醢。」《説文》：「醢，肉醬也。」《詩・大雅・行葦》「醓醢以薦」，毛傳：「以肉曰醓醢。」《周禮・醢人》鄭注：「醓，肉汁也。」

十六年經 郳子克卒。　賈、服曰：「北杏之會時已得王命。」隱元年疏。

案：《隱元年》傳云：「未王命，故不書爵。」此稱爵，則已受王命。《王制》云「不合于天子，附于諸侯，曰附庸」，注：「不合，謂不朝會也。」北杏之會在十三年，郳人在會，知此時已得王命，故得列于會也。

傳 不可使共叔無後於鄭。　服曰：「定叔之祖共叔段有伐君之罪，宜世不長，而云『不可使共叔無後于鄭』，言其刑之偏頗。」本疏。

案：叔段伐君事在隱元年。《國語・周語》注：「父子相繼曰世。」叔段有罪，宜不世及也。「偏頗」，言刑失中也。《說文》云：「頗，頭偏也。」《廣雅・釋詁》云：「頗，衺也。」《漢書・匈奴傳上》注：「頗，亦偏也。」

十八年傳 有蜮，爲災也。　服曰：「短狐，南方盛暑所生。其狀如鼈。古無今有。含沙射入人皮肉中，其瘡如疥，徧身中濩濩蜮蜮，故曰災。《禮》曰：『惑君則有。』」《周禮・秋官》序官疏。○本疏引「徧身濩濩或或，故爲災」。

案：《詩・何人斯》傳：「蜮，短弧也。」正義引《洪範五行傳》云：「蜮如鼈，三足，生于南越。南越婦人多淫，故其地多蜮。」《漢書・五行志》云：「嚴公十八年秋，有蜮。劉向㠯爲生南越，越地多婦人，男女同川，淫女爲主，亂氣所生，故聖人名之曰蜮。在水旁，能射人。南方謂之短弧。劉歆㠯爲蜮，盛暑所生，非自越來也。」案：向、歆説同服，云「南方盛暑所生」，明北方本無，今此有蜮，故謂「古無今有」也。《詩疏》引陸璣疏云：「一名射影，江、淮水皆有之。人在岸上，影見水中，投人影則殺之，故曰射影，或曰含沙。射人皮肌，其瘡如疥。」與服所言同。「偏身濩濩蜮蜮」，當謂蜮之狀。本疏引作「或或」，亦聲相近。《五行志》云：「蜮，猶惑也。」《公羊傳》注：「蜮之，猶言惑也。」劉向以莊公將取齊淫女，故蜮至。京房《易傳》曰：「忠臣進善君不試，厥咎國生蜮。」二説皆爲惑君也。引《禮》者，禮家諸儒之説也。

二十年傳 執燕仲父。　服曰：「南燕，伯爵。」本疏。

案：《水經注・濟水篇》二：「濮渠又東北，逕燕城南，故南燕，姞姓之國也，有北燕，故以南氏。」❶正義曰：「《譜》亦云南燕伯爵，不知所出。」

樂及偏舞。　賈曰：「偏舞，皆舞六代之樂。」《周本紀》注。

案：《周禮・大司樂》「舞《雲門大卷》《大咸》《大磬》《大夏》《大濩》《大武》」，鄭注：「此周所存六代之樂。」又「大合樂」注謂：「偏作六代之樂。」

二十一年傳 享王于闕西辟。　服曰：「西辟，西偏也。」本疏。

❶ 「氏」下，文淵閣四庫本《水經注》有「縣」字。

案：《爾雅·釋宫》「觀謂之闕」郭注：「宫門雙闕。」邵氏正義曰：「《説文》：『闕，門觀也。』《釋名》云：『闕在門兩旁，中央闕然爲道也。』《禮記疏》引《白虎通》云：『闕者何？闕疑也。闕者所以飾門，别尊卑也。』《天官·太宰》云『縣治象之灋于象魏』，鄭司農云：『象魏，闕也。』《詩疏》引孫炎云：『宫門雙闕，舊章懸焉，使民觀之，因謂之觀。』《太平御覽》引潁容曰：❶『闕者，上有所失，下得書之於闕，所以求論譽于人，故謂之闕矣。』」「西辟，西偏」者，《曲禮》「辟咡詔之」，《釋文》：「辟，側也。」《淮南·説山》注：「辟，旁也。」《儀禮·覲禮》「偏駕不入王門」注：「左旁與己同曰偏。」是旁亦偏，「西偏」言西闕旁也。

王以后之鞶鑑與之。　服曰：「鞶鑑，王后婦人之物，非所以賜有功。」本疏。

案：杜注：「鞶帶而以鑑爲飾。今西方羌胡爲然，❷古之遺服。」正義曰：「鞶是帶也，鑑是鏡也。此與定六年傳皆鞶鑑雙言，則鞶鑑一物，故知以鏡飾帶。」按：以鏡飾帶，則當名鑑鞶矣。此云「鞶鑑」，蓋以鞶盛鑑耳。《禮·内則》「男鞶革，女鞶絲」注：「鞶，小囊，盛帨巾者，男用韋，女用繒，有飾緣之。」《儀禮·士昏·記》「施鞶」注：「鞶，鞶囊也，所以盛帨巾之屬。」《法言·寡見》：「又從而繡其鞶帨。」足證鞶爲囊，盛帨者爲鞶帨，盛鏡者爲鞶鑑。杜謂以鏡飾帶，于古未聞。羌胡之服，不可

---

❶「潁」，原作「穎」，據《後漢書·儒林傳》改。

❷「爲」，《春秋左傳正義》作「猶」。

以例。服謂婦人之物，固謂以囊盛鏡者也。王以賜有功，是爲褻也。王予之爵。服曰：「爵，飲酒器，玉爵也，一升曰爵。爵，人之所貴者。」同上。○恭冕謹案：正義此文下云：「言鄭伯以其父得賜不如虢公，爲是始惡於王，積而成怨。僖二十四年，遂執王使。」金谿王氏、陽湖洪氏輯本俱連上爲服義，然玩其語意，似爲孔疏之文，不如此輯本爲妥。

案：《呂覽·孟春》注「爵，飲器」。知是玉爵者，《周禮·太宰》「大朝覲、會同，贊玉爵」，注：「玉爵，王禮諸侯之酢爵。」今因享予爵，是玉爵也。《儀禮·特牲饋食禮》「實二爵」，注引舊説曰「爵，❶一升」。《禮器》「貴者獻以爵」，故云人之所貴。

二十二年傳 肆大眚。　賈曰：「文姜爲有罪，故赦而後葬，以説臣子也。魯大赦國中罪過，欲令文姜之過因是得除，以葬文姜。」本疏。

案：《書》：「眚災肆赦。」某氏傳：「眚，過；肆，緩也。」緩，即寬宥之意。《周禮·冢人》「凡死於兵者，不入兆域」，注：「謂戰敗無勇，投諸塋外以罰之。」則有罪者亦不當入兆域。故季氏之溝昭公亦此意也。文姜與弒桓，不當合葬。大赦國中，隱使姜之罪惡亦與洗滌，然後得入兆域，所以解説魯之臣民也。正義曰：「文姜出奔之日，嘗稱夫人。夫人之名，未嘗有貶，何須以赦除之？」知不然者，出奔書「夫人」者，魯史臣所以諱國惡也。葬文姜而先肆赦者，魯莊公所以解公議也。文姜與弒其

❶「舊」，續經解本作「書」。

君，禮雖合葬，莊又不忍以絶不爲親者割母子之愛，曲意肆赦，使姜非同在洗濯之列，而後葬之，魯人可無詞矣。故上文書「赦」，下即書「葬」，以見事之有緣起也。不然，姜以前年七月薨，至十一月當合葬矣，而必遲至此年正月始葬于肆赦之後，此爲子不得已之苦心可概見矣。孔氏之説非也。

夏五月。　賈、服曰：「若登臺而不視朔，則書時不書月；若視朔而不登臺，則書月不書時；若雖無事視朔、登臺，則空書時月。」《禮記・中庸》疏。

案：《僖五年》傳：「春王正月辛亥朔，日南至。公既視朔，遂登觀臺以望。而書，禮也。凡分、至、啟、閉，必書雲物，爲備故也。」《詩・靈臺》疏曰：「《公羊》説天子有時臺，以觀四時；諸侯當有時臺。」《禮記・玉藻》「諸侯皮弁，以聽朔于太廟」，疏言：「每月以朔告神，謂之告朔。則于時聽治此月朔之事，謂之『聽朔』，《玉藻》文是也。聽朔，又謂之『視朔』。《文十六年》『公四不視朔』是也。」是視朔即聽朔也。登臺是四時之事，視朔是每月之事，故登臺不視朔則書時不書月；視朔不登臺則書月不書時，以核實也。登臺視朔，禮並無闕，雖無事紀，仍書時月，以存禮也。若然，則《桓四年》及《七年》不書「秋七月」「冬十月」、《成十年》不書「冬十月」者，明不登臺及視朔也。《桓十七年》但書「五月」、不書「夏」者，明不登臺而但視朔也。此書「夏五月」而不繫事者，明登臺視朔備也。

傳 羇旅之臣。　賈曰：「羇，寄；旅，客也。」《陳世家》注。

案：《周禮・遺人》「以待羇旅」注：「羇旅，過行寄止者。」鄭氏通釋，此則分言，義無異也。《廣雅・

釋詁》：「旅，客也。」

翹翹車乘。　服曰：「翹翹，遠貌。」《詩·漢廣》疏。

案：《文選·南都賦》「翹遥遷延」注：「輕舉貌。」此文「翹翹」當訓「高」。《詩》「翹翹錯薪」，亦謂薪之高者，訓「遠」似未確。

使爲工正。　賈曰：「掌百工。」《齊世家》注。

案：《攷工記》「國有六職，百工與居一焉」注：「百工，司空事官之屬，於天地四時之職，亦處其一也。司空，監百工者，唐虞已上曰共工。」又「以飭五材，以辨民器，謂之百工」注：「五材各有工，言百，衆言之也。」《禮記·月令》：「百工咸理，監工日號。」工正即其職也。謂之正者，亦猶奚仲爲車正、閼父爲陶正也。《國語·齊語》「立五正」注「正，長也」，則齊掌百工之長，亦以正爲名矣。

臣卜其晝。　服曰：「臣將享君，必卜之，示戒慎也。」本疏。○《詩·湛露》疏引無「將」字、「之」字，又「戒」作「敬」。

案：《禮·郊特牲》曰：「大夫而饗君，非禮也。」然齊桓賢敬仲，欲至其家，敬仲或辭不得，故設享禮以待桓公耳。「享必卜日」者，《周禮·太宰》：「凡祀五帝，祀大神，享先王皆前期十日，帥執事而卜日。」《大宗伯》：「凡祀大神、享大鬼、祭大示，帥執事而卜日。」臣之於君，尊之與神示同，享神示必卜日，則享君亦當卜日，所以「示敬慎也」。敬仲曰「臣卜其晝」，是卜日之實事，非虚詞也。若燕食饗飲禮「有戒而不卜日」者，或分相臨秩相等，與臣享君異故也。

五世之後，並於正卿。　服曰：「言完五世之後，與卿並列。」《田敬仲世家》注。

案：「言完五世之後」者，下文云「陳桓子始大於齊」。《史記·田敬仲世家》「完卒，謚爲敬仲。仲生穉孟夷，穉孟夷生湣孟莊，湣孟莊生文子須無，文子生桓子無宇」，正五世也。「與卿並列」者，正義曰：「位與卿並，得爲上大夫也。」

莫之與京。　服曰：「京，大也。」同上。

案：此《爾雅·釋詁》文。

遇觀之否。　賈曰：「坤下巽上，觀。坤下乾上，否。」同上。「觀爻在六四，變而之否。」《漢上易叢説》。服同。本疏。○按杜注：「坤下巽上，觀。坤下乾上，否。觀六四爻變而爲否。」疏謂：「賈、服及杜並皆同焉。」是賈、服同義。

案：正義申杜曰：「此注『坤下巽上，觀。坤下乾上，否』，及『六四爻變』，諸如此輩，皆據《周易》之文知之。劉炫云『下體坤，坤爲地爲衆，上體巽，巽爲風、爲木。互體爲艮，艮爲門闕。地上有木而爲門闕，宮室之象。宮室而可風化，使天下之衆觀焉，故謂之觀也。下體坤，坤爲地；上體乾，乾爲天。天不下降，地不上騰，天地不通，其氣上下否塞，故謂之否也』。」按：觀六四陰爻變而爲陽，則爲乾，合坤爲否，故曰「變爲否」也。

風行而著於土。　服曰：「巽在坤上，故爲著土也。」本疏。○恭冕謹案：本疏下云「一曰巽爲風，復爲木，風吹木實落去，更生他土而長育，是爲在異國」。王氏、洪氏列入服注，以意揆之，良然。

案：《易·説卦》：「巽爲風。」又《泰》爻辭「城復於隍」，虞注：「坤爲積土。」《國語·晉語》注：「著，附也。」觀，坤下巽上，是風著土也。

二十三年傳　士蔿。　賈曰：「士蔿，晉大夫。」《晉世家》注。

二十四年經　大夫宗婦覿。　賈曰：「宗婦，同姓大夫之婦。」《詩·常棣》疏。

案：《詩正義》云：「《襄二年》傳曰『葬齊姜，齊侯使諸姜、宗婦來會葬』，❶諸姜謂齊同姓之女，宗婦謂齊同姓之婦。」是同姓大夫之婦名爲宗婦也。

赤歸于曹。　賈曰：「羈是曹君，赤是戎之外孫，故戎侵曹，逐羈而立赤。」本疏。

案：上經「戎侵曹，羈出奔陳」與「赤歸于曹」連文，故賈云然。知「赤爲戎之外孫」者，以非戎之自出，戎不逐羈而立赤也，與宋納鄭厲公同。杜云「蓋爲戎所納，故曰歸」，略同賈説。

二十五年傳　乃城聚而處之。　賈曰：「聚，晉邑。」《晉世家》注。

案：《晉世家》謂「城聚都之，命曰絳，始都絳」，顧氏棟高曰：「此時之絳都爲翼城縣，而聚在今絳州縣東南十里有車箱城，相傳爲晉置羣公子之所，是城絳、城聚非一地，亦非一時，《史》混而一之，誤矣。」

二十八年經　大無麥禾。　服曰：「陰陽不和，土氣不養，故禾麥不成也。」本疏。

---

❶「會」，《春秋左傳正義》作「送」。

案：《易・説卦》：「立天之道曰陰與陽。」《春秋繁露・煖燠孰多篇》：「天之道，出陽爲煖以生之，出陰爲清以成之。」又《循天之道篇》：「陽者，天之寛也；陰者，天之急也；中者，天之用也；和者，天之功也。舉天地之道而美於和，是故物生皆貴氣而迎養之。」《禮記・月令》：「天氣下降，地氣上騰，王命布農事，所謂陰陽和而萬物育焉。」《書・洪範》：「土爰稼穡。」《御覽》引《書大傳》：「水、火、木、金皆賴乎土而成。」今陰陽失調，土氣無以暢達，則稼穡失其性矣，故「大無禾麥」也。

臧孫辰告糴于齊。　服曰：「無庭實也。」《儀禮・聘禮》疏。「不言如齊，重穀急辭。」本疏。

案：庭實，謂馬若皮實于庭也。《儀禮・聘禮》云「庭實，皮則攝之」，注：「言則者，或以馬。」疏云：「以其皮馬相間，有皮則用皮，無皮則用馬。」又「若有言則以束帛，如享禮」注：「《春秋》臧孫辰告糴于齊，無庭實也。」服釋與鄭氏同。彼疏云：「以經直云『束帛如享禮』，則除束帛之外，更無所有，故知無庭實也。《國語・魯語》：『臧孫辰以鬯圭與玉磬如齊，直是告糴之物。』」足徵無皮馬之實矣。云「不言如齊，重穀急辭」者，《春秋》之例，卿聘問鄰國皆書「如」某，此云「告糴于齊」，不言「如齊」，非常例也，故服云「重穀急辭」。正義曰：「以其情急於糴，故不言『如齊告糴』；乞師則情緩於穀，故云『如楚乞師』。」

二十九年經　新延廐。　賈曰：「言『新』有故木，言『作』有新木，延廐不書『作』，所用之木非公命也。」本疏。

案：《公羊傳》：「新延廐者何？修舊也。」修舊則有故木矣。《楚辭・招魂》注：「故，舊也。」《漢書·禮樂志》注：「作謂有所興造也。」言興造則當用新木矣。《僖二十年》「新作南門」，《定二年》「新作雉門及兩觀」，皆言「新作」，而此獨無「作」字，傳則仍言「新作」，知所用雖有新木，以不本於公命，故經不書「作」也。

城諸及防。　賈曰：「言及，先後之辭。」本疏。

三十年經　齊人降鄣。　賈曰：「鄣，紀之遺邑。」本疏。

案：《公羊傳》：「鄣者何？紀之遺邑也。」《穀梁傳》：「鄣，紀之遺邑也。」賈本二傳爲説。《説文》：「鄣，紀邑也。」段氏注：「杜云『紀附庸國，東平無鹽縣東北有鄣城』，距紀太遠，非許意也。古紀國在今青州府壽光縣西南三十里紀城，鄣邑當附近，即昭十九年《左傳》之『紀鄣』也。紀鄣者，本紀國之鄣邑，猶《齊語》『紀酅』也，謂本紀國之酅邑也。《公》《穀》云『鄣，紀之遺邑』，與《左傳》合。杜云『紀鄣在東海贛榆』是也。莊三十年之『鄣』即此。杜分爲兩地，非。今江蘇海州贛榆縣北七十五里有故紀鄣城，亦曰紀城。」

傳　鬬射師諫。　服曰：「射師，若敖子鬬班也。」本疏。

案：正義曰：「射師被梏，不言舍之，知射師與班必非一人也。」攷子元伐鄭，傳在二十八年，歸處王宮而射師諫之，當在是時。越至三十年秋始殺子元，將及兩期矣，豈猶梏而不舍乎？傳敘執梏事於此，以見子元見殺之由，非一時事也。其間不書「舍之」，蓋傳所略也。烏見殺子元者，必非鬬班乎？

三十二年經 城小穀。　服曰：「不繫齊者，世其禄然。」本疏。

案：《禮記·禮運》：「大夫有采，以處其子孫。」《周禮·太宰》「以八則治都鄙」，後鄭注：「都鄙，公卿大夫之采邑，王子弟所食邑。周、召、毛、聃、畢、原之屬，在畿内者。」若然，惟王之卿大夫有采邑，其邑不必繫之於王，如温、原，皆世禄之邑。傳稱「取温之麥」，及「晉人伐原」，未嘗繫於周也。《王制》：「諸侯之大夫，不世爵禄。」無世禄則小穀既爲齊邑，當繫之齊。今僅云「城小穀」，是與世禄之例相同，故曰「世其禄然」。

傳 虞、夏、商、周皆有之。　服曰：「虞舜祖考來格，鳳皇來儀，百獸率舞。」本疏。

案：此《書·益稷》文，引以證虞興神降之實。

臨黨氏。　賈曰：「黨氏，魯大夫，任姓。」《魯世家》注。

案：「黨」，《釋文》：「音掌。」本字當作「爪」。《説文》：「爪，亦丮也。」孟子母仉氏，仉即「爪」之異文，是魯有爪氏矣。黨，假借字也，知爲任姓者，以下云「見孟任」也。

見孟任。　賈曰：「黨氏之女。」同上。

從之。　服曰：「從之，言欲與通也。」本疏。

割臂盟公。　服曰：「割其臂，以與公盟。」《魯世家》注。

圉人犖。　服曰：「圉人，掌養馬者。犖，其名也。」同上。

案：正義曰：「《周禮》：『圉人掌養馬芻牧之事。』《昭七年》傳曰：『馬有圉，牛有牧。』」

能投蓋於稷門。　服曰：「能投千鈞之重，過門之上也。」《水經・泗水注》。

案：《說苑・辨物》：「三十斤爲一鈞。」《考工記》「冶氏重三鋝」注：「今東萊稱或以大半兩爲鈞。」二說不同。服云「千鈞之重」，未知用何說，然曰「千鈞」，猶稱拔山舉鼎云爾，非事實也。《匠人職》曰：「宮隅之制七雉。」注：「宮隅，謂角浮思也。雉，高一丈。」又曰：「宮隅之制，以爲諸侯之城制。」注：「其城隅制高七丈。」門之高數未聞，以過於其上計之，當及角浮思之處矣。千鈞之重，服未指蓋爲何具。杜云「走而自投接其屋之桷，反覆門上」，如杜所說，則傳文當云「能投桷而蓋於稷門」，「投」「蓋」不當連文矣。劉炫指爲「車蓋」。孔氏謂：「《周禮》車蓋以物帛爲之，輕而帆風，非可投之物。」不知《周禮・巾車》所掌，其張帛物以翳日者，果謂之蓋，而其承帛物者，亦謂之蓋？《考工記》「輪人爲蓋，達常圍三寸」，鄭司農注：「達常，蓋斗柄，下入杠中也。」「桯圍倍之六寸」，司農注：「桯，蓋杠也。」「信其桯圍以爲部廣，部廣六寸」，司農注：「部，蓋斗也。」「部長二尺」，後鄭注：「謂斗柄，達常也。」「桯長倍之四尺者二」，後鄭注：「杠長八尺，謂達常以下也。加達常二尺，則蓋高一丈，立乘也。」「弓鑿廣四枚」，後鄭注：「弓，蓋橑也。」「弓長六尺謂之庇軹，五尺謂之庇輪，四尺謂之庇軫，上欲尊而宇欲卑。上尊而宇卑，則吐水疾而霤遠」，後鄭注：「蓋者，主爲雨設也。乘車無蓋，《禮》所謂潦車，謂蓋車歟。」「是故蓋崇十尺」，是蓋有達常，有桯，有部，有弓，其長則十尺也，其弓則二十有八也，皆統之曰「輪人爲蓋」。是散名則分，大名則一，其蓋之重可知。是劉説正未可非也。服以千鈞之重狀之，或亦謂車蓋歟。

使成季酖之。　服曰：「酖，鳥。一曰運日鳥。」《魯世家》注。

案：《説文》：「鴆，毒鳥也，一名運日。」此服所本。《山海經·中山經》：「女几之山，其鳥多鴆。」郭注：「鴆，大如雕，紫緑色，長頸，赤喙，食蝮蛇頭，雄名運日。」「運」又作「暉」，《淮南·繆稱》「暉日知晏」，注：「暉日，鴆鳥也。」或作「䳑」，《名醫别録》云「鴆鳥，一名䳑日」。又作「雲」，劉逵《吴都賦注》：「鴆鳥，一名雲日。」正義曰：「《廣志》云：『鴆鳥，形似鷹，大如鶚，毛黑，喙長七八寸，黄赤如金，食蛇及橡實，常居高山巔。』《晉語諸公讚》云『鴆鳥食蝮，以羽翮櫟酒水中，飲之則殺人』。」

成季奔陳。　服曰：「季友内知慶父之情，力不能誅，故避其難出奔。」同上。

案：「知慶父之情」者，知其通於哀姜，而哀姜欲立之也。

立閔公。　服曰：「閔公於是年九歲。」《閔元年》疏。

案：服於《閔二年》傳注云「公即位時年九歲」，與此注合。若然，則閔公二年，公被弑時當爲十一歲，而服於《僖二年》注云「閔公死時年九歲」，疑有錯誤。

春秋左氏傳賈服注輯述卷五

嘉興李貽德學

閔　公

元年傳 因重固。　服曰：「重不可動，因其不可動而堅固之。」本疏。

案：《説文》：「重，厚也。」《吕覽・貴生》注：「重大，厚大，故不可動。」《國語・鄭語》注、《廣雅・釋詁》並云「因，就也」。「固」之言堅者，《詩・天保》傳云「固，堅也」，《襄十四年》傳「因重而撫之」，即此意。

以滅耿、滅霍、滅魏。　服曰：「三國皆姬姓，魏在晉之蒲坂，河東也。」《晉世家》注。○《元和郡縣志》十四引「魏在晉之蒲坂」。

案：《襄二十九年》傳：「霍、楊、韓、魏，皆姬姓也。」《史記・管蔡世家》言文王子霍叔處封於霍，其後晉獻公時滅霍。《詩・魏風譜》「魏者，周以封同姓焉」，彼疏曰：「《魏世家》言周以封同姓子。」《漢書・地理志》：「魏亦姬姓，在晉之南河曲。」又「河東郡皮氏」自注：「耿鄉，故耿國。」杜注亦云「姬姓，是三國皆姬姓也」。《地理志》「河東郡蒲反」自注「故曰蒲」，應劭曰「秦始皇東巡見長坂，故加

『反』云」，孟康曰「本蒲也。晉文公以賂秦，後秦人還蒲，魏人喜曰『蒲反』矣。謂秦名之，非也」，臣瓚曰：「《秦世家》云『以垣爲蒲反』，然則本非蒲也。」又「河北」自注：「《詩》魏國，晉獻公滅之，以封大夫畢萬。」按此則魏非在蒲阪矣。《詩譜》云「魏者，虞舜所都之地」，彼疏引皇甫謐云「舜所營都，或云蒲坂，即河東縣是也」。然則魏都河北，蒲坂近之，故云「虞舜所都之地」，❶謂境内有其都耳。據此，則服亦即「境内」言之也。坂、阪同。

分之都城。　服曰：「邑有先君之主曰都。」《晉世家》注。

案：此莊二十八年傳文。

而位以卿。　服曰：「謂將下軍。」同上。

案：《周禮·大司馬》：「軍，將皆命卿。」今申生將下軍，是位以卿也。

先爲之極。　服曰：「言其禄位極盡於此也。」同上。

案：《周禮·太宰職》注：「班禄所以富臣下。位，爵次也。」又「以八則治都鄙」注：「都鄙，公卿大夫之采邑，王子弟所食邑。」《禮記·禮運》：「諸侯有國，國即采邑。以處其子孫。」是不得嗣位者，乃有都邑。今申生封之曲沃，是禄已極矣。《白虎通·爵篇》：「王者太子亦稱士何？舉從下升，以爲人無生得貴者。」《士冠》經曰：「天子之元子，士也。」然則諸侯世子亦士列也。今申生位以下卿，是位

❶ 「虞舜所都之地」，續經解本作「舜都」。

已極矣。《表記》注：「極，猶盡也。」極盡於此，言禄位止於此也。

卜偃。　賈曰：「卜偃，晉掌卜大夫郭偃。」同上。

案：《國語・晉語》「郭偃」韋昭注：「郭偃，晉大夫卜偃也。」是用賈義。稱「卜大夫」者，言爲掌卜大夫也。

萬，盈數也；魏，大名也。　服曰：「數從一至萬爲滿。魏，喻巍巍高大也。」同上。

案：《御覽》七百五十引《風俗通》：「十千謂之萬。」正義曰：「數從一至萬，每十則改名，至萬以後稱一萬、十萬、百萬、千萬，萬萬始名億，從是以往，皆以萬爲極。是至萬則數滿也。」《魏世家》「萬，滿數也」，是盈爲滿也。《淮南・俶真》注：「巍巍高大，故曰魏闕。」《孟子音義》下引丁音「『魏魏』當作『巍巍』」，是「魏」「巍」義同也。顧氏南原云：「《説文》：『巍，从嵬，委聲。』『巍高』之『巍』，即『巍國』之『巍』，今『巍國』字省作『魏』。」按：《魯峻碑》陰「巍郡」、《衡方碑》「恢巍縡之和戎」、《韓敕》兩側題名「巍令」、《楊著碑》陰「巍郡」、《陳球後碑》「巍郡」、《武梁祠堂畫象》「象巍」、楊君《石門頌》「南鄭巍整」、❶《華山亭碑》「户曹掾巍嘗威」，「魏」皆作「巍」、或作「魏」。服以「巍巍」釋，音義相兼也。《緯書》「當塗高」指魏，《三國志・杜瓊傳》「魏者，大也」，是兼高大言之。

以是始賞，天啟之矣。　賈曰：「以魏賞畢萬，是謂天開其福。」同上。

❶「楊」，原作「湯」，今據《隸釋》改。

案：《説文》：「賞，賜有功也。」《禮記・月令》注：「賞，謂有功德者，有以顯賜之也。」《釋名・釋姿容》《廣雅・釋詁》並云「啟，開也」。《襄十八年》傳：「善人富謂之賞。」《郊特牲》：「富也者，福也。」畢萬受此顯賜，是天開其福矣。

筮仕于晉。　服曰：「畢萬在周，筮仕于晉。」本疏。

遇屯之比。　賈曰：「震下坎上，屯；坤下坎上，比。屯初九變之比。」《晉世家》注。

辛廖。　賈曰：「辛廖，晉大夫。」同上。

二年經　吉禘于莊公。　賈曰：「禘者，遞也。審遞惠校宋本作「諦」。昭穆，遷主遞位，孫居王父之位。」《禮記・王制》疏。

案：禘之言遞，以音義兼釋也。《爾雅・釋言》：「遞，迭也。」《説文》：「遞，更易也。」《廣雅・釋詁》：「遞，代也。」「審遞昭穆」者，言審視而更易之也。《禮記・王制》：「天子七廟，三昭、三穆，與太祖之廟而七；諸侯五廟，二昭、二穆，與太祖之廟而五。」《周禮・小宗伯》注：「自始祖之後，父曰昭，子曰穆。」「遷主遞位」者，杜注云「三年喪畢，致新死者之主於廟，廟之遠主當遷入祧」。「孫居王父之位」者，《爾雅・釋親》：「父之考爲王父。」如王父昭則孫亦昭位，王父穆則孫亦穆位。

九月，夫人姜氏孫于邾。　賈、服曰：「文姜殺夫罪重，故去姜氏；哀姜殺子罪輕，故不去姜氏。」本疏。

案：《莊元年》：「夫人孫于齊。」傳曰：「絶，不爲親。」以文姜與弑桓公故，舍族以絶之，明其罪重也。慶父通哀姜，而子般見殺，是哀姜有殺子之罪，然輕於文姜，故不去氏。

傳 虢公敗犬戎于渭隧。　服曰：「隧，謂汭也。」《水經・渭水》注。

案：今本作「汭」，與服異。服以「隧」「汭」音義相同，故舉以釋也。《穆天子傳》「于是得絶鈃山之隊」注：「隊，謂谷中險阻道也。」谷中之險阻爲隊，崖岸之隈曲亦爲隊，義互證也。《説文》：「汭，水相入也。」《書・召誥》「攻位于洛汭」，鄭注：「隈，曲中也。」《爾雅・釋丘》：「隩，隈。」《説文》：「隈，水曲隩也。」《淮南・原道》「以曲隈深潭相予」，高注：「曲隈，崖岸委曲。」

初，公傅奪卜齮田，公不禁。　賈曰：「卜齮，魯大夫。」《魯世家》注。　服曰：「公即位時年九歲。」本疏。

使卜齮賊公于武闈。　賈曰：「宮中之門謂之闈。」《魯世家》注。

案：此《爾雅・釋宮》文。郭注：「謂相通小門也。」《説文》：「闈，宮中門。」《考工記・匠人》「闈門容小扃參个」，鄭注：「小扃長二尺，參个六尺。」

閒于兩社。　賈曰：「兩社，周社、亳社也。兩社之閒，朝廷執政之臣所在。」同上。

案：《白虎通・社稷篇》：「人非土不立，故封土立社，示有土也。」又云：「《春秋傳》曰：『天子有大社焉。東方青色，南方赤色，西方白色，北方黑色，上冒以黄土。故將封東方諸侯，取青土，苴以白茅。』」包土者，使立國社，魯爲周王所封，故國社謂之周社。「亳社」，則《哀四年》「亳社災」，《穀梁傳》曰「亳社者，亳之社也。亳，亡國也。亡國之社以爲廟屏戒也」，注「立亳之社於廟之外」，是魯有亳社矣。《周禮・小宗伯》「掌建國之神位，右社稷，左宗廟」注：「庫門内、雉門外之左右。」《司士職》注：「此王日視朝事於路門外之位。」《太宰職》注：「治朝，在路門外。」《大僕職》注：「燕朝，朝於路寢之庭。」《朝士職》注：「外朝，在庫門之外。」又云「周天子諸侯皆有三朝，外朝一、内朝二。内朝之在路門内者，或謂之燕朝」。若然，則魯之外朝在庫門之外，治朝、内朝則與王所在同。宗廟、社稷既在雉門之外，雉門外無朝，不得云執政所在矣。《定二年》「雉門及兩觀災」，則兩觀當在雉門之側。《禮記・禮運》：「昔者仲尼與於蜡賓，出遊於觀之上。」蜡祭在廟，云「出遊於觀之上」，可證魯之宗廟宜在雉門内。《周禮注》云「在雉門外者，指王之宗廟言之，右社稷、左宗廟。亳社爲廟屏，是亳社在左，周社在右」。《玉藻》「諸侯朝服，以日視朝於内朝」注：「此内朝，路寢門外之正朝也。」即《周禮》所謂「治朝」是也。江氏永曰：「治朝、外朝皆是平地無堂階，故謂之朝廷。廷者，平地也。」服云「朝廷，執政之臣所在」，專指治朝，不兼外朝言，所謂「閒于兩社」也。《爾雅・釋宫》「中庭之左右謂之位」注：「群臣之列位也。」雖分左右，總在兩社之閒，傳所謂「有位于朝」是也。

季氏亡，則魯不昌。　服曰：「謂季友出奔，魯弑二君。」本疏。

案：二君，謂子般、閔公也。子般未成君而稱君者，統辭也。

鶴有乘軒者。　服曰：「車有藩曰軒。」同上。

案：《説文》：「軒，曲輈藩車也。」《文選・東京賦》薛注：「屬車有藩者曰軒。」《周禮・巾車》注：「藩，今時小車藩，漆席以爲之，亦作『轓』。」《漢書・景紀》「朱兩轓」，應劭曰：「車耳反出，所以爲之藩，屏翳塵泥也。以簟爲之，或用革。」《續漢書・輿服志》注：「車有轓者謂之軒。」《羽獵賦》注引韋昭「車有轓曰軒」。《廣雅·釋器》：「轓，箱也，亦作『藩』。」《續漢書·輿服志》引《通俗文》：「車箱爲藩。」《太玄·積次》四：「君子積善至於車耳。測曰：君子積善，至于藩也。」《嚴舉碑》「位至藩車」是也。

齊人使昭伯烝于宣姜。　服曰：「昭伯，衛宣公之長庶，伋之兄。宣姜，宣公夫人，惠公之母。」《詩·牆有茨》疏。

歸夫人魚軒。　服曰：「魚，獸名。」《詩·采薇》疏。

案：《詩·采薇》疏引陸璣《義疏》云：「魚獸似豬，東海有之，其皮背上斑文，腹下純青，今以爲弓鞬步文者也。」彼詩曰「象弭魚服」，此曰「魚軒」，然則可以飾器，惟此魚獸耳。

重錦三十兩。　服曰：「重，牢也。」本疏。

案：《廣雅·釋詁》：「牢，堅也。」《爾雅·釋詁》「掔，固也」，郭注：「掔然牢固。」蓋重則牢固矣，服故以「牢」釋「重」也。

伐東山皋落氏。　賈云：「東山，赤狄別種。」❶《晉世家》注。　服云：「皋落氏，赤翟之都也。」《水經·河水注》四。

里克。　賈曰：「里克，晉卿里季也。」《晉世家》注。

❶「狄」，原作「秋」，據續經解本改。

案：《國語·晉語》韋昭注：「里克，晉大夫里季也。」與賈同。蓋季爲克之字也。

以朝夕視君膳者也。　服曰：「厨膳，飲食。」同上。

案：《一切經音義》十五引《蒼頡篇》：「厨，主食者也。」《周禮》序官「膳夫」注：「膳之言善也。」又《膳夫職》注：「食，飯也。飲，酒漿也。」厨，即彼職所云「徹於造」者也。

有守則從，從曰撫軍。　服曰：「有代太子守則從之，助君撫循軍士。」同上。

案：《禮記·文王世子》：「公若有出疆之政，庶子以公族之無事者守於公宫，諸父守貴宫貴室，諸子諸孫守下宫下室。」即所云「代太子守」者也。

君與國政之所圖也。　賈曰：「國政，正卿也。」同上。

君其舍之。　服曰：「舍之，置申生勿使將兵也。」《御覽》一百四十六。

不對。　服曰：「里克不對。」同上。

教之以軍旅。　賈曰：「將下軍。」《晉世家》注。

無懼弗得立。　服曰：「不得立己也。」同上。

公衣之偏衣。　服曰：「偏裻之衣。偏，異色，駁不純。裻在中，左右異，故曰偏衣。」同上。

案：《國語·晉語》「衣之偏裻之衣」，韋昭注：「裻在中，左右異，故曰偏。」韋多本賈注，則服、賈同也。《一切經音義》十七引《蒼頡篇》：「駁，不純色也。」《説文》：「駁，馬色不純。」《漢書·梅福傳》：「白黑雜合謂之駁。」《一切經音義》十七又引《通俗文》：「黄白雜謂之駁犖。」「裻」，《説文》：「新衣聲。一曰背縫。」《史記·趙世家》「王夢衣偏裻之衣」，正義亦曰「衣背縫也」。是衣蓋以背縫分而左右各自爲色也。

佩之金玦。　服曰：「以金爲玦也。」同上。

案：《國語·晉語》注：「玦，如環而缺。」《漢書·五行志》注、《後漢書·馮魴傳》注並云：「半環曰玦。」玦以玉爲之，故字從玉。《說文》：「玉佩也。」《楚辭·九歌》注同。今乃以金爲之。

狂夫阻之。　服曰：「阻，止也。方相之士蒙玄衣朱裳，主索室中毆疫，號之爲狂夫。止此服，言君與太子以狂夫所止之服衣之。」本疏。

案：《國語·晉語》「且是衣也，狂夫阻之衣也」，是明言狂夫所服者。如杜以狂夫猶知有疑爲解，則《晉語》所言爲不辭矣。韋昭注云：「狂夫，方相氏之士也。阻，古『詛』字，將服是衣，必先詛之。」《周禮·方相氏》：「黄金四目，玄衣朱裳，執戈揚盾，以毆疫也。」韋以「阻」爲「詛」，服以「阻」爲「止」，釋「阻」字雖不同，而以「狂夫」爲方相，則韋、服同也。當是相傳之古義如是。《方相氏》見《周禮·司馬篇》，後鄭注云：「以驚毆疫癘之鬼，如今魌頭也。」時難四時作，方相氏以難卻凶惡也。」

與其危身以速罪也。　服曰：「速，召也，疾也。言太子不去，身必危，疾召罪。狐突知其亂本既成，而太子拘於一節，不達至孝之義。與皋落雖戰勝而歸，猶不能免於難，而使父有悖惑殺子之罪，故傳備衆賢之言，以迹太子所以死也。」《御覽》百四十六。〇恭冕謹案：洪本此下云「經在《僖公五年》，晉侯殺其太子申生」，此亦似非服義。

聞成季之繇。　服曰：「繇，抽也，抽出吉凶也。」《周易釋文》。

案：《儀禮·少牢饋食禮》注「吉凶之占繇」，《釋文》：「繇卦，兆辭。繇、抽聲相近。」《說文》：「擂，引也。或从由。」《莊子·天地》釋文引李注亦曰「抽，引」。《禮記·月令》「審卦吉凶」，繇辭所以引其緒也。

衛文公大布之衣。　服曰：「戴公卒在於此年。」《詩·定之方中》疏。

案：《詩·定之方中》序箋云「戴公立一年而卒」，《史記·衛世家》「戴公元年卒，復立其弟文公」，《詩疏》云「狄以十二月入衛，懿公死，其月戴公立而卒，又文公立」，則戴公立未踰月即卒，故服云「卒在此年」。

春秋左氏傳賈服注輯述卷六

嘉興李貽德學

僖　公

[元年經] 夫人氏之喪至自齊。　賈曰：「殺子輕，故但貶姜。」本疏。

案：《穀梁傳》曰：「其不言姜，以其殺二子，貶之也。」賈蓋本此言「殺子罪輕，故但貶姜」，援文姜去姜氏以明之也。

[傳] 公敗邾師于偃，虚丘之戍將歸者也。　服曰：「虚丘，魯邑。魯有亂，邾使兵戍虚丘。魯與邾無怨，因兵將還，要而敗之，所以惡僖公也。」本疏。

案：《說文》云：「戍，守邊也。」《詩・采薇》序「遣戍役也」箋云：「戍，守也。」子般之弑，成季以僖公適邾，邾人因爲魯戍虚丘以爲之援。及公位已定，故戍卒將還。「要」者，《荀子・儒效》注云「邀也」，《漢書・趙充國傳》注云「遮也」，言公邀遮而敗之也。杜云「邾人因戍虚丘，欲以侵魯」，傳無明文，不如服釋傳意之爲得也。

公賜季友汶陽之田及費。　賈曰：「汶陽、鄪，魯二邑。」《魯世家》注。

案：汶陽在汶水之陽，《水經・汶水篇》注「汶水西逕汶陽故城北而西注」，即此汶陽也。《漢書・地理志》「魯國汶陽」，師古曰：「即《左傳》所云『公賜季友汶陽之田』者也。」又「東海郡費」班氏自注云「故魯季氏邑」。《沂水篇》注云「治水又東南流，逕費縣故城南，爲魯季孫之邑」。

二年經 城楚丘。　賈曰：「楚丘，衛地。」《史記索隱》十。

案：《僖二年》傳：「諸侯城楚丘而封衛焉。」《十二年》傳：「諸侯城衛楚丘之郛。」是楚丘爲衛地也。《漢書・地理志》「山陽郡成武」自注云：「有楚丘亭。」

滅夏陽。　服曰：「夏陽，虢邑也，在大陽東三十里城南。」《水經・河水》注四。○戴校以「城南」爲衍文。

案：《左氏》作「下陽」，《公羊》作「夏陽」，服本同《公羊》。《漢書・地理志》「弘農郡陝」自注云「故虢國，❶北虢在大陽」，服所本也。

江人、黄人。　賈曰：「江、黄稱人，刺不度德善鄰，恃齊背楚，終爲楚所滅。」本疏。

案：《水經・淮水篇》「淮水又東逕安陽縣故城南，江國也。今其地有江亭」，又云「柴水又東逕黄城西」，當即此經之「黄」也。其地皆與楚鄰。「不度德善鄰」，並傳文也。《説文》云「恃，賴也」。《楚

❶「弘」，原避清乾隆諱作「宏」，今回改。下同，不再出校。

辭・惜誦》注：「背，違也。」言江、黄於齊之遠，賴之；於楚之近，違之：後遂爲楚滅。《十二年》「滅黄」、《文四年》「滅江」，即其事也。

傳 請以屈産之乘。　服曰：「産，生也。」《公羊》本年疏。

案：《周禮・大宗伯》「以天産作陰德」注：「天産者，動物，謂六牲之屬。」是馬可名産。《孟子》趙注亦云「産，生也」。

假道于虞以伐虢。　賈曰：「虞在晉南，虢在虞南。」《晉世家》注。

案：《漢書・地理志》「河東郡大陽」自注云：「吴山在西，上有吴城，周武王封太伯後於此，是爲虞公。」又「絳」注云：「晉武公自曲沃徙此。」又「弘農郡陜」注云：「故虢國有焦城，北虢在大陽。」

冀爲不道，入自顛軨，伐鄍三門。　服曰：「冀伐晉也。」本疏。

案：《説文》：「鄍，晉邑。《春秋傳》曰：『伐鄍三門。』」是服、許同義。

冀之既病，則亦惟君故。　服曰：「虞助晉也。將欲假道，稱前恩以誘之。」本疏。

三年傳 蕩公。　賈曰：「蕩，搖也。」《齊世家》注。

案：《禮記・樂記》注：「蕩，猶動也。」《廣雅・釋詁》：「搖，動也。」是「搖」即「蕩」也。

四年經 蔡潰。　服曰：「民逃其上曰潰也。」同上。

案：見文三年傳。

許男新城卒。　賈曰：「不言于師，善會主加禮，若卒於國。」本疏。

案：《成十三年》：「曹伯廬卒于師。」今許男卒于師而不言者，蓋以善會主之能加禮也。會主，斥齊桓；加禮，即傳云「葬之以侯禮」也。云「若卒於國」者，《穀梁傳》曰：「諸侯死于國，不地。死於外，地。死於師，何爲不地？內桓師也。」彼注云：「齊桓威德洽著，諸侯安之，雖卒於外，與其在國同。」

楚屈完來盟于師。　服曰：「言來者，外楚也。」本疏。

案：《隱元年》「天王使宰咺來歸惠公、仲子之賵」，杜曰：「來者，自外之文。」《穀梁傳》曰：「來者何？內桓師也。」內桓師，則外楚矣。服故云然也。

傳 唯是風馬牛不相及也。　賈、服曰：「風，放也。牝牡相誘謂之風。」賈義見《書·費誓》疏。○服義見本疏。

案：《書·費誓》「馬牛其風」，《史記集解》引鄭注云：「風，走逸。」《孟子》云「如追放豚」，則放亦走逸之謂。《説文》云：「牡，畜父。牝，畜母。」《廣雅·釋獸》：「牡，雄也；牝，雌也。」「誘」者，《禮記·樂記》注云「引也」。「牝牡相誘」者，言雌雄相引而放逸也。《二十八年》傳「晉中軍風于澤」，杜云「牛馬因風而走，皆失之」是也。

昔召康公。　服曰：「召公奭。」《齊世家》注。

案：《説文》以「奭」爲召公名。《史記·燕世家》云：「召公奭與周同姓。」《白虎通·王者不臣篇》：「召公，文王子也。」《詩·甘棠》疏引皇甫謐云：「文王庶子。」孫先生《尚書今古文疏》云：「傳載文王之子無名『奭』者，《史記集解》引譙周曰：『周之支族，食邑於召。』」與《史記》同姓之説合。

五侯九伯。　賈、服曰：「五等諸侯，九州之伯。」《周官・大宗伯》疏。○《詩・旄丘》疏引服云「五侯：公、侯、伯、子、男；九伯，九州之長」。

案：《禮記・王制》云「王者之制禄爵，公、侯、伯、子、男，凡五等」，既各有主名矣，而統謂之「侯」者，《隱七年》傳疏云：「諸侯者，公、侯、伯、子、男之總號。」周之九州，據《職方氏》爲雍、冀、幽、并、青、揚、豫、荆、兖是也。《曲禮》「九州之長，入天子之國曰牧」注云：「每一州之中，天子選諸侯之賢者以爲之牧也。」若然，則九伯當稱九牧，而此言伯者，《周禮・大宗伯》「八命作牧」注云「謂侯伯有功德者加命」，疏云「牧用侯、伯不定，若有賢侯則用侯，若無賢侯則用伯可也」。《王制》「二百一十國以爲州，州有伯」注云：「凡長皆因賢侯爲之。殷之州長曰伯，虞夏及周皆曰牧。」是伯即牧也。《白虎通・封公侯篇》：「州伯何謂也？伯，長也。選擇賢良，使長一州，故謂之伯。」《詩・旄丘》疏引「張逸受《春秋異讀》，鄭云『五侯，侯爲州牧也，九伯，伯爲州伯也』」，是鄭氏以牧屬侯，與賈、服説異。

女實征之。　服曰：「太公爲王官之伯，掌司馬職，以九伐之法征討邦國，故得征之。」《詩・旄丘》疏。

案：《禮記・檀弓》注云「齊太公受封，留爲太師，是爲王官之伯矣」。既爲太師而曰「掌司馬職」者，《詩・淇隩》疏引《書・顧命》鄭注云「公兼官以六卿爲正次」。《鄭志》答趙商問謂「三公兼師保，則得師保之稱」，是三公之有師保，有其人則設，其實以六卿爲實職。《白虎通・封公侯篇》云「王者所以立三公何？司馬主兵，司徒主人，司空主地」，以見三公有實職也。然則太公雖官爲太師，而其職則司馬也。知者，《大明》詩云「維師尚父，時維鷹揚，燮伐大商」，《史記·齊世家》述太公師尚父左仗黄鉞、右把白旄以誓，號曰「蒼兕！蒼兕！總爾衆庶，與爾舟楫，後至者斬」，《樂記》云「發揚蹈厲，太公之志也」。是周之興也，太公實掌兵政，掌兵政則司馬職也。「九伐之法」者，《周禮·大司馬》「以九伐之灋正邦國」，注云：「諸侯之于國，如樹木之有根本，是以言『伐』云。」其法則曰眚、曰伐、曰壇、曰削、曰侵、曰正、曰殘、曰杜、曰滅是也。

東至于海，西至于河，南至于穆陵，北至于無棣。　服曰：「是皆太公始受封土地、疆境所至也。」《齊世家》注。

案：《史記·齊世家》云「於是武王已平商而王天下，封師尚父於齊營丘」，是太公始封即在平商之後矣。正義曰：「《中候》云『齊桓霸，遏八流以自廣』。計桓公之時，齊之西竟當在九河之最西，徒駭蓋是齊之西界，其東至海，當盡樂安、北海之東界也。」穆陵、無棣，《春秋土地名》並闕，《集解》云「皆齊境也」。《周禮》序官《掌疆》注云「疆，界也」，《詩·召旻》箋「國中至邊竟」，《釋文》云「竟，本亦作境」，是疆境所至，言至四邊之界也。

爾貢包茅不入。　賈曰：「包茅，菁茅。包，匭之也。以供祭祀。」同上。

案：《書·禹貢》「包匭菁茅」，《史記集解》引鄭注云：「菁茅，茅有毛刺者。」《管子·輕重丁篇》：「江、淮之閒，一茆三脊，名曰菁茅。」鄭注又云：「匭，纏結也。給宗廟縮酒，重之，故包裹又纏結也。」劉逵注《吴都賦》亦云：「既包裹而又纏結之。」賈云「包，匭之」者，亦言包之而又匭之也。《周禮·甸師》「祭祀，共蕭茅」注：「鄭大夫云：『「蕭」字，或爲「莤」，「莤」讀爲「縮」。束茅立之祭前，沃酒其上，酒滲下去，若神飲之，故謂之縮。縮，浚也。』玄謂：茅以共祭之苴，亦以縮酒。苴以藉祭。縮酒，泲酒也。醴齊縮酌。」《説文》云「莤，禮祭束茅加於裸圭而灌鬯酒，是爲莤，象神歆之也」，即引此傳文，是茅爲供祭祀之用，故下文云「王祭不供」也。

昭王南征而不復。　服曰：「周昭王南巡狩，涉漢未濟，船解而溺昭王。王室諱之，不以赴，諸侯不知其故，故桓公以爲辭，責問楚也。」同上。

案：《吕覽·音初》云：「周昭王親將征荆，還反涉漢，梁敗，王抎於漢中。」是《吕覽》云「梁敗」也。服云「船解」者，本疏及《穀梁疏》云「舊説皆言漢濱之人以膠膠船，故得水而壞，昭王溺焉」，與《吕覽》異，所謂傳聞異辭也。「王室諱之，不以赴，諸侯不知」者，《史記·周本紀》云：「昭王南巡狩不返，卒於江上，其卒不赴告，諱之也。」

方城以爲城，漢水以爲池。　服曰：「方城山在漢南。」同上。○《詩疏》引作「方城山」也。「漢，水名，皆楚之隘塞耳。」《詩·殷武》疏。

案：《水經·潕水篇》注引《郡國志》「葉縣有方城」，郭仲産曰：「苦菜、于東之間有小城，名方城，尋此城致號之由，當因山以表名也。」盛弘之曰：「葉東界有故城始犨縣，東至瀙水，達比陽界，南北聯聯數百里，號爲方城。一謂之長城，云北面雖無基築，皆連山相接，而漢水流其南，是方城在漢南也。」《史記集解》引韋昭曰：「方城，楚北之阸塞。」「阸」即「隘」也。

死王事。　賈曰：「謂朝天子以命用師。」《御覽》五百五十三。

案：《周禮・大宗伯》「時見曰會」注：「時見者，言無常期，諸侯有不順服者，王將有征討之事。」則既朝覲，王爲壇於國外，合諸侯而命事焉。賈約此義，以釋王事也。

於是有以衮斂。　賈曰：「衮斂，上公九命服衮也。」同上。

案：《禮記・王制》曰「制：三公一命卷，若有加，則賜也」，注云：「卷，俗讀也。其通則曰衮。三公八命矣，復加一命，則服龍衮。」《周禮》曰：「諸公之服自衮冕而下，則如王之服。」疏：「三公八命，身著鷩冕。若加一命，則爲上公而著衮冕。」是上公九命，始得衮冕也。鄭注《覲禮》云「上公，衮無升龍」。《説文》「衮，幅一龍蟠阿上鄉」，謂之升龍，惟天子有之，故《白虎通》引傳云「天子升龍，諸侯降龍」。見《覲禮》疏。許穆公死王事，故加二等，而得公服斂也。許男爵加二等，僅得視伯，而此得從公服者，《白虎通・爵篇》言「殷爵三等，謂公、侯、伯也。所以合子、男從伯者何？王者受命，改文從質，無虚退人之義，故上就伯也」，是公爲一等，侯爲一等，伯、子、男爲一等也。

太子祭于曲沃。　服曰：「齊姜廟所在。」《晉世家》注。

案：《晉語》「夫曲沃，君之宗也」，韋注：「宗，本宗也。曲沃，桓叔之封，先公宗廟在焉。」又「烝於武公」，韋昭注云「廟在曲沃」。《春秋釋例》「内女夫人卒葬例」云「卒哭而祔於祖姑」，故齊姜之廟在曲沃也。

五年傳 公既視朔，遂登觀臺。　服曰：「人君入太廟視朔合朔，天子曰靈臺，諸侯曰觀臺。」《禮記・玉藻》疏。○《通典》四十四。　賈、服曰：「靈臺在太廟明堂之中。」《詩・靈臺》疏。○《玉藻》疏、《通典》四十四引服曰「在明堂之中」，文承「天子曰靈臺，諸侯曰觀臺」之下，辭意不明。　賈、服皆以廟、學、明堂爲一。《詩・靈臺》疏。○文二年疏。賈、服皆以祖廟與明堂爲一。

案：《玉藻》：「天子聽朔於南門之外，諸侯皮弁聽朔於太廟。」聽朔，即視朔。《五經異義》：「諸侯歲遣大臣之京師，受十二月之正，還藏於太廟中，月旦朝廟存神，有司因告曰：今月當行某政。」是視朔、告朔之禮必於太廟行之。云「人君」者，統天子、諸侯言。《異義》又引《左氏》説「天子靈臺在太廟之中，諸侯有觀臺亦在廟中」，是靈臺、觀臺以天子、諸侯異名。服亦與許同也。《詩・靈臺》疏引盧植《禮記注》曰：「明堂，即太廟也。天子太廟上可以望氣，故謂之靈臺；中可以敘昭穆，故謂之太廟；圓之以水似璧，故謂之辟雍。」又引潁容《春秋注》：「行禘祫、敘昭穆，謂之太廟；告朔、行政，謂之明堂；占雲物、望氛祥，謂之靈臺；其四門之學，謂之太學。」《淮南・本經訓》高誘注：「告朔朝曆，頒宣其令，謂之明堂；其中可以敘昭穆，謂之太廟；其上可以察氛祥、望雲氣，謂之靈臺。」諸説皆以廟、學、明堂爲一，而靈臺即在太廟明堂中也。

狐裘蒙茸。　服曰：「蒙茸，以言亂貌。」《晉世家》注。

案：今本作「尨茸」。《詩》「下國駿厖」，《荀子・榮辱篇》引作「駿蒙」。「厖」同「尨」，得通「蒙」也。《詩・旄丘》「狐裘蒙戎」，傳云「蒙戎，以言亂也」。「蒙茸」與「蒙戎」同，故服據《毛傳》以釋。

一國三公，吾誰適從？　服曰：「三公，言君與二公子。將敵，故不知所從。」同上。

披斬其袪。　服曰：「袪，袂也。」同上。

案：《説文》云「袪，衣袂也」。《詩·遵大路》《羔裘》傳並同。然有析言之者，《儀禮·喪服》注：「袪，袖口也。」《檀弓》注：「袪，謂褎緣袂口也。」《玉藻》注：「袪，口也。」《喪服》云：「袂，屬幅。袪，尺二寸。幅，謂衣之身也。」《深衣》云：「袂之長短，反詘之及肘。」是屬於幅，長於手反詘至肘，皆袂也。其袂近口，又别名爲袪，故鄭每析言之也。正義曰：「袂是總名，得以袂表袪，故云袪袂。」《説文》云「袂，褎也」。

會王大子鄭。　賈曰：「惠王以惠后故，將廢大子鄭而立王子帶，故齊桓帥諸侯會王大子，以定其位。」《御覽》一百四十六。

案：杜注全同。正義曰：「《二十四年》傳曰：『「不穀不德，得罪于母氏之寵子帶。」書曰「天王出居于鄭」，辟母弟之難也。』如彼傳文，則襄王與子帶俱是惠后所生，但其母鍾愛其少子，故欲廢大子而立之。《周本紀》云『襄王母早死，後母曰惠后，生叔帶』，與傳不同，《史記》謬也。七年，惠王崩，襄王畏子帶，不敢發喪。知此時有廢大子之意，故齊桓帥諸侯會大子，定其位，安王國也。」

輔車相依。　服曰：「輔，上頷車也，與牙相依。」《詩·碩人》疏。

案：《易·艮》上六「艮其輔」，虞翻作「酺」，是「輔」本作「酺」。《説文》云「酺，頰也」。《玉篇》引傳作「酺車相依」。《楚辭·大招》「靨輔奇牙」，王逸注云：「言美人頰有靨輔，口有奇牙。」《淮南·説林訓》「奇牙出靨輔摇」，高誘注云：「靨輔，頰邊文，婦人之媚也。」又曰：「靨輔在頰則好。」《詩·碩人》傳云：「倩，好口輔也。」《説文》云：「頰，面旁也。」靨輔在頰，即俗所謂「笑靨」。此皆自外言之。至服所云「上頷車」，則謂上下持牙之骨。《釋名·釋形體》所云「頤，或曰輔車，或曰牙車，或曰頷車，或曰頰車，或曰𩑶車」。《咸卦》「咸其輔頰舌」，虞注亦曰：「上頰車。」凡此皆自内言之。段氏曰：「服注《左傳》謂之『上頷車』，然則在下持牙者，亦得曰『下頷車』矣。必云『上頷車』者，言酺則言上，是也。」《楚辭·怨世》「余生終而無所依」，王逸注：「依，保也。」言與牙相保也。

虢仲、虢叔。　賈曰：「虢仲封東虢，制是也。虢叔封西虢，虢公是也。」本疏。

案：《晉語》「文王敬友二虢」，韋昭注云：「二虢，文王弟虢仲、虢叔也。」又《鄭語》言「濟、洛、河、潁之間，虢、鄶爲大」，注云：「虢，東虢，虢仲之後。」《史記·鄭世家》集解引虞翻曰：「虢，姬姓，東虢也。」《漢書·地理志》注引臣瓚曰：「初，桓公寄帑與賄於虢、會之間，幽王既敗，二年而滅會，四年而滅虢。」《鄭世家》集解引徐廣曰：「虢，在成皋。」《地理志》「河南郡成皋」注云：「故虎牢，或曰制。」《隱元年》傳云：「制，巖邑也，虢叔死焉。」蓋即東虢封地。《鄭語》「西有虞虢」注云「虢，虢叔之後，西虢也」；《地理志》「弘農郡陜」注云「故虢國」。此即所謂西虢，虢公指虢公醜。正義謂「賈氏東虢、西虢之言，亦以意解，不可審知」。按：《國語》既指虢叔之封曰「西有虞虢」，是當時自指虢仲之封爲東虢矣。《隱元年》傳杜解亦曰：「虢叔，東虢君也。」正義曰：「言所滅之君字叔也。」案：傳燕國有二，則一稱北燕；邾國有二，則一稱小邾。此虢國有二，而經、傳不言東、西者，於時東虢已滅，故西虢不稱西。其並存之日亦應以東、西别之。」是疏於杜義亦以東、西之稱爲然也。

甚愛之也。　服曰：「愛之甚。」本疏。

案：「甚」，今本作「其」。❶ 正義曰：「愛之謂愛虞也。服虔作『甚』。當謂『愛桓、莊之族甚也』。愛之若甚，何以誅之？且文勢不順，又改字失真，繆之甚也。」案：「愛之」，自當主桓、莊言之，是釋上文「親」字，言理當甚愛之也，而尚以寵偪害之，況虞本非所愛乎？所以警虞公者甚至。若正義謂愛爲愛虞，真是文勢不順矣。「其」「甚」二字經典往往相亂，此語杜氏無解，則「甚」之爲「其」，或亂於六朝本乎？

民不易物，惟德緊物。　服曰：「緊，發聲也。言黍、稷、牲、玉不易，無德薦之，則不見享；有德則言饗。言物爲有德用也。」《詩・泂酌》疏。

案：發聲者，凡聲之發有舒有閒，所謂語助辭也。《周禮・甸師》注：「齍盛，祭祀所用穀也。」《小宗伯》「六齍」注：「六齍謂六穀，黍、稷、稻、粱、麥、苽。」是六穀皆爲祭祀之用，而獨舉黍、稷者，《禮記・月令》注「以稷爲首種」，《管子・輕重篇》以黍爲穀之美者，故《楚茨》詩曰「我黍與與，我稷翼翼」，舉黍、稷足以包餘穀矣。《祭義》云「古者，天子、諸侯必有養獸之官」，《王制》云「賜圭瓚，然後爲鬯」，《小宗伯》注「天子圭瓚，諸侯璋瓚」，《考工記・玉人》「大璋、中璋、邊璋」注：「於大山川則用

❶ 「今本」，原作「本今」，據續經解本乙。

大璋，於中山川用中璋，於小山川用邊璋。」是牲、玉皆以祭祀者也。其物有常制，未嘗改易，而饗與不饗，則係於德之有無也。

袀服振振。　賈曰：「袀，同也。」《周禮・司几筵》疏。　服曰：「袀服，黑服也。」《文選・閒居賦》注。

案：「袀」，今本作「均」。《説文》袀讀若均，是均以聲同相叚，其本字當作「袀」也。《吕覽・悔過》「今袀服回建」注：「袀，同也。兵服上下無別，故曰袀服。」《淮南・齊俗》「尸祝袀袨」注云「袀，純也」，純亦同也。服云「黑服」者，《説文》云「袀，玄服也」，《漢書・五行志》引傳「袀服振振」注云「謂黑衣」，《續漢・輿服志》注引《吴都賦注》云「袀，皂服也」，與《説文》玄服訓同。竊謂兵服上下皆黑衣，故曰「袀服」，賈、服各舉一義，其實互相成也。

而修虞祀。　服曰：「虞所祭祀，命祀也。」《晉世家》注。

案：「命祀也」者，《周禮・大宗伯》「乃頒祀於邦國」注：「『頒』讀爲『班』，班其所當祀及其禮。」「《大祝》『建邦國，禁督逆祀命者』注：「督，正也。正王之所命諸侯之所祀，有逆者則刑罰焉。」是諸侯祀典皆受之王朝，故曰「命祀」。今虞滅而仍修其舊班之祀典焉。

六年傳　使賈華伐屈。　賈曰：「賈華，晉右行大夫。」同上。

案：《十年》傳「右行賈華」，是華爲右行大夫也。

七年傳　子華由是得罪于鄭。　服曰：「鄭伯罪之也。」《御覽》一百四十六。

八年傳 不薨于寢。　服曰：「寢謂小寢。」《禮記・檀弓》疏。

案：《爾雅・釋宫》云：「無東西廂有室曰寢。」《公羊》莊三十二年「公薨于路寢」注：「天子、諸侯皆有三寢，一曰高寢，二曰路寢，三曰小寢。」其實天子六寢。《周禮・宫人》「掌王之六寢之脩」，注「謂路寢一，小寢五」是也。《禮記・玉藻》「退適路寢」，又云「大夫退，然後適小寢釋服」，注「小寢，燕寢也」，路寢與小寢各别。《喪大記》云「君夫人卒於路寢」，是夫人所卒之地，亦名路寢也。正義曰：「言夫人卒於路寢，謂卒於夫人之大寢，對君路寢爲小，故云小寢也。」

不殯于廟。　服曰：「廟，謂殯宫。鬼神所在謂之廟。」同上。

案：《禮記・檀弓》云「殷朝而殯於祖，周朝而遂葬」，則周制不殯於廟，而此云「不殯於廟，則弗致」，似正禮當殯於廟者。鄭氏以爲《春秋》變周之文，從殷之質，故殯於廟。服氏不從者，以《春秋》從時王之制，不得用《公羊》説。知殯宫亦可稱廟者，《儀禮・士喪禮》云「巫止於廟門外」，其時尸在適寢也；《士虞禮》云「側亨於廟門之右，東面」，其時亦迎魂反神在寢也，非廟而皆稱廟。鄭注《士喪禮》云「凡宫有鬼神曰廟」，注《士虞禮》云「鬼神所在則曰廟」，《一切經音義》十四引《韓詩》亦云「鬼神所居曰廟」，是古説如是。其實春秋時，變禮不必如《檀弓》所云。傳稱晉文公卒，將殯于曲沃，《周禮・喪祝》注云「晉宗廟在曲沃」，是實殯於廟矣，鄭君謂從殷之質，其説亦確。

九年傳 以伯舅耋老。　服曰：「七十曰耋。」《詩・車鄰》疏。○《禮記・射義》疏。

案：《禮記·曲禮》：「七十曰老，八十、九十曰旄。」《釋文》云：「本或作『八十曰耋，九十曰旄』，後人妄加之。」邵氏《爾雅正義》曰：「按《禮記》古本云『八十曰耋』，今本脱『曰耋』二字，《毛傳》《説文》俱用《禮記》古本。」蒙謂《易釋文》引馬融注云「七十曰耋」，《公羊》宣十二年傳注則曰「六十稱耋」，《爾雅·釋言》舍人注亦曰「耋，年六十稱也」，毛、許及王肅《易注》則曰「八十」，《射義》疏引鄭《易注》則曰「年踰七十」，使古本果有「曰耋」二字，諸家所稱不應參差。若此，是「耋」爲耆老概稱，自六十至八十並得稱也。服云「七十曰耋」者，正義曰：「《曲禮》云『七十曰老』。《爾雅》以耋爲老，故以爲七十，蓋杜亦從服説也。」

里克、丕鄭欲納文公，故以三公子之徒作亂。　　賈曰：「丕鄭，晉大夫。三公子：申生、重耳、夷吾也。」《晉世家》注。

案：《晉語》：「驪姬曰：『吾欲作大事，而難三公子之徒。』」又「里克將殺奚齊，先告荀息，曰『三公子之徒將殺孺子』」，韋昭注：「徒，黨也。」

及高梁而還。　　服曰：「高梁，晉地也。」同上。

案：《續漢·郡國志》「河東郡」：「楊有高梁亭。」劉昭注引《地道記》云「有梁城，去縣五十里，叔嚮邑也」。

公謂公孫枝。　　服曰：「秦大夫，公孫子桑。」《秦本紀》注。

案：《左傳》：「子桑之忠也，其知人也，能舉善也。」又：「貽厥孫謀，以燕翼子，子桑有焉。」子桑即公孫枝。《論語》「子桑伯子」，鄭亦以爲秦大夫。

十年傳 周公忌父。　賈曰：「周卿士。」《晉世家》注。

狐突適下國。　服曰：「晉所滅國，以爲下邑。」同上。

案：耿、霍、楊、魏、虞、虢，皆晉所滅之國。此「下國」，未審其地。「以爲下邑」者，《廣雅・釋詁》云「邑，國也」，是「下國」，猶「下邑」也。地已滅而猶稱國者，猶《禮》所謂「因國」也。

夷吾無禮。　賈曰：「烝於獻公夫人賈君，故曰無禮。」本疏。

案：《莊二十八年》傳曰「晉獻公娶于賈」，是正妃，故稱君。《詩・鶉奔》「我以爲君」，傳曰：「君，國小君。」疏云：「夫人對君稱小君，以夫妻一體言之，亦得曰君。」襄九年《左傳》筮穆姜，曰「君必速出」，是也。《十五年》傳曰：「晉侯之入也，秦穆姬屬賈君焉，晉侯烝于賈君。」服氏曰：「上淫曰烝。」《禮記・曲禮》曰：「夫禮所以別上下也。」今惠公爲鶉鵲之行，故曰無禮。正義引馬融説「申生不自明而死，夷吾改葬之，章父之過，故曰無禮」，亦足補賈義也。

余得請于帝矣。　服曰：「帝，天帝。請罰有罪。」《晉世家》注。

案：《周禮・大宗伯》「以禋祀祀昊天上帝」注：「昊天上帝，冬至於圜丘所祀天皇大帝。」《書・舜典》「肆類於上帝」馬注：「上帝，太乙神。」《君奭》「格於上帝」鄭注：「上帝，太微中其所統也。」《公羊》宣三年傳「帝牲不吉」注：「帝，皇天大帝，在北辰之中，主總領天地。五帝，群神也。」即此天帝也。

「請罰有罪」者，《禮記·王制》「郵罰麗於事」疏：「罰，謂責罰其身。」《廣雅·釋詁》云「罰，伐也」。古者天人相通，命德討罪，赫聲濯靈。《詩·皇矣》云「既受帝祉」，《玄鳥》云「帝立子生商」，《文王世子》云「夢帝與我九齡」，《洪範》云「帝乃震怒」，《晉語》云「帝命曰使晉，襲於爾門」，《吕覽·音初》云「帝令燕往視之」，無不福善禍淫，呼吸相感，故在上者亦無不承奉天憲，子惠黎元。後世不畏天命，於是明赫之象，委之虚冥，《板》《蕩》之篇，無足警惕，褻天輕命，端基此矣。

弊于韓。　賈曰：「弊，敗也。韓，晉韓原。」同上。

案：《説文》云「弊，❶頓仆也」，與敗義近。「韓，晉韓原」者，《十五年》傳「戰于韓」，故指韓爲韓原也。顧氏炎武曰：「『三敗及韓』在涉河之後，此韓在河東，故曰『寇深』矣。《括地志》『韓原，在同州韓城縣西南』，非也。杜氏解但云『晉地』。」

及七輿大夫。　服曰：「上軍之輿帥，七人屬申生者。」本疏。

案：《晉語》「子帥七輿大夫以待我」，韋昭注云「七輿，申生下軍大夫也」，與服義同。此作「上軍」者，陳樹華云：「『上』當作『下』。」阮氏《校勘記》云：「按《閔二年》傳云『公將上軍，太子申生將下軍』，陳所訂是也。」正義曰：「『襄二十三年，下軍輿帥七人往，前申生將上「上」當作「下」。軍，今七輿大夫爲申生報怨，欒盈將下軍，故七輿大夫與欒氏。』炫即劉炫。謂服言是。」然則正義亦以杜氏「侯

---

❶ 「弊」，《説文解字》作「獘」，从犬，或体作「斃」。

伯七命，副車七乘」之説爲不然矣。

十二年傳 若節春秋。　賈曰：「節，時也。」《周本紀》注。

陪臣敢辭。　服曰：「陪，重也。諸侯之臣於天子，故曰陪臣。」同上。

案：《説文》：「陪，重土也。」《禮記・曲禮》「列國之大夫入天子之國曰某士，自稱曰陪臣某」，疏云：「其君已爲王臣已，今又爲己君之臣，故自稱對王曰重臣也。」

王曰舅氏。　賈曰：「舅氏，言伯舅之使也。」同上。

案：《禮記・曲禮》「天子異姓謂之伯舅」注：「親之之辭也。」❶疏云：「異姓謂之伯舅者，異族重親之名也。異族無父稱，故呼爲伯舅，亦親之故也。」

十三年傳 謂百里。　服曰：「百里，秦大夫。」《晉世家》注。

案：百里，當是百里奚。《三十二年》傳疏：「據《世族譜》謂百里爲姓。」

自雍及絳。　賈曰：「雍，秦國都；絳，晉國都也。」《秦本紀》注。

案：《史記・秦本紀》云「德公元年，初居雍城」，《詩・秦風譜》亦云「秦仲元孫德公又徙於雍」，疏云「以德公之後常居雍，故特言之」，《史記集解》引徐廣曰：「今縣在扶風。」顧氏炎武曰：「春秋時，晉

---

❶ 上「之」字，《禮記正義》作「親」。

國本都翼，在今之翼城縣，及昭侯封文侯之弟桓叔於曲沃，桓叔之孫武公滅翼而代，爲晉侯，都曲沃，在今聞喜縣。其子獻公城絳居之，在今太平縣之南、絳州之北。今太平西南二十五里城址尚存。」《釋名・釋州國》云：「國城曰都。都者，國君所居、人所都會也。」

十四年經 沙鹿崩。　服曰：「沙，山名。鹿，山足。林屬於山曰鹿。」本疏。

案：「沙，山名」，本《穀梁傳》文。「鹿，山足」者，《詩・旱麓》《周語》作「旱鹿」，注：「山足曰鹿。」《易・屯》「即鹿無虞」，《釋文》云：「王肅本作『麓』，曰『山足』。」《穀梁傳》注引劉向說：「鹿在山下平地。」是「鹿」「麓」古通，而訓爲山足也。服云「沙，山名；鹿，山足」者，言沙山之足也。「林屬於山曰鹿」者，亦《穀梁傳》文也。《水經・濁漳水》注：「應劭曰：『鹿者，林之大者也。』」杜氏云：「沙鹿，山名。平陽元城縣東有沙鹿土山。」正義曰：「《漢書・元后傳》稱后祖翁孺自東平陵徙魏郡元城委粟里，元城建公曰：『昔春秋沙鹿崩，晉史卜之曰：「陰爲陽雄，土火相乘，故有沙鹿崩。崩後六百四十五年，宜有聖女興。」今王翁孺徙，正值其地，日月當之。』元城郭東有五鹿之虛，即沙鹿地。計爾時去聖猶近，所言當得其實，故以沙鹿爲山名，依《漢書》爲義也。」愚按：晉史之言，於傳無徵。元城建公所云，當由王氏之附會。此與「處者爲劉氏」語本僞造，班氏據之以推漢系者，同失之誣。杜氏反取之，爲無識矣。

十五年傳 公曰：「不孫。」　服曰：「孫，順也。」《晉世家》注。

案：「孫」本作「愻」。《説文》云「愻，順也」。通作「遜」，又作「孫」。《詩・文王有聲》「貽厥孫謀」、《儀禮・聘禮》「辭無常，孫而説」、《禮記・緇衣》「則民有孫心」注皆以孫爲順。《釋名・釋言語》：「順，循也。」循其理也。

步揚御戎，家僕徒爲右。　服曰：「二子，晉大夫。」同上。

按：程公説《春秋分記》引《世族譜》：「郤芮從子曰步揚，揚生二子曰犨、曰蒲城。」是步揚爲郤犨之父。

輅秦伯。　服曰：「輅，迎也。」同上。

案：杜注及韋昭《晉語》注並同。《説文》云「輅，車軨前横木也」，段注：「《婁敬傳》『脱輓輅』，蘇林曰：『輅，音凍洛之洛。一木横遮車前，二人挽之，三人推之。』劉昭注《輿服志》曰：『《韻集》云「軛前横木曰輅」。』按：軛前當依許作『軨前』，輓輅之車用人，不用牛馬，疑有轅無軛也。《禮經・既夕篇》『賓奉幣，由馬西當前輅』注：『輅，轅縛所以屬引。』疏曰：『謂以木縛車轅上，以屬引於上而挽之。』若《左傳》『梁由靡、虢射輅秦伯』及『狂狡輅鄭人』，皆謂『車前相接，可以禽之』，此輅引伸之義也。」

作爰田。　服曰：「爰，易也。」本疏。

案：《晉語》云「作轅田」。《説文》云：「爰，籀文以爲車轅字。」《漢書・地理志》「秦孝公制轅田」注引孟康曰：「爰、轅同。」是轅田即爰田。《晉語》注：「或云轅車也，以田出車賦。」此妄説也。「爰」訓爲「易」者，蓋「爰」「轅」皆假借字，本當作「趄」，《説文》云「趄，趄田，易居也」。《公羊》宣十五年何注云：「司空謹别田之高下，善惡分爲三品，上田一歲一墾，中田二歲一墾，下田三歲一墾，肥饒不得獨樂，墝埆不得獨苦，故三年一换主易居，財均力平。」《漢書·食貨志》曰：「民受田，上田夫百晦，中田夫二百晦，下田夫三百晦。歲耕種者爲不易，上田休一歲者爲一易，中田休二歲者爲再易，下田三歲更耕，自爰其處。」《地理志》注引張晏曰：「周制，三年一易，以同美惡。」古者每歲易其所耕，則田廬皆易，云「三年」者，三年而上、中、下田皆徧，三年後仍耕上田，故曰「爰，易也」。惠公之前，古制已廢，肥瘠不相换易。今受賞之後，民衆大和，復作爰田之制，使三年一易，財均力平，不私其利，欲以富國也。下文「作州兵」，亦復周制以强兵也。

士刲羊。　服曰：「離爲戈兵，兑爲羊。」本疏。

案：《睽》之上卦爲離。「離爲戈兵」，《易·説卦》文。虞翻曰：「乾爲金，離火斷乾燥而鍊之，故爲戈兵也。」《歸妹》「士刲羊，無血」，《釋文》引馬注云「刲，刺也」，《廣雅·釋言》云「刲，刳也」。刺、刲當用戈兵也。《歸妹》之下卦爲兑。「兑爲羊」，亦《説卦》文。《周禮疏》引鄭《易注》「其畜好剛鹵」，《易疏》引王廙注「羊者，柔順之畜」，故爲羊也。

西鄰責言，不可償也。　服曰：「三至五爲坎，坎爲月，月生西方，故爲西鄰。坎爲水，兑爲澤，澤聚水，故坎責之澤。澤償水則竭，故責言不可償。」本疏。

案：「三至五爲坎」者，《歸妹》《睽》互體皆有坎也。「坎爲月」，《易·説卦》文，《文選·月賦》注引鄭

《易注》「臣象也」，虞翻曰：「坤爲夜，以坎陽光坤，故爲月也。」《禮記・祭義》云「月生於西」，故曰「生西方」也。「坎爲水」，《説卦》文，宋衷云：「坎陽在中，内光明，有似於水。」「兑爲澤」，亦《説卦》文，宋衷云：「陰在上，令下溼，故爲澤也。」「澤聚水」者，《周禮・地官》序官注「澤，水所鍾」，鍾亦聚也。「坎責之澤」者，兑爲澤。虞翻曰：「坎水半見，故爲澤。」兑澤既託於坎水，故坎可責之澤。「澤償水則竭」者，兑上坎下，其卦爲困，其象曰「澤無水，困」，是償之則困矣，故曰「不可償」。

猶無相也。　服曰：「兑爲金，離爲火，金火相遇而相害，故無助也。」本疏。

案：《易・説卦》：「兑，正秋也。」《禮記・鄉飲酒禮》：「西方者，秋。」《白虎通・五行篇》「金在西方」，是「兑爲金」也。「離爲火」，《説卦》文，崔憬曰：「取卦陽在外，象火之外照也。」「金火相遇而相害」者，《五行篇》又云「五行所以相害者，天地之性，精勝堅，故火勝金」。兑、離相遇，是火害金也，故無助。「相」訓「助」者，《詩・生民》「有相之道」傳云「相，助也」。

爲嬴敗姬。　服曰：「離爲日，爲火。秦，嬴姓，水位。三至五有坎象，水勝火，故爲嬴敗姬。」本疏。

案：「離爲日、爲火」，《易・説卦》文，荀爽曰：「陽，外光也。」「秦，嬴姓，水位」者，《史記・秦本紀》「舜賜姓嬴氏」，又《始皇帝本紀》「始皇推終始五德之傳，以爲周得火德，秦代周德，從所不勝，方今水德之始」，是秦嬴爲水，姬爲火。以下卦離互體坎證之，火本不勝水，故「爲嬴敗姬」也。

車説其輹，火焚其旗，不利行師，敗于宗丘。　服曰：「五至三有坎，爲水象。震爲車，車得水而脱其輹也。震爲龍，龍爲諸侯旗。離之震，故火焚其旗也。震，東方木；兑，西方金。木遇金必敗。韓有先君之宗廟，故曰宗丘。」本疏。

案：《歸妹》上卦爲震，震爲雷。《詩·采芑》云「戎車嘽嘽，如霆如雷」，故震亦爲車。《説文》云：「轐，車軸縛也。」《易·大畜》「輿脱轐」，《子夏傳》曰：「轐，車下伏兔也。」按《説文》云「轐，車伏兔」。《考工記》：「加軫與轐焉。」先鄭以轐爲伏兔，是伏兔名轐，故《廣雅·釋器》亦云「轐，伏兔也」。「轐」，《説文》既以爲車軸縛，《廣雅·釋詁》云「轐，束也」，《大畜》釋文云「轐，車上縛也」，則非伏兔明矣。段氏曰：「謂以革若絲之類以固軸。」若然，則水濡之當脱矣。「震爲龍」，《説卦》文。「龍爲諸侯旗」者，《周禮·司常》「交龍爲旂」，又「諸侯建旂」，後鄭注「諸侯畫交龍，一象其升朝，一象其下復也」，疏云「象升朝天子，象下復還國也」，震爲諸侯之卦而有龍象，故知爲諸侯旗也。《儀禮·覲禮》疏引《白虎通》述《禮記》曰：「天子乘龍，載大旂，象日月。」「升龍」，傳曰「天子升龍，諸侯降龍」，是龍爲諸侯旗也。「離之震」者，《爾雅·釋詁》云「之，往也」，卦以往而變也。蓋言睽之上卦離往變歸妹之上卦震，離爲火，震爲龍旗，是「火焚其旗」矣。《漢書》魏相奏曰：「東方之卦不可以治西方，春興兑治則飢，秋興震治則華。」蓋以兑屬西方，震屬東方故也。《白虎通·五行篇》云：「木在東方，金在西方，故曰：震，東方木也；兑，西方金也。」《五行篇》又云「剛勝柔，故金勝木」，是金木相遇必敗矣。秦西方，晉東方，木不勝金，故知晉敗於秦也。云「韓有先君之宗廟，故曰宗丘」者，傳曰：「凡邑有宗廟、先君之主曰都。」《晉語》「夫曲沃君之宗也」注：「宗，本宗也。曲沃，桓叔之封，先君宗廟在焉，猶西周謂之宗周也。」然則稱「宗丘」者，知其以先君宗廟故也。

寇張之弧。　服曰：「坎爲寇、爲弓，故曰『寇張之弧』。」本疏。

案：《易・說卦》「坎爲盜」，虞翻曰：「水行潛竊，故爲盜也。」又「爲弓輪」，虞翻曰：「可矯揉，故爲弓輪。坎爲月，月在於庚爲弓。」《繫辭》云「『負且乘，致寇至』，盜之招也」，是盜即寇也。又「弦木爲弧」，虞翻曰「坎爲弧」，故弧即弓也。

此一役也。　服曰：「一役者，韓戰之役。」本疏。

饋七牢焉。　賈曰：「諸侯饔餼，七牢。牛一、羊一、豕一爲一牢也。」《秦本紀》注。

案：《儀禮・聘禮》「歸饔餼」注：「牲殺曰饔，生曰餼。」《周禮・大行人》言諸侯禮七牢，《禮記・禮運》云「諸侯七介、七牢」，《齊語》「環山於有牢」注「牢，牛、羊、豕也」，《周禮・宰夫》「以牢禮之灋」注「三牲牛、羊、豕具爲一牢」，《大行人》注「三牲備爲一牢」。又曰「太牢」，《公羊》桓八年傳注：「牛、羊、豕凡三牲曰太牢，羊、豕凡二牲曰少牢。」

箕子曰。　服曰：「紂庶兄。」本疏。

案：《論語・微子》注以箕子爲紂之諸父。司馬彪注《莊子・大宗師》曰：「箕子名胥餘。」正義曰：「《宋世家》云『箕子者，紂親戚也』。止云『親戚』，不知爲父也、兄也。鄭玄、王肅皆以爲紂之諸父，服、杜以爲紂之庶兄，既無正文，各以其意言耳。」

十六年傳　六鷁退飛，過宋都，風也。　賈曰：「風起於遠，至宋都，高而疾，故鷁逢風卻退。」《宋世家》注。

案：《抱朴子》云「風高者道遠」。《爾雅·釋天》「扶摇謂之猋」注：「暴風從下上。」《名義攷》云「暴風相扶而動摇，奔疾若走犬然」，即《爾雅》所謂「飈」也。《莊子·逍遥篇》云「摶扶摇而上者九萬里」，《淮南·原道訓》云「扶摇抮抱羊角而上」，蓋風爲土氣，始起於遠，愈高則愈疾，故顔師古《漢書注》云「猋，疾風也」。「宋都」者，何休曰：「宋國所治也。」人所聚曰都。鷁蓋過此而退飛也。

齊有亂，君將得諸侯而不終。　賈曰：「石，山岳之形；宋本作「物」。齊，太岳之胤。而五石隕宋，象齊桓卒而五公子作亂，宋將得諸侯而治五公子之亂。鷁退，不成之象。後六年，伯業退也。鷁，水鳥，陽中之陰，象君臣之訟鬩也。」《穀梁疏》。

案：賈氏説本劉歆。《漢書·五行志》於此傳引歆説云：「石，山物；齊，太嶽後。五石，象齊威卒而五公子作亂。庶民惟星，隕於宋，象宋襄將得諸侯之衆，而治五公子之亂。星隕而鶂退飛，故爲得諸侯而不終。六鶂，象侯六年，伯業始退，執於盂也。」師古曰：「齊，姜姓也，其先爲堯之四嶽。四嶽，分掌四方諸侯。五公子，謂無虧也、元也、昭也、潘也、商人也。」賈以嶽爲岳者，《説文》：「嶽，古文爲岳。」《尚書》「咨四岳」，蓋古文也。《莊二十二年》傳：「姜，太嶽之後也。」《周語》言「堯命禹治水，共工之從孫四岳佐之。胙四岳國命爲侯伯，賜姓曰姜，氏曰有吕」。石爲山物，故其徵在太嶽之後。齊桓公卒在十七年，十八年齊立孝公，宋與四公子之徒戰于甗，故曰「治五公子之亂」也。「鷁退，不成之象」者，《穀梁疏》引鄭君云「六鷁俱飛，得諸侯之象也。其退，示其德行不進，以致敗也」。由此而宋稱霸，至二十二年敗泓而霸業退，距此適六年也。「鷁，水鳥」者，「鷁」，《説文》作「鶂」，《釋文》云「水鳥」，《文選・上林賦》「浮文鷁」注亦云「水鳥」。正義引《洪範五行傳》曰：「鷁者，陽禽。」《白虎通・五行篇》云：「水者，盛陰者也。」鶂以陽禽而在水，是「陽中之陰」。「象君臣之訟鬩也」者，韓康伯《易・繫辭》注：「陽，君道也；陰，臣道也。」「鬩」，《説文》云「从門、兒」，兒善訟者也。蓋謂戰泓之時，大司馬固諫而不聽也。

君失問，是陰陽之事，非吉凶所生也。　服曰：「鷁退風，咎，君行所致，非吉凶所從生。襄公不問己行何失而致此變，但問吉凶焉在，以爲石隕、鷁退，吉凶所從而生，故云『君失問』。」本疏。

案：正義曰：「叔興若以實對，當云『由君愆失，致有此異』，今乃别以政刑他占横説齊亂、魯喪，自以對非其實，恐爲有識所譏，故退而告人以此言也。」

十七年傳 故名男曰圉，女曰妾。　服曰：「圉人掌養馬，臣之賤者。不聘曰妾。」《晉世家》注。

案：《周禮・校人》「乘馬一師四圉」，先鄭注「養馬爲圉」，又《圉師》云「掌教圉人養馬。春除蓐釁廄，始牧。夏庌馬，冬獻馬」，皆養馬之事。《昭七年》傳「馬有圉」是也。《廣雅・釋詁》云「圉，臣也」。《大司馬》序官僅云「圉師：乘一人，徒二人」，而不以士稱，是臣之賤者矣。《禮記・内則》：「聘則爲妻，奔則爲妾。」既曰聘爲妻，則不聘者自爲妾矣。

齊侯好内。　服曰：「内，婦官也。」《齊世家》注。

案：《莊子・逍遥遊》釋文：「内者，對外立名。」婦人居閨門之内，故卿之妃曰内子。「婦官」者，《周官·内宰》「凡喪事，佐后使治外内命婦」注：「内命婦謂九嬪、世婦、女御。」其職列於天官，是婦官也。諸侯制雖稍殺，亦當有之。服言此者，諸侯夫人有定制，而傳言「齊侯多内寵，内嬖如夫人者六人」，明此六人指嬪御而言，故曰「内，婦官」也。

宋華子。　賈曰：「宋華氏之女，子姓。」同上。

案：《成十五年》傳「二華，戴族也」，是華爲戴公之後。《史記·殷本紀》云「契賜姓子氏」，又云「契爲子姓，其後分封有宋氏」，是宋爲子姓，而華出戴後，故曰「華氏之女，子姓」也。

雍巫。　賈曰：「雍人名巫；易牙，字。」同上。《索隱》曰：「賈逵以雍巫爲易牙字，未知何據。」按《管子》有棠巫，恐與雍巫是一人也。

案：《周禮》有内饔、外饔，《儀禮·少牢饋食禮》作「雍人」。正義曰：「此人爲雍官，名巫，而字易牙也。」

因内寵以殺羣吏。　服曰：「内寵如夫人者六人。羣吏，諸大夫也。」同上。

案：「如夫人者六人」，即上文「長衛姬」輩六人也。「羣吏，諸大夫」者，《説文》云「吏，治人者也」，是在位者皆得稱吏。《周禮·宫伯》「掌王宫之士庶子，凡在版者」注：「王宫之士，謂王宫中諸吏之適子也。」疏云：「吏謂卿大夫士之總號。」羣吏即諸吏，而此云「諸大夫」者，所以概卿也。晏子曰：「惟卿爲大夫。」杜云「内寵、内官之有權寵者」，與傳文相違，賈義爲長也。

十九年傳　乃溝公宫。　賈曰：「溝，塹也。」《晉世家》注。

案：「塹」，《説文》云「阬也」，《莊子·外物篇》釋文云：「塹，掘也。」

二十年傳 凡啟塞從時。 服曰：「闔扇，所以開；鍵閉，所以塞。《月令》：『仲春，修闔扇。孟冬，修鍵閉。』從時，從此時也。」本疏。

案：《禮記·月令》「仲春，修闔扇」注：「用木曰闔，用竹葦曰扇。」「孟冬，修鍵閉」注：「鍵牡，閉牝也。」疏曰：「凡鎖器入者謂之牡，受者謂之牝。若禽獸牝牡。」然《易·繫辭》曰：「闔户謂之坤。」《淮南·墬形訓》「西極之山曰閶闔之門」注：「闔，閉也。」是闔爲閉，而此云「開」者，蓋《月令》之闔爲門扇。《管子·八觀》所云「閭閈不可以毋闔」，《襄十八年》傳所云「以枚數闔」，《荀子·儒效》所云「外闔不閉」是也。《月令》「仲春，陽氣畢達，修闔扇」，義主乎開，故曰闔扇，所以開也。何胤曰：「鍵是門扇之後樹兩木，穿上端爲孔。閉者，謂將扃關門以内孔中。」疏曰：「案《漢書·五行志》『牝飛』及『牡亡』謂失其鐶次，鐶次則牡也。」案：何説固未盡鍵制，孔氏以爲鐶次尤非。《説文》云「鍵，鉉也」。「鉉，所以舉鼎也。《易》謂之鉉，《禮》謂之鼏。」《鼎部》云：「鼏，以木横貫鼎耳舉之。」蓋鼏即《儀禮注》所謂古文「扃」爲「鉉」也。是鼎耳之鍵以木，而字从金者，繫於鼎言之也。然則以木貫鼎耳爲鍵，引伸之爲門鍵，當亦以木貫門扇矣。《顔氏家訓》引蔡邕《月令章句》曰：「鍵，關牡也，所以止扇。」《説文》云：「關，以木横持門户也。」若然，則鄭云「鍵牡、閉牝」者，鍵爲關牡，閉爲關牝矣。凡物之相施受者，皆可爲牝牡，故《考工記·車人》稱「車箱曰牝服」，疏曰：「謂車較，即今人謂之平高，皆有孔，内軨子於其中，而又向下服，故謂之『牝服』也。」《喪大記》「君蓋用漆」注曰：「用漆者，塗合牝牡之中也。」是棺蓋亦可稱牝牡也。鍵自以木爲之，故《吕覽·孟冬紀》《淮南·時則訓》作「楗」。至《五行志》所云「牝牡」，自指管籥言之。《月令》「修鍵閉」，下繼之曰「慎管籥」，鍵與管明是二物，鄭注云「管籥，搏鍵器也」，明管籥所以搏鍵，非管、鍵是一物。至《檀弓》注云「管，鍵也」者，特互文耳，則孔氏指爲「鏁次」者，誤矣。鍵閉所以塞者，《荀子·王霸篇》注：「塞謂行不通也。」「從此時」，謂從此月令仲春、孟冬之時也。

滑人叛鄭。　賈曰：「滑，姬姓之國。」《周本紀》注。

案：《成十三年》傳：「晉吕相曰：『殄滅我費、滑，散離我兄弟。』」晉以費、滑爲兄弟，是滑爲姬姓矣。

春秋左氏傳賈服注輯述卷七

嘉興李貽德學

僖公

二十一年傳 修城郭。　服曰：「國家凶荒，則無道之國乘而加兵，故修城郭爲守備也。」本疏。

案：《周禮・大司徒》「以荒政十有二聚萬民」注：「荒，凶年也。」疏曰：「司農凶荒别文者，以凶爲凶年，荒爲荒亂。」「城」者，《説文》云「以盛民也」。《管子・度地》云「城外爲之郭」。「乘」者，《文選・演連珠》注「猶因也」。「城郭爲守備」者，《禮記・禮運》云「城郭、溝池以爲固」是也。襄二十四年《穀梁傳》曰：「五穀不升謂之大侵。大侵之禮，君食不兼味，臺榭不塗，弛侯、廷道不除。」《禮記・玉藻》曰：「年不順成，土功不興。」而此云「修城郭」者，蓋有道之國，則知以荒禮哀凶札，所謂救災恤鄰，道也。反是，則狡焉思啟，因其饑饉，加以師旅，使不設險以守其國，則國危矣。必修其城郭，所以爲守備計者至矣。

二十二年傳 寡君之使婢子。　服曰：「《曲禮》曰：『世婦以下，自稱婢子。』婢子，婦人之卑稱也。」《晉世家》注。

案：《曲禮》是《小戴禮》篇名，鄭彼注云：「婢之言卑也。於其君稱此，以接見體敵，嫌其當。」《説文》云「婢，女之卑者也」。《曲禮》疏曰：「降於夫人，故並自稱婢子，賤故也。」

富辰言於王曰。　服曰：「周大夫。」《周本紀》注。

二十三年傳以討其不與盟于齊也。　服曰：「魯僖公十九年，諸侯盟于齊，以無忘桓公之德，宋襄公欲行霸道，不與盟，故伐之。」《齊世家》注。

案：十九年冬，盟于齊。傳曰：「陳穆公請修好於諸侯，以無忘齊桓之德。」時宋襄欲繼桓而霸，不與此盟，而爲鹿上之盟，故今討之。

策名，委質。　服曰：「古者始仕，必先書其名於策，委死之質於君，然後爲臣，示必死節於其君也。」《史記索隱》十八。

案：《詩・四月》箋云「仕，事也。始仕，謂始有事於朝也」。「必先書名於策」者，「策」本作「册」。《定四年》傳「備物典策」，《釋文》云「『策』本又作『册』」，是「册」正字，「策」假借字。《説文》解「册」字云「象其札，一長一短，中有二編之形」，《獨斷》云「策，簡也。其制，長者二尺，短者半之」。《儀禮・聘禮》云：「百名以上書於策。」臣將仕，必先書其名於上。《周禮・鄉大夫》云「獻賢能之書於王」，當亦書賢、能二名於版，即策名例也。「委死之質於君」者，《白虎通・瑞贄篇》：「臣見君有贄何？贄者，質也。質己之誠，致己之悃愊也。」始仕當爲士。《周禮・典瑞》言「諸臣之贄，士執雉」。

《瑞贄篇》又曰：「士以雉爲贄者，取其不可誘之以食、懾之以威，必死，不可生畜。士行威介，守節死義，不當移轉也。」《瑞贄篇》所説，即服氏「爲臣必死節於君」之義。《晉語》：「處沙釐曰：『臣委質於翟之鼓，未委質於晉之鼓也。臣聞之，委質爲臣，無有二心，委質而策死，古之法也。』」注云：「質，贄也。言委質於君，書名於策，示必死也。」服義本此。若然，則「質」之言「贄」也。正義以形體解之，非矣。

司空季子。　服曰：「胥臣臼季也。」《晉世家》注。

案：正義曰：「胥，氏也；臣，名也。晉有臼邑，蓋食采於臼邑，字季子，而爲司空之官，故名氏互見也。」按：《二十四年》傳「臼衰」，杜云「解縣東南有臼城」，蓋即臼邑也。《三十三年》傳曰「季使過冀」，是胥臣食采於臼而字季也，故此稱「季子」。晉之司空，自士蔿始見於傳，其後《文二年》「及晉司空士穀盟于垂隴」、《成十八年》「右行辛爲司空，使修士蔿之法」，與季子之爲司空，當同在卿列也。他如《成二年》「賜司空一命之服」、《襄十九年》「賜司空一命之服」。顧氏棟高曰：「蓋晉自司徒既廢，僅大司空一見於傳。文公以後，世主夏盟，諸卿皆以將軍爲號，而司馬、司空僅列軍尉、輿師之閒，亦世變之亟也。」

出于五鹿。　賈曰：「衛地。」《晉世家》注。

案：顧氏棟高曰：「杜注：『衛縣西北有地名五鹿，陽平元城縣東亦有五鹿。』蓋兩注以存疑。晉之衛縣，今爲山東東昌府觀城縣，元城縣即今大名府治也。案：五鹿爲衛邑，晉文取之，而仍屬衛。襄二十五年，衛獻公自齊還國，恭冕謹案：傳文晉自齊逆衛侯，崔子因止其帑，以求五鹿，時衛獻尚未歸國。顧説似未晰。齊崔杼止其帑，以求五鹿，此時蓋屬衛。哀十四年，齊、衛救范氏，恭冕謹案：齊、衛圍五鹿在哀元年，至哀十四年絶無齊、衛救范氏之事。顧氏説亦誤。圍五鹿。杜注『晉邑』，則又屬晉，其迭屬晉、衛，且地近邯鄲、中牟、鄴城，則元城之説爲長。今大名府有五鹿城二，屬元城縣者，即沙鹿城；屬開州者，衛地五鹿是也。開州東與東昌觀城縣接界。」

有馬二十乘。　賈曰：「八十匹。」《宋世家》注。

案：《公羊》僖三十三年傳「匹馬、隻輪、無反者」注：「匹馬，一馬也。」《禮記・檀弓》「攝束帛乘馬而將之」，《釋文》：「四馬曰乘。」《儀禮・聘禮》「設馬乘」注：「乘，四馬也。」若然，則二十乘爲馬八十匹矣。

姜氏殺之。　服曰：「懼孝公怒，故殺之以滅口也。」《晉世家》注。

案：杜云「恐孝公怒其去」，韋昭《晉語》注略同。《爾雅・釋詁》云「滅，絶也」，此常訓。

其避君三舍。　賈曰：「《司馬法》：『從遯不過三舍。』三舍，九十里也。」同上。

案：《史記・穰苴傳》云「齊威王使大夫追論古者《司馬兵法》，而附穰苴於其中，因號曰《司馬穰苴兵法》」，即所謂《司馬法》也。「從」，猶「韓厥從鄭伯」之「從」。「遯」，《説文》云「逃也」，亦作「遁」。《廣雅・釋詁》：「遁，避也。」《史記・外戚世家》「皆過栗姬」，《索隱》曰：「過，謂踰之。」「不過三舍」者，言師之進退不得踰三舍也。《吕覽・不廣篇》注：「軍行三十里爲一舍。」《詩・六月》「于三十里」，傳「師行三十里」，箋云「日行三十里可以舍息」，故《莊三年》傳曰「凡師一宿爲舍」。然則古軍法師進退日行三十里即舍。此三舍，蓋三日而九十里也。退避里數至三舍而極，故下云「若不獲命，則與周旋矣」。《司馬法》所云「從遯不過三舍」，是也。

降服而囚。　服曰：「申意於楚子，伸於知己；降服於懷嬴，屈於不知己。」本疏。

案：杜云「去上服，自拘囚以謝之」，《史記・管晏列傳》：「越石父曰：『吾聞君子詘於不知己，而信於知己者。』」《索隱》曰：「『信』讀曰『申』。」云「吾聞」，則二語爲古語矣。「申意於楚子」，謂對楚君之語，以楚子饗而禮之，是知己也，故得發舒其志氣。懷嬴，女子，且以重耳爲卑，已是不知己也，故「降服而囚」以自貶也。

二十四年傳　臣負羈紲。　服曰：「一曰犬繮曰紲。古者行則有犬。」本疏。

案：段氏《説文注》曰：「凡義有兩歧者，出『一曰』之例。」然則服氏出「一曰」上當有本義，今不存矣。《禮記・少儀》：「犬則執緤。」「緤」即「紲」，亦作「絏」。注云「所以繫制之者」，或説本《少儀》釋「紲」，以别於「羈」也。《晉語》「從者爲羈紲之僕」注亦云「犬曰紲」。韋注大抵本賈侍中而與此同，則服或引賈説也。云「古者行則有犬」者，《少儀》「守犬、田犬」疏曰：「犬有三種：一曰守犬，守禦宅舍者也；二曰田犬，田獵所用也；三曰食犬，充君子庖厨庶羞用也。」田犬即䮂獫，《詩》所謂「載獫猲驕」者也。「行之有犬」，當是守犬。蓋居則守禦宅舍，行則守禦車徒，義或然也。各本《説文》並云

「紲，系也」。段氏以「紲」次牛系、牛緣之下，據《少儀》補之曰「紲，犬系也」，釋之曰：「紲本犬系，引伸之，馬亦曰『紲』，故上文『韁』下曰『馬紲』也。」如服説，是「紲」之本義。如杜説「紲，馬韁」，則「紲」引伸之義也。服云「犬韁」，許云「馬紲」，文意正同。愚謂杜所用者，當爲服之本義，正義所引者爲服之或説耳。正義引《説文》云「紲，係也」，紲是係之別名，係馬、係狗皆得稱「紲」，是唐時《説文》亦無「犬」字，段氏蓋以意增之耳。

軍於郇。　服曰：「郇國在解縣東，郇瑕氏之墟也。」《水經・涑水》注。

案：「解」，二《漢志》並屬河東郡，劉昭注云：「《左傳》曰：『咎犯與秦、晉大夫盟於郇。』」杜預曰：「縣西北有郇城。」此云「解縣東」者，蓋漢、晉縣治容稍移易，服、杜各據當時地界言之也。云「郇瑕氏之墟」者，《成六年》「必居郇瑕氏之地」，杜云「古國名」。顧氏棟高曰：「案：郇，國名。《詩》所謂『郇伯勞之』者，今在蒲州府臨晉縣東北十五里。」

朝于武宫。　賈曰：「文公之祖武公廟也。」《晉世家》注。

案：《晉世家》言武公立三十九年而卒，子獻公詭諸立。文公爲獻公子，於武公則稱祖矣。

晉侯逆夫人嬴氏以歸。　服曰：「繆公女。」同上。

案：秦伯，《春秋傳》作「穆」，《史記》作「繆」，《禮記・大傳》「昭穆」亦作「昭繆」，二字古通。嬴氏，文嬴也。

上下相蒙。　服曰：「蒙，欺也。」同上。

案：《昭元年》：「又使圍蒙其先君。」《八年》：「甚哉！其相蒙也。」《廿七年》：「蒙王與令尹。」傳意皆以欺爲蒙，故服云「蒙，欺也」。

以緜上爲之田。　賈曰：「緜上，晉地。」同上。

案：顧氏炎武曰：「『以緜上爲之田』，杜氏曰：『西河界休縣南有地名緜上。』《水經注》：『石桐水，即緜水，出介休縣之緜山，北流逕石桐寺西，即介子推之祠也。』袁崧《郡國志》曰：『界休有介山緜上聚子推廟。今其山南跨靈石，東跨沁原，世以爲之推所隱。而漢魏以來，傳有焚山之事。』前史載之無異辭也。然攷之於傳，《襄公十三年》『晉悼公蒐于緜上，以治兵』，此必在近國都之地。又《定公六年》『趙簡子逆宋樂祁，飲之酒于緜上』，自宋如晉，其路豈出於界休乎？況文公之時，霍山以北大抵皆狄地，與晉都遠不相及。今翼城縣西亦有緜山，俗謂之『小緜山』，近曲沃，當必是簡子逆樂祁之地。今萬泉縣南二里有介山，《漢書·武帝紀》詔曰『朕用事介山，祭后土，皆有光應』，《地理志》『汾陰』『介山在南』。《揚雄傳》：『其三月，將祭后土，上迺帥群臣橫大河、湊汾陰。既祭，行游介山，回安邑，顧龍門，覽鹽池，登歷觀，陟西岳，以望八荒。雄作《河東賦》曰：「靈輿安步，周流容與，以覽於介山。嗟文公而愍推兮，勤大禹於龍門。」』《水經注》亦引此，謂晉《太康記》及《地道記》與《永初記》並言子推隱於是山，而辨之以爲非，然可見漢時已有二說矣。」

且旌善人。　賈曰：「旌，表也。」同上。

案：《説文》「旌，游車載旌析羽」，注：「旄首也，所以精進士卒也。」《周語》：「故爲車服旗章以旌之。」是旌以精進士卒，引伸爲表識之義。

王使伯服、游孫伯。　賈曰：「二子，周大夫。」《周本紀》注。

而不與厲公爵也。　服曰：「惠王以后之鞶鑑與厲公，而獨與虢公玉爵。」同上。

案：事在莊二十一年。

又怨襄王之與衛滑也。　服曰：「滑，小國，近鄭。世世服從而更違叛，鄭師伐之，聽命後自怨於王，王以與衛。」同上。

案：《成十七年》「鄭子駟侵晉虚滑」，杜云「滑，故滑國，爲秦所滅，時屬晉」。又《十三年》「殄滅我費滑」，杜曰：「滑，國，都於費。」疏謂國、邑並舉，是滑爲小國也。顧氏棟高曰：「其地近鄭，在所必争。」《二十年》「滑人叛鄭而服於衛，鄭公子士、洩堵寇帥師入滑」，稱叛，則舊爲服從可知。鄭師伐之即此年事也。知「自怨於王」，以王爲請知之。《吕覽·必己篇》「此必怨我於萬乘之主」注：「怨，告也。」

弔二叔之不咸。　賈曰：「二叔，管叔、蔡叔。」本疏。○《詩·常棣》疏引。二叔謂管、蔡。

案：《史記·管蔡世家》：「文王子管叔鮮、蔡叔度，故二叔爲管、蔡也。」杜云：「弔，傷也。咸，同也。周公傷夏、殷之叔世，疏其親戚，以至滅亡，故廣封其兄弟。」正義曰：「鄭衆、賈逵皆以二叔爲管、蔡，傷其不和睦而流言作亂，故封建親戚。鄭玄《詩箋》亦然。案其封建之中，方有管、蔡，豈傷其作亂始封建之？馬融以爲夏、殷叔世，故杜同之。」《詩·常棣》序疏云：「此序言『閔管、蔡之失道』，

《左傳》言『弔二叔之不咸』，言雖異，其意同。弔，傷也。二叔，即管、蔡也。不咸，即失道也。實是一事，故鄭引之。先儒説《左傳》者，鄭衆、賈逵以二叔爲管、蔡，馬融以爲夏、殷之叔世，故《鄭志》張逸問：『此箋云周仲文以《左氏》論之，三辟之興皆在叔世，謂三代之末，即二叔宜爲夏、殷末也。』答云：『此注《左氏》者亦云管、蔡耳。又此序子夏所爲，親受聖人，足自明矣。』問者以昭六年《左傳》曰『三辟之興，皆叔世也』，彼『叔世』者，謂三代之末世也，則言二叔者亦宜爲夏、殷之末世，不得爲管、蔡，故問之。鄭答『注《左氏》者』謂鄭、賈之説也。又《左傳》論周公弔二叔之不咸，而作《常棣》。此序言閔管、蔡之失道，故作《常棣》，則此云管、蔡，即傳言云二叔可知。」按：孔氏《春秋疏》與《詩疏》異義，蓋各證各注，例如此也。其實二叔當以主管、蔡者爲是。指夏、殷爲二叔，雖有「三辟皆叔世」之文爲據，然「叔世」必連文。去「世」字，則不辭矣。特是孔氏謂「封建之中，方有管、蔡，豈傷其作亂，始封建之」？其斥賈説亦爲有理，不知封建實在群叔流言之後、反東攝政之初也。《禮記·文王世子》疏云：「案鄭註《金縢》云『文王崩後，明年生成王』，則武王崩時，成王年十歲，服喪三年畢，成王年十二。明年將踐阼，周公欲代之攝政，群叔流言，周公辟之，居東都，時成王年十三也。居東二年，成王收捕周公之屬黨，時成王年十四也。明年秋大熟，遭雷風之變，時周公居東三年，成王年十五，迎周公反，而居攝之元年也。」愚謂既攝政之後，公傷同氣，不諒其志，於是首行封建親戚，明其無私欲，以啟牖二叔之衷，弭人倫之變，故傳言「弔二叔之不咸」，管、蔡得列國焉。《東山》序箋云「周公歸攝政，三監及淮夷叛，周公乃東伐之」。是管、蔡雖得建國，怙終不悛，反懼而致叛，周公乃不得已征之。鄭氏《詩》《書》二注參之，此傳以二叔爲管、蔡，足以徵周公之心矣。

召穆公。　服曰：「召穆公，王卿士。」《詩·黍苗》疏。「召康公十六世孫。」《詩·民勞》疏。

案：《詩·黍苗》序「卿士不能行召伯之職焉」，疏曰：「言卿士不能行，則召伯時爲卿士矣。故《周語》韋昭注：『召公，召康公之後，爲王卿士也。』」《江漢》疏引《世本》「穆公是康公之十六世孫」，是服義本《世本》也。按陸德明曰：「康公長子繼燕，支子繼召。」《史記·燕世家》載召公下九世至惠侯，當周厲王奔彘共和之時。是繼燕之惠侯，當厲王時，上距召公止九世，而穆公爲繼召之後，乃當厲宣時，上距召公至十六世者。《民勞》疏云「生子有早晚，壽命有長短故也」。

王遂出，及坎欿。　服曰：「鞏東邑名也。」《水經·洛水》注。

案：《續漢·郡國志》「河南尹」：「鞏有坎欿聚。」酈道元曰：「洛水又東北，洞水發南谿石泉，世亦名之爲石泉水也。京相璠曰：『鞏東地名坎欿，在洞水東，疑即此水也。』《晉太康地記》《晉書·地道記》並言在鞏西，非也。」

二十五年經　公會衛子。　服曰：「明不失子道。」《禮記·曲禮》疏。

案：《禮記·曲禮》「天子未除喪曰『予小子』」注：「謙未敢稱一人。」《春秋傳》曰：「以諸侯之踰年即位，亦知天子之踰年即位。以天子三年然後稱王，亦知諸侯於其封内三年稱子。」《白虎通·爵篇》：「既葬稱子者，即尊之漸也。三年然後受爵者，緣孝子之心未忍安吉也。」今衛文公既葬而稱衛子，見其以子道自居，不敢遽以爵稱，能不失禮。

傳 遇黄帝戰于阪泉之兆。　服曰：「阪泉，地名。」《五帝本紀》注。

案：《大戴記・五帝德》云：「黄帝與赤帝戰於版泉之野。」《史記・五帝紀》稱黄帝與炎帝戰於阪泉之野，《集解》引皇甫謐曰「在上谷」。

次于陽樊。　服曰：「陽樊，周地。陽，邑名也，樊仲山之所居，故曰陽樊也。」《晉世家》注。○《續漢・郡國志》注引下二句略同。

案：「周地」者，周圻内之地。「陽，邑名」者，賜晉後專名陽。陽處父食邑即此。《詩・烝民》「生仲山甫」傳：「仲山甫，樊侯也。」疏：「《周語》稱樊仲山甫諫宣王，是山甫爲樊國之君也。」韋昭曰：「食菜於樊。」若然，是樊爲圻内國名，而陽則其食邑，猶《何人斯》傳以蘇爲國名而其食邑則爲温也。此陽樊之義也。

二十六年傳 公使展喜犒師。　服曰：「以師枯槁，故饋之飲食。」本疏。

案：《説文》無「犒」字。《周禮・小行人》「若國師役，則令槁禬之」注：「故書『槁』爲『稾』。鄭司農云『稾當爲犒，謂犒師也』。」《地官》序官「稾人」注：「『稾』讀爲犒師之『犒』。主冗食者，故謂之犒。」案：此是「犒」古作「槁」。《説文》：「槁，木枯也。」故「枯槁」連文，潤其槁而名之曰「槁」，猶憫其勞而名之曰「勞」也。「饋之飲食」者，《公羊》莊四年注：「牛酒曰犒。」飲食不外牛酒，後人測義製字，或从牛者，今經傳中「犒師」之「犒」是也；或从酉者，《斥彰長田君碑》「史見勞𩞄」之「𩞄」是也。《魯語》云「展禽使乙喜以膏沐犒師」，《淮南・氾論》注「牛羊曰犒，共其枯槁也」，即服義也。

室如縣罄。　服曰：「言室屋皆發撤，榱椽在，如縣罄。」本疏。

案：室、屋異名同實，故服連言之。《釋名・釋宫室》云：「屋亦奥也，其中温奥也。」《素問・四氣調神大論》注：「發，謂散發也。」《華嚴經音義》引《字書》：「撤，除也，去也。」言室中所藏皆散去矣。《説文》「榱，椽也，秦名屋椽也，周謂之椽，齊、魯謂之桷」，是榱即椽，言室所存者惟此。《釋文》：「『罄』亦作『磬』。」《説文》：「磬，石樂也，从石。𠧪象縣虡之形。」段氏曰：「或曰𠧪象磬之股，丨象磬之鼓，磬之縣股横出而鼓直。」若然，則室之空其中而僅存榱椽者象之矣。程氏瑶田曰：「《左傳》『室如縣罄』，字从缶。从缶與从石同意。罄有房室中空之象，室無資糧，故曰『如縣罄』也。《國語》作『縣磬』，韋昭注：『言魯府藏空虚，但有榱梁，如懸磬也。』假借之，凡器中空皆謂之罄。《詩》云『瓶之罄矣』是也。空則有盡義，故又謂『罄爲盡』，《詩》云『罄無不宜』是也。」按：《説文》云：「罄，器中空也。从缶，殸聲。殸，古文磬字。」「罄」「磬」本同。程氏以「縣磬」證空，以空證盡，可以推見古義矣。

夔子不祀祝融與鬻熊。　服曰：「夔，楚熊渠之孫，熊摯之後。夔在巫山之陽秭歸鄉。」《楚世家》注。

案：《鄭語》：「夔、越不足命也。」韋昭注：「楚熊繹六世孫曰熊摯，有惡疾，楚人廢之，立其弟熊延。摯自棄於夔，其子孫有功，王命爲夔子。」是夔爲熊摯後也。《史記・楚世家》：「熊繹封楚，歷五世爲熊渠，渠卒，子熊摯紅立。」「摯紅」當即「摯」。是服云「熊渠之孫」，「孫」當作「子」，字之誤也。《楚世家》又云：「摯紅卒，其弟弑而代立，曰熊延。」然傳言「熊摯有疾，自竄于夔」，則《史》言延弑，誤也。《漢書・地理志》「南郡巫」注：❶「應劭曰：巫山在西南。」《穀梁傳》：「山南爲陽。」又「南郡秭歸」自注：「歸鄉，故歸國。」洪氏亮吉曰：「歸州，漢秭歸。夔子城在州東。」

二十七年傳 讓於欒枝、先軫。　賈曰：「欒枝，欒賓之孫也。」《晉世家》注。

案：欒賓，見桓二年傳。其子爲欒共子成，見《晉語》並韋注：「枝，成子也。」

二十八年經 戰于城濮。　賈曰：「衛地也。」同上。

案：《莊二十七年》「公會齊侯于城濮」，杜解亦曰「衛地」。顧氏棟高曰：「今曹州府濮州南七十里有臨濮城。」

楚殺其大夫得臣。　賈曰：「不書族，陋也。」《釋例・氏族例》。

案：《賈子・道術篇》云：「辭令就得謂之雅，反雅爲陋。」楚自武王始居江、漢之閒。經書「荊敗宋師」「荊人來聘」「楚人使宜申來獻捷」，從其陋俗，故稱人。僖二十一年，楚之君爵始列於會，而其臣名氏猶多差錯，得臣書殺而不舉族，仍其陋也。至成二年，楚公子嬰齊始得具列，後殺子反亦書公

---

❶「注」，原脱，據下引文補。

子側矣。

盟于踐土。　賈曰：「踐土，鄭地名，在河内。」《周本紀》注。

案：《括地志》：「滎澤縣西北十五里有王宫城，城内東北隅有踐土臺，去衡雍三十餘里。」《史記・魏世家》：「無忌謂魏王曰：『有鄭地，得垣雍。』」《續漢・郡國志》「河南尹」：「有垣雝城，或曰古衡雍。」是衡雍爲鄭地，踐土近垣雍，亦爲鄭地矣。顧氏棟高曰：「滎澤，今屬開封府。」

天王狩于河陽。　賈、服曰：「河陽，温也。」《水經・河水》注五。○《周本紀》注引賈曰：「河陽，晉之温也。」

案：《穀梁傳》「温，河陽也」，故賈云然。《漢書・地理志》「河内郡温」自注：「故國，蘇忿生所封也。」時已賜晉。

傳 自南河濟。　服曰：「南河，濟南之東南流河也。」《衛世家》注。

案：曹在衛東。傳云「自南河濟」，實「從汲郡南渡，出衛南而東」，故云「濟南之東南流河也」。

衛侯出居於襄牛。　服曰：「襄牛，衛地也。」《晉世家》注。

案：顧氏棟高曰：「秦置襄邑縣，明初省縣，併入睢州，今屬河南歸德府。」案：顧説本《漢書》應劭注《地理志》「陳留郡襄邑」。應劭曰：「《春秋傳》曰『師于襄牛』是也。」師古曰：「圈稱云『襄邑，宋地』，本承匡襄陵鄉也。宋襄公所葬，故曰襄陵。秦始皇以承匡卑溼，故徙縣於襄陵，謂之襄邑，縣西三十里有承匡城。然則應説以爲襄牛，誤也。」案：此則顧氏説不足據，當闕之而已。

非敢必有功也，願以閒執讒慝之口。　服曰：「子玉非敢求有大功，但爲執蔿賈讒慝之口，謂子玉過三百乘不能入也。」同上。

案：《詩·執競》釋文引《韓詩》云「執，服也」，《釋名·釋姿容》「執，攝也」，使畏攝己也。蔿賈言見前年傳。

子玉使宛春告于晉師。　賈曰：「宛春，楚之大夫也。」同上。

楚子伏己而鹽其腦。　服曰：「如俗語相駡云『啑汝腦』矣。」本疏。

案：《詩·終風》疏云：「稱俗人云者，以俗之所傳有驗於事，可以取之。《左傳》每引『諺曰』，《詩》稱『人亦有言』，是古有用俗之驗。」服所言「俗語」，亦其例也。《一切經音義》六引《倉頡篇》「駡，詈也」，《釋名·釋言語》云「駡，迫也，以惡言被迫人也」。《一切經音義》八引《字書》「啑，喋也」，書亦作「歃」，所洽反，謂以口微吸之也。引漢時語以證鹽之狀也。

作王宫于踐土。　服曰：「既敗楚師，襄王自往臨踐土，賜命晉侯，晉侯聞而爲之作宫。」《晉世家》注。

案：《周禮·掌舍》注：「以尊適卑曰臨。」《掌舍》「爲壇壝宫，棘門」注：「謂王行止宿，平地築壇。又委壝土起堳埒以爲宫。」《括地志》「滎澤縣西北有王宫城」，即此。

駟介百乘，徒兵千。　服曰：「駟介，駟馬被甲也。徒兵，步卒也。」同上。

案：《詩·清人》「駟介旁旁」。傳「介，甲也」，箋云「駟，四馬也」，疏曰「介是甲之别名」。《成二年》傳：「不介馬而馳之。」以不介馬爲異，則戰馬皆被甲矣。《干旄》疏引王肅説：「夏后氏駕兩謂之麗，殷益以一騑謂之驂，周人又益一騑謂之駟。」《説文》「徒」作「赴」，云「步行也」。《禮記·祭義》「五十不爲甸徒」，疏曰：「徒謂步卒。」《説文》：「兵，械也。」顧氏炎武曰：「古之言兵，非今日之兵，謂五兵也。故曰『天生五材，誰能去兵』？《世本》：『蚩尤以金作兵，一弓、二殳、三矛、四戈、五戟。』《周禮·司右》『五兵』注引《司馬法》曰『弓矢圍，殳、矛守，戈、戟助』，是也。秦、漢以下始謂執兵之人爲兵。如信陵君得選兵八萬人，項羽將諸侯兵三十餘萬，見於太史公之書，而五經無此語也。」由顧氏之説而推之，《易·説卦》「離爲戈兵」，《越語》「兵者，凶器也」，《吕覽·論威》云「凡兵，天下之凶器也」，《老子》「兵者，不祥之器」，傳「令尹好甲兵」，《文選·吴都賦》「長殺短兵」，皆以兵爲器，未嘗以卒爲兵也。然《隱四年》「敗鄭徒兵」、《襄元年》「敗鄭徒兵于洧上」，所云「徒兵」斷指步卒。若以兵爲器械，則不辭矣。《擊鼓》序疏云：「古者謂戰器爲兵。兵者，人所執。因號人亦曰兵。」斯爲通論矣。《襄元年》疏云：「步行謂之徒行，故步兵謂之徒兵。」服云「步卒」，即步兵也。

王命尹氏及王子虎。　賈曰：「王子虎，周大夫也。」《晉世家》注。

賜之大輅之服。　賈曰：「大輅，金輅。」同上。

案：《樂記》「大路者，天子之車也」，而天子所賜車，亦得名大路。《襄十九年》「王追賜之大路」、《廿四年》「賜之大路」，杜氏並云「天子所賜車之總名」，然名雖統稱大路，而制仍以《巾車》所差爲等。《顧命》言「大路」，《典路》疏引鄭注「大路，玉路」者，以《大戴記·朝事篇》云「乘大路，建大常十有二旒，樊纓十有再就」，《周禮·巾車》云「一曰玉路，錫樊纓十有再就。建太常十有二斿」，合證二文，知大路爲玉路也。此以大輅爲金路者，以《巾車》「金路以封同姓」，封同姓既以金路，則賜同姓亦當以金路矣。

彤弓一，彤矢百，玈弓矢千。　賈曰：「彤弓，赤。玈弓，黑也。諸侯賜弓矢，然後征伐。」《晉世家》注。

服曰：「矢千則弓十。」《詩·彤弓》疏。

案：《説文》：「彤，丹飾也。」《詩·彤弓》傳：「彤弓，朱弓也。」《廣雅·釋器》丹、朱並云赤也。「玈」，《説文》新附有之，正字當作「黸」，《説文》「黸，齊謂黑爲黸」是也；省字當作「盧」，《書·文侯之命》「盧弓一，盧矢百」是也；假字當作「旅」，《儀禮·士冠禮》注「古文『旅』作『臚』」，故聲與「盧」得通。《釋文》云「『玈』，本或作『旅』，非也」者，陸氏誤也。《公羊》定四年傳注「禮：天子雕弓，諸侯彤弓，大夫嬰弓，士盧弓」，《荀子·大略篇》云「天子雕弓，諸侯彤弓，大夫黑弓」，則賜用彤弓。諸侯之制，兼以大夫，士盧弓以備用也。「諸侯賜弓矢，然後征伐」，略本《禮記·王制》，彼注云：「得其器乃敢爲其事。」服云「矢千則弓十」者，玈弓無數，以上彤弓、矢之數測之，故杜亦云「弓一矢百」，則「矢千弓十」矣。《文侯之命》所謂「盧弓一」，則賜盧矢亦可準矣。觀注文如此，則《釋文》云「本或作『玈弓十，玈矢千』」，後人專輒加也，信然。《周禮·大司寇》「入束矢」注：「古者一弓百矢，束矢其百个歟。」疏即據《尚書》與此傳文。而《荀子·論兵篇》「魏氏武卒，衣三屬之甲，操十二石之弩，負矢五十箇」，則矢五十矣。《詩·泮水》「角弓其觩，束矢其搜」，傳「五十矢爲束」，一弓亦矢五十矣。彼疏謂「在軍之制，❶重弓以備折壞，或亦分百矢以爲兩束」，其説良然。

秬鬯一卣。　賈曰：「秬，黑黍；鬯，香酒也，所以降神。卣，器名，諸侯賜圭瓚，然後爲鬯。」《晉世家》注。

案：「秬，黑黍」，《爾雅·釋草》文。《説文》作「䵼」，云：「黑黍也，一稃二米以釀。」《爾雅》云「秠，一稃二米」。《説文·禾部》有「秠」，亦同《爾雅》文，則此「䵼」下云「一稃二米以釀」，兼「秠」言之，非專指「䵼」也。郭璞注「秠」云「此亦黑黍」，則亦秬類。《説文》：「秬，䵼或从禾。」「鬯，香酒」者，鬯之説有二。《王度記》云「天子以鬯」，《詩·江漢》傳「鬯，香草也。築煮合而鬱之曰鬯」，《白虎通·攷黜》云「鬯者，以百草之香鬱金合而釀之成爲鬯」，《周禮·鬯人》「共介鬯」先鄭云「鬯，香草」，《説苑·修文》云「鬯者，百草之本」，是專以鬯爲香草也。鄭氏於《春官》序官注則云「鬯，釀秬爲酒，芬香條暢於上下也」，於《江漢》箋云「秬鬯，黑黍酒也。謂之鬯者，芬香條鬯也」，於《易》「不喪匕鬯」注及《禮記·王制》注並云「鬯，秬酒也」，是專以秬黍爲鬯。鄭君與諸説異者，《春官》以鬱鬯屬鬱人，以秬鬯屬鬯人，則單舉之爲鬯，連舉之爲秬鬯，較然矣。《郊特牲》云「鬱合鬯」，則鬱與鬯分，又較然矣。鄭君析名物、辨同異，故必以秬黍爲鬯也。其實專以香草不能以釀酒，專以秬黍不足以達芬，故鄭於《春官》序官注「鬱，鬱金香草，宜以和酒」，《明堂位》注「鬱，鬯之器也」，明鬯可統鬱也。然則《禮緯》《中候》所云「鬯，草」者，明草以和鬯，故得名「鬯草」，猶菁茅之得稱「包茅」，而不得謂香草即鬯。

❶「制」，《毛詩正義》作「禮」。

孔氏曰「古今書傳香草無名鬯者」，是也。《説文》：「鬯，以𩰪釀鬱草，芬芳攸服以降神也。从凵，凵，器也。中象米。」云「中象米」，見「鬯」之得名以𩰪也。云「以秬釀鬱草」，見秬必備以鬱也。若然，秬黍爲鬯，本名，香草亦得爲鬯，明兼名也。《雜記》「暢，臼以椈，杵以梧」注：「所以擣鬱也。」《周禮·肆師》「大渳以鬯，則築鬻」注：「築香草，煮以爲鬯以浴尸。」香草，鬱也，足證鬱草亦得單名「鬯」。《周語》「鬱人共鬯」，則鬯亦可共自鬱人矣。《王制》疏云「釀秬黍爲酒，和以鬱金之草謂之鬱鬯，不以鬱和直謂之鬯」，斯不然矣。所以「降神」者，《郊特牲》「既灌，然後迎牲」，疏云：「先求神，後迎牲也。」是灌以求神，即降神也。「卣，器也」，《爾雅·釋器》文。傳疏引孫炎云「罇彝爲上，罍爲下，卣居中」，《鬯人》注：「卣，中尊，謂獻象之屬。」尊者，彝爲上，罍爲下，是犧尊、象尊皆爲卣也。《江漢》疏云：「《鬱人》『掌和鬱鬯以實彝而陳之』，則鬯當在彝，而《詩》及《尚書》《左傳》皆云『秬鬯之卣』者，當祭之時乃在彝，未祭則在卣。賜時未祭，故卣盛之。」「賜圭瓚，然後爲鬯」，《王制》文。

虎賁三百人。　賈曰：「天子卒曰虎賁。」同上。

案：正義引《國語》云「天子有虎賁，諸侯有旅賁」，是惟天子之士得稱「虎賁」。《周禮·虎賁氏》「掌先後王而趨以卒伍」，是虎賁之屬有卒也，故曰「天子之卒曰虎賁」。

稽首。　賈曰：「稽首，首至地。」同上。

案：《周禮·大祝》「辨九𢷬，一曰䭫首」注：「拜頭至地也。」疏：「一曰稽首，其稽，稽留之字。頭至地多時，則爲稽首也。稽首，拜中最重，臣拜君之拜。」

盟諸侯于王庭。　服曰：「王庭，踐土也。」同上。

案：云是踐土者，以經文「盟于踐土」，故斥言其地，以别京師。

自爲瓊弁、玉纓。　服曰：「謂馬飾。」《禮記・王制》疏。

案：《文選・西京賦》：「天子乃駕彫軫，三駿駮，戴翠帽，倚金較。璿弁玉纓，遺光儵爚。」張衡所用即本傳文。《説文》引傳亦作「璿弁」，弁纓屬於六駿駮之後，是漢世解此文，皆爲「馬飾」矣。薛綜注：「弁，馬冠也。又髦以璿玉作之。纓，馬鞅也，段注：《説文》引「鞅」作「鞅」。以玉飾之。」杜云：「弁，以鹿子皮爲之。瓊，玉之别名，次之以飾弁及纓。」疏云：「其纓之飾，則無以言之，蓋以玉飾纓之末耳。」是孔於杜玉纓之訓，他無佐證，亦稱「蓋」以疑之矣。

作三行。　服曰：「辟天子六軍，故謂之三行也。」《晉世家》注。

案：《周禮・大司馬》序官：「王六軍，大國三軍。」時晉已置上、中、下三軍。今若仍軍名是六軍矣，故稱行，以避六軍之名。

二十九年傳　其音云，問之而信。　賈、服曰：「言八律之音，聽禽獸之鳴，則知其嗜慾死。」「死」上疑有「生」字。各本《周禮注疏》皆無之，阮氏《校勘記》亦未言及。「可知伯益明是術，故堯、舜使掌朕虞。至周失其道，官又在四夷。」《周官・夷隸》疏。

案：《大戴記・易本命》「律主禽鹿」，《禮記・樂記》「八風從律而不姦」，故曰「八律之音」。《王制》

「嗜欲不同」，疏云「好惡殊別，故嗜欲不同」，是嗜慾爲好惡矣。生即犧生，死即用犧。言聽其鳴而得其情也。「伯益明是術」者，伯益是舜臣，言亦能聽鳥獸之言。皇侃《論語疏》云「伯益能聽鳥語」是也。相傳如是，當有所本。《史記·秦本紀》僅曰「調馴鳥獸」，揚雄《羽獵賦》云「昔者禹任益虞而上下和，草木茂」而已。《漢書·百官表》「䓣作朕虞」，應劭曰「䓣，伯益也。虞，掌山澤禽獸官名也」，師古曰：「䓣，古『益』字。」「周失其道」者，謂東遷以後。若其盛時，則制夷隸、貉隸之言，掌與鳥獸言。其後官既不設，無能通禽獸之言。介葛盧爲東夷，反能審音，故云「官又在四夷」也。《昭十七年》：「天子失官，學在四夷。」賈、服引以證此。

三十年傳 鄭公子蘭出奔晉。 服曰：「鄭逐群公子，故奔晉。」《御覽》一百四十六。

案：宣三年傳言文公逐群公子，公子蘭奔晉。

請無與圍鄭，許之。 服曰：「晉善蘭不忘本國故也。」同上。

案：顧氏炎武曰：「古人謂所事之國爲本朝，此云『本國』，亦其義也。」

使待命于東。 服曰：「待命於鄭東也。」同上。

案：《說文》：「待，竢也。」

饗有昌歜。 服曰：「昌歜，昌本之菹。」《周禮·籩人》疏。

案：昌歜、昌本，一物二名，本即根也。《周官·醢人》「朝事之豆，其實昌本」，鄭注云「昌蒲根也」。

《公食大夫禮》「醢醢、昌本」注：「昌本，昌蒲本，菹也。」《韓非子・難篇》：「文王嗜菖蒲葅。」「葅」與「菹」同。《説文》：「菹，酢菜也。」又「菹，醢也」。酢菜，今俗云「醃菜」，是即醢亦即菹也。

鹽虎形。　服曰：「刻形。」同上。

案：「刻」與「刻」通。「魯顏刻」，《莊子・秋水篇》釋文刻作尅。《説文》：「刻，鏤也。」《周禮・籩人》「形鹽」，先鄭云「築鹽以爲虎形，謂之形鹽」。《荀子・富國》云「故爲雕琢、刻鏤」，琢即築，刻即刻，是先鄭與服同也。後鄭云「形鹽，鹽之似虎者」，賈疏以爲自然似虎形，與服説異也。

三十一年經　猶三望。　賈、服曰：「三望，分野之星、國之山川。」本疏。○《穀梁疏》九引賈説。《周禮・小行人》疏引服説並曰：「三望，分野星、國中山川。」

案：正義曰：「《公羊傳》曰：『三望者何？望祭也。然則曷祭？祭泰山、河、海。』鄭玄以爲望者祭山川之名。諸侯之祭山川，在其地則祭之，非其地則不祭。且魯竟不及於河。以徐州』，徐即魯地。三望，謂淮、海、岱也。賈、服以爲『三望，分野之星、國之山川』，今杜亦從之。以《禹貢》『海岱及淮惟徐州』，徐即魯地。《襄九年》傳云『陶唐氏之火正閼伯居商丘，祀大火。相土因之，故商主大火』。《昭元年》傳云『辰爲商星，參爲晉星』。《楚語》云『天子偏祀群神品物，諸侯二王後祀天地三辰及其土地之山川』，注《國語》者皆云：諸侯二王後祀天、地、三辰日月星也，非二王後祀分野星辰、山川也。以此知『三望，分野之星、國内山川』，其義是也。昭七年『夏，四月甲辰朔，日有食之』，於時夏之二月，日在降婁。傳稱『去衛地，如魯地』，於十二次豕韋衛地，降婁魯地，魯祭分野之星，其祭奎婁之神也。」

三十三年經 十有二月，公至自齊。乙巳，公薨于小寢。隕霜不殺草，李梅實。賈曰：「月者，爲公薨。不憂隕霜，李梅實也。」《釋例·大夫卒例》。

案：十二公之薨，經無不繫月。至自及災異，或繫時不繫月。此十二月本爲公薨，而繫以「至自齊」在前，則併書之。「隕霜不殺草，李梅實」，異而不災，無足憂者，不因是而繫月。

傳 輕而無禮。服曰：「無禮，謂過天子門，不櫜甲束兵而但免冑。」本疏。

案：《詩·彤弓》傳：「櫜，韜也。」《說文》：「束，縛也。」正義曰：「《呂氏春秋》說此事云：『師行過周，王孫滿曰：「過天子之城，宜櫜甲束兵，左右皆下。」』然則過天子門，當卷甲束兵，必古有此禮。❶或出《司馬兵法》。」

唯是脯資餼牽竭矣。服曰：「腥曰餼。」《儀禮·聘禮》疏。○《禮記·聘義》疏引作「死曰餼」。

案：今之「氣」，《說文》爲「气」；今之「餼」，《說文》爲「氣」，云「氣，饋客之芻禾也」，通爲饋遺之名。《儀禮·聘禮》「餼之以其禮」，《釋文》：「餼，猶遺也。」《一切經音義》十三引《埤蒼》「餼，饋也」。饋遺爲餼，則不獨芻禾爲餼，牲牢亦爲餼矣。故《周語》「廩人獻餼」注「生曰餼，禾米也」，《聘禮》注「凡賜人以牲生曰餼」是也。其實牲之生腥皆曰餼。《聘禮》：「歸饔餼五牢。」饔、餼對文，故殺曰饔，生

❶「必」，《春秋左傳正義》作「以」。

曰饋。此饋牽對文，《周禮·象胥》注：「飧牽，謂共如飧，而牽牲以往，不殺也。」則牽爲生、饋爲腥矣，服故以「腥」釋「饋」也。《詩·漢廣》釋文：「牲腥曰饋。」《文選·東京賦》薛注「腥曰饋」，可見「饋」之無定稱也。《禮器》疏云「腥，生肉也」。然已殺，故《禮記疏》引服云「死曰饋」。

子墨衰經。　賈曰：「墨，變凶。」《晉世家》注。

案：《儀禮·喪服》「斬衰裳」，傳曰「衰三升」，記曰：「凡衰，外削幅。裳，内削幅，幅三袧。負，廣出於適寸。衰，長六寸，博四寸。衽二尺有五寸。袂屬幅。衣二尺有二寸，祛尺二寸。」傳又曰：「苴經大搹，去五分一以爲帶。」❶此衰經之制也。《漢書·律歷志》《五行志》引《僖五年》傳「均服振振」皆作「袀服振振」，《晉書音義》云「袀，戎服也」。《説文》：「袀，玄服也。」玄色黑，戎服所宜。今此衰經是凶服，故墨以從戎，爲稍變凶也。

遂墨以葬文公。　服曰：「非禮也。」同上。

案：《禮記·檀弓》「弁絰葛而葬，與神交之道也」，注：「接神之道不可以純凶。天子諸侯變服而葬，冠素弁，以葛爲環經。既虞卒哭，乃服受服也。」《雜記》曰：「凡弁經，其衰侈袂。」是禮於葬服有定，今墨以葬，是非禮也。

文夫人斂而葬之鄫城之下。　服曰：「鄫城，古鄫國之墟。」《詩·緇衣》疏。

---

❶「一」，原脱，據《儀禮注疏》補。

案：「鄶」，《詩》作「檜」。《詩譜》云：「檜國在《禹貢》豫州外方之北、滎波之南，居溱、洧之間。」疏：「杜預云『檜城在滎陽密縣東北』。」「墟」者，《文選·西征賦》注引《聲類》云「故所居也」。

作主，非禮也。　賈曰：「僖公始不順祀，生則致哀姜，終則小寢，以慢典常。其子文公緣事生邪志，作主陵遲，於是文公復有夫人歸，嗣子罹咎，傳故上係此文於僖公篇。」《釋例·作主禘例》。

案：不順祀自文公始，而云「僖始不順祀」者，《八年》經書「禘于太廟，用致夫人」，傳謂「非禮」，是不順祀即致哀姜之事。是年經「公薨于小寢」，傳謂「即安」，故譏其「終則小寢」也。《易·繫辭》「既有典常」，虞翻曰：「其出入以度，故有典常。」慢典常者，慢其常度也。文公緣僖公之事而生邪志，作主緩至二年，故曰「陵遲」。《荀子·宥坐》云「陵遲故也」，注：「陵遲，言丘陵之勢漸慢也。」「夫人歸，嗣子罹咎」，謂文公夫人出姜大歸於齊，及子赤、子惡爲東門遂所殺。作主事當繫文，而繫於僖公之終篇，明僖有以啟之也。

特祀于主，烝嘗禘于廟。　服曰：「特祀于主，謂在寢。三年喪畢，遭烝、嘗則行祭，皆於廟焉。」《儀禮·士虞·記》疏。

案：「謂在寢」者，《儀禮·士虞·記》注「凡祔已，復於寢」，疏曰：「大子、諸侯有木主者，以主祔，祭訖，主反於寢。」杜此注云：「以新死者之神祔之於祖。尸柩已遠，孝子思慕，故造木主、立几筵焉，特用喪禮祭祀於寢，不同之於宗廟。」亦用服義也。「三年喪畢，遭烝、嘗則行祭，皆於廟」者：《公羊傳》「三年之喪，實以二十五月」，《閒傳》「三年之喪，❶二十五月而畢」，王肅主之；《檀弓》疏云「戴德《喪服變除禮》『二十五月大祥，二十七月而禫』」，鄭氏主之。《喪大記》云「三年之喪，天下之達喪也」。「畢」者，《爾雅・釋詁》「盡也」。謂禫祭後喪乃盡也。《爾雅・釋天》云「秋祭曰嘗，冬祭曰烝」。《春秋繁露・祭義》云「先成故曰嘗，嘗言甘也。畢熟故曰烝，烝言衆也」。《華嚴經音義》引《韓詩傳》：「遭，遇也。」言禫後遇四時之祭，得行祭於廟也。《士虞・記》疏曰：「遭烝、嘗乃於廟，則自三年以前，未得遷於廟而禘祭。此賈、服之義。」是也。鄭注《士虞・記》云「練而後遷廟」。《周禮・罍人》疏云：「案文二年《穀梁傳》曰：『作主壞廟有時日，於練焉壞廟。壞廟之道，易檐可也，改塗可也。』是時木主新入廟，❷禘祭之，是以《左氏》説，凡君薨，祔而作主，特祀主於寢，畢三時之祭。朞年，然後烝嘗禘於廟。許慎云：《左氏》説與《禮》同。鄭無駮，明用此禮同，義與《穀梁傳》合。賈、服以爲三年終禘，遭烝嘗則行祭禮，與前解違，非鄭義也。」若然，則鄭義以祔之後主復於寢，練之時主遷於廟，練祭即在廟，是行祭於廟不待三年喪畢矣。然《穀梁疏》云：「三年之喪，至二十五月猶未合全吉，故公子遂有納幣之譏，莊公喪制未二十五月而禘祭，故譏其爲吉。此言吉者，比之虞主，故爲吉也。此雖爲練作之主，終入廟以辨昭穆，故傳以吉言之。然作主在十三月，壞廟在三年

❶ 案，此引文出自《三年問》，非出《閒傳》。
❷ 「是」，《周禮注疏》作「爾」。

喪終，而傳連言之者，此主終入廟，入廟即易檐，以事相繼，故連言之，非謂作主壞廟同時也。或以爲練而作主之時，則易檐改塗，故此傳云『於練壞廟』，於傳文雖順，舊説不然，故不從之，直記異聞耳。」案：此則練時未遽遷主，即以《穀梁傳》文言之，僅曰「壞廟」，不曰「遷廟」，則遷廟在三年喪畢之後，是以范甯云「將納新神」，言將則有待，明非一時事矣。《士虞·記》疏云：「若然，惟祔祭與練祭祭在廟，祭訖，主反於寢。其大祥與禫祭，其主自然在寢祭之。」按祔當申躋祔之辭，不得不在廟，故行祭於廟。若練在廟，而大祥、禫復在寢，遷主、反主，黷神不已甚歟？是大祥、禫在寢，練祭亦當在寢明矣。《士虞禮》「中月而禫。是月也吉祭，猶未配」注：「是月，是禫月也。❶當四時之祭月則祭，猶未以某妃配某氏，哀未忘也。」疏曰：「謂是禫月得禫祭，仍在寢，此月當四時吉祭之月則於廟，行四時之祭於群廟而猶未得以某妃配，哀未忘，若喪中然也。」若然，禫月遇吉祭，猶未與群廟行祭之列，謂朞年後烝嘗得遽行於廟乎？是三年喪畢，遭烝嘗乃行祭於廟，服義於禮爲順。杜云：「冬祭曰烝，秋祭曰嘗。新主既立，特祀於寢，則宗廟四時常祀，自如舊也。三年禮畢，又大禘，乃皆同於吉。」《釋例》曰：「舊説以爲諸侯喪三年之後，乃烝、嘗。」案：傳襄公十五年冬十二月，晉侯周卒，十六年春葬。晉悼公改服修官，烝于曲沃，會于溴梁。其冬穆叔如晉，晉人答以「寡君之未禘祀」，其後晉人徵朝於鄭，公孫僑云「溴梁之明年，寡君見于嘗酎與執膰焉」。此皆《春秋》之明證也。

❶ 「禫」，原作「禮」，據《儀禮注疏》改。

是知諸侯卒哭以後，時祭不廢之事也。案：《王制》云「喪三年不祭」，《曾子問》「五祀之祭不行。已葬而祭，祝畢獻而已」注：「惟嘗禘宗廟俟吉也。」《王制》疏云：「其常祭法，必待三年喪畢也。其春秋之時未至三年而爲吉祭者，皆非禮也。」若杜預之意，以爲既祔以後，宗廟得四時常祭。如杜之意與三年不祭違者，杜不盡用《禮記》也。愚謂杜解不獨與《禮經》相違，且與傳文相戾。傳言「特祀于寢，烝嘗禘于廟」者，承立主之文，以明主之所在也，言喪未畢，主復于寢，練、大祥、禫皆在寢。言「特祀」者，特之言獨也。喪既畢，主遷於廟，烝嘗禘乃在廟，皆就作主立説，杜泛及四時常祭，非傳意也。

春秋左氏傳賈服注輯述卷八

嘉興李貽德學

文公

元年傳 楚國之舉。　賈曰：「舉，立也。」《楚世家》注。

案：「舉」訓立者，引申之義。

忍人也。　服曰：「言忍爲不義。」同上。

又欲立王子職。　賈曰：「職，商臣庶弟也。」同上。

能事諸乎？　服曰：「若立職，子能事之。」同上。

案：《周禮・内小臣》疏：「若，不定之辭也。」

能行大事乎？　服曰：「謂弑君。」同上。

二年傳 不登於明堂。　服曰：「明堂，祖廟。」《通典》四十四。

案：服以明堂、祖廟爲一，祖廟謂太祖廟。鄭氏以明堂在國之陽，與祖廟別處，則與服異。《禮記・

明堂位》：「太廟，天子明堂。」明堂者，王者之堂。魯之太廟，用周明堂之制，非魯亦有明堂也。故禹不先鯀，湯不先契，文、武不先不窋。　服曰：「周家祖后稷以配天，明不可先也，故言『不先不窋』。禹、湯異代之王，故言『不先鯀、契』也。」本疏。

案：《詩·思文》「思文后稷，克配彼天」，箋云：「周公思先祖有文德者，后稷之功能配天。」《孝經》：「郊祀后稷以配天。」稷配天極尊，不得云「不先后稷」，故降舉不窋。《國語·周語》「我先王不窋，用失其官」韋昭注「不窋，棄之子」是也。后稷爲周始祖，今既舍以明尊，則契爲商始祖，亦當舍契，以其下當不窋。鯀爲禹父，今言文、武者，舍王季而上及不窋，則論禹者亦當舍鯀而上溯鯀祖，乃於禹曰「不先鯀」，於湯曰「不先契」，與言文、武所不先異者，正以禹、湯異代，故約略言之，不妨參差也。

三年傳 凡民逃其上曰潰。　賈曰：「舉國曰潰，一邑曰叛。」本疏。

案：《公羊》僖四年傳「國曰潰，邑曰叛」，賈所本也。

取王官及郊。　服曰：「皆晉地，不能有。」《秦本紀》注。

案：顧氏棟高曰：「今蒲州府臨晉縣東南七十里王官谷有廢壘，即王官城也。」「郊」，《史記》作「鄗」。

正義曰：「鄗音郊，當爲臨晉、平陽間小邑。」知「不能有」者，王官、郊皆在河東，其濟茅津而還，未嘗設守，是不能有也。

封殽尸。　賈曰：「封，識之。」同上。

案：《禮記·樂記》「封比干之墓」注：「積土爲封。」「識」讀爲「故以其旗識之」之「識」。《史記·孝武紀》索隱：「識，猶表也。」

舉人之周也。　服曰：「周，備也。」同上。

案：《易釋文》：「周，備也。」此常訓。杜云：「不偏以一惡棄其善。」

四年傳 圍邧，新城。　服曰：「秦邑，新所作城也。」《晉世家》注。

案：顧氏棟高曰：「邧當在同州府澄城縣境新城，即梁國之新里也。秦取之，謂之新城。今同州府澄城縣東北二十里有古新城。」

五年經 王使榮叔歸含且賵。　賈曰：「含賵當異人，今一人兼兩使，故書『且』以譏之。」本疏。

案：《荀子·大略》：「輿馬曰賵，玉貝曰含。」《公羊傳》「含者何？口實也」注：「天子以珠，諸侯以玉，大夫以碧，士以貝，春秋之制也。」其《隱元年》傳云：「賵者何？喪事有賵，賵者蓋以馬，以乘馬束帛。車馬曰賵。」「含賵當異人」者，《禮記·雜記》：「含者，執璧將命。」「上介賵，執圭將命。」是含賵異人之證。今歸含賵惟使榮叔，是一人兼兩使矣。《公羊傳》：「其言歸含且賵何？兼之。兼之，非禮也。」「書『且』以譏之」者，《穀梁傳》「其曰『且』，志兼也」。何休《公羊傳》注：「且，兼辭。」《詩·東門之枌》釋文：「且，苟且也。」兼之，則苟且矣，故曰「譏之」。

不祀忽諸。　服曰：「諸，辭。」《詩·邶·柏舟》疏。

案：辭，猶云語助。

晉趙成子、欒貞子、霍伯、臼季皆卒。　賈曰：「欒貞子，欒枝也。霍伯，先且居也。」《晉世家》注。

案：霍本周霍叔處封地，晉獻公所滅。今爲先且居食邑，故稱霍。《國語・晉語》注：「先且居，先軫之子蒲城伯也。後受霍，爲霍伯。」又「蒲城伯請佐」韋昭注：「賈侍中云『蒲城伯，先且居也』。」是以蒲城爲食邑。此又曰「霍伯」者，當是兼食二邑也。

六年傳使狐射姑將中軍，趙盾佐之。　服曰：「使射姑代先且居，趙盾代趙衰也。」本疏。

以子車氏之三子奄息、仲行、鍼虎爲殉。　服曰：「子車，秦大夫氏也。殺人以葬，璇環其左右曰殉。」《詩・黄鳥》疏。

案：《白虎通・姓名篇》：「或氏王父字者何？所以别諸侯之後，爲興滅國、繼絶世也。諸侯之子稱公子，公子之子稱公孫，公孫之子各以其王父字爲氏。故魯有仲孫、叔孫、季孫，楚有昭、屈、景，齊有高、國、崔也。」子車當爲秦大夫，其後子孫以王父字爲氏矣。《禮記・檀弓》注：「殺人以衛死者曰殉。」《詩・黄鳥》序箋云：「自殺以從死。」服云「殺人以葬」，則三子非自殺矣。《詩疏》云：「此不刺康公，而刺穆公者，是穆公命從己死。」若然，雖自殺，與殺之者同，故曰「殺人以葬」也。「璇」與「旋」同。《莊子・達生》釋文引司馬注：「旋，圓也。」《漢書・律曆志》注：「還讀曰旋。」《公羊》莊十年傳注：「還，繞也。」「環」與「還」同。《國語・齊語》注、《漢書・食貨志》注、《吕覽・節喪》注並云「繞也」。殉，从旬，《説文》「旬，徧也」。然則殉者，殺人徧繞以衛死者也。《史記》説此事曰「從死者百七十人」，是不止三良從，故可璇環其左右也。

晉人以難故。　服曰：「晉國數有患難也。」《晉世家》注。

案：《漢書・賈山傳》注：「數，屢也。」此常訓。患難，謂奚齊、卓子、惠、懷之難。

難必舒矣。　服曰：「舒，緩也。」本疏。

案：正義本作「抒」，云：「服虔作『舒』。」「舒」訓緩者，《爾雅・釋言》文。

辰嬴嬖於二君。　服曰：「辰嬴，懷嬴也。二君，懷公、文公。」《晉世家》注。

案：始稱「懷嬴」者，傳以懷公之謚繫之；此稱「辰嬴」者，從其後謚也。

班在九人。　服曰：「班，次也。」同上。

案：《儀禮・既夕》「明日以其班祔」注、《國語・齊語》「班序顛毛」注並云「班，次也」。次者，《楚辭》「思古宗鬼神之無次」注「第也」，言等第也。

其子何震之有？　賈曰：「震，威也。」同上。

案：《易》「震來厲」注：「震之爲義，威駭怠懈，肅整惰慢者也。」《詩・長發》「有震且業」箋云「震，猶威也」。《襄三十一年》傳：「有威可畏，謂之威。」《成二年》傳：「畏君之震。」「震」亦當訓威。杜云「動」，非傳意也。

七年傳　秦康公送公子雍於晉。　服曰：「康公，秦穆公太子罃，晉出也。」《御覽》一百四十六。

案：《詩・渭陽》序：「穆公納文公，康公時爲太子，贈送文公於渭之陽，念母之不見也，我見舅氏如母存焉。」「晉出」者，《爾雅・釋親》「男子謂姊妹之子爲出」，《釋名・釋親屬》「姊妹之子曰出，出嫁於異姓而生之也」。《莊二十二年》傳「陳厲公，蔡出也」，此《十四年》傳「齊出玃且長」，《襄二十五年》傳「則我周之自出」，又云「蔡人欲立其出」，《昭四年》傳「徐子，吴出也」，皆謂姊妹出嫁而生子也。《成十三年》傳：「康公，我之自出。」

文公之入也無衛。　服曰：「衛，從兵也。」同上。

案：《易・大畜》注：「衛，護也。」《吕覽・恃君》注：「衛，扞也。」《周禮・宫伯》「掌王宫之士庶子」先鄭注：「宿衛之官。」《説文》：「衛，宿衛也。」漢有衛尉，掌宫門衛屯兵。然則直宿則爲宿衛，守宫門則爲衛屯兵，行則爲從兵矣。宿衛、衛尉雖漢制，可舉以相例也。《漢書・韓信傳》注：「從，從行也。」《廣雅・釋詁》：「從，行也。」從行之兵，即下所云「徒衛」。

穆嬴日抱太子以啼於朝。　服曰：「襄公夫人。太子，靈公也。」同上。

將焉寘此。　服曰：「寘，置也。」同上。「此，太子。」同上。○《晉世家》注。

案：《易・坎》「寘於叢棘」，《釋文》云：「張作『置』。」《昭四年》傳疏云：「禮，置器物於地，皆謂之置。」

此子也才，吾受子之賜；不才，吾唯子之怨。　服曰：「如子善爲教誨此子，使之有賢才，知人君之道也，則吾受子之賜。賜，猶惠。才而受賜，美其教也。不才，怨子惡其教不至也。」《御覽》一百四十六。

案：《大戴記·保傅篇》：「天下之命懸於天子，天子之善在於早諭教與選左右，心未疑而先教諭，則化易成也。夫開於道術，知義理之指，則教之功也。夫教得而左右正，左右正則天子正矣，天子正而天下定矣。」《保傅》言教太子，至國君世子亦猶是也。善爲教誨，即早諭教之道也。使之有賢才，即「開於道術」也。知人君之道，即「知義理之指」也。「賜，猶惠」者，《荀子·大略》「賤者惠焉」注：「惠亦賜也。」是「賜」「惠」義相輔也。「美其教」者，《保傅》所云「化與心成，中道若性」是也。「惡其教不至」者，《保傅》所云「其所以習導非其治」是也。

今君雖終，言猶在耳。　服曰：「君殁未久，其言聲語氣尚在耳。」同上。

案：《大戴記·子張問入官》「發乎聲」注：「聲，言也。」是言本聲也。《論語》「出辭氣」，是言有氣也，故曰「言聲語氣」。

諸大夫皆患穆嬴。　服曰：「言諸大夫患穆嬴，以君顧命之言責己也。」同上。

案：《顧命》，《書》篇名。《釋文》引馬注：「成王將崩，顧念康王，命召公、畢公率諸侯輔相之。」《史記集解》引鄭《書注》：「臨終出命，故謂之顧命，將去之意也。」迴首曰顧，顧命之名施於天子，而諸侯亦得稱顧命者，《禮·緇衣》「葉公之顧命」是已，彼注云「臨死遺書曰顧命」。今襄公顧命，即上「此子也才」數語。

且畏偪。　服曰：「畏偪迫無置公。一云畏他公子徒來相迫也。」同上。

案：《淮南·精神》注「迫，切」，言迫切無以置靈公，即上文「將焉寘此」是。「他公子」，謂公子樂輩也。

八年傳 春，晉侯使解揚。　服曰：「解揚，晉大夫。」《晉世家》注。

案：《晉世家》作「楊」，注引服義亦作「楊」，當是裴駰據《史》文所改。

九年經 晉人殺其大夫士穀及箕鄭父。❶　賈曰：「箕鄭稱『及』，非首謀。」本疏。

十一年經 叔仲、彭生會晉郤缺于承筐。　服曰：「叔仲惠伯。」《魯世家》注。

案：見傳文。

傳 且言司城蕩意諸而復之。　服曰：「反不書者，施而不德。」本疏。

案：「施而不德」，《襄二十九年》傳文。《國語・晉語》「夫齊侯好示務施」注：「施，惠也。」《僖二十四年》傳疏：「荷其恩者，謂之爲德。」施而不德，惠而不自以爲恩也。諸侯之卿出奔而復歸者，宋華元、衛孫林父之徒皆書歸，則蕩意諸亦當書，而史不書者，魯不以爲功也。杜云「史失之」。衛冀隆同服義。

鄭瞞侵齊，遂伐我。　服曰：「『伐我』不書，諱之。」本疏。

案：經書「侵齊」而「伐我」不書，是史爲本國諱也。《楚辭・謬諫》「恐犯忌而干諱」注：「所隱爲諱。」

---

❶ 「士穀」，原作「士榖」，據《春秋左傳正義》改。

富父終甥駟乘。　服曰：「富父終甥，魯大夫也。」《晉世家》注。

敗狄于鹹。　服曰：「鹹，魯地也。」同上。

摏其喉。　服曰：「摏，猶衝。」同上。

案：「摏」，《史記》作「舂」。「舂」正字。《説文》：「舂，擣粟也。从廾持杵以臨臼，杵省。」然則假借之，以器衝人亦謂之「舂」。作「摏」，俗字也。「摏，猶衝」者，《六年》傳疏云「字有聲相近而爲訓者，鬼之爲言歸也，春之爲言蠢也」，今「舂」聲近「衝」，故爲「衝」也，《國策・齊策》注：「衝突。」

埋其首於子駒之門。　服曰：「子駒，魯郭門名也。」同上。

案：《管子・度地》：「城外爲之郭。」《釋名・釋宫室》：「郭，廓也。廓落在城外也。」郭有門故曰郭門。顧氏棟高曰：「子駒之門，魯西郭門。」惠氏棟曰：「王符《潛夫論》：魯之公族有子駒氏，以人氏其門者，猶哀十一年黨氏之溝。」按：《禮記・王制》：「出征，執有罪；反，以訊馘告。」《詩・皇矣》「攸馘安安」傳：「馘，獲也。不服者殺而獻其左耳曰馘。」至春秋之世，容有斷首以獻者，故《説文》云：「聝，軍戰斷耳也。馘，聝或从首。」斷耳故从耳，則从首或斷首矣。今埋首在郭門者，是告馘之後就近埋之也。《史記集解》引《皇覽》蚩尤冢又有肩髀冢，是身首異埋者，不自春秋始矣。

以命宣伯。　服曰：「宣伯，叔孫得臣子僑如也。得臣獲僑如以名其子，使後世旌識其功。」同上。

案：「僑如」，《史》作「喬如」，或服本亦作「喬」。《釋文》「『僑如』，本又作『喬』」，《漢書・五行志》引傳亦作「喬如」，是古作「喬」也。《周禮・司勳》「凡有功者，銘書於王之大常」，注：「銘之言名也，生則書於王旍，以識其人與其功也。」今得臣以名其子，亦是表功之意，故服云「旍識」也。

初，宋武公之世，鄋瞞伐宋。　服曰：「武公，周平王時，在春秋前二十五年。鄋瞞，長翟國名。」同上。

案：《史記·十二諸侯年表》，宋武公司空元年在周平王六年，卒於魯惠公之二十一年。爲魯隱公元年。❶云「在春秋前二十五年」者，上溯穆公、宣公以及武公也。其鄋瞞伐宋，不審在武世何年耳。「鄋瞞，長翟國名」者，《釋文》：「鄋，《説文》作『鄋』，云：『北方長狄國也，在夏爲防風氏，殷爲汪芒氏。』」按：《釋文》略本《國語·魯語》。

獲長狄緣斯。　賈曰：「喬如之祖。」同上。　服曰：「不言所埋，埋其身首同處於戰地，可知殺緣斯者，未必三子之手，士卒獲之耳。」本疏。

案：僑如、榮如皆言埋其首，是身首異處矣。於緣斯不言首埋何地，是身首同埋於戰地故也。「三子」謂皇父、穀甥、牛父也。下文「皇父之二子死焉」，賈以二子爲穀甥、牛父。是三子皆死，烏能殺緣斯，故知是士卒獲之。

皇父之二子死焉。　賈曰：「皇父與穀甥、牛父二子皆死。」本疏。

案：杜從賈義。正義曰：「馬融以爲皇父之二子從父在軍，爲敵所殺，名不見者，方道二子死，故得勝之。如令皆死，誰殺緣斯？」又曰：「下言『宋公以門賞耏班』，班爲皇父御而有賞，三子不見賞，

❶ 案，此句及此句上疑有脱文。據文義，此句當作「穆公七年爲魯隱公元年」。

疑皆死。賈君爲近之。」王尚書《經傳釋詞》曰：「之，猶與也。」引此文，從賈説。又引《成十六年》傳「三大夫」、「潘尫之黨」、《襄二十三年》傳「申鮮虞之傅摯」，二「之」字皆訓「與」，是也。顧氏炎武曰：「三大夫亦應有賞，傳特以郈門之名追録其受賞之由，餘不及載耳。」其説亦是。

齊王子城父。賈曰：「王子城父，齊大夫。」《齊世家》注。

衛人獲其弟簡如。❶ 服曰：「獲與喬如同時。」《魯世家》注。

自安于夫鍾。服曰：「自安，猶處也。夫鍾，郕邑。」《御覽》一百四十六。

案：《爾雅·釋詁》：「安，止也。」《説文》：「處，止也。」故訓「安」爲「處」。

國人弗循。服曰：「循，順也。」同上。

案：《漢書注》皆以「循」爲「順」。《詩·江漢》箋：「使循流而下。」《釋文》：「『循』，本亦作『順』。」是循、順通也。今本「循」作「徇」。

十二年經 晉人、秦人戰于河曲。服曰：「河曲，晉地。」《秦本紀》注。

案：《續漢書·郡國志》「河東郡」：「蒲坂有雷首山。」劉昭注：「伯夷、叔齊餓於首陽山，馬融曰在蒲坂華山之北，河曲之中。」是河曲在蒲坂矣。江氏永曰：「河南流至華陽，曲而東流，在今蒲州府永清

❶「其」下，《春秋左傳正義》有「季」字。

縣境。」

傳 郲人立君。　服曰：「立君、改立君，不命於天子。」《御覽》一百四十六。

案：《周禮・典命》「凡諸侯之適子，誓於天子」注：「誓，猶命也。言誓者，明天子既命以爲之嗣，樹子不易也。」《國語・周語》「魯武公以括與戲見王，王立戲」注：「以爲太子。」是諸侯太子命於天子也。《白虎通・爵篇》：「世子三年喪畢，上受爵命於天子何？明爵者天子之所有，臣無自爵之義。」是得立爲君亦命於天子也。今郲太子在外，而國人改立衆子爲君，是既易受命之太子，則其君之立不順，故傳曰「郲人立君」，明國人衆立之，非命自天子也。

太子以夫鍾與郲邽來奔。　服曰：「郲邽，亦邑名。一曰郲邦之寶圭。太子父在而自安於夫鍾，國人以爲不順，故郲伯卒而更立君，太子以其國寶與地夫鍾來奔也。」同上。

案：云「亦邑名」者，蒙上夫鍾言之。惠氏士奇說：「一曰郲邽，邦之寶圭，則『邽』當作『圭』。」《說文》：「圭，瑞玉也。上圜下方。公執桓圭九寸，侯執信圭、伯執躬圭，皆七寸。」《儀禮・聘禮》注「圭，贄之貴者」，故稱爲寶圭。古者器物之貴者，恒以國繫，如《顧命》稱越玉、夷玉。《明堂位》稱「崇鼎」「貫鼎」，傳稱「紀甗莒鼎」。此郲圭，亦其例也。《文王世子》言「世子問寢視饍」，傳言「太子監國撫軍」，今郲太子出居外邑，子職不供，宜乎國人勿從，舍之更立，因而挈邑葷寶，出奔他邦，謬矣。

取羈馬。　服曰：「晉邑也。」《秦本紀》注。

案：江氏永曰：「《彙纂》云：『今蒲州南三十六里有羈馬城，一名涉丘。』」

十三年經　大室屋壞。　服曰：「太室，太廟之上屋也。」《北史》七十二。○《隋書》四十九引「太廟」下有「大室」二字。○《明堂位》疏引作「太廟之室」。

案：《禮記・月令》「天子居太廟太室」注：「太廟太室，中央室也。」《書・洛誥》「王入太室祼」馬注：「廟中之夾室。」夾室有東西，言太則不得以夾室當之，馬注誤也。《明堂位》「太廟，天子明堂」，則魯之太廟之室亦名太室矣。　服所云「太室」即《月令》之「太廟太室」也。　其云「太廟之上屋」者，《考工記・匠人》於殷言「四阿重屋」，周承其後，不言屋制，則周之承殷可知，故《明堂位》曰「復廟重檐，天子之廟飾也」，注：「復廟，重屋也。」是周之廟飾有重屋，而魯亦有重屋可知。《漢書・五行志》説此事云「前堂曰太廟，中央曰太室，屋其上重屋，尊高者也」。　服云「上屋」即「重屋」也。　按：此「太廟太室」，直是周公之廟。《公羊》緣「室」字起義，以魯廟二室同於文、武世室，遂改「太」爲「世」，指爲伯禽之廟。《穀梁》於經文未改而義同，《公羊》經不誤而傳誤也。　正義曰：「《左氏》不辨此是何公之廟，而經謂之『太室』，是室之最大者，❶故知是周公之廟，非魯公也。《明堂位》云『魯公之廟，文世室也。　武公之廟，武世室也』。　不毀則稱世室，世室非一君廟名。　若是伯禽之廟，則宜舉其號謚。

---

❶「是」上，《春秋左傳正義》有「則此室」三字。

案《左氏》經爲『太室』，❶不作『世室』，故《左氏》先師賈、服等皆以爲太廟之室也。」今案：吴氏澄謂「世」「大」二字通用，故《左》《穀》誤爲「大」，據一傳以駁二經，失之武斷矣。

傳 能賤而有恥，柔而不犯。　服曰：「謂能處賤且又知恥，言不可污辱。」本疏。

案：《賈子・道術》：「放理潔浄謂之行，反行爲污。」《漢書・鼂錯傳》注：「污，辱也。」《廣雅・釋詁》：「辱，污也。」二字轉相訓。「不可污辱」言「不可犯以非義」。《一切經音義》十二引《字林》：「濁水不流曰污。」《儀禮・士昏禮》注：「以白造緇曰辱。」

乃使魏壽餘僞以魏叛者。　服曰：「晉之魏邑大夫。」《秦本紀》注。

案：「壽餘」，《史》作「讎餘」。《詩・魏譜》：「魏在《禹貢》冀州雷首之北，析城之西。」彼疏云「魏國西接於秦，北鄰於晉」，故壽餘以魏叛入秦，於秦易信。

繞朝贈之以策。　服曰：「繞朝以策書贈士會。」本疏。

案：「策」，《説文》云「馬箠」。經、傳多假「策」爲「册」。《獨斷》：「策者，簡也。其制長二尺，短者半之。其次一長一短，兩編下附策，以竹爲之。」故《説文》「册古文从竹」。《儀禮・聘禮》：「百名以上書於策。」杜氏《春秋集解序》云：「大事書之於策，故曰策書。」傅氏《左傳補注》曰：「蓋朝曾言於秦

❶ 「案」，《春秋左傳正義》作「且」。

伯，請留之。」若然，則所贈之策之言，當即留會之言，以隱示秦之有人。雖請留之言不著於傳，然傳曰「吾謀不用」，❶當有其事矣。服故不以「馬箠」釋「策」，而曰「策書」也。恭冕謹案：惠氏棟《補注》：「劉勰曰：『春秋聘繁，書介彌盛，繞朝贈士會以策，子家與趙宣以書。』」蓋用服説。

賦《載馳》之四章。服曰：「《載馳》五章，屬《鄘風》。許夫人閔衛滅，戴公失國，欲馳驅而唁之，故作以自痛國小，力不能救。在禮，婦人父母既没，不得寧兄弟。於是許人不嘉，故賦二章以喻『思不遠』也。『許人尤之』，遂賦三章。以卒章非許人不聽，遂賦四章，言我遂往，『無我有尤』也。」《詩·載馳》疏。

案：「《載馳》五章，屬《鄘風》」，《詩》本四章，服歷舉亦祗四章，並以「無我有尤」在四章，下「大夫君子」二語亦在四章，不得有五章。此云「五章」，「五」當作「四」，字之誤也。《詩·邶鄘衛譜》疏：「若許穆夫人所作而得入《鄘風》者，蓋以於時國在鄘地，故使其詩屬鄘也。」《詩序》云「《載馳》，許穆夫人作也。閔其宗國顛覆，自傷不能救也。衛懿公爲狄人所滅，國人分散，露於漕邑。許穆夫人閔衛之亡，傷許之小，力不能救，思歸唁其兄，又義不得，故賦是詩也」。服即約此序文也。云「戴公失國」者，《僖二年》傳：「立戴公，以廬於漕。」非其舊都，故曰「失國」，即序云「露於漕邑」是也。「唁」者，《穀梁傳》曰「弔」，失國曰唁。作以自痛者，傳云「許穆夫人賦《載馳》」，《列女傳》謂「《載馳》爲夫人親作」，是自痛而作此詩也。「在禮，婦人父母既没，不得歸寧兄弟」者，《詩·葛覃》傳：「寧，安

❶「謀」下，《春秋左傳正義》有「適」字。

也。父母在，則有時歸寧耳。」《泉水》序：「衛女思歸也。父母終，思歸寧而不得。」箋云：「國君夫人父母在則歸寧，殁則使大夫寧於兄弟。」《葛覃》詩疏云：「《左傳》曰：『凡諸侯之女歸寧曰來。』是父母在，得歸寧也。父母既殁，則使卿寧於兄弟。」《襄十二年》傳曰：「楚司馬子庚聘於秦，爲夫人寧，禮也。」是父母殁，不得歸寧也。「於是許人不嘉，故賦二章以喻思不遠」者，二章詩云「既不我嘉」，又云「我思不遠」，是也。「許人尤之」者，彼傳云「尤，過也」，箋云「許人，許大夫也。過夫人之欲歸唁其兄」。「以卒章非許人不聽，遂賦四章」，卒章無許人不聽之意，非許人不聽，即三章「許人尤之，衆穉且狂」。《儀禮・燕禮》注：「遂，猶因也。」則服謂有三章，而因賦四章。不得謂「卒章」，「卒」當爲「三」，字之誤也。「言我遂往」，《詩》云「我行其野」是。「無我有尤」亦《詩》辭。

十四年經　齊人執子叔姬。　服曰：「子殺身執，閔之，故言子，爲在室辭。」本疏。

案：傳稱子叔姬妃齊昭公，生舍。昭公卒，舍即位。齊商人弑舍，是舍爲叔姬子。「閔」即「愍」。《詩・載馳》序釋文：「『閔』，本作『愍』。」《廣雅・釋詁》：「愍，傷也。」《儀禮・喪服傳》「故子生三月」注：「凡言子者，可以兼男女。」又《喪服》云「女子子在室爲父」，注：「女子子者，子女也，别於男子也。言『在室』者，關已許嫁。」若未出嫁謂之在室。今叔姬爲齊夫人矣，經不稱夫人，而稱子者，蓋自魯録之，猶似未嫁者然，所以閔之也。

十五年傳　其官皆從之。書曰「宋司馬華孫」，貴之也。　服曰：「華耦爲卿，侈而不度，以君命修好結盟，舉其官屬從之，空官廢職。魯人不知其非，反尊貴之。」本疏。

案：宋六卿，司馬居其一，故知爲卿也。「侈而不度」者，《説文》：「侈，一曰奢也。」「度，法制也。」「以君命修好結盟」者，《儀禮·聘禮》：「君與卿圖事，遂命使者。」是出聘奉君命也。《文元年》傳：「凡君即位，卿出並聘，踐修舊好，要結外援。」故服約以爲文。知官爲屬者，《禮記·中庸》「踐其位」鄭注「其者，其先祖也」，則傳曰「其官」，其指華耦，故知官爲屬也。傳曰「皆從之」，則「空官廢職」矣。《荀子·王霸》「則是官人使吏之事也」注：「官人，列位之人。」《周禮·掌固》注「職謂守與任」，是有位謂之官，任事謂之職。今其官皆從，非曠位而弛業乎？乃魯史猶書其字以尊貴之，是不知其非者也。

史佚有言曰。　服曰：「史佚，周成王太史。」《玉藻》疏。

案：《周禮·春官》有太史。知史佚爲周成王太史者，《書·洛誥》「逸祝册」鄭注：「使史逸讀其所作册，祝之。」《書·無逸》篇《大傳》「『逸』作『佚』」，是「逸」即「佚」也。《大戴記·保傅》：「常立於後，是史佚也。」故成王中立而聽朝。」《史記·晉世家》：「成王與叔虞戲，削桐葉爲珪，以與叔虞，曰『此封若』。史佚因請擇日立叔虞。」皆史佚爲成王時人之證也。

一人門於句鼆，一人門於戾丘，皆死。　服曰：「魯國中小寇，非異國侵伐，故不書也。」本疏。

案：鄭注《舜典》云「强取爲寇」，又注《費誓》云「寇，劫取也」，此蓋國中剽劫之寇，非他國來相侵伐，故傳紀二子禦寇而死，而經不書何寇也。

十六年傳　襄夫人欲通之而不可。　服曰：「襄公夫人，周襄王之姊，王姬也。不可，鮑不肯也。」《宋世家》注。

案：襄夫人爲周襄王之姊，見文八年傳。《爾雅·釋詁》：「肯，可也。」此釋「可」爲「肯」，轉相訓。

十七年傳　齊侯伐我北鄙。　服曰：「再來伐魯，西鄙書，北鄙不書，諱仍見伐。」本疏。

案：經書「伐西鄙」，傳言「伐北鄙」，是「再來伐」。「西鄙書」，謂經書之也。「北鄙不書」者，經不書而於傳發之也。「諱仍見伐」者，《廣雅·釋詁》：「仍，再也。」《漢書注》皆以「仍」爲「頻」也。

以箴陳事。　賈、服曰：「箴，敕也。」本疏。

案：正義曰：「箴之爲敕，無正訓，先儒相傳爲然也。」《說文》無「箴」字，新附字有之。鈕氏樹玉曰：「箴，疑古作箴。《玉篇》：『箴，敕展切，解也，備也。引《左傳》曰：「寡君願以箴事。」箴，敕也。』據《晉語》：『陽畢曰：「厚戒箴國以待之。」』韋注：『箴，猶敕也。』是『箴』義與『箴』同。《方言》：『箴、敕、戒，備也。』又云『備、該，咸也』。箴从咸，或聲兼義，更與箴合，又形聲亦相類，故疑古作『箴』。」

鹿死不擇音。　服曰：「鹿得美草，呦呦相呼，至於困迫將死，不暇復擇善音，急之至也。」本疏。

案：《詩·鹿鳴》傳：「鹿得苹，呦呦然鳴而相呼。」服云「鹿得美草，呦呦相呼」，約毛公傳意。「困迫將死，不暇復擇善音」者，《文選·吴都賦》注：「凡閒暇而有好聲，逼急不擇音。」劉炫云：「不擇音聲而出之，言甚急也。」杜云：「音，所茠蔭之處。古字聲同，皆相假借。」正義曰：「杜意言本當作『蔭』，以傳云『鋌而走險，急何能擇』。言走險，論其依止之處，以其㤼急得險則停，不能選擇寬静茠蔭之所。傳文所論，止言其出處所在，不論音聲好惡，故杜不依服義。劉以爲音聲而規杜，非也。」按「鹿死不擇音」，爲古人成言。《莊子·人閒世》：「獸死不擇音，氣息茀然。」郭象注：「野獸蹵之窮地，意急情盡，則和聲不至。」是「音」爲「音聲」之「音」，未嘗改字。至下文「鋌而走險」，是言「困迫將死」之狀，非論其依止之處。傳明云「走險」，孔氏乃云「得險則停」，更與傳意相違。云「急何能擇」，仍言「不擇音」也。《吴都賦》「莅擸雷硠，崩巒弛岑，鳥不擇木，獸不擇音」，即「鋌而走險，急何能擇」旨也。服不改字，合於古義。恭冕謹案：洪氏頤煊《讀書叢録》：「《後漢書·皇甫規傳》『傳稱「鹿死不擇音」，謹冒昧略上』，亦是從音聲之説。」

秋，周甘歜敗戎于邥垂。　服曰：「邥垂在高都南。」《水經·伊水》注。

案：《水經注》：「杜預《釋地》曰：『河南新城縣北有邥垂亭。』司馬彪《郡國志》曰：『新城有高都城，今亭在城南七里，遺基存焉。』京相璠曰：『舊説言邥垂在高都南，今上黨有高都縣。』余謂京論疏遠，未足以證，無如虔説之旨密矣。」

十八年傳　而使歜僕。　賈曰：「僕，御也。」《齊世家》注。

案：《詩·正月》箋云：「僕，將車者。」《車攻》傳：「御，御馬也。」古佐綏之人或稱「僕」，或稱「御」，《禮記·曲禮》「僕人執策」、《儀禮·既夕》「御者執策」是也，故謂「僕」爲「御」。

襄仲、莊叔如齊。　服曰：「襄仲，公子遂。」《魯世家》注。

在九刑不忘。　賈、服曰：「正刑一，加之以八議。」《周官·司刑》疏。○本疏引服云「正刑一，議刑八」，即引《小司寇》八議：議親、故、賢、能、功、貴、勤、賓之辟。

案：《書·舜典》「五刑有服」馬注：「五刑：墨、劓、剕、宫、大辟。」《周禮·司刑》疏引鄭注「正刑五」，則此云「正刑一」，謂五刑中之一也。「加之以八議」者，《小司寇》：「以八辟麗邦法，附刑罰：一曰議親之辟，二曰議故之辟，三曰議賢之辟，四曰議能之辟，五曰議功之辟，六曰議貴之辟，七曰議勤之辟，八曰議賓之辟。」

蒼舒、隤敳、檮戭、大臨、尨降、庭堅、仲容、叔達。　服曰：「八人，禹、垂之屬也。」本疏。

謂之八愷。　賈曰：「愷，和也。」《五帝本紀》注。

案：正義曰：「和，言其和於物也。愷訓爲樂，樂亦和也。」

謂之八元。　賈曰：「元，善也。」同上。

案：正義曰：「善，言其善於事也。《易·文言》曰：『元者，善之長也。』」

昔帝鴻氏有不才子。　賈曰：「帝鴻，黄帝也。不才子，其苗裔讙兜也。」同上。

案：《大荒東經》云「帝俊生帝鴻」，帝俊，郭氏以爲帝舜也。畢氏沅據《帝王世紀》定爲「帝嚳」，傳所云「帝鴻氏」，未審與《山海經》相合。賈云「黄帝」，不知何徵。古籍云亡，難以審定。「不才子，其苗裔讙兜」者，《太玄·積》注：「玄孫之後稱苗裔。」

謂之渾敦。　服曰：「獸名。」本疏。

案：《山海・西山經》云：「有神焉，其狀如黄囊，赤如丹火，六足四翼，渾敦無面目，是識歌舞，實惟帝江也。」畢氏沅曰：「『江』讀爲『鴻』。《春秋傳》云：『帝鴻氏有不才子，天下謂之渾敦。』此云『帝江』，猶言帝江氏子也。」愚按：畢氏之説非也，經云「渾敦無面目」言其象，帝江則其名。經云「神」，服云「獸」，不得以帝江當之。《神異經》云：「崑崙西有獸焉，其狀如犬，有目而不見，有兩耳而不聞，有腹無五藏，有腸直而不旋，食物，經過人，有德行而往牴觸之，有凶德則往依憑之。天使其然，名爲『渾沌』。」則實有此獸。《爾雅翼》亦引「帝江」爲「渾沌」，誤也。

少皞氏有不才子。　服曰：「金天氏帝號。」《五帝本紀》注。

案：《昭十七年》傳：「吾高祖少昊摯之立也。」《漢書・律曆志》曰：「少昊帝考德曰清。清者，黄帝之子清陽也。是其子孫名摯立。土生金，故爲金德，天下號曰『金天氏』。」高誘注《淮南・天文訓》云「少皞，黄帝之子青陽也，以金德王，號曰『金天氏』」。《史記索隱》引宋衷云「玄囂，青陽，是爲少皞，繼黄帝立」。《帝王世紀》云「少昊是爲玄囂，降居江水，邑於窮桑，以登帝位，都曲阜」。按此是高誘以青陽即少昊，宋衷、皇甫謐以玄囂即青陽，亦即少昊。《史記・五帝紀》「玄囂是爲青陽。青陽降居江水」，又云「自玄囂與蟜極皆不得在位」。《大戴記・帝繫》亦云：「青陽降居泜水。」愚謂：《禮記・月令》云「其帝少皞」，合之郯子所云，則《史記》《大戴記》皆不足據，而宋衷、皇甫謐以少昊即玄囂、青陽，亦不足據。班固、高誘以少昊爲黄帝子若孫，則黄帝土德，少昊金德，子孫與祖父異德，亦無是理。蓋少昊自承黄帝子孫之後，易世而有天下者，不必其託體於黄帝也。

服讒蒐慝。　服曰：「蒐，隱也。」本疏。

案：《公羊》桓四年傳「秋曰蒐」、昭八年經「蒐于紅」《釋文》並云「『蒐』亦作『廋』」，是蒐即廋。《國語・晉語》有「秦客廋辭於朝」，注「廋，隱也」，《方言》同，故服以「隱」訓「蒐」。

謂之窮奇。　服曰：「謂共工氏也。其行窮而好奇。」《五帝本紀》注。

案：知窮奇即共工氏者，《書・堯典》言共工之行云「静言庸違」。《三國・吳志・陸抗傳》抗稱「静譖庸回，《唐書》攸戒」，是《尚書》文有作「静譖庸回」者。此傳所稱「静譖庸回」，當本《堯典》文，則「窮奇」爲「共工」矣。「其行窮而好奇」者，正義曰：「行惡終必窮，是所好奇異於人也。」服釋渾敦、檮杌、饕餮皆援獸名，此注疑已佚也。《西山經》：「邽山有獸焉，其狀如牛，蝟毛，名曰『窮奇』，音如獋狗，是食人。」《海内北經》云：「窮奇狀如虎，有翼，食人從首始，所食被髮，一曰從足。」

謂之檮杌。　賈曰：「檮杌，頑凶無疇匹之貌，謂鯀也。」《五帝本紀》注。　服曰：「案《神異經》云：『檮杌，狀似虎，毫長二尺，人面虎足猪牙，尾長丈八尺，能鬬不退。』」本疏。

案：杌从兀，元从兀聲，頑从元聲。云「頑凶」，以同音字釋「杌」義也；檮壽聲，疇亦壽聲，疇者，類也。云「無匹」，以同義字解「檮」字也。「檮杌」本獸名，無正訓，故賈以音義相近爲訓。《禮記・祭義》云：「夏后氏亦禘黄帝而郊鯀，祖顓頊而宗禹。」夏爲鯀後而祖顓頊，則顓頊之後爲鯀，故以「檮杌」爲「鯀」也。《神異經》，相傳東方朔著，今刊本文略有異，服引之者，亦以「檮杌」爲獸名也。

縉雲氏。　賈曰：「縉雲氏，姜姓也，炎帝之苗裔。當黄帝時，在縉雲之官也。」《五帝本紀》注。

案：《國語·晉語》「炎帝爲姜」，是姜爲炎帝之姓，故曰「姜姓，炎帝之苗裔」。《昭十七年》傳稱「黄帝以雲名官」，是縉雲爲黄帝時官名，故曰「在縉雲之官」。服氏彼注云：「夏官爲縉雲氏。」

謂之饕餮。　賈、服曰：「貪財爲饕，貪食爲餮。」本疏。○按「貪財」二句係杜注，疏謂賈、服等相傳爲然，是杜襲舊注。　服曰：「獸名，身如牛，人面，目在腋下，食人。」本疏。

案：《説文》「餮」作「飻」，饕、飻並云「貪也」。賈、服以貪財、貪食分之者，《説文》「饕」又作「叨」，古名泉爲刀，叨从刀，故以財言之；飻从食，故以食言之。《山海·北山經》云：「鉤吾之山有獸焉，其狀如羊身人面，其目在腋下，虎齒，人爪，其音如嬰兒，名曰『狍鴞』，是食人。」郭注：「像在夏鼎，《左傳》所謂『饕餮』是也。」《吕覽·先識》云：「周鼎著饕餮，有首無身，食人未咽，害及其身。」服亦以《山海經》之「狍鴞」爲「饕餮」，故所引即「狍鴞」狀。閩本、監本、毛本並作「身如牛」，宋本作「身如羊」，是也。

投諸四裔。　賈曰：「四裔之地，去王城四千里。」《五帝本紀》注。

案：《書·皋陶謨》「弼成五服，至於五千」馬注：「面五千里，爲方萬里。」鄭注：「五服已五千，又弼成萬里。敷土既畢，廣輔五服而成之。至於面方，各五千里，四面相距爲萬里。堯制五服，服各五百里，要服之内四千里曰九州，其外荒服曰四海。此《禹所受地記書》曰：崑崙山東南五千里名曰神州者，禹弼五服之殘數，亦每服者合五百里，故有萬里之界、萬國之封焉。去王城五百里曰甸服，其弼當侯服。去王城千里，其外五百里爲侯服，當甸服。去王城一千五百里，其弼當男服。去王城二千里，又其外五百里爲綏服，當采服。去王城二千五百里，其弼當衛服。去王城三千里，又其外五百里爲要服，與周要服相當。去王城三千五百里，四面相距爲七千里，是九州之内也。要服之弼當其夷服，去王城當四千里。又其外五百里爲荒服，當鎮服。其弼當蕃服，去王城五千里，四面相距爲方萬里也。」又《禹貢》鄭注：「堯之五服，五百里耳。禹每服更以五百里輔之，是五服服别千里，故一面而爲差至於五千也。」若然，四面去王城各五千里。此云「四裔去王城四千里」者，賈以荒服計，去王城爲四千里也。《國語・晉語》「以實裔土」注：「裔，荒裔也。」《方言》云「裔，夷狄之總名」。《史記・五帝紀》云「請流共工於幽陵，以變北狄；放驩兜於崇山，以變南蠻；遷三苗於三危，以變西戎；殛鯀於羽山，以變東夷」，是四凶放流皆在夷狄，故曰「四裔」也。

以禦螭魅。　賈、服曰：「螭，山神，獸形，或曰如虎而啖虎。或曰魅人面獸身而四足，好惑人，山林異氣所生，爲人害。」《周禮・神士》疏。○《五帝本紀》注引服説「螭魅人面」云云同。

案：「螭」，《説文》作「离」，云「山神也，獸形」。《廣雅・釋天》：「山神謂之离。」是「螭」本作「离」。《説文》引歐陽喬説：「离，猛獸也。」《書・牧誓》「如熊如羆」，《史記》引作「如財如離」，❶徐廣注：「『離』與『螭』同，皆『离』字假借。」若然，則「山神」之字及歐陽喬説皆當作「离」，本不从虫，从虫者，《説文》所云「若龍而黄者也」。傳文及《文選・西都賦》「拕熊螭」並作「螭」者，繕寫之誤也。「魅」，

❶「財」，續經解本作「犲」。

《説文》本作「鬽」，或作「魅」。《周禮》「凡以神仕者，致地示物鬽」注：「百物之神曰魅。《春秋傳》曰：『螭鬽魍魎。』」則此傳「魅」亦當作「鬽」。《釋文》「『魅』，本作『鬽』」，是也。《説文》：「鬽，老物精也。」《周禮疏》引服氏《宣三年》傳注：「魅，怪物，好惑人者。」《玉篇》：「惑，迷也。」正義曰：「《宣三年》傳：王孫滿説九鼎云：『民入川澤、山林，不逢不若。螭魅罔兩，莫能逢之。』知螭魅是山林異氣所生，爲人害者也。」

遂出武、穆之族。　賈曰：「出，逐也。」《宋世家》注。

春秋左氏傳賈服注輯述卷九

嘉興李貽德學

宣　公

【元年經】遂以夫人婦姜至自齊。　服曰：「古者一禮不備，貞女不從。故《詩》云『雖速我訟，亦不女從』。宣公既以喪娶，夫人從亦非禮，故不稱氏，見略賤之也。」本疏。

案：《詩·行露》《韓詩外傳》以爲女許嫁，見一物不具、一禮不備而不行。劉向《列女傳》所載相同。向傳魯學者也，是韓、魯合矣。服此注引《詩》辭，蓋本魯、韓《詩》説，以證夫人從喪娶爲非禮，故經不稱氏也。《公羊傳》曰：「夫人何以不稱姜氏？貶。曷爲貶？譏喪娶。喪娶者，公也，則曷爲貶夫人？內無貶于公之道也。內無貶于公之道，則曷爲貶夫人？夫人與公一體也。」《穀梁》之意亦然。服本二傳爲説，以見公與夫人一體，喪娶非禮。若以《行露》之貞女相例，則亦不女從可也，乃竟來嫁於魯，故「不稱氏」，以「略賤之」。

楚子、鄭人侵陳，遂侵宋。晉趙盾帥師救陳。　服曰：「趙盾既救陳，而楚師侵宋。趙盾欲救宋，而楚師解去。」本疏。

案：傳言「晉趙盾帥師救陳、宋」，而經但書「救陳」，知楚師已去宋，晉師但及陳，未及宋也。正義譏之，非是。

二年傳 文馬百駟。　賈曰：「文，貍文也。」《宋世家》注。

案：《禮記・檀弓》：「貍首之斑然。」《楚辭・九歌》：「乘赤豹兮從文貍。」《三國志・管輅傳》：「雖有文章，蔚而不明，非虎非雉，其名曰貍。」是貍，獸之有文章者。《説文》引傳作「䮍」，云「畫馬也」。許從賈受古學。文飾雕畫，比於貍文，故曰「文，貍文也」。

見叔牂，曰：「子之馬然也？」對曰：「非馬也，其人也。」既合而來奔。」　服曰：「賈逵云：『叔牂，宋守門大夫，華元既見叔牂，牂謂華元曰：「子見獲於鄭者，是由子之馬使然也。」華元對曰：「非馬自奔也，其人爲之也。」謂羊斟驅入鄭也。❶奔，走也。言宋人贖我之事既和合，而我即來奔耳。』鄭衆云：『叔牂即羊斟也，在先得歸，華元見叔牂，牂即誣之曰：「奔入鄭軍者，子之馬然也，非我也。」華元對曰：「非馬也，其人也。」言是女驅之耳。叔牂既與華元合語，而即來奔魯。』又一説叔牂宋人，見宋以馬贖華元，謂元以贖得歸，謂元曰：『子之得來，當以馬贖故然。』華元曰：『非馬也，其人也。』言己不由馬

❶「謂」，續經解本作「爲」。

賾，自以人事來耳。賾事既合，而我即來奔。」本疏。

案：三説各自當日情事，以臆斷之，於理並順，故服備列之。

于思于思。　賈曰：「白頭貌。」《釋文》。○本疏。　服同。《詩・瓠葉》疏。

案：「思」訓「白頭」者，《詩・瓠葉》「有兔斯首」箋云：「斯，白也。今俗語『斯白』之字作『鮮』，齊、魯之間聲近斯。」彼疏云「今俗語斯白之字當作『鮮』，以鮮明是絜白之義故也。鮮、斯聲相近，故變而作斯耳」。「斯」「思」相通，《詩》「思樂泮水」，《禮記・禮器》疏引作「斯樂」；「言歸思復」，唐石經作「斯復」，故「白頭」亦得訓爲「思」也。《釋文》：「于思，如字，又西才反。來，力知反，又如字，以協上韻。」是古本讀「思」如字，讀「來」爲釐，「以協上韻」言讀力知反，以協上「思」韻。「又如字」三字當在「以協上韻」之下，其讀「思」爲「腮」，讀「來」如字，合於今讀，然列爲第二，可見非正讀也。

厚斂以彫牆。　賈曰：「彫，畫也。」《晉世家》注。

案：《説文》：「彫，琢文也。」《詩・棫樸》「追琢其章」，傳：「追，彫也。金曰彫。」《説文》彫之本義以爲琢文，與「琱玉」之「琱」同，然从彡，「彡，毛飾畫文也」，則「彫」亦可爲「畫」也。《詩・行葦》「敦弓既堅」傳：「敦弓，畫弓也。天子敦弓。」何休《公羊》定四年注「天子彫弓」，是「敦」「彫」同，彫亦畫也。

宰夫胹熊蹯不熟。　服曰：「蹯，熊掌，其肉難熟。」同上。

案：《爾雅・釋獸》：「貍、狐、貒、貈醜，其足蹯。」《説文》引作「其足蹞」，又云：「獸足謂之番，从釆，田象其掌。」是獸足皆得名「蹯」。掌足通稱，故此云「熊掌也」。《公羊》此年傳注、《國語・楚語》注並云「蹯，掌也」，《孟子・告子》注：「熊掌，熊蹯也。」蓋互訓也。《文元年》傳：「王請食熊蹯而死。」杜云：「熊掌難熟，冀久將有外救。」是其肉難熟也。

使鉏麑賊之。　賈曰：「鉏麑，晉力士。」同上。

遂跣以下。　服曰：「趙盾徒跣而下走。」本疏。○《釋文》：「『遂扶』，服虔注作『跣』，先典反，云『徒跣也』。」

案：《説文》：「跣，足親地也。」《禮記・少儀》：「凡祭於室中，堂上無跣，燕則有之。」注：「燕則有跣，爲歡也。」《儀禮・燕禮》：「賓及卿大夫皆説屨，升，就席。」《哀二十五年》傳：「褚師聲子韤而登席，公怒。」是古者見君當解韤，則足親地，故曰「徒跣」。趙盾侍燕，聞彌明之言而悟，不暇納屨，遂跣而下走也。杜本「跣」作「扶」，《校勘記》引盧文弨云「服本是也」。《襄三年》傳晉悼公懼魏絳之死，亦跣而出，皆是急迫不及納屨使然。趙盾飲未至醉，何假於扶？明「扶」字誤也。按：杜於此無注，《釋文》云「今杜注本往往有『跣』者」，是杜本或亦作「跣」，正義本作「扶」，或所見本異耳。

公嗾夫獒焉。　服曰：「嗾，取也。」本疏。

案：《釋文》云「嗾，服本作『㖩』」，然本疏引服云「嗾，取也」，與《釋文》異，疑正義誤也。考「㖩」字《説文》《玉篇》皆無，《集韻》始收，閩本、監本、毛本《注疏》「㖩」作「取」。段氏玉裁曰：「此段宋本誤，正義當云『服虔本作「取」』，注云『取，嗾也』。」愚謂：段氏説是也，「取」當爲「趣」之省。《莊子・齊物》「趣舍不同」，《釋文》「『趣』，字或作『取』」，可證。《周禮・縣正》「趨其稼事」，《釋文》：「『趨』，本又作『趣』。」《禮記・月令》「趣民收斂」，《釋文》：「『趣』本作『趨』。」「趨」有疾使之意，「趣」有乃苟一音，與「噈」相近。是服本「趣」省爲「取」也。

宦三年矣。　服曰：「宦，學仕也。」《晉世家》注。○《曲禮》疏引「宦，學也」，無「仕」字，當補。

案：《禮記・曲禮》「宦學事師」疏曰：「熊氏云『宦謂學仕宦之事，學謂習學六藝』。」服云「宦，學也」，是學職事爲宦也。「學」下脱「仕」字，學職事爲宦，所以詮明學仕之義。

不告而退。　服曰：「不望報。」同上。

爲法受惡。　服曰：「聞義則服。」同上。

案：《管子・任法》注：「服謂屈服，言宣子聞『亡不越境，反不討賊』之言而遂屈服。」惠氏棟云：「『聞義則服』，《弟子職》文也。」

詛無畜羣公子。　服曰：「驪姬與獻公及諸大夫詛無畜羣公子，欲令其二子專國。」本疏。

案：《詩・何人斯》「出此三物，以詛爾斯」，傳：「民不相信，則盟詛之，君以豕，臣以犬，民以雞。」彼疏云：「犯命者盟之，不信者詛之，人君亦有詛法。《襄十一年》傳『季武子將作三軍，盟諸僖閎，詛諸五父之衢』，《定六年》『陽虎又盟公及三桓於周社，盟國人於亳社，詛于五父之衢』，是人君與羣臣有詛法也。」驪姬搆難，恐里克之徒不服，故「與獻公、諸大夫詛無畜羣公子」。「二子」，謂奚齊、卓子也。《國語・晉語》：「驪姬既殺太子申生，又譖二公子，曰：『重耳、夷吾與知共君之事。』公令奄楚刺重耳，重耳逃於翟，令賈華刺夷吾，夷吾逃於梁。盡逐羣公子。」即此詛無畜羣公子事也。又曰：

「乃立奚齊焉，始爲令，國無公族焉。」即此下文云「自是晉無公族」也。以爲公族。　服曰：「公族大夫也。」《晉世家》注。

案：《詩》「彼汾沮洳，殊異乎公族」，傳「公族，公屬」，箋云「公族，主君同姓昭穆也」。故「公族大夫」得單稱「公族」，猶《周禮》「掌國子之倅」者稱「諸子」也。《成十八年》傳：「晉荀會、欒黶、韓無忌爲公族大夫。」

趙盾爲旄車之族。　服曰：「旄車，戎車之倅。」《詩・汾沮洳》疏。

案：今本作「旄車」，《釋文》：「『旄』，一本作『旄』。」一本與服同也。「戎車之倅」，《周禮・車僕》文，彼作「戎路之萃」，後鄭注：「萃，猶副也。戎路，王在軍所乘也。《春秋傳》曰：『公喪戎路。』」旄車爲戎路者，《詩・出車》「設此旐矣，建彼旄矣」箋云「設旐者，屬之於干旄，而建之戎車」，是戎車有旄，故又謂之旄車。

三年傳　觀兵於周疆。　服曰：「觀兵，陳兵於周也。」《楚世家》注。

案：《國語・周語》「先王耀德不觀兵」注：「觀，示也。」此訓陳者，謂陳列兵械也。

定王使王孫滿勞楚子。　賈曰：「王孫滿，周大夫。」《周本紀》注。　服曰：「以郊勞禮迎之也。」《楚世家》注。

貢金九牧。　服曰：「使九州之牧貢金。」《楚世家》注。

案：《禮記・曲禮》「九州之長，入天子之國，曰牧」注：「每一州之中，天子選諸侯之賢者，以爲之牧也。」彼疏云：「牧，養也。言其養一州之人。」「九州」，據夏制言之。《書·禹貢》揚、荆二州，「厥貢惟金三品」。《詩·泮水》疏引鄭注：「三品者，銅三色也。」孔氏申鄭義曰：「以梁州云『厥貢鏐鐵銀鏤』。《爾雅·釋器》云：『黄金之美者謂之鏐，白金謂之銀。』貢金、銀者，既以鏐銀爲名，則知金三品者，其中不得有金、銀也。又檢《禹貢》之文，厥貢鏐、鐵、錫、鉛、銀，而獨無銅，故知金即銅也。」按此，則此之貢金亦當是銅。《考工記·輈人》云：「金有六齊。六分其金而錫居一，謂之鐘鼎之齊。」此鑄鼎之金，即《考工記》之金，均無銅也。《禹貢》荆、揚二州貢金是常貢，此以鑄鼎之故，令九牧皆貢，所謂錫貢也。

鑄鼎象物。　賈曰：「象所圖物，著之於鼎也。」同上。

案：「所圖物」，即上文「遠方圖物」也。《管子·立政》注：「著，標著也。」畢氏沅《山海經序》云：「《海外經》《海内經》，周、秦所述也。禹鑄鼎象物，使民知神姦。按其文，有國名、有山川、有神靈奇怪之所際，是鼎所圖也。鼎亡於秦，故其先時人猶能説其圖，以著於册。」

螭、魅、魍魎。　服曰：「螭，山神，獸形。魅，怪物。魍魎，木石之怪。」《周禮·神士》疏。

案：《説文》：「彲，老物精也，故曰怪物。」《國語·魯語》：「木石之怪，夔、罔兩。」

載祀七百。　賈曰：「載，辭也。祀，年也。商曰祀。」《楚世家》注。

案：「載，辭」者，謂載爲語助。《爾雅·釋天》：「商曰祀，周曰年。」而賈以「年」釋「祀」者，邵氏《爾雅正義》曰：「《左傳疏》引李巡云『各自紀事，唐虞三代示不相襲也。其名不相襲而義則相通，故載即歲也』。」李以爲載即歲，故賈以爲祀即年也。

鄭文公有賤妾曰燕姞。　賈曰：「姞，南燕姓。」《鄭世家》注。

案：《説文》：「姞，黄帝之後伯鯈姓也，后稷妃家，或作吉。」《詩・都人士》謂之「尹吉」。

夢天使與己蘭。　賈曰：「蘭，香草也。」同上。

案：《説文》訓同。

余而祖也。　賈曰：「伯鯈，南燕祖。」同上。

案：黄帝之子得姓者十二，姞其一也。伯鯈當是受姞姓者。

文公報鄭子之妃。　服曰：「鄭子，文公叔父子儀也。報，服也。淫親屬之妻曰報。《漢律》：淫季父之妻曰報。」《詩・雄雉》疏。

四年傳　公子宋與子家將見。　賈曰：「二子，鄭卿也。」《鄭世家》注。

子公之食指動。　服曰：「第二指。」《鄭世家》注。「俗所謂啑鹽指也。」本疏。

案：《儀禮・大射禮》「右巨指鉤弦」注：「右巨指，右手大擘也。」又曰「設決朱極三」，注：「極，猶放也。所以韜指利放弦也，以朱韋爲之。三者，食指、將指、無名指。小指短不用。」按此「巨指」爲第一指，順數之即食指，則食指爲第二指矣。《孟子・告子章》趙注「無名之指，手之第四指也」，則將指爲第三指矣。《一切經音義》八引《字書》：「啑，喋也。」蓋漢時語也。

以貫笠轂。　服曰：「笠轂，轂之蓋如笠，所以蔽轂上，以禦矢也。一曰車轂上鐵也，或曰兵車旁幔輪謂之笠轂。」本疏。

案：《説文》：「轂，輻所湊也。」《老子》：「三十輻共一轂。」《考工記・輪人》「爲輪斬三材，必以其時」注：「三材，所以爲轂輻牙也。」又曰「轂也者，以爲利轉也」。言轂者未嘗及蓋，而此云「轂之蓋如笠，蔽轂上，以禦矢」者，《説文》：「幔，衣，車蓋也。」《集韻》：「一曰戰車以遮矢也。」《淮南・氾論》「渠幨以守」注：「幨，幰也，所以禦矢也。」《一切經音義》十四引《蒼頡篇》：「布帛張車上爲幰。」是戰車上有幔幰矣。《説文》「帣，一曰車衡上衣」，即《采芑》詩之「錯衡」，是車衡上有衣矣。若然，則轂以利轉，亦必有物護之，始不爲矢所礙，其形如笠，故即以笠名之也。作傳者又慮訛爲「簑笠」之「笠」，故稱曰「笠轂」，猶「輜輧」稱「衣車」、「行戟」稱「幢棨」也。「一曰車轂上鐵」者，《説文》：「軎，車軸耑也。」軎，蓋車軸之末見於轂外者。《考工記》：「五分其轂之長，去一以爲賢，去三以爲軹。」鄭司農注：「軹，小穿也。」而出於此穿外爲軎，然古法軹、軎多不分。《周禮・大馭》「右祭兩軹」注：「故書『軹』爲『軒』。杜子春云：『軒當作軹，謂兩轊也。』」「軎」，《説文》重文作「轊」。是析言之，則轂之小穿曰軹，穿自軹中者曰軎；渾言之，則軸末、轂末並得爲軎也。《史記・田單傳》：「令其宗人盡斷其車軸末而傅鐵籠。已而城壞，齊人走爭塗，以轊折車敗，惟單宗人以鐵籠故得脱。」《鄧析子・無厚篇》：「夫木擊折轊。」若然，以轊易折，故轊與軹之交，必以鐵裹之。《廣雅・釋器》：「𨏥，𨎮轊也。」𨏥之言籠，𨎮之言繞也。言籠繞其鐵於轂外以保轊，非即以𨏥𨎮爲轊也。足證鐵籠之制，自昔兵戰時已有之。此曰「笠轂」，即鐵籠歟？以軸末、轂末並得爲「轊」，故《田單傳》曰「車軸末」。此曰「笠轂」，言冒於轂末也。「或曰兵車旁幔輪謂之笠轂」者，兵車旁謂兵車兩旁，「幔輪」當作「幔轂」，《考工記》「望其轂，欲其眼也。進而眡之，欲其幬之廉也」注：「幬，幔轂之革也。」又曰「幬必負幹」，注：「幬，負幹者，革轂相應，無贏不足。」幬革，即《采芑》詩之「約軝」。傳：「軝，長轂之軝也。」戴氏震《毛鄭詩考正》曰：「『軝』，《説文》亦作『軝』，从革。孔沖遠以爲長轂名，非也。『軝』，即《考工記》之『幬革』，『朱而約之』者，朱其革以幬於轂也。惟長轂盡飾大車，短轂則無飾，故曰『長轂之軝』。」按此兵車暢轂當有幬矣，賈公彦曰：「幬，覆也，謂以革覆轂也。」《晉書・天文志》載蔡邕《蓋天論》，其言「天似蓋笠」，是「笠」亦有「覆」義，故「幔轂」亦稱「笠轂」也。笠轂之制，於傳無徵，服亦以意解之，故列諸説以見闕疑之意焉。

五年經 春，公如齊。夏，公至自齊。　賈曰：「不書奔喪，諱過也。」《釋例・弔贈卒例》。

案：傳曰：「公如齊奔喪。」考君親奔喪，非禮也。經祇書「如齊」，所以諱其事，而傳明言之。

十一年經 納公孫甯、儀行父于陳。　賈曰：「二子不繫之陳，絶於陳也。惡其與君淫，故絶之，善楚有禮也。」本疏。

傳 令尹蔿艾獵城沂。　服曰：「艾獵，蔿賈之子孫叔敖也。」本疏。

案：《吕覽・情欲》《知分》注並云「叔敖，薳賈之子」。「薳」「蔿」同。

申叔時使於齊。　賈曰：「叔時，楚大夫。」《陳杞世家》注。

十二年傳卜臨於太宮。　賈曰：「臨，哭也。」《御覽》四百八十。

案：《襄十二年》傳：「吴子壽夢卒，臨於周廟。」以《檀弓》「哭於寢門」例之，則「臨」亦「哭」也。《吕覽・觀表》「還車而臨」注亦曰：「臨，哭也。」

且巷出車。　賈曰：「巷出車，陳於街巷，示雖困不降，必欲戰也。」同上。

案：巷，《説文》作「𨛜」，「里中道也，从𨛜共，皆在邑中所共也」。篆作「巷」，今作「巷」，隸省。古之巷，今之街也。若今以夾而長者爲「巷」。《爾雅・釋宫》所云「宫中衖謂之壼」，是故賈以「街巷」連文。經、傳無「街」字，「天街」之星、「街亭」之制、「街衢」之名、「街彈」之碑皆著於漢，疑即「逵」之變文。「逵」，《説文》本从坴，坴又从圥得聲，不得轉爲街。《釋文》讀「逵」爲求龜反，則與「圭」音相近，「逵」之轉「街」，其秦漢時歟？「降」，《説文》「下也」。《夊部》有「夅」，云「夅，服也」，此户江反之正字。作「降」，通字也。《公羊》莊八年傳「曷爲不言降吾師」注：「降者，自伏之文。」今出車，則示欲戰之狀，不肯爲自伏之計矣。惠氏棟曰：「案下鄭復脩城，則賈説良是。」

守埤者皆哭。　賈曰：「埤，城也。」同上。

案：「埤」，今本作「陴」。《説文》：「陴，城上女牆，俾倪也。」「埤，增也。」是「陴」正字，「埤」假借字。《一切經音義》二引《埤蒼》：「俾倪，城上小垣也。」《釋名・釋宫室》：「城上垣曰睥睨，言於其孔中睥睨，非常也。亦曰陴，陴，裨也，言裨助城之高也。」《詩傳》「埤」訓厚，《説文》「埤」訓增，皆有增高之義，故「陴」可通「埤」，賈不云「城上女牆」而曰「城」者，亦以助城之高，故舉大名以統之也。《國語·晉語》「反其埤」注：「城上女垣。」《墨子·備城門篇》：「俾倪，廣三尺，高二尺五寸。」倪爲埤之疊韻。《説文》陴籀文从𩫖，亦以統於城郭也。

入自皇門。　賈曰：「鄭城門。」《楚世家》注。

鄭伯肉袒牽羊。　賈曰：「肉袒牽羊，示服爲臣隸也。」同上。

案：《國語·晉語》：「其誰非君之羣隸臣也？」《廣雅·釋詁》：「隸，臣也。」是「隸」亦「臣」也。《説文》：「隸，附箸也。」「臣隸」，即「臣附」矣。肉袒牽羊，示臣服者，古禮有之。《史記·宋微子世家》「周武王克殷，微子乃持其祭器，造於軍門，肉袒面縛，左牽羊，右把茅」是也。《儀禮·覲禮》「侯氏肉袒」，爲覲君之禮。《周禮·大宗伯》「卿執羔」注：「羔，羊子。」牽羊即執羔之旨。皆臣禮也。

孤不天。　賈曰：「不爲天所祐。」同上。

案：《易·大有》爻辭：「自天祐之，吉，无不利。」《繫辭》云：「祐者，助也。天之所助者，順也。」鄭伯言不爲天所助。

潘尫入盟，子良出質。　賈曰：「潘尫，楚大夫師叔字也。子良，鄭公子。」同上。

案：下文欒武子曰「師叔，楚之崇也」，故知尫字師叔。子良，穆公子。

韓厥爲司馬。　服曰：「厥，韓萬玄孫。」本疏。

案：正義曰：「《韓世家》云：『韓之先事晉，得封韓原，曰韓武子。後三世有韓厥。』《世本》云：『桓叔生子萬，萬生求伯，求伯生子輿，子輿生獻子厥。』《史記》所云武子，蓋韓萬也。如彼二文，厥是萬之曾孫，而服虔、杜預皆言厥韓萬玄孫，不知何所據也。」按《僖二十八年》傳載盟諸侯之要言，曰「及其玄孫」，言以玄孫爲遠孫也。《爾雅·釋親》：「來孫之子爲晜孫。」《昭十六年》傳：「孔張，君之昆孫。」孔張爲穆公之曾孫，亦云「昆孫」，可證散文言之曰「玄」、曰「昆」爲遠孫之統稱，未必盡合雅訓也。服以《世本》不可盡信，故稱「玄孫」以概之也。

觀釁而動。　服曰：「釁，閒也。」《釋文》。

案：《文選·東京賦》「巨猾間舋」，即「釁」之俗字，薛注：「舋，隙也。隙、間義同。」《兵法》所云「乘隙而入」也。

彘子曰。　服曰：「食菜於彘。」本疏。

案：《禮記·禮運》：「大夫有采，以處其子孫。」《白虎通·京師篇》「采」作菜，云「公卿、大夫皆食菜者，示與民同有無也」。《國語·周語》「乃流王於彘」注：「晉地，漢爲彘縣，屬河東，今曰永安。」《詩·韓奕》「汾王之甥」箋云：「汾王，厲王也。厲王流於彘，彘在汾水之上。」按此當即「彘子食菜」之「彘」。

在師之臨。　服曰：「坎爲水，坤爲衆，又互體震，震爲雷，雷，鼓類；又爲長子，長子帥衆鳴鼓，巡水而行，行師之象也。臨兑爲澤，坤爲地，居地而俯視於澤，臨下之義，故名爲臨。」本疏。

案：「坎下坤上爲師」，「坎爲水，坤爲衆」，「震爲雷」「爲長子」，並《説卦》文。「互體爲震」者，師卦二之四爲震也。「雷，鼓類」者，《説文》：「鼓，郭也。春分之音，萬物郭皮革而出，故曰鼓。」《禮記·月令》：「仲春日夜分，雷乃發聲。」是雷與鼓類也。「巡」者，《文選·東都賦》注引逸《禮》：「巡者，循也。」《師》象辭「地中有水，師」，陸績曰：「坎在坤内，故曰地中有水。師，衆也。坤中衆者，莫過於水。」是「巡水而行」，猶言「循衆而行」，故曰「有行師之象」焉。「兑下坤上爲臨」，「坤爲地」「兑爲澤」，並《説卦》文。坤在上，故曰「居地」，兑在下，故曰「俯視於澤」。《臨》象辭：「澤上有地，臨。」荀爽曰：「澤卑地高，高下相臨之象也。」

彘子尸之。服曰：「此禍也。《易·師卦》六五：『長子帥師，弟子輿尸，凶。』『長子帥師，以中行也。弟子輿尸，使不當也。』佐之於元帥，弟子也，而專以師濟，使不當也，軍必破敗而輿尸。」本疏。

案：彘子主此必敗之禍，服引《師卦》六五，又以「輿尸」之象解此「尸」字也。「長子帥師，弟子輿尸，凶」，《師》六五爻辭。「長子帥師」至「使不當也」，《師》六五象辭。虞翻曰：「長子謂二，震爲長子，在師中，故『帥師』也。弟子謂三，三體坎。坎，震之弟而乾之子，失位乘陽，逆，故『貞凶』。」荀爽曰：「長子謂九二也。五處中應二，受任帥師，當上升五，故曰『長子帥師，以中行也』。」宋衷曰：「弟子謂六三也。失位乘陽，處非所據。衆不聽從，師人分北，或敗績死亡，輿尸而還，故曰『弟子輿尸』，謂使不當其職也。」卦義如此，而服云「佐之於元帥」者，以佐當弟子，元帥當長子。時彘子爲中軍佐，元帥謂荀林父，下文「子爲元帥」是也。而「專以師濟」，謂以中軍佐濟。「軍必破敗而輿尸」者，《師》六三「師或輿尸」，虞翻曰：「坤爲尸，坎爲車多眚，同人離爲戈兵，爲折首，失位乘剛，无應，尸在車上，故『輿尸，凶』矣。」此謂彘子有是象也。

篳路藍縷。　服曰：「言其縷破藍藍然。」本疏。

案：《方言》云「楚謂凡人貧，衣破醜敝爲藍縷」，破敝則縷稀散矣。「藍藍」當是漢時方語，服故以狀衣之縷破也。

分爲二廣，廣有一卒。　服曰：「左右廣各十五乘，百人爲卒。言廣有卒爲承也。」《周禮·夏官》序官疏。

案：知「左右廣各十五乘」者，下文云「楚子爲乘，廣三十乘，分爲左右」故也。「百人爲卒」，《周禮·司馬》序官文，杜引《司馬法》同。言「廣有卒爲承」者，下注「承有偏」，對偏而言，則承爲正矣。

卒偏之兩。　服曰：「五十人曰偏，二十五人曰兩。廣既有一卒爲承，承有偏，偏有兩，故曰『卒偏之兩』。」同上。

案：「偏」者，《國語·晉語》「君賜我偏衣」注：「偏，半也。」百人爲卒，五十人半之，故曰偏。「二十五人曰兩」，《周禮·司馬》序官文。廣有卒、有偏、有兩。蓋兩廣之別，各有一卒百人，卒外復有偏五十人，偏外復有兩二十五人。一廣十五乘，有一百七十五人從之，然則傳當云「卒偏兩」明矣。必云「卒偏之兩」者，猶《文十一年》傳「皇父之二子死焉」，以「之」爲與也。

御下、兩馬、掉鞅而還。　服曰：「兩，飾也。掉，正也。」本疏。

案：惠氏棟曰：「鄭注《周禮·環人》引作『㒳馬』，《釋文》引徐先民云『兩，或作㒳』。按：此則『㒳』本『㒳』字，故服、杜訓爲『飾』。」愚按：《說文》「兩」本作「㒳」。「兩」下云「㒳，平分也」，「㒳」下云「㒳，平也」。《説文》：「飾，㕞也。」《釋名・釋言語》：「飾，拭也。」《周禮・封人》「飾其牛牲」注：「飾，謂刷治，潔清之也。」《司尊彝》注：「涚酌者，帨拭勺而酌也。」《釋文》作「飾」，今本作「拭」，是「飾」「拭」古今字。「兩馬」者，謂分其毫而平拭之，故服以「飾」訓「兩」也。六朝人尋繹服義，不得其解，以飾是刷治，故於「兩」加「手」證成之，《釋文》所云「或作『掚』」者是也。鄭氏注文「兩」作「掚」者，亦後人所改。「掚」字，《玉篇》《廣韻》皆無之，知舊祗作「兩」，無作「掚」矣。「掉」爲「正」者，「正」即「整」。《説文》：「整，从正，正亦聲。」「整」亦同「振」，故「振旅」亦曰「整旅」。《文選・西京賦》「振天維」，薛注：「振，整理也。」

射麋麗龜。　服曰：「麗，著也。龜背之隆高當心。」本疏。

案：《易・離》彖辭「離，麗也」注：「麗，猶著也。」《一切經音義》三引《字書》：「著，相附著也。」云「龜背之隆高當心」者，正義曰：「龜之形背高而前後下，此射麋麗龜，謂著其高處。」《北史・斛律羡傳》：「羡及光並工騎射，父每日令出田，還即效所獲。光獲少，必麗龜達腋，羡獲雖多，非要害之所。」又曰：「明月必背上著箭。」「明月」即「光」字。若然，則獸之背隆高者爲龜矣。

魏錡求公族未得。　服曰：「錡，魏犨子。」本疏。

使軘車逆之。　服曰：「軘車，屯守之車。」本疏。○襄十一年傳疏。

案：《説文》：「軘，兵車也。」服以字从屯，故云「屯守之車」，从指事之義。《文選・東都賦》「陳師按屯」注：「臣瓚引律説：『勒兵而守曰屯。』」是單言之曰屯，兼言之曰「屯守」矣。

楚人惎之脱扃。　服曰：「扃，横木，校輪閒。」《釋文》。○本疏引作「有横木投於輪閒」。

案：「扃，横木」者，《禮記・曲禮》疏曰：「奉扃之説，事有多家。今謂《禮》有『鼎扃』，所以關鼎。今關户之木，與關鼎相似，亦得稱扃。」若然，則扃爲横木矣。《説文》：「横，闌木也。」段氏曰：「古『从横』字祇作『衡』，不作『横』。横者，桄也。」愚按：《説文・且部》：「且从几足有二横。」《禮記・孔子閒居》「以横於天下」、《樂記》「號以立横」鄭注並云「横，充也」。《古文尚書》「光被四表」，《漢書・王莽》《王襃》等傳並作「横被四表」，則凡充拓於外者並得爲横矣。「校輪閒」，本疏作「投於輪閒」，《釋文》本作「校」爲長。《漢書・成紀》「大校獵」，師古曰：「此校謂以木自相貫穿爲闌校耳。」《校人職》云「六廄成校」，是則以遮闌爲義也。《考工記》「車軫四尺」注：「此所謂兵車也。戈、殳、戟、矛皆插車輢。」鄭用牧《考工記補注》：「車輢外設扃，插戈、殳、矛、戟。」《説文》：「輢，車旁也。」則此扃設輢之外，闌於輪之内，故曰「校輪閒」。

鄭石制實入楚師。　服曰：「入楚師，使楚師來入鄭。」本疏。

案：正義曰：「此石制引楚師入鄭。」

叔展曰：「有麥麴乎？」曰：「無。」「有山鞠窮乎？」曰：「無。」　賈曰：「麥麴、鞠窮，所以禦溼。」本疏。

案：「麴」，《説文・米部》作「𥻆」，云「酒母也。鞠，或从麥，鞠省聲」。故經、傳皆作「麴」。「麥麴」即「餅麴」。《説文》「𪎊」「𪌭」「𪌀」皆云「餅𥻆」，蓋以麥堅築之成𥻆。《釋名・釋飲食》：「麴，朽也。鬱之，使生衣朽敗也。」《齊民要術》説作女麴，「如麥麴法，以青蒿上下奄之，置牀上，三七二十一日開看，偏有黄衣則止。三七日無衣，仍停，要須衣徧乃止。出，日日暴之，燥則用」。《素問》云「升明之紀，其類火，其藏心，其穀麥」，然則麥之性既屬火，而麥麴又必日以燥之，故足以禦溼。「鞠窮」即「营藭」，鞠、窮雙聲，《爾雅》「鞫，究窮」是也。古草木名雙聲疊韻爲類甚多，「营」與「鞠」一聲，聲轉又爲「营藭」。《説文》：「营藭，香草也。司馬相如説营从弓。」《子虚賦》「芎藭」「昌蒲」並舉，以性香辛，故相類次，香辛足以止溼，故賈義如是。

十五年經 宋人及楚人平。　賈曰：「稱人，衆辭。善其與衆同欲。」本疏。

傳 伯宗曰。　賈曰：「伯宗，晉大夫。」《晉世家》注。

登諸樓車。　服曰：「樓車，所以窺望敵軍，兵法所謂雲梯也。」《鄭世家》注。

案：「樓車」，即「巢車」，《説文》作「轈」，云「兵車高如巢，以望敵也」，即服云「窺望敵軍」者。兵法泛指兵家之言。《漢書・藝文志》云：「張良、韓信敘次兵法，凡百八十二家，删取要用，定著三十五家。」是古來稱兵法者衆矣。「雲梯」者，《墨子・公輸篇》：「公輸盤爲楚造雲梯之械，成。」《列子》張湛注：「雲梯，可以凌虚。」《御覽》引《六韜》「雲梯，飛樓」，注云「視城中也」，則雲梯爲言兵者所必及，故云「兵法所謂雲梯」以曉之也。

有死無霣。　服曰：「霣，隊也。」同上。

案：《説文》云：「齊人謂雷爲霣。一曰雲轉起也。」此别一義。服訓「隊」者，謂霣爲隕之假借字。

《説文》：「隕，從高下也。」《爾雅・釋詁》：「隕，落也。」《詩傳》：「隕，墜也。」《説文》：「隊，从高隊也。」落、墜皆隊也。

與之盟，而告王。退三十里，宋及楚平。華元爲質。盟曰：「我無爾詐，爾無我虞。」　服曰：「與華元私盟，許爲退師，若孟任割臂與魯莊公盟。下云『盟曰』，是兩國平後共盟，而楚人爲此辭耳，非此華元、子反私盟之辭也。」本疏。

案：別言兩「盟」字之異。上「盟」字是子反懼，與華元私盟，猶言私約，故引魯莊公盟孟任以證。下「盟」字則是兩國平後共盟，爲此載書之辭也。

而奪黎氏地。　服曰：「黎侯之國。」《詩・式微》疏。

案：《漢書・地理志》「上黨郡壺關」應劭曰：「黎，侯國也，今黎亭是。」顧氏棟高曰：「今潞安府長治縣西三十里黎侯亭是也。」

故文反正爲乏。　服曰：「言人反正者，皆乏絶之道也。」本疏。

案：「乏」，《説文》篆作「[illegible]」，引《春秋傳》曰：「反正爲乏。」段注：「此説字形而義在其中矣。」今作「乏」，隸變也。《射禮》「受矢者曰正，拒矢者曰乏」，亦以二字嚮背爲義。云「人反正皆乏絶之道」者，自釋字義。《周禮》「服不氏」杜子春注、「車僕」鄭司農注並云「『乏』，讀爲『匱乏』之『乏』」。《禮記・月令》「振乏絶」，是反正者，字之形；而匱絶者，字之義也。

十六年經　成周宣榭火。　服曰：「宣揚威武之處。」本疏。

案：《禮記·禮運》注：「宣，猶揚也。」故以「揚」釋「宣」。《釋文》榭作謝，云「本又作『榭』」。《儀禮·鄉射禮》「豫則鉤楹内」鄭注：「豫，謂州學也。讀如『成周宣謝災』之『謝』。」若然，則「榭」本作「謝」。惠氏棟曰：「《左氏》古文『榭』本作『射』。《郘敦銘》曰『王格於宣射』是也。劉逵引《國語》云『射不過講軍實』，今本作『榭』。《説文》無『榭』字。」據此，是《左氏》古文作「宣射」也。「榭」本以行射禮，故州學名之。《易·繫辭》：「弧矢之利，以威天下。」《月令》：「孟冬之月，天子乃命將帥講武、習射、御角力。」是射以揚其威武，故名曰「宣榭」。《爾雅·釋宫》：「無室曰榭。」《禮記疏》引李巡云「但有大殿無室名曰榭」，《書疏》引孫炎云「榭，但有堂也」，郭注「即今堂堭」，本疏云：「如今廳是也。」

十八年經 公孫歸父如晉。　服曰：「歸父，襄仲之子。」《魯世家》注。

案：襄仲，公子遂也。

傳 欲去三桓。　服曰：「三桓，魯桓公之族，仲孫、叔孫、季孫。」同上。

以失大援者，仲也夫。　服曰：「援，助也。仲殺適立庶，國政無常，鄰國非之，是失大援助也。」同上。

案：《詩》「邦之媛兮」箋云「媛者，國人所依倚，以爲援助也」。《釋文》云：「『媛』，《韓詩》作『援』。援，取也。」「取」疑當作「助」，鄭以《韓詩》説《詩》「媛」字，故以「助」訓「援」，是援有助義也。適爲子惡，襄仲殺之而立宣公。「國政無常，鄰國非之」者，杜氏謂「南通於楚，既不能固，又不能堅事齊、晉」，即服義也。

春秋左氏傳賈服注輯述卷十

嘉興李貽德學

成公

元年經作丘甲。　服曰：「《司馬法》云『四邑爲丘，有戎馬一匹，牛三頭，是曰匹馬丘牛。四丘爲甸，甸六十四井，出長轂一乘，馬四匹，牛十二頭，甲士三人，步卒七十二人。戈楯具備謂之乘馬。』」《詩·南山》疏。

案：服備引《司馬法》丘甸之制，以明古者丘無甲，甸始有甲。今丘而作甲，雖所出之數不盡如甸賦，而要爲厲民之事也，乃杜氏直云「此甸所賦，使丘出之，譏重斂」。噫！叔孫豹之罰御叔也，不過倍其賦而已。今一丘之中而使具一甸之賦，是四倍其賦也，雖後世暴君汙吏，猶將愕眙而不敢信，而謂秉禮之魯竟肆然以是令其民乎！　惠氏士奇《春秋説》曰：「杜預謂『丘出甸賦』，信乎？抑否乎？曰：否，不然。《司馬法》以田賦出兵，其法本于春秋，行于戰國，非周禮也。丘甲始作于齊桓之霸，桓公以此行之于齊，故成公亦以此行之于魯。《管子·乘馬篇》云『一乘之地，方六里』，原注：『六』，當作『八』。一乘者，四馬也。甸，馬四匹。一馬，丘，馬一匹。其甲七，其蔽五。一乘，四馬。其甲二十有八，其蔽二十，白徒三十人。然則丘出一馬七甲，甸四之，出四馬二十八甲。古制，丘有馬無甲。今使一丘作七甲而已，安得又有長轂一乘，戎馬四匹，且甲士、步卒、戈楯皆具，而猥云『丘出甸賦』乎？杜預以《司馬法》注《春秋》，往往不合，多類此。穀梁子曰：『丘作甲，非正也。』國有農民、有工民，夫甲，非人人之所能爲也。」案：據惠説，則丘、甸出甲始于齊桓，而杜乃以之誣爲周禮乎？

二年傳 取龍。　賈曰：「殺盧蒲就魁，不與齊盟，以亡其邑，故諱不書耳。」本疏。

案：傳詳而經不書，故曰「諱」。

請八百乘。　賈曰：「八百乘，六萬人。」《齊世家》注。

案：「八百乘爲六萬人」者，《司馬法》曰：「通十爲成，成出革車一乘，甲士三人，步卒七十二人。」然則每百乘計七千五百人，以七八五六、五八四乘之，八百乘合六萬人矣。《周禮·大司馬》序官：「凡制軍，萬有二千五百人爲軍。」王六軍，乃得七萬五千人。此八百乘得六萬人，則千乘之封等於王六軍矣。邢昺《論語疏》云：「禮：天子六軍，出自六鄉，萬二千五百家爲鄉，萬二千五百人爲軍。《地官·小司徒》云『凡起徒役，無過家一人』，是家出一人，鄉爲一軍。此則出軍之常也。天子六軍，既出六鄉，則諸侯三軍，出自三鄉。《閟宮》云『公徒三萬』者，論鄉之所出，❶非千乘之衆也。千乘者，

❶ 「論」，《論語注疏》作「謂」。

自謂計地出兵，非彼三軍之車也。二者不同，故數不相合。所以必有二法者，聖王治國，安不忘危，故令所在皆有出軍之制。若從王伯之命，則依國之大小，出三軍、二軍、一軍也。若其前敵不服，用兵未已，則盡其境内皆使從軍，故復有此計地出兵之法。但鄉之出軍是正，故家出一人，計地所出則非常，故成出一車。」按：此則郤克忿齊力請加乘，是非常之役，當是成出一車之法，故知爲六萬人矣。

師至于靡笄之下。　賈曰：「靡笄，山名。」同上。

案：《史記·晉世家》：「平公元年，伐齊，齊靈公與戰靡下。」「靡」即「靡笄」省文。徐廣曰「『靡』，一作『歷』」，則「靡下」即「歷下」。《三齊記》云「歷下城南對歷山」，靡笄又即歷山歟？

師陳于䡴。　服曰：「䡴，齊地名也。」同上。

案：江氏永曰：「《彙纂》：《穀梁》曰：『䡴，去齊五百里。』杜氏《通典》云『䡴，在平陰縣東，今平陰去臨淄五百里』，似與《穀梁》合矣。然以《左傳》考之，自始合以至齊敗，止爲一日之事，華不注在濟南城北，去平陰二百三十里，何以一奔而遽至乎？近志云『䡴即古之歷下』，似爲得之。」

逢丑父。　賈曰：「齊大夫。」同上。

再拜稽首，奉觴加璧以進。　服曰：「《司馬法》：『其有殞命以行禮，如會所用儀也。若殞命則左結旗，司馬授飲，右持苞壺，左承飲以進。』」本疏。

案：《司馬法》有此殞命之禮，引以證韓厥所行，是軍中舊有此儀也。《晉語》「郤獻子伐齊，齊侯來，獻之以得殞命之禮」注：「伐國獲君，若秦獲晉惠，是爲殞命。」丑父雖與君易位，韓厥尚認爲齊侯，既已相及，則與晉惠之獲相似，故以「殞命之禮」待之。言「如會所用儀」者，《晉語》注亦引《司馬法》曰：「其有殞命，行禮如會所，争義不争利也。」「若殞命」以下，言所用儀。《曲禮》「武車綏旌」注：「盡，飾也。武車，亦兵車。」今以殞命不必盡飾，故結旗。「司馬」，即《周禮》之軍司馬、輿司馬，在列國則《晉語》云「中軍司馬」「上軍司馬」也。「飲」者，《周禮・膳夫》注曰「酒漿也」。《曲禮》注：「苞苴或以竹，或以葦。」《釋文》：「苞，裹也。」《周禮・挈壺氏》注：「壺，所以承飲。」言持苞裹之壺以進。《襄二十五年》：「鄭公孫舍之帥師入陳。」傳曰：「陳侯免，擁社，子展執縶而見，再拜稽首，承飲而進。」獻，亦用殞命，禮也。

且懼奔辟。　辟，服讀扶亦反。《釋文》。

案：此「辟」讀「闢」。《周禮・閽人》「則爲之闢」，《釋文》：「『闢』，本又作『辟』，避也。」

擊馬陘。　賈曰：「馬陘，齊地也。」《齊世家》注。

案：顧氏棟高曰：「《史記》作『馬陵』。《齊乘》：『淄水出益都岳陽山，北逕萊蕪谷，又北逕長峪道，亦曰「馬陵」，即郤克追齊侯處。』所謂『弇中狹道』亦即此。」

必以蕭同叔子爲質。　賈曰：「蕭，附庸，子姓。」同上。

案：蕭是宋附庸邑，蓋蕭叔大心本爲蕭邑大夫，以平宋亂立桓公，宋人嘉之，以蕭邑封叔爲附庸也。

而使齊之封内盡東其畝。　服曰：「欲令齊隴畝東行。」同上。

案：「東行」者，由西達東之路也。杜氏云「使隴畝東西行」，朱鶴齡云「『西』，衍字」。案：杜于「戎車是利」注云「晉之伐齊，循隴東行易」，亦無「西」字。

若苟有以藉口而復於寡君。　服曰：「今河南俗語，治生求利，少有所得，皆言可用藉手矣。」本疏。

案：正義曰：「言無物則空口以爲報。少有所得，則於口爲藉，❶故曰藉口。」服引俗語「藉手」，以明藉口之義。

使爲邢大夫。　賈曰：「邢，晉邑。」《晉世家》注。

案：邢，即故邢國，衛滅之，後入晉爲邑。《哀四年》「齊國夏伐晉，取邢」，即此。今直隸順德府邢臺縣。

三年經 鄭伐許。　賈曰：「鄭，小國，與大國争諸侯，仍伐許。不稱將帥，夷狄之，刺無知也。」本疏。

案：《廣雅·釋言》：「仍，再也。」《穀梁》昭十二年「晉伐鮮虞」，傳曰「不正其與夷狄交伐中國，故狄稱之也」。《公羊》定四年傳曰：「吴何以不稱子？反夷狄也。」賈本《公》《穀》之義釋此，故曰「不稱將帥，夷狄之」也。

傳 晉作六軍。　賈曰：「初作六卿，僭王也。」《晉世家》注。

---

❶「於」，《春秋左傳正義》作「與」。

案：古者，軍將皆命卿，天子六軍，則六卿領之，諸侯大國三軍，則三卿領之。此傳「六軍」，《晉世家》作「六卿」，《齊世家》亦云「晉初置六卿」。疑賈注《左傳》本作「六軍」，《集解》依《史記》之文改作「六卿」耳。

六年傳 立武宮。　服曰：「鞍之戰，禱武公以求勝，故立其宮。」本疏。

案：《公羊傳》：「武宮者何？先君武公之廟。」武公是成公九世之祖，毀已久矣，今復立之，以爲不毀之廟。《禮記・明堂位》曰：「武公之廟，武世室也。」《公羊傳》曰：「世室，言其世世不毀也。」知禱於武宮者，《哀二年》傳曰：「鐵之戰，衛大夫蒯聵禱曰：『曾孫蒯聵敢昭告於皇祖文王、烈祖康叔、文祖襄公。』」是軍中有禱事也，蒯聵得禱於文王、康叔，故魯亦得禱於武宮。又《定元年》傳：「昭公出，故季平子禱於煬公，立煬宮。」知此「立武宮」亦是因禱立之也。正義曰：「季平子禱于煬公，立煬宮，此若爲禱而立，何以不言禱也？無驗之說，故不可從。」愚按：《十六年》傳：伯州犁曰：「戰禱也。」是將戰而禱，行軍之常，傳何必贅言乎？若季平子逐君而懼，私自禱祠，故傳特顯言之，以發其伏。事有同異，故文有詳略也。杜氏于此注云「作先君武公宮，以告成事」，則泥于楚子「作先君宮，告成事」之言，而不知其說之難通也。楚子所謂「作先君宮」者，蓋師行則載主以從，因於野次，張幕爲宮，設主其中，以告戰勝。今距鞌戰已四易歲，何于四易歲後始告成事乎？師還，告廟飲至策勳。今四易歲而始告成事，則飲至諸典盡曠不行乎？且告成事，告廟而已，何必遠立已毀之廟乎？凡此皆説之不通者也。然則「立武宮」，非因禱武公求勝而何？

沃饒而近盬。　服曰：「土平有溉曰沃。盬，鹽池也。」《水經・涑水》注。

案：《地理志》「沃野千里」，蓋謂土之平者。《説文》：「𣵀，灌溉也。」《周語》注：「有溉曰沃。」盬爲鹽者，《説文》：「盬，河東鹽池。袤五十一里，廣七里，周百十六里。从鹽省，古聲。」《水經注》六引呂忱曰：「河東鹽池謂之盬。」《地理志》「河東郡安邑」：「鹽池在西南。」《周禮・鹽人》：「祭祀，供其苦鹽、散鹽。」杜子春讀「苦」爲「盬」，謂出鹽直用，不湅治。疏云：「鹽謂出於鹽池，今之顆鹽是也。」是盬即《周禮》之「苦鹽」也。不湅治爲盬，引申之則不工緻爲盬，《詩・鴇羽》傳云「盬，不工緻也」；不堅固者爲盬，《采薇》箋云「盬，不堅固也」。轉爲苦，《典婦功》云「辨其苦良」，鄭司農：「『苦』讀爲『盬』，謂分別其麤也。」又轉爲楛，《荀子・彊國》注：「『楛』讀爲『王事靡盬』之『盬』，不堅固也。」

子之佐十一人。　服曰：「是時欒書將中軍，荀首佐之。荀庚將上軍，士燮佐之。郤錡將下軍，趙同佐之。韓厥將新中軍，趙括佐之。鞏朔將新上軍，韓穿佐之。荀騅將新下軍，趙旃佐之。」本疏。

案：《四年》傳：「欒書將中軍，荀首佐之，士燮佐上軍，以救許。」《三年》傳云：「晉侯使荀庚來聘，公問諸臧宣叔曰：『中行伯之于晉也，其位在三。』」正義曰「于時荀庚將上軍」，故知欒書、荀首爲中軍將佐，荀庚、士燮爲上軍將佐矣。郤錡承克後，宜爲軍將，中上既有人，則錡當爲下軍將，趙同在佐之中而請戰，則佐下軍矣。至韓厥以下六人，爲新軍將佐次第知者，以《三年》傳云「晉作六軍，韓厥、趙括、鞏朔、韓穿、荀騅、趙旃皆爲卿」，此年傳云「韓獻子將新中軍」。韓厥居新軍之首，故三年傳先列其名，則以下五人所將所佐可循序知也。

【七年傳】使爲行人於吴。　服曰：「行人，掌國賓客之禮籍，以待四方之使，賓大客，受小客之幣辭。」《吴世家》注。

案：此見《周禮·小行人》，其文云「掌邦國賓客之禮籍，以待四方之使者」，鄭注：「禮籍，名位尊卑之書。使者，諸侯之臣使來者也。」「賓大客」，「賓」當作「擯」，《小行人》「大客則擯」注：「擯而見之，王使得親言也。」「受小客之幣辭」者，《小行人》「小客則受其幣，而聽其辭」注：「受其幣者，受之以入告其所爲來之事。」《周禮》有大行人、小行人，服以侯國行人不能以當大行人，故舉《小行人》説之。

【八年經】宋公使公孫壽來納幣。　服曰：「不稱主人，母命不通，故稱使。婦人無外事。」《儀禮·士昏記》疏。

案：服約《公羊·隱三年》「紀履緰來逆女」傳文也。彼傳云「昏禮不稱主人」，何休注：「爲養廉遠恥也。」傳又云：「然則曷稱？稱諸父兄師友。宋公使公孫壽來納幣，則其稱主人何？辭窮也。辭窮者何？無母也。」何休注：「禮，有母，母當命諸父兄師友，稱諸父兄師友以行。宋公無母，莫使命之，辭窮，故自命之，則不得不稱使。」傳又云：「然則紀有母乎？曰有。有則何以不稱母？母不通也。」注：「禮，婦人無外事，但得命諸父兄師友，稱諸父兄師友以行耳。母命不得達，故不得稱母通使文，所以遠别也。」服意《昏禮》本不稱主人，而母命又不得達，則自命之矣。「故稱使」，與《公羊》「宋公無母」之説稍異。《士昏禮·記》「宗子無父，母命之」，是父没母可命矣。故何休謂「母命諸父兄師友，稱諸父兄師友以行」，而服不然者，以《昏禮·記》是士禮，故母得命之，若國君之母，不得以命達于境外。何休註于禮無明文，故服不同之也。

天子使召伯來賜公命。賈曰：「諸夏稱天王，畿内曰王，夷狄曰天子。王使榮叔歸含且賵，以恩深加禮妾母，恩同畿内，故稱王。成公八年乃得賜命，與夷狄同，故稱天子。」本疏。

案：《曲禮》「君天下曰天子」注：「天下，謂外及四海也。今漢於蠻夷稱天子，於王侯稱皇帝。」是漢時諸侯王稱皇帝，即諸夏稱天王之義。疏引《五經異義》「謹案《春秋左氏》云『施於夷狄稱天子，施於諸夏稱天王，施於京師稱王』」，蔡邕《獨斷》云「王，畿内之所稱，王有天下，故稱王。天王，諸夏之所稱，天下之所歸往，故稱天王。天子，夷狄之所稱，父天母地，故稱天子」，則賈云「畿内稱王，諸夏稱天王，夷狄稱天子」，漢時經師相傳之訓也。案：賈義亦見隱元年傳。「榮叔歸含且賵」在文五年。《周禮·職喪》：「掌諸侯之喪，凡國有司以王命有事焉，則詔贊主人。」疏：「言諸侯者，謂畿内王子、母弟得稱諸侯者。」又注：「有事，謂含襚贈賵之屬。詔贊者，以告主人，佐其受之。」是畿内諸侯有喪，得有含襚贈賵之屬。今成風以外侯妾母，王亦歸含且賵，是於禮有加，恩比畿内，故稱王以見其近也。《白虎通·崩薨篇》：「諸侯薨，使人歸瑞珪于天子者何？諸侯以瑞珪爲信，今死矣，嗣子諒闇三年之後，當乃更爵命，故歸之，推讓之義也。」《爵篇》引《韓詩内傳》曰：「諸侯世子三年喪畢，上受爵命於天子。」是賜命當在三年之後。今越八年乃賜命，直以夷狄遠之，故經稱「天子」。

傳 武從姬氏畜于公宮。　賈、服曰：「姬氏，成公之女。」本疏。

案：正義曰：「《史記・趙世家》云：『趙朔娶晉成公姊爲夫人。』案傳，趙衰適妻是文公之女，若朔妻成公之姊，則亦文公之女。父之從母，不可以爲妻。且文公之卒，距此四十六年，莊姬此時尚少，不得爲成公姊也。賈、服先儒皆以爲成公之女，故杜從之。」

九年傳 南冠而縶者，誰也？　服曰：「南冠，楚冠。」《御覽》六百四十二。

案：司馬彪《輿服志》：「法冠，一曰柱後，高五寸，以纚爲展筩，鐵柱卷。或謂之獬豸冠。獬豸，神羊，能別曲直，楚王嘗獲之，故以爲冠。胡廣説曰：『《左氏傳》有「南冠而縶」者，則楚冠也。秦滅楚，以其君服賜執法近臣御史服之。』」

十年傳 晉侯夢大厲。　服曰：「公明之鬼。」本疏。

案：《世本》曰：「公明生共孟及趙夙，夙生衰。」《史記・趙世家》：「趙夙生共孟，共孟生趙衰。」共孟當即公明，字異聲相近。《書》「被孟豬」，《夏本紀》作「明都」，是其證。《世本》以公明、共孟爲父子，非也。夙、衰同時，衰不得爲夙孫。《晉語》衰爲夙弟，當得其實。共孟，當從《世本》爲夙父。《史》反以爲夙子者，史遷言世系往往牴牾也。《宣二年》傳疏云「《世本》『夙爲衰祖』，《世本》轉寫多誤，其本未必然也」，則亦當據《晉語》爲正。趙氏先祖其人非一，而服以爲「公明之鬼」者，以趙夙始受封邑，雖不逮事景公，有故臣之義，不得仇君。公明在武、獻前，所事之君當是昭、哀，與景公無君臣之分，故得爲「厲」，此服以意斷之也。

居肓之上，膏之下。　賈曰：「肓，鬲也。心下爲膏。」本疏。

案：《説文》：「肓，心下鬲上也。」此云「鬲」，不云「鬲上」者，《素問》云：「肓之原在齎下。」《釋名・釋形體》云：「膈，塞也，塞上下，使氣與穀不相亂也。」是肓原在臍下，而運于鬲上，言鬲足該之矣。《説文》列膏于腸肪之間。腸者，大小腸也。膏者，肥也。肪者，亦肥也。《通俗文》以脂在腰曰肪，則膏即脂矣。正義曰：「此膏謂連心脂膏也。劉炫以爲釋首者爲膏，連心之脂不得稱膏。以爲『膏』當爲『鬲』，改易傳文，而規杜氏，杜依賈説。非也。」

十一年傳　郤犫來聘。　服曰：「郤犫，克從祖昆弟。」本疏。

案：正義曰：「《世本》：『郤豹生冀芮，芮生缺，缺生克也。』又云：『豹生義，義生步揚，步揚生州，州即犫也。』如彼文，則犫與克俱是豹之曾孫，當爲從祖昆弟。」

吾不以妾爲姒。　賈曰：「兄弟之妻相謂爲姒。」本疏。

案：正義曰：「世人多疑娣姒之名，皆以爲兄妻呼弟妻爲娣，弟妻呼兄妻爲姒，因即惑于傳文，不知何以爲説。今謂母婦之號，隨夫尊卑；娣姒之名，從身長幼。以其俱來夫族，其夫班秩既同，尊卑無以相加，遂從身之少長。《喪服・小功章》曰：『娣姒婦報。』傳曰：『娣姒婦者，弟長也。』以『弟長』解

『娣姒』，言娣是弟，姒是長也。《公羊傳》亦云『娣者何？弟也』。是其以『弟』解『娣』，自然以『長』解『姒』。長謂身之年長，非夫之年長也。《釋親》云『長婦謂稚婦爲娣婦，娣婦謂長婦爲姒婦』，止言婦之長稚，不言夫之大小。今穆姜謂聲伯之母爲姒，昭二十八年傳叔向之嫂謂叔向之妻爲姒，二者皆呼夫弟之妻爲姒，豈計夫之長幼乎？《釋親》又云『女子同出，先生爲姒，後生爲娣』，孫炎云『同出謂俱嫁事一夫也。事一夫者，以己生先後爲娣姒』，則知娣姒以己之年，非夫之年也。故賈、鄭及此註皆云『兄弟之妻相謂爲姒』，言兩人相謂，謂長者爲姒。知娣姒之名，不計夫之長幼也。」邵氏《爾雅・釋親》正義曰：「孔氏之言非也。婦人三從之義，既嫁從夫。若娣姒之名從身之少長，不計夫之長幼，則從夫之義謂何矣？且孔氏所引《禮》文、《雅》訓俱爲未覈。《喪服》傳云『謂弟之妻婦者，是嫂亦可謂之母乎』？傳意謂兄弟之妻有嫂婦之稱，不可從母婦之屬也。孔氏迺云『母婦之號，隨夫尊卑』，則不達于《禮》意矣。《釋親》上云『女子同出，謂先生爲姒，後生爲娣』，《爾雅》明著其文曰『女子同出』，言俱事一夫也，所謂媵也。此云『長婦謂稚婦爲娣婦，娣婦謂長婦爲姒婦』，《爾雅》明著其文曰『婦』，婦者，對夫而言。夫年有長稚，故婦從夫而有長婦、稚婦。言其各事一夫，所謂昆弟之妻也。孔氏迺欲以媵之俱事一夫者，牽合於昆弟之妻，則不達于《雅》訓矣。孔氏所據者，《左傳》之稱『弟妻爲姒』耳，殊不知古之稱娣姒者，猶今人稱妯娌，兄妻稱弟妻曰妯娌，弟妻亦可稱兄妻曰妯娌。蓋晰言之，則兄妻爲姒，弟妻爲娣；合言之，則昆弟之妻統稱爲娣姒；急言之，則但稱爲姒。故賈、鄭、杜氏謂兄弟之妻相謂爲姒者是也，孔氏謂娣姒之名不計夫之長幼者非也。」愚謂孔氏之非，邵氏辨之良是。如以身年之長幼爲娣姒，豈聲伯之母、叔向之妻皆年長于穆姜、伯華妻乎？此理之必不然者也。至邵氏謂「急言之，則但稱爲姒」，亦于義未盡。《爾雅》及《喪服》章區别兄婦爲姒、弟婦爲娣，正名之義也。傳記兄弟之妻相謂爲姒者，時俗之稱也。蓋其各由母族共事夫家，居娣道，以明謙相推曰姒，傳亦就當時稱謂書之于册耳，即如下稱上曰君，後世則上亦以之稱下矣。男子先生爲兄，後世則年相輩者亦互稱矣。稱謂變移，不爲典要，邵氏曰「急言之，但稱爲姒」，則急言之何不但稱爲娣乎？似未合春秋時之習俗也。

十三年傳　寡人不佞。　服曰：「佞，才也。不才者，自謙之詞也。」本疏。

案：正義曰：「《論語》云『焉用佞？禦人以口給，屢憎於人』，則佞非善事，而以不佞爲謙者，佞是口才捷利之名，本非善惡之稱，但爲佞有善有惡耳，爲善敏捷是善佞，爲惡敏捷是惡佞。」案：佞，《説文》：「从女，仁聲。」大徐作「从信省」。《説文・女部》：「嬛，材緊也。」「婧，一曰有才也。」「嫛，材也。」佞从女，則與嬛、婧、嫛類，故《十六年》傳「諸臣不佞」、《昭二十年》傳「臣不佞」、《魯語》「寡君不佞」、《晉語》「夷吾不佞」，並以不佞爲謙，則佞爲才矣，此古訓也。佞不止口才也。《論語》「不有祝鮀之佞」「是故惡夫佞者」，孔注、皇疏並云「佞，口才」，此隨文爲訓，佞之一端也。《論語》「遠佞人」、《晉語》「佞之見佞」，此《鹽鐵論・刺議》所謂「以邪導人謂之佞」，是猶苦爲快、亂爲治、香爲臭，佞之變義也。

使公子欣時逆曹伯之喪。　賈、服曰：「廬之庶子。」《公羊》昭二十三年疏。

案：《公羊傳》「欣時」作「喜時」，何休注「喜時，曹伯廬弟」，與賈、服異，疏以爲所見本異。

十五年傳　左師、二司寇、二宰遂出奔楚。　服曰：「魚石，卿，故書。」本疏。

案：傳言魚石爲左師，且是執政之卿，故經書之也。宋自殤公以前，執政皆大司馬，華督以太宰相，變例也。《僖九年》傳：「以公子目夷爲仁，使爲左師聽政。」魚石爲子魚曾孫而爲左師，當與華元共聽宋政。元復石奔，經書之者，以其執政故也。向爲人爲大司寇，亦卿也，與石出奔而經不書者，以其非執政卿也。

晉三郤害伯宗。　賈曰：「三郤，郤錡、郤犨、郤至也。」《晉世家》注。

十六年經　戰于鄢陵。　服曰：「鄢陵，鄭之東南地也。」同上。

案：《漢書·地理志》潁川郡傿陵，杜預以爲即此鄢陵。《郡國志》潁川郡隱陵，春秋時曰隱。劉昭補注：「《春秋》鄭共叔所保，故曰『克段于鄢』。」又《成十六年》「晉敗楚于隱陵」，李奇曰：「六國曰安陵。」然《地理志》「陳留郡」有「傿」，應劭曰「『鄭伯克段于傿』是也」，則克段之「傿」與潁川之「隱陵」有別，《續志》所云，恐未的也。服斷以爲鄭東南地者，伐鄭禦楚，則越鄭而東，而東南與楚遇，當在鄭東南地矣。

晉人執季孫行父，舍之于苕丘。　賈曰：「書『執行父，舍于苕丘』，言失其所。不書至者，刺晉聽讒執之,示己無罪也。」本疏。

案:《春秋》書列國執行人,皆不言所舍之地。《昭十三年》「晉人執季孫意如以歸」,《二十三年》「晉人執我行人叔孫婼」,皆不言舍地。此書之者,明未至國也。無罪見執,是失所也。《十四年》「意如至自晉」傳曰:「尊晉罪己也。」《二十四年》「婼至自晉」傳曰:「尊晉也。」若然,則此季孫行父見執而歸,不書至者,可證晉受僑如之讒,非理見執,魯無可罪也。

傳 今楚内棄其盟,❶而外絶其好,瀆齊盟,而食話言,奸時以動,而疲民以逞。 服曰:「『外絶其好』,刑不正邪也。『食話言』,義不建利也。『疲民以逞』,信不守物也。」本疏。

案:「外絶其好」,服以爲「刑不正邪」者,《皇矣》詩曰「詢爾仇方,同爾兄弟」,箋云:「仇方,謂旁國諸侯爲暴亂大惡者,女當謀征討之,以和協女兄弟之國,親親則多相臺本。志齊心一也。」若然,則結好同志乃可除慝。今楚外絶好,是致刑不能正邪矣。「食話言」爲「義不建利」者,《易·繫辭》曰:「理財正辭曰義。」荀爽曰:「名實相應,萬事得正,謂之正辭。咸得其宜,故謂之義也。」《論語》曰:「信近于義,言可復也。」《易·文言》曰:「義者,利之和也。」《墨子·經》曰:「義者,利也。」崔憬曰:「言辭,人之樞要,不以義返之,則必有辱也。」今楚食話言,是失義而利不立矣。「疲民以逞」爲「信

❶「盟」,《春秋左傳正義》作「民」。

不守物」者，《禮記·經解》曰：「民不求其所欲而得之，謂之信。」《論語》曰：「君子信，而後勞其民。」今楚「疲民以逞」，是咈民之欲以從己欲者也，故爲信不守物。杜氏注「内棄其民」云「不施惠」，而「外絶其好」注云「義不建利」，「瀆齊盟」注云「不詳事神」，而「食話言」注云「信不守物」，「奸時以動」注云「禮不順時」，而「疲民以逞」注云「刑不正邪」。正義曰：「杜以『食話言』是言之不信也；快意征伐，是刑之失所也，故不從舊説。」若然，則三者與服解相易。至「内棄其民」爲「不施惠」，「瀆齊盟」爲「不詳事神」，「奸時以動」爲「禮不順時」，當即服義矣，故正義不别出之。服以上文云「德以施惠」「刑以正邪」「詳以事神」「義以建利」「禮以順時」「信以守物」，六言以次順説，「今楚」以下六事，則「内棄其民」是「德不施惠」，而「外絶其好」當爲「刑不正邪」也，「瀆齊盟」是「詳不事神」，而「食話言」當爲「義不建利」也，「奸時以動」是「禮不順時」，而「疲民以逞」當爲「信不守物」也。尋繹上下文義，服之以次順注，當非謬也。

皆曰：「國士在，且厚，不可當也。」　服曰：「賁皇、伯州犁皆言曰，晉、楚之士皆在君側，且陳厚，不可當也。」本疏。

案：傳上文「伯州犁以公卒告王。苗賁皇在晉侯之側，亦以王卒告」，此「皆曰」者，申明上文指告之言。「晉、楚之士皆在君側」，即所謂「公卒」「王卒」也。厚爲陳厚者，「陳」即「陣」，古只作「陳」。《御覽·兵部》引諸葛亮《軍令》曰「連衡陳者狹而厚」，是陣有厚薄之分也。「當」者，莊十三年《公羊傳》注「猶敵也」。「不可當」，言不可敵也。正義曰：「如服言，賁皇既言楚不可當，何故復請分良以擊其左右? 故杜不用其説。晉侯左右皆爲此言,以憚伯州犁耳。」愚謂賁皇惟以國士在楚中軍,故請先分良擊其左右,則以中軍不可敵,挫其左右以動之也。服只言君側之士不可當,非謂楚概不可當,賁皇復爲此計,與上文不相礙。孔氏不究服氏「皆在君側」之言,遽謂服言「楚不可當」,是誣服也。且「皆」字指賁皇、州犁,則承二人互告之文,與傳上下文義相浹。若從杜意,則傳當曰「晉侯之左右皆曰」,以別上文,不得僅云「皆曰」矣。

其卦遇復。 服曰:「復,反也。陰盛於上,陽動於下,以喻小人作亂於上,聖人興道於下。萬物復萌,制度復理,故曰復也。」本疏。

案:此釋《復》卦義也。「復,反也」者,鄭氏《易注》曰:「復,反也,還也。陰氣侵陽,陽失其位,至此始還,反起于初,故謂之復也。」「陰盛于上,陽動于下」,謂五陰在上、一陽在下也。《復》上六曰「用行師,終有大敗,以其國君凶」,荀爽曰:「坤爲衆,故『用行師』也。謂上行師,而距于初,陽息上升,必消羣陰,故『終有大敗』。『國君』,謂初也。受命復道,當從下升。今上六行師,王誅必加,故『以其國君凶』也。」按:此即服云「小人作亂于上,聖人興道于下」之象也。「萬物復萌」者,荀爽曰:「復者,冬至之卦。陽起初九,爲天地心,萬物所始。」《白虎通・三正篇》:「十一月之時,陽氣始養根株,黄泉之下,萬物皆赤。赤者,盛陽之氣也。」「制度復禮」者,《復》象曰:「先王以至日閉關,商旅不行,后不省方。」宋衷曰:「自天子至公侯,不省四方之事,將以輔遂陽體,成致君道也。制之者,王者之事。奉之者,爲君之業也。」是復理之旨也。

射其元王。　服曰：「陽氣觸地射出，爲射之象。」本疏。

案：復卦上坤下震，初陽觸發，射出于地，故以取象。

有韎韋之跗注。　賈曰：「一染曰韎。」本疏。賈、服曰：「跗，謂足跗。注，屬也。袴而屬於跗。」《周禮·司服》疏。

案：《詩·瞻彼洛矣》箋云「韎韐者，茅蒐染也。茅蒐，韎韐聲也」。《爾雅·釋草》「茹藘茅蒐」郭注：「今之蒨可以染絳。」《詩疏》引鄭《駁異義》云：「韎，草名，齊、魯之間言『韎韐』此「韐」字，《鄭志》當無之，正義誤連。聲如『茅蒐』，字當作『韎』。陳留人謂之蒨。」韋昭云：「茅蒐，今絳艸也。急疾呼成『韎』。」是「茅蒐」合聲爲「韎」。《詩》毛傳曰：「一入曰韎。」「入」字從定本。去「韐」字，从阮氏《校勘記》。此賈所本。《爾雅·釋器》「一染謂之縓」，縓，《説文》云「帛赤黄色」。縓又謂之緼。鄭注《玉藻》云：「緼，赤黄之間色，所謂韎也。」《士冠禮》注云：「韎韐，緼韍也。士緼韍而幽衡，合韋爲之。士染以茅蒐，因以名焉。」《儀禮·士喪禮》「結于跗，連絇」注：「跗，足上也。」疏以爲足背。《莊子·秋水篇》：「蹶泥則没足滅跗。」足、跗析言，則跗是足上矣。司馬彪注「跗，謂足跗」，與服同。「注，屬」者，《周禮·函人》「犀甲七屬」，鄭云「屬，讀如『灌注』之『注』」。《匠人》「水屬不理孫」，鄭亦云「屬，讀爲『注』」，以注、屬聲相近也」。《晉語》：「恐國人之屬耳目於我也。」韋注：「屬，猶注也。」「注」訓屬，「屬」亦訓注，明二字同也。《儀禮·士冠禮》「屬於缺」注：「屬，猶著。」《漢書·揚雄傳》集注云「屬，猶綴也」。《詩·常棣》「鄂不韡韡」箋云：「『不』當作『柎』，柎，鄂足也。」古聲「不」「柎」同，是「跗」古文作「不」，「跗」是假借。《成二年》傳：「三周華不注。」伏琛曰：「不音跗，與《詩》『鄂不』之『不』同。」則「華不注」之「不」即「跗」古文，是山之承足者爲跗注。此戎服之被足亦名跗注，是當時有此名也。「袴而屬于足」者，「袴」，《説文》作「絝」，云「脛衣也」。《周禮·司服》「凡兵事韋弁服」注：「韋弁，以韎韋爲弁，又以爲衣裳。《春秋傳》曰『晉郤至衣韎韋之跗注』，是也。」《晉語》注：「兵服，自要以下注于跗。」若然，則賈、服云「袴而屬于跗」，非以脛衣當之，謂若袴之連于跗，舉袴以擬其狀。杜云「若袴而屬于跗」，蓋即用賈、服舊注，《周禮疏》引賈、服注脱「若」字耳。

察夷傷。　服曰：「金創爲夷。」本疏。

案：「夷」，即「痍」之省文。《釋名·釋疾病》云：「痍，侈也，侈開皮膚爲創也。」《衆經音義》引《通俗文》：「體創曰痍。」《説文》：「刅，傷也。从刃从一。刱，刅或从倉。」今字作「創」，又「𠛬」之變。金傷爲創，則《通俗文》之「體創曰痍」，是金創矣。《月令》「命理瞻傷察創」注：「創之淺者曰傷。」

子叔聲伯使叔孫豹請逆于晉師。　服曰：「叔孫豹先在齊矣，此時從國佐在師，聲伯令人就齊師使豹，豹不忘家國，聞白國佐，爲魯請逆。」本疏。

案：知「叔孫豹先在齊」者，以此年傳云「喬如奔齊，召叔孫豹于齊而立之」。又《昭四年》傳曰：「初，穆子去叔孫氏。及宣伯奔齊，饋之。宣伯曰：『魯以先子之故，將存吾宗，必召女。召女何如？』曰：『願之久矣。』」故知叔孫豹先在齊也。經稱「會齊國佐伐鄭」，故知從國佐在師也。豹自思僑如之敗而去，非背叛者比，故聲伯仍得使之，而豹亦不忘父母之邦，以其情聞于國佐，爲魯迎師。正義曰：「若豹以前在齊，則非復魯臣，聲伯止可因之以請，不得云聲伯使豹。聲伯安得專使背叛之臣也？又聲伯豈無魯人可使，而崎嶇艱險，遠使他國之人乎？今傳言聲伯使豹，明在魯軍，得爲聲伯使耳。下云聲伯『食使者而後食』，不言食豹，而言食使者，明豹因請逆，遂即不還，還者豹之介耳。於時魯師在鄭，從鄭向齊，塗出於魯，豹必過魯乃去，故得宿于庚宗。彼傳因言宿于庚宗，遂説娶于國氏，生二子耳。二子之生，必在僑如奔後。豹之還魯，雖無歸年，而襄二年始見於經，豎牛已能奉雉，故杜以爲此年去，彼年歸，故下注云：『傳因言其終。』」按：《昭四年》傳「穆子去叔孫氏，及庚宗，遇婦人。適齊，娶于國氏，生二子」，於是繼之曰：「及宣伯奔齊，饋之。宣伯曰：『魯以先子之故，必召女。召女何如？』曰：『願之久矣。』」是生二子在宣伯奔齊之前，敘次甚明，且曰「願之久矣」，則望歸本國已非一日。若然，則宣伯奔前，豹已在齊取妻生子，是已久處可知，故使請逆時，服知先在齊也。如杜云「僑如作亂，豹因奔齊」，如孔氏謂「二子之生，必在僑如奔後」，是顯與昭四年傳牴牾矣。夫豹之去，當以知穆姜、僑如之事，適齊避禍，與背國出奔者有別，故聲伯使之請逆，仍以魯臣待之。孔氏加以背叛之目，尤與傳意相違矣。至豹始見于襄二年經，亦因事見名，其實歸即在僑如奔後也。下文云「十月，僑如奔齊」，「十二月，季孫及郤犨盟于扈。歸，刺公子偃。召叔孫豹于齊而立之」，可知是一時事也。杜云「傳于此因言其終」，違傳文以就己説。若據昭四年傳文斷穆子前在齊，至是而請逆晉師，則前後無支離之説矣。孔反執杜難服，可云「習非而遂迷者也」。

宋、齊、衞皆失軍。　服曰：「失軍，失其軍糧。」本疏。

案：據服説，疑服本「軍」作「餫」。《説文》「餫」下云「野饋曰餫」，段注：「《黍苗》箋云『營謝轉餫之役，有負任者，有輓輦者，有將車者，有牽傍牛者』，可證餫爲運糧。」愚按：餫，从食軍聲，故服曰「軍糧」。若本作「軍」字，則糧爲贅文矣。

十七年經 九月辛丑，用郊。　賈曰：「諸書用，❶皆不宜用，反于禮者也。」本疏。

案：《公羊傳》：「用者，不宜用也。九月，非所用郊也。」《穀梁傳》：「九月用郊，用者，不宜用也。」賈本二傳爲説。云「諸書用」者，如《莊二十四年》「大夫宗婦覿用幣」傳曰「非禮也」，《二十五年》「鼓用牲于社」「秋大水，鼓用牲于社、于門」傳皆曰「非常也」，《僖十九年》「邾人執鄫子用之」傳「子魚曰：『小事不用大牲，而況敢用人乎？』」是經「諸書用」者，「皆不宜用」也。「反于禮」者，謂違禮也。

傳 懼不敢占也。　服曰：「聲伯惡瓊瑰贈死之物，故畏而不言。」《詩·渭陽》疏。

案：「惡瓊瑰爲贈死之物」者，《喪禮》「飯含用玉」，聲伯夢見食之，故惡之。文五年《公羊傳》曰：「含者何？口實也。」何休註：「天子以珠，諸侯以玉，大夫以碧。」《説文》：「琀，送死口中玉也。」按古者含惟用玉石：天子用玉，見《典瑞》；士用貝，見《士喪禮》。此瓊瑰，《渭陽》毛傳曰：「石而次玉。」應劭曰：「瓊，玉之華也。」故《詩》言石之似玉，皆以瓊冠之，如瓊玖、瓊琚、瓊瑶、瓊華、瓊瑩、瓊英及此

❶「書」，原作「言」，據下文及《春秋左傳正義》改。

瓊瑰是也。不得如杜説以瓊爲玉、以瑰爲珠也。且何休謂「天子以珠」，珠亦當以玉爲之。洪氏亮吉《釋珠》云：「玫『珠』字，从玉，皆以玉爲之。《周禮·玉府》『掌供王之服玉、佩玉、珠玉。若合諸侯，則供珠槃、玉敦』，是也。《續漢書·輿服志》：『孝明皇帝永平二年初，詔有司采《周官》《禮記》《尚書·皋陶篇》，乘輿服從歐陽氏説，公卿以下從大、小夏侯氏説。冕皆廣七寸，長尺二寸，前垂四寸，後垂三寸，係白玉珠，爲十二旒。三公、諸侯七旒，青玉爲珠。卿大夫五旒，黑玉爲珠。』所謂白玉珠、青玉珠、黑玉珠，皆以玉石之白、青、黑爲之。歐陽、夏侯皆承周、秦以來先儒舊説，明三代之制，冕旒所垂之珠，皆琢玉爲之，非蚌珠。」由此推之，則天子所含，《周禮》言玉，舉其質；《禮緯》言珠，言其形。其必以玉爲珠，所以别于諸侯所含之璧形而小耳。杕氏分瓊瑰爲珠玉，不特不明于古之名珠即以玉爲之，且珠、玉雜含，有是理乎？至其以瑰爲珠者，《説文》云「玫瑰，火齊珠」，《文選·子虚賦》注引晉灼説同，是杜所本。然必「玫瑰」連文乃爲珠，如此之「瓊瑰」連文，則必當爲似玉之石，乃於大夫贈死之物爲稱。聲伯夢食瓊瑰，合其所含之等，故惡之也。占，謂占夢。《周官》有占夢，是也。但占必言夢而始占之，聲伯不敢占，故服以爲不敢言也。

公遊于匠麗氏。賈曰：「匠麗氏，晉外嬖大夫在翼者。」《晉世家》注。

案：知「嬖大夫在翼」者，《國語》：「國人勿黷，遂殺諸翼。」又曰：「圍公于匠麗氏。」合此二文，則匠麗在翼明矣。

十八年傳 辛未，朝于武宮。本疏。

案：杜本作「辛巳」，正義曰：「服虔本作『辛未』，《晉語》亦作『辛巳』。孔晁云『以辛未盟入國，辛巳朝祖廟，取其新也』。案《晉語》稱『庚午，大夫逆于清原』，傳云『庚午，盟而入』，逆日即盟，非辛未也。傳與《晉語》皆言『辛巳朝于武宮』，服本自誤耳，孔晁强欲合之，非也。」臧氏琳云：「庚午既盟而入，故明日辛未即朝于始祖廟，服本是也。若作『辛巳』，則與盟而入之日相去十有二日矣，久入而不朝，何也？故知《國語》作『巳』字誤，而杜本《左傳》同之。據孔注、《國語》，知孔氏所見《左傳》本與服氏同作『辛未』，特孔氏不知《國語》爲誤，而强欲通之爲非耳。正義謂『逆日即盟』，此説是也。至以服本爲誤，則偏袒之失。」愚謂臧氏説是也。《僖二十四年》敘文公之入云：「丙午，入于曲沃。丁未，朝于武宮。」是入國而後，翌日朝廟，具有成例，豈悼公之入越十有二日而始朝廟乎？杜本作「辛巳」，當因《國語》文而改，不知正誤文也。

荀賓爲右，司士屬焉。　服曰：「司士，主右之官。」本疏。

案：《周禮》有司士，「掌群臣之版，以詔王治」，其職非此車右之類，不得屬車右。服所謂主右之官，蓋即《周禮》司右，以上士、下士爲之者也。《司右職》云「掌群右之政令，凡國之勇力之士能用五兵者屬焉」。此傳下云「使訓勇力之士時使」，則此官與《周禮》司右所掌相類矣。

春秋左氏傳賈服注輯述卷十一

嘉興李貽德學

襄公

【元年傳】晉韓厥、荀偃帥諸侯之師伐鄭，入其郛。　賈曰：「韓厥、荀偃帥諸侯之師，謂帥宋、衛、滕、薛伐鄭。齊、魯、曹、邾、杞次於鄫，故諸侯之師不序也。入郛不書者，晉人先以鄭罪令於諸侯，故書『伐鄭』。『入郛』，既敗鄭，不復告，故不書。」本疏。

案：正義曰：「傳惟言諸侯之師，不見諸侯之國，未知諸侯之師是何國師也。『於是東諸侯之師次于鄫，以待晉師』，則次鄫之師，皆不與伐鄭。此諸侯之師，其中必無齊、魯、曹、邾、杞也。案：上圍彭城，除此五國以外，猶有宋、衛、莒、滕、薛，下云『晉侯、衛侯次于戚，以爲之援』，則衛師從伐明矣。明年戚之會，知武子云『滕、薛、小邾之不至，皆齊故』。與戚之會，始怪滕、薛不來，明此時伐鄭，滕、薛在矣。『東諸侯皆次于鄫』，莒在齊、魯之東，若其在此，當與東人同次。前圍彭城，亦無小邾。此時或無莒與小邾耳。諸侯之師，當是宋、衛、滕、薛也。」以上孔疏。案：入郛當告而書之，今不書者，以傳例聲罪致討曰伐，鄭從楚同伐彭城，晉士魴來乞師，孟獻子會虚朾，雖爲救宋，實先以伐鄭之故令之諸侯矣。及入郛敗鄭，略而不告，故不書於經。

敗其徒兵于洧上。　服曰：「洧，水名。」《鄭世家》注。

案：《鄭語》「主芣騩而食溱、洧」，是鄭有洧水。《漢書·地理志》「潁川郡陽城」自注：「陽城山，洧水所出，東南至長平入潁，過郡三，行五百里。」

二年傳　是棄功與言。《釋文》。

案：杜本作「棄力」，《釋文》：「『棄力』，服本作『棄功』。」臧氏琳曰：「當從服本作『棄功』，言楚有功於鄭也。」

三年傳　使鄧廖帥組甲三百，被練三千。　賈曰：「組甲，以組綴甲，車士服之。被練，帛也，以帛綴甲，步卒服之。凡甲所以爲固者，以盈竅也。帛盈竅而任力者半，卑者所服。組盈竅而盡任力，尊者所服。」本疏。　服曰：「以組綴甲。」《初學記》二十七。

案：《考工記·函人》云「犀甲七屬，兕甲六屬，合甲五屬」，注：「屬，謂上旅、下旅札續之數也。」疏云：「一葉爲一札，上旅之中續札七節、六節、五節，下旅之中亦有此節。」又「權其上旅與其下旅，而重若一」疏云「謂札葉爲旅者，以札衆多，故言旅，旅即衆也」。然則凡甲聚衆札爲之。鄭讀「屬」如「灌注」之「注」，謂其相連注也。《太玄·二掜》「比札爲甲」，是札必相比而後爲甲，其相連比必綴以絲帛之類。《詩・叔于田》序：「繕甲治兵。」《國策》：「綴甲厲兵。」《越絶書・吴内傳》云：「越王反國，皆得士民之衆，而欲伐吴，乃使之維甲。」維甲者，治甲系。《詩・閟宫》「貝冑朱綅」疏曰：「朱綅，直謂赤綫耳。文在『冑』下，則是甲之所用，故云以朱綅綴之，謂以朱綫連綴甲也。」《孟子・盡心》注：「縷，鉄鎧甲之縷也。」凡此皆爲綴札之證。傳云「組甲」，故賈、服皆云「以組綴甲」。《管子・五行篇》「衍組甲厲兵」注：「組甲，謂以組貫甲也。貫，猶綴也。」《説文》：「綴，合箸也。从叕糸。」段氏曰：「聯之以絲也，會意。」《禮記・内則》「織紝組紃」疏曰：「組、紃，俱爲絛也。薄闊爲組，似繩者爲紃。」《采蘋》序箋《釋文》「組，綫也」，疏曰：「組亦絛之類，大同小異耳。」《雜記》「紃以五采」注：「紃，施諸縫中，若今時絛也。」若然，組綴甲，謂以薄闊如絛者施諸縫中耳。賈云「車士服之」者，《司馬法》「長轂一乘，甲士三人」，故乘車稱士謂車士，服此組甲耳。「被當從」，《説文》作「紴」。《説文》：「紴，絛屬，讀若被。」又云「練，湅繒也」。湅繒即《考工記》之湅帛，是已湅之帛謂之練。此蓋以練爲紴而以綴甲。云「被練」者，猶《司常》云通帛、雜帛矣。「步卒服之」者，以被練者有三千人，故知是步卒也。云「凡甲之所以爲固」者，至尊者所服，賈明以製甲精粗之分爲服甲尊卑之等也。《説文》：「竅，空也。」《廣雅・釋詁》云：「盈，充也。」蓋札相連比綴，不密則空矣。故鉄之必充滿其空，而後甲固。《周禮・牛人》注：「任，猶用也。」《晉語》注：「力，功也。」任力，謂用綴屬之功。裂繒爲紴，是絛屬之闊者，故盈竅之功半於綴組，組既織文爲之。正義云「薄闊爲組」，較之紃爲闊，較之被練則陿矣。故盈竅之功比被練爲密。《逸周書》：「年不登，甲不纓縢。」孔晁注「縷繩甲不以組」，足徵組甲之當盡力也。尊卑所服，即由此判。杜云「被練，練袍」，正義曰：「文不言甲，必非甲名。被是被覆衣著之名，故以爲練袍被於身上。」愚謂：孔氏以「文不言甲，必非甲名」，則文不言袍，杜何由必知是練袍乎？《韓非子》陳軫曰：「秦得韓之都而驅其練甲。」練甲，即此被練之甲，非精練之甲。秦能得韓都，則甲之不練，可知是被練之爲甲明矣。此不稱甲，以已舉組甲，則此可不煩明指矣。惠氏士奇云：「《少儀》曰：『國家靡敝，甲不組縢。』《逸周書》曰：『年不登，甲不纓縢。』孔晁曰：『纓繩甲不以組。』蓋組甲之工靡於被練，故凶歲不組縢，所以節財也。《考工·函人》云『凡察革之道，眡其鑽空，欲其窓也。』空窓則堅，窽滿則固。帛粗故任力者半，組細故盡任力。《吕覽·有始篇》曰：『郲之故法，爲甲裳以帛。』高誘曰：『以帛綴甲。』即被練是也。『公息忌謂郲君曰：「不若以組甲。凡甲之所以爲固，以滿竅也。今竅滿矣，而任力者半耳。且組則不然，竅滿則盡任力矣。」郲君以爲然。』高誘曰：『組甲，以組連甲。』賈氏之説蓋本於此。」

建一官而三物成。　服曰：「所舉三賢，各能成其職事。」本疏。

案：三賢，謂解狐、羊舌赤、祁午。

亂行於曲梁。　賈曰：「行，陳也。」《晉世家》注。

案：《周禮·夏官》序官「行司馬」注：「行謂軍行列。」賈訓「行」爲「陳」者，陳亦列也。《説文》「陳」作「敶」，云「列也」。今字皆作「陣」。

魏絳戮其僕。　賈曰：「僕，御也。」同上。

事君不辟難。　服曰：「謂敢斬陽干之僕，是不辟獲死之難。」本疏。

案：《禮記·表記》「事君，軍旅不辟難」疏曰：「不辟危亡之難也。」絳之宿心如此，故斬陽干之僕，敢於犯死爲之耳。

使佐新軍。　服曰：「於是魏頡卒矣，使趙武將新軍，代魏頡，升魏絳佐新軍，代趙武也。」本疏。

案：《晉語》言悼公即位，「使呂宣子佐下軍，彘恭子將新軍，使令狐文子佐之」。注云：「文子，魏顆之子魏頡也。」又云：「呂宣子卒，公以趙文子爲文也，而能恤大事，使佐新軍。令狐文子卒，公乃以魏絳爲不犯，使佐新軍。」據《國語》所云，魏絳直代魏頡，而魏頡未嘗離新軍佐也。今以服意推之，知《國語》文不具也。魏頡始爲新軍佐，及呂宣子卒，彘恭子以新軍將升佐下軍，頡以佐升將，故趙文子得佐新軍也。及魏頡卒，則趙武升爲將，而魏絳代趙武爲佐矣。《九年》傳云「魏絳多功，以趙武爲賢而爲之佐」者也。

四年傳 恃其射也。　賈曰：「羿之先祖，世爲先王射官，故帝嚳賜羿弓矢，使司射。」本疏。〇《書·五子之歌》疏引同，惟無「嚳」字。

案：《說文·弓部》「㺶」下云「帝嚳射官」，《羽部》「羿」下云「亦古諸侯也」。今作「羿」，羿之俗。羿之先祖，亦稱羿，是先王射官並得稱「㺶」。云「帝嚳賜羿弓矢」者，本《山海經·海內經》云「帝俊賜羿彤弓、素矰以扶下國」。《初學記》引《帝王世紀》云：「帝嚳生而神異，自言其名曰夋。」帝俊即帝嚳，據《史記·五帝本紀》。堯爲帝嚳子，故堯時亦有羿，見《淮南·本經訓》。

武不可重。　服曰：「重，猶大也。言武事不可大任。」本疏。

案：《吕覽・貴生篇》「天下重物也」高注以大訓重。大任，言大用也。

戎狄荐居。　服曰：「荐，草也。」❶本疏。

案：杜云「荐，聚也」。正義曰：「服云『荐，草也』。言狄人逐水草而居，徙無常處。劉炫案：《莊子》云『麋鹿食荐』，案見《齊物論》。即荐是草也。服言是。」愚按：「荐」，服本作「薦」，《説文》：「薦，獸之所食草，从廌艸。」《管子・八觀》：「薦草多衍。」《漢書・景帝紀》：「或地饒廣，薦草莽。」《終軍傳》「北胡隨畜薦居」，即本傳義，尤可證古本作「薦」。劉炫本亦作「薦」，所引《莊子》文，《景帝紀》如氏注引作「麋鹿食曰薦」，《莊子音義》出「薦」字，引司馬云「美草也」，崔云「甘草也」，郭璞云「《三蒼》云『六畜所食曰薦』」。今翻宋本作「薦」，是劉炫所引當作「薦」，不作「荐」，「荐」「薦」通。《詩》「饑饉薦臻」，《郊祀志》引作「荐臻」，《節南山》疏云「『薦』與『荐』文異義同」，則正義本自作「荐」，爲「薦」之異體，併服本、劉説皆改從定本耳。

六年傳 子罕善之如初。　服曰：「言子罕不阿同族，亦逐樂轡以正國法，忠之至也。及樂轡射其門，畏從華弱之罰，復善樂轡如初，是爲茹柔吐剛，喪其志矣。傳故舉之，明《春秋》之義，善惡俱見。」本疏。

案：《吕覽・貴公篇》「不阿一人」注：「阿，亦私也。」不阿，言不私也。《詩・烝民》「柔亦不茹，剛亦

❶「草」，原作「聚」，據續經解本改。

不吐」，疏云：「人之恒性，莫不柔濡者則茹食之，堅剛者則吐出之。」今子罕始欲正刑，終則忍辱，服故以「茹柔吐剛」擬之。杜云：「言子罕雖見辱，不追忿，所以得安。」正義曰：「杜以春秋之世，君弱臣强，莫不蓋失掩罪，以相忍爲國。向戌欲蓋華臣，子罕不怨樂轡，皆忍忿求安之事，不足以爲大尤。知傳載此言，是善其得安，非尤其從惡，故異於服也。」愚謂：杜氏所言，正春秋之弊習，後世所大戒也。傳記善惡以詔來兹，如子罕之忠志不卒，忍忿偷安，斷無反善其得安之理。❶孔氏袒杜誣傳，失史裁矣。

八年傳 孫擊、孫惡出奔衛。　賈曰：「二孫，子狐之子。」本疏。

案：正義曰：「相傳爲此説也。」

九年傳 使皇鄖命校正出馬。　服曰：「皇鄖，皇父充石之後，十世宗卿爲人之子，大司馬椒也。」本疏。

案：「皇父充石」，見《文十一年》傳「在宋武公之世」，杜氏云「皇父，戴公子。充石，皇父名」。宗卿者，《成十四年》傳：「是先君宗卿之嗣也。」杜云：「同姓之卿，皇父戴公之後，故曰宗卿。」《哀十八年》正義引《世族譜》：「瑗，皇父充石八世孫。」程公説《春秋分記》引《世族譜》：「皇鄖，瑗從父昆弟。」與此云「十世宗卿」之子，世次參差，未審孰是。「爲人」，傳不見名，服所據想是《世本》文也。

---

❶「其得安」，續經解本作「之」。

椒是鄖字，爲大司馬者，正義曰：「車馬甲兵，司馬之職，使皇鄖掌此事，必是司馬也。」

使西鉏吾庀府守。　賈曰：「鉏吾，太宰也。」本疏。

案：賈知鉏吾爲太宰者，以庀府守知之。《周禮》大府、玉府、内府、外府皆統於太宰。今所使既皆六官之長，則庀府守當是太宰矣。劉炫以爲府庫守藏於義爲長。正義駁劉説云：「百司府藏，已屬左右二師。上華閱討右官，官庀其司。向戌討左，亦如之。則是府庫之物，二師總令羣官所主。」按：上云「官庀其司」，「司」字原兼「百司」，若此文云「庀府守」，自指「府庫之所藏」，杜以府爲六官之典，六官之典，亦府所藏。然官庀其司，所庀當已及之。此言「府守」，則宜指「財幣」言，故文次於後。《禮記·曲禮》「天子之六府，曰司土、司木、司水、司草、司器、司貨」注：「府，主藏六物之税者。此亦殷時制也。」宋承殷後，則府守猶是舊名，其爲府庫守藏，復何疑乎？

閼伯居商丘。　服曰：「商丘，地名。」《詩·商頌譜》疏。

案：《釋例》曰：「宋、商、商丘，三名一地，梁國睢陽縣也。」顧氏棟高曰：「今爲河南歸德府之商丘縣，城西南有商丘，周三百步，世稱閼臺。」

相土因之。　服曰：「相土，契之孫。因之者，代閼伯之後居商丘，湯以爲號。」同上。○本疏引「相土居商丘，故湯以爲天下號」。

案：《史記·殷本紀》：「殷契封於商，賜姓子氏。契卒，子昭明立。昭明卒，子相土立。」是相土爲契孫。《詩·長發》：「相土烈烈。」毛傳亦曰：「契孫也。」因者，《禮記·王制》「天子、諸侯祭因國之在其地，而無主後者」注：「謂所因之國，代閼伯之後居商丘，謂代有其商丘地也。」「湯以爲號」者，《詩疏》云「商者，成湯一代之大號」。言湯後得天下，即本商丘之商以爲號也。又引王肅《書序》注云「契孫相土居商丘，故湯因以爲國號」，與服此注同。《詩》「有娀方將，帝立子生商」箋云：「簡狄吞鳦卵而生契，堯封之於商，後湯王因以爲天下號，故云『帝立子生商』。」如《詩》言，商之名不始相土，是湯用商因契，非因相土，而服以爲因相土者，就傳文立義耳。蓋契之初封，《史記集解》引鄭君云「商國在太華之陽」，又正義引《括地志》云「商州東八十里商洛，本商邑，古之商國，卨所封也」是也。逮至相土遷閼伯之墟，其地本不名商丘，則由後追書耳。若然，契之封商，子孫世以爲國號，至湯遂爲有天下之大號。《詩》明云「立子生商」，鄭故箋爲「湯因之」，證此傳祇敘相土，服故以爲因相土不及契，傳所無也。其實因相土即因契，言各有當，非違《詩》辭。至王肅每與鄭異，不顧《詩・頌》《史記》之明文，其注《書序》體例與服注傳本異，而必從服説者，此則義同而意異也。

棄位而姣。　服讀「姣」爲「放效」之「效」，言效小人爲淫。本疏。○《釋文》：「姣，徐又如字。服氏同。」

案：杜云「姣，淫之别名」，與服異。服以「姣」「效」皆從交聲，故讀「姣」爲「效」。《小爾雅・廣義》：「男女不以禮交，謂之淫。」《禮記・坊記》云「君子刑以防淫」，是淫爲小人之事，故君子制刑防之。

穆姜淫於僑如，故自言如此。

肆眚圍鄭。　服曰：「放鄭囚。」本疏。

案：《書・舜典》：「眚災肆赦。」《史記・五帝紀》注引鄭注云：「眚災，爲人作患害者也。過失，雖有患，則赦之。」《莊二十二年》「肆大眚」《穀梁傳》曰「肆，失也。眚，災也」。注：「《易》稱『赦過宥罪』，《書》稱『眚災肆赦』，經稱『肆大眚』，皆放赦罪人。」《公羊傳釋文》「肆，本或作『佚』」，是肆爲放赦、縱佚之義。服以軍中行法如祁瞞奸命、之僑先歸、干僕亂行，皆徇以軍法，豈反有赦過之事？且肆以縱逸爲義，施之己軍，文尤不順，故以放鄭囚爲義也。正義曰：「按傳：未與鄭戰，無囚可放。」按諸侯師起，鄭必設備，苟無所獲，豈能遽門于鄟及師之梁乎？若云必戰而後有囚，則十一年敘圍鄭之事，不過曰「觀兵于鄭南門東門而已」，亦未嘗有戰事，而傳明曰「赦鄭囚」，此又何說？軍禮獲則獻俘，而此縱之者，《二十六年》傳楚聲子述靡谷之役，曰「明日將戰，行歸者而逸楚囚」，杜云「欲使楚知之」，則此之縱逸，亦欲其歸洩軍令以懼鄭志，故下文著之，曰「鄭人懼，乃行成」。軍之善謀，容有然也。

吾三分四軍。　賈曰：「三分四軍爲十二部。」本疏。

案：晉中、上、下及新軍爲四，每軍各三分之，三四爲十二，故云十二部也。《文選·羽獵賦》注：「部，軍之部伍也。」

冠而生子，禮也。　賈、服曰：「人君禮：十二而冠。」《宋書·禮志》。

案：《公羊》隱元年傳疏云「依《八代記》，即少昊亦十二而冠」，則知天子、諸侯幼即位者，皆十二而冠矣，是以《異義》：「《古尚書》説云『武王崩，時成王年十三。後一年，管、蔡作亂，周公東辟之，王與大夫盡弁，時成王年十四。言『弁』，明知已冠矣。」《書·金縢》鄭注云：「弁，爵弁。天子、諸侯十二而冠。」成王此時年十五，於禮已冠。《士冠禮》疏云：「《大戴禮》：『文王十三生伯邑考。』攷《左傳》『冠而生子，禮也』，是殷之諸侯亦十二而冠。」賈説與《古尚書》説、鄭義並合。

以先君之祧處之。　服曰：「祧，謂曾祖之廟也。」本疏。○《儀禮・士冠禮》疏引以祧爲曾祖，《禮記・祭法》疏引「曾祖之廟曰祧」。

案：《周禮・守祧》「掌守先王、先公之廟祧」注：「故書祧作濯。」鄭司農：「濯，讀爲『祧』。」《禮記・祭法》「設廟祧」注：「祧之言超也，超上去意也。天子遷廟之主，以昭穆合藏於二祧之中。諸侯無祧，藏於祖考之廟中。」諸侯無祧，大夫可知。乃《儀禮・聘禮》云「不腆先君之祧」，此云「先君之祧」，《昭元年》云「其敢愛豐氏之祧」，鄭注：「《聘禮》云『遷主所在曰祧』。」祧，始祖也，是亦廟也。祧尊而廟親，待賓客者，上尊者。」是對客舉廟例得稱祧，故《祭法》疏曰「遷主所藏曰祧」者，是對例言之耳。若散而通論，則凡廟曰祧。明廟、祧得通稱。《士冠禮》疏曰：「服虔注以祧爲曾祖者，以其公還及衛，冠于衛成公之廟。成公，衛曾祖，故以祧爲曾祖廟。」是服亦以廟、祧得通稱，循傳文立義耳。

冠于成公之廟。　服曰：「成公，衛之曾祖。」本疏。○《儀禮・士冠禮》疏無「之」字。

案：《史記・衛世家》：「成公卒，子穆公遬立。穆公卒，子定公臧立。定公卒，子獻公衎立。」云衛曾祖，謂成公爲獻公曾祖也。

且要盟無質，神弗臨也。　服曰：「質，誠也。無忠誠之信，故神弗臨也。」本疏。

案：「質，誠」者，《國語·楚語》「忠信之質」注：「質，誠也。」此常訓。《周禮·司盟》：「凡邦國有疑會同，則掌其盟約之載及其禮儀，北面詔明神。」是盟辭誠則明神鑒之。今要盟而無忠信，故神弗臨也。《詩·大明》「上帝臨女」箋云「臨，視也」。

十年傳　會吳子壽夢也。　服曰：「壽夢，發聲。吳，蠻夷，言多發聲，數語共成一言。壽夢，一言也。經言『乘』，傳言『壽夢』，欲使學者知之也。」本疏。

案：「壽夢，發聲」者，言爲「乘」之發聲也。「吳，蠻夷，言多發聲」者，《禮記·王制》「南方曰蠻」，《史記·吳世家》「太伯奔荆蠻」，是吳在南而云蠻夷者，渾稱之耳，猶楚子囊言「撫有蠻夷，奄征南海」也。長孫訥言曰「吳楚則傷輕淺」，惟輕淺故多發聲，數語合爲一言，猶今之三合聲、四合聲，吳爲勾吳，謁爲諸樊，皆其徵也。「壽夢，一言也」者，言長言之爲壽夢，疾呼之爲乘，壽夢於文爲二，吳人言之如「乘」之一言而已。《爾雅·釋器》「不律謂之筆」郭注「蜀人呼筆爲不律也」，《詩·瞻彼洛矣》疏引鄭《駁異義》云「齊、魯之間言韎爲茅蒐」，與此乘爲壽夢，在當時爲方言緩急之異，而後世翻切實權輿於此。古「夢」「乘」音相近。《詩》「視天夢夢」與「林」「蒸」「勝」「憎」相韻，可證也。經言「乘」者，謂《十二年》經書「吳子乘卒」，服意經書爲「乘」，其國語則爲「壽夢」，傳故著之以曉學者。《公羊》定五年傳：「於越者，未能以其名通也。越者，能以其名通也。」注：「越人自名於越，君子名之曰越。」是其例也。

其將不免乎。　服曰：「免，脱也。言將不脱罪禍，不以壽終也。傳舉此者，爲《十九年》『齊殺其大夫高厚』、《二十五年》『崔杼弑其君光』起本也。」《御覽》一百四十六。

案：《廣雅·釋詁》：「免，脱也。」《白虎通·壽命篇》：「命者，何謂也？人之壽也，天命已使生者也。命有三科以記驗，有壽命以保度。」《書·洪範》：「九：五福，五曰考終命。」《詩·既醉》疏引鄭注：「考，成也。終性命，謂皆生佼好以至老也。」服云「不以壽終」者，以二人改其常度，不得至老。十九年齊殺高厚，二十五年弑其君光，皆不脱罪禍也。「起本」，猶杜云「張本」。

抉之以出。　服曰：「抉，撅也。謂以木撅抉縣門使舉，令下容人出也。」本疏。○按杜本連下「門者」爲句，服本「門者」下屬。

案：「木撅」，「撅」字當爲「橛」。《説文》：「橛，弋也。」「弋，橛也。」橛、弋轉相訓，則橛、弋一物也。《御覽·兵部》引張揖《埤蒼》曰：「栱，大弋也。」《爾雅·釋器》「樴謂之杙，大者謂之栱」。太公《六韜》曰「鐵環圍弋三尺三寸」，是軍中有弋明矣。《十七年》傳「以杙抉其傷而死」，是用橛、弋者皆曰抉矣。正義曰：「縣門者，編版廣長如門，施關機以縣門上，有寇則發機而下之。諸侯之士攻偪陽之門已有入者，縣門乃發，紇抉而舉之，以出門者。」愚按：抉而舉之，即服所云「以木橛抉使舉」也。

親受矢石。　服曰：「古者以石爲箭鏑。《國語》：『有隼集於陳侯之庭，楛矢貫之石砮。』」本疏。

案：《説文》：「箭，矢也。」「鏑，矢鏠也。」《爾雅·釋器》「金鏃翦羽謂之鍭」，李巡注：「鍭，以金爲箭鏑也。」《釋名·釋兵》云：「矢，指也，又謂之箭。其本曰足，又謂之鏑。齊人謂之鏃。」《説文》「鏃」

作「族」，「矢鏠也」。「鏃，利也。」箭鏑即矢鏠也。云「古者以石爲箭鏑」者，《書·禹貢》：「荆州、梁州皆貢砮。」《説文》：「砮，砮石，可以爲矢鏃。」是古鏃以石，後世易以金。傳云「矢石」，服故舉古制以證。「有隼集於陳侯之庭，楛矢貫之石砮」，《魯語》文，引以明古有此矢石也。

楚子囊、鄭子耳伐我西鄙。　服曰：「不書，諱從晉。不能服鄭，旋復爲楚、鄭所伐，恥而諱之也。」本疏。

案：傳書而經無文，故知其爲内恥諱也。

以位序。　服曰：「鄭舊：世卿，父死子代。今子孔欲擅改之，使以次先爲士、大夫，乃至卿也。」本疏。

案：鄭之七穆皆爲世卿，此時如子良之子子耳、子游之子子蟜、子罕之子子展，皆父死子代者。今子孔使以位次相循，由下歷上，則故卿之子局於資格，不能驟躋父位，共聽國謀。數年之間，舊卿漸喪，繼位無人，獨秉國鈞，操縱在手，其爲擅權之計至深矣。正義曰：「若如服言，惟當門子恨耳，何由大夫諸司亦不順也？」不知門子一途，亦雜厠於大夫諸司之間，則三事庶職人冗而途隘矣，故亦弗順。

十一年經　同盟于京城北。《公羊疏》。

案：杜本作「同盟于亳城北」，《公羊傳》作「同盟于京城北」。《釋文》：「『京城北』，《左氏》作『亳城北』。」疏云：「《穀梁》與此同，《左氏》經作『亳城北』，服氏之經亦作『京城北』，乃與此傳同之也。」惠氏棟曰：「亳城，當依服氏作『京城』。京，鄭地，在滎陽，《隱元年》傳謂之『京城』，是也。『亳』，無考，非也。」

傳 七姓十二國之祖。　服曰：「晉主盟，不自數。」本疏。

案：《周禮・槀人》注：「數，猶計也。」

賂晉侯以師悝、師觸、師蠲。　服曰：「三師，鐘師、鎛師、「師」字依宋本增入。磬師。悝能鐘，觸能鎛，蠲能磬也。」本疏。

案：《周禮・春官》：磬師掌教擊磬，鐘師掌金奏，鎛師掌金奏之鼓。下文云「歌鐘二肆及其鎛、磬」，故知爲此三師也。古者，樂師有專藝。《論語》云「鼓方叔，播鼗武，擊磬襄」，知「悝能鐘，觸能鎛，蠲能磬」者，亦以下敘鐘、鎛、磬之次第知之也。

八年之中，九合諸侯。　服曰：「八年，從四年以來至十一年也。九合諸侯者，五年會于戚，一也。其年又會于城棣救陳，二也。七年會于鄬，三也。八年會于邢邱，四也。九年會于戲，五也。十年會于柤，六也。又戍鄭虎牢，七也。十一年同盟于亳城北，八也。又會于蕭魚，九也。」本疏。○《晉世家》注略同。

案：「會于戲」當作「盟于戲」。「亳城北」，服本作「京城北」，孔改服就定本也。《晉語》云「於今八年，七合諸侯」，韋昭注：「不數城棣與戍鄭虎牢，以合於七也。」

十三年傳 不猶愈乎。　服曰：「愈，猶病愈。」本疏。

案：《說文》：「瘉，病瘳也。」「愈」，即「瘉」字。《方言》：「病差謂之愈。」《說文》：「無愈有愉。」「愈」疑「愉」之隸變。

十四年傳　曹宣公之卒也，諸侯與曹人不義曹君，將立子臧。　服曰：「宣公，曹伯盧也。以魯成公十三年會諸侯伐秦，卒於師。曹君，公子負芻也。負芻在國聞宣公卒，殺太子而自立，故曰『不義』之也。子臧，負芻庶兄。」《吴世家》注。

案：何休《公羊》昭廿年傳注以負芻爲喜時庶兄。喜時即子臧，則負芻爲兄，子臧爲弟。以季札之語推之，似然。今云「負芻庶兄」，服君别有所據，書傳殘缺，不可得而知也。

不獲成焉。　服曰：「不得成戰陳之事。」本疏。

案：《莊十一年》傳「皆陳曰戰」。《公羊》莊十年傳注：「合兵血刃曰戰。」今兩師未嘗合鬭，故云「未成戰陳之事」。

衛獻公戒孫文子、甯惠子食，皆服而朝。日旰不召，而射鴻於囿，二子從之。　服曰：「孫文子，林父也。甯惠子，甯殖也。敕戒二子，欲共宴食，皆服朝衣待命。旰，晏也。從之，從公於囿。」《衛世家》注。

案：《說文》：「誡，敕也。」「敕，誡也。」二字互訓。服故以「敕」釋「戒」。《儀禮·燕禮》云「燕禮：小臣戒與者」，是戒小臣事。此云獻公戒之者，燕是禮食，故小臣戒之。此戒二子食，即《玉藻》「侍食於君」之「食」，故公得親戒之，然二子皆朝服而朝，隆君賜，若禮食然也。「宴食」者，明非禮食，宴即

《禮經》之「燕」，《禮經》恆作「燕」，傳恆作「宴」，各書之例也。孔氏曰：「《曲禮》：『凡進食之禮，左殽右胾。』鄭玄云：『此大夫、士與賓客燕食之禮。其禮食則宜放《公食大夫禮》也。』如鄭之言，大夫與客禮食尚放《公食大夫禮》明，知國君與臣禮食，亦當放之公食大夫之禮，其禮甚大。衛侯雖則無道，不應與臣禮食而得棄之射鴻，知是公自敕戒二子，欲共爲宴食。宴食者，閒燕無事，召臣與之共食耳。」云「皆服朝衣待命」者，朝衣即朝服。《士冠禮》「主人玄冠朝服」注：「朝服者，十五升布衣而素裳也。衣不言色者，衣與冠同也。天子與其臣玄冕以視朔，皮弁以日視朝。諸侯與其臣皮弁以視朔，朝服以日視朝。」賈疏：「此約《玉藻》而知。彼皆不言臣，鄭兼言臣者，欲見在朝君臣同服。」若然，則宴食雖非大禮，要是以禮見君，亦當朝服。《公食大夫禮》云「賓朝服」，他國之臣當食禮猶朝服，則本國之臣雖不當食禮，亦必朝服，故二子朝衣待君命也。❶ 旰爲晏者，《說文》：「旰，晚也。」《列子・湯問》注：「晏，晚暮也。」旰、晏皆日晚之名。「囿」者，《說文》云「苑有垣也，一曰養禽獸曰囿」。《周禮・地官》序官「囿人」注：「囿，今之苑。」時公之囿，故二子從之。《呂覽・慎小篇》說此事曰：「鴻集于囿，虞人以告，公如囿射鴻。二子待君，日晏，公不來至。」似二子不從公也。傳紀雜書不足徵也。

孫文子如戚。　服曰：「戚，孫文子邑也。」同上。

---

❶ 「衣」，續經解本作「服」。

案：《文元年》「公孫敖會晉侯于戚」，杜云「衛邑，在頓丘衛縣西」。顧氏棟高曰：「世爲孫氏邑，會盟要地，林父以戚如晉，蒯聵自戚入衛，蓋其地瀕河西，據中國之要樞，不獨衛之重地，亦晉、鄭、吴、楚之孔道也。今開州北七里有古戚城，亦曰戚田，晉衛縣爲今東昌府觀城縣，在開州東接界。」

師曹請爲之。　服曰：「師曹，樂人。」同上。

案：《禮記・樂記》「乙，賤工也」注：「樂人稱工。」《大戴記・保傅篇》「工誦正諫」注：「工，樂人也。」然則師曹爲樂人，即《禮經》所云工也。

見蘧伯玉。　賈曰：「伯玉，衛大夫。」同上。

鄄人執之。　服曰：「執追公徒者，公如鄄，故鄄人爲公執之。」本疏。

案：孫氏既敗，公徒追公益急，鄄人乘間執之，明鄄不背公，故公先如之，至是奔齊追急，鄄人猶助公執追者，以脱公於阨也。

射兩軥而還。　服曰：「車軛兩邊叉馬頸者。」本疏。○《詩・小戎》疏引「車軛」下有「也」字，「兩邊」作「兩軛」。

案：《説文》：「軥，軶下曲者。」「軶，轅前也。」段注：「軶木上平而下爲兩坳，加於兩服馬之頸，是曰軥。『軶』，隸省作『軛』，《詩・韓奕》作『厄』，《士喪禮》今文作『厄』。毛傳云『厄，烏噣也』。《小爾雅・廣器》作『㧖』，云：『衡，㧖也。㧖下者，謂之烏啄。』《釋名》作『枙』。《釋車》云『槅，枙也，所以枙牛頸也』。馬曰：『烏啄下向叉馬頸，似烏開口向下啄物時也。』」若然，軛是大名，其軛下叉馬頸謂之「軥」，亦謂之「烏噣」，「烏噣」亦作「烏啄」。服云「軥，車軛」者，以軛與軥同體也。

王室之不懷，繄伯舅是賴。　賈作「不壞」，服曰：「懷，柔也。繄，蒙也。賴，恃也。王室之不懷柔諸侯，恃蒙齊桓之匡正也。」本疏。○《釋文》：「『壞』，服本作『懷』。」

案：《詩・時邁》「懷柔百神」傳：「懷，來。柔，安也。」《禮記・學記》「近者説服，而遠者懷之」注：「懷，來也，安也。」《詩》既「懷柔」連文，而「懷」又有「安」義，故「懷」訓爲「柔」也。《説文》：「繄，戟衣也。」引伸之有覆蔽之義，故以「蒙」訓「繄」。《方言》：「蒙，覆也。」《廣雅・釋詁》：「賴，恃也。」《説文》：「恃，賴也。」是「賴」「恃」轉相訓。服以王室東遷，不能懷來列國，匡正王室，實齊桓倡之。故此言爲指齊桓。正義引孫毓云：「案舊本及賈氏皆作『壞』，杜雖不注，當謂王室之不傾壞者，唯伯舅太公是賴也。上文不言桓公，不得爲賴桓公也。」案：上文云「世胙太師」，自推太公後言之，且太公輔周之時周道方昌，諸侯震疊，不容言王室不懷也。繹其辭意，不能懷來，自指東遷以後，而齊桓實首尊周室。此云伯舅，斷指桓公無疑。若東遷以前，夷厲之世，王室亦有不懷，此時齊之先君無功於周，不當數也。服謂「賴桓匡正」，深得賜命之意，至杜本「懷」作「壞」，則云「王室之不壞，唯伯舅是賴」，是言王室幾壞，而賴伯舅以不壞也，豈非亦指齊桓？若太公時，正開國之初，何容計及壞與不壞乎？

行歸于周，萬民所望。　服曰：「逸《詩》也，《都人士》首章有之。」《詩・都人士》疏。

案：《禮記・緇衣》引《詩》「彼都人士」至「萬民所望」，鄭注云「此詩，毛氏有之，三家則亡」。《詩疏》云：「今《韓詩》實無此首章。時三家列於學官，《毛詩》不得立，故服以爲逸。」然則服云「逸《詩》」

者，以三家《詩》無此詩也；云「《都人士》首章有之」者，從毛氏本也。

十五年傳　屈蕩爲連尹。　服曰：「連尹，射官，言射相連屬也。」本疏。

案：《周禮·保氏》鄭司農注「五射有參連之名」，故知此連尹爲射官也。正義曰：「若是主射，當使養由基爲之，何以使由基爲宫廄尹，棄能不用，豈得爲『能官人』也？」愚按：《周禮》射人、《禮經》司射不過詔相射儀主察射事，不必精此藝者乃授此職。若以爲棄能不用非官人，則《宣十二年》傳稱楚莊「百官象物而動」，楚之能官人者，此時爲盛，乃襄老實爲連尹，不使養叔爲之，何獨於此傳疑之乎？

富而後使復其所。　服曰：「富，賣玉得富。」《周禮·大宰》疏。

案：《周禮·賈師》「凡國之賣價」注：「價，買也。」《説文》「價」爲「覿」之正字，《出部》「賣」云：「出物貨也。」

十六年經　戊寅，大夫盟。　賈、服曰：「惡大夫專而君失權也。」本疏。

案：《公羊傳》：「諸侯皆在是，其言大夫盟何？信在大夫也。何言乎信在大夫？徧刺天下之大夫也，君若贅旒然。」《穀梁傳》：「諸侯會而曰大夫盟，正在大夫也。諸侯在而不曰諸侯之大夫，大夫不臣也。」賈、服云「大夫專而君失權」，即本二傳爲文，實以申明《左氏傳》也。傳曰「荀偃怒，且曰『諸侯有異志矣，使諸大夫盟高厚』」。時諸侯咸在，偃擅使諸大夫盟，以君臣不敵，故「使諸大夫盟高厚」。詳傳文，使是荀偃使也，諸大夫承荀偃頤指，國君咸在，竟爲戊寅之盟。經既列敘諸侯會于溴梁，繼之曰「大夫盟」，所以明大夫之專也。《漢書·五行志》云「至於襄公，晉爲溴梁之會，天下大夫皆奪君政」，亦謂君失權也。正義曰：「君使之盟，非自專也。」尋繹此傳，並無君使之文，孔欲難賈、服，故違傳文，恆此類也。

十七年傳 使夙沙衛唁之。　服曰：「弔生曰唁，以生見獲，故唁之也。」《詩·載馳》疏。

案：《説文》：「唁，弔生也。《詩》曰：『歸唁衛侯。』」《詩·何人斯》疏：「弔生曰唁。」

抑君賜不終。　服曰：「言君義已，故來唁之，是惠賜也。謂己無死，不以義望己，是不終也。」本疏。

不如蓋之。　服曰：「蓋，覆蓋之。言左師無鷹鸇之志，而蓋不義之人，故尤之。」本疏。

案：《漢書·五行志》引此傳，師古注曰：「蓋謂覆掩其事也。」《文十八年》傳「見無禮於其君者，誅之如鷹鸇之逐鳥雀也」，《隱元年》傳「多行不義」。言左師不能逐華臣，而反覆掩之，故尤之也。

爲己短策。　服曰：「策，馬捶也。」本疏。

案：《説文》：「策，馬箠也。」是「捶」正字作「箠」。「箠」，《説文》云「所以擊馬也」。「捶」，《説文》云「以杖擊也」。捶亦是擊，故此稱「馬捶」。

十八年傳 吾驟歌北風，又歌南風，南風不競，多死聲。　服曰：「卯、酉以北律呂爲北風，以南爲南風。南風律氣不至，故聲多死。」本疏。「北風無射、夾鍾以北，南風姑洗以南。」《周禮·保章氏》疏。

案：惠氏棟《易漢學》本《乾鑿度》《周禮・太師》後鄭注、韋昭注定爲鄭氏《爻辰圖》。以所列推服義，知卯、酉以北，律吕爲無射、應鐘、黄鐘、太吕、太蔟也；以南爲姑洗、中吕、蕤賓、林鐘、夷則也。卯爲夾鐘，酉爲南吕，在十二律之中亦當數之。而服舉卯、酉以北、以南，因卯爲春門，酉爲秋門，於位居東、西之次，故舉以指明南、北律吕之分，其實卯、酉亦在律吕中也。云「北風無射、夾鐘以北，南風姑洗以南」者，北風内有夾鐘，可證服本連卯言之，言自戌至卯皆爲北也。至「姑洗以南」，服當云「姑洗、南吕以南」，言自辰至酉皆南也。疑《周禮疏》脱去「南吕」二字，至本疏所引卯、酉以北、以南者，以所引注文不全，故不明也。云「南風」「北風」者，《保章氏》「以十有二風，察天地之和，命乖别之妖祥」注：「十有二辰皆有風吹其律，以知和不，「不」即「否」字。其道亡矣。《春秋》襄十八年，楚師伐鄭，師曠曰：『吾驟歌北風，又歌南風，南風不競，多死聲，楚必無功。』是時楚師多凍，其命乖别，審矣。」若然，《周禮》統言之曰「十有二風」，師曠分南、北之律吕，吹之則爲南風、北風，鄭云「其道亡矣」，是鄭君尚所未審，後學妄測之如此。云「律氣不至」者，《保章氏》疏云「師曠曰歌北風、南風，皆據十二辰之氣爲風，故知風即氣也」。然則言「律氣不至」，明風不至也。「死聲多」者，《保章氏》所云「乖别」是也。

春秋左氏傳賈服注輯述卷十二

嘉興李貽德學

襄公

十九年經 公至自伐齊。　賈曰：「圍齊而致伐，以策伐勳也。」本疏。

傳 取邾田，自漷水歸之于我。　賈、服曰：「刺晉偏而魯貪。」本疏。

齊侯娶于魯，曰顔懿姬，無子。其姪鬷聲姬生光。　服曰：「兄子曰姪。懿姬所從也。顔、鬷皆其母姓；聲、懿，謚也。傳家從後言之，故舉謚也。」《御覽》一百四十六。

案：《公羊》莊十九年傳：「姪者何？兄之子也。諸侯娶一國，則二國往媵之，以姪娣從。」《詩·韓奕》：「諸娣從之。」此聲姬爲媵，故從懿姬歸齊也。「顔、鬷爲母姓」者，姬是父家之姓，宫中諸姬無以相别，故各繫以母家之姓。蓋二姬之母，一娶於顔，一娶於鬷也。《廣韻·二十七删》「顔」注云：「又姓出琅邪，本是魯伯禽支庶，有食采顔邑者，因而著族。」《昭二十五年》傳有「司馬鬷戾」，然則二姬之母當是内娶於國，如莊公娶孟任也。「聲、懿，謚也」者，《周書·謚法解》：「不生其國曰聲，柔克爲懿。」「傳家從後言之，故舉謚」者，《周禮·太師》「大喪，帥瞽而廞，作匶謚」注：「故書廞爲淫。」鄭司農云：「淫，陳也。陳其生時行迹爲作謚。」是生後乃得謚，傳舉謚，足證從死後追敘之也。

諸子仲子、戎子，戎子嬖。仲子生牙，屬諸戎子。戎子請以爲太子，許之。　服曰：「諸子，妾生子也。二子，宋女。牙，公子牙。戎子，子牙養母也。許之，齊侯許之。」同上。

案：「妾生子」者，「生」當是「姓」之誤，諸子是妾而姓子也。子是宋姓，故知爲宋女。

廢常不祥，間諸侯難。光之立也，列於諸侯矣。今無故而廢之，是專黜諸侯，而以難犯，不祥也。　服曰：「立長爲常，明刻本「長」作「嫡」。立而廢之爲不祥也。」《御覽》一百四十六。「間，犯。謂光已列於諸侯，難成，光數從諸侯會盟征伐。」《齊世家》注。「專，獨也。光比於諸侯，列於會盟，不可黜也。以難成之事犯不善。」《御覽》一百四十六。

案：光是聲姬所生，不得爲嫡，鮑本作「長」，是也。《白虎通·封公侯篇》：「立子以貴，不以長。」此云「立長爲常」者，《三十一年》：「穆叔曰：『太子死，有母弟則立之，無則立長。』」《昭二十六年》：王子朝曰：「昔先王之命曰：『王后無適，則擇立長。』」今懿姬無子，則光以立長當立，故云常也。「間」訓「犯」者，「間」讀如「基間王室」之「間」，《爾雅·釋詁》：「犯，勝也。」言光列於諸侯，皆知其爲太子矣，欲以勝諸侯，則事難成。「光數從諸侯會盟征伐」者，三年，盟雞澤；五年，會于戚；是年，救陳；九年，伐鄭，同盟于戲；十年，會吴于柤；十一年，伐鄭同盟于亳城北、會于蕭魚，光皆與其列，故曰「數從諸侯」。「專」訓「獨」者，《論語》「不能專對」注：「專，猶獨也。」《周禮·典命》「凡諸侯之適子，誓於天子，攝其君，則下其君之禮一等」，注：「公之子如侯、伯而執圭，侯、伯之子如子、男而執璧。」言光數與會盟，攝君而行，則比於諸侯矣，不可獨徇己欲而黜之。「難成」，謂間諸侯難。「犯不善」，謂廢常不祥也。「祥，善」，《釋詁》文。

遂東太子光。　賈曰：「徙之東遂。」《齊世家》注。　服曰：「東徙之東鄙也。」《御覽》一百四十六。

案：《禮記・王制》「不變移之遂」注：「遠郊之外曰遂，遂大夫掌之。」東遂，蓋東遠郊之外。《周禮・遂人》「五鄰爲鄙」，《書・文侯之命》疏引鄭注「鄙，邊邑也」。《齊語》「參其國而伍其鄙」注：「鄙，郭以外也。」東鄙，東之邊邑。

微逆光，疾病而立之。　服曰：「微，隱匿也。疾，困也。而立爲太子。」《御覽》一百四十六。

案：《説文》：「微，隱行也。从彳，𢼸聲。《春秋傳》曰：『白公其徒微之。』」《爾雅・釋詁》：「隱、匿，微也。」是微、匿、隱轉相訓。《禮記・檀弓》「曾子寢疾，病」注：「病，謂疾困。」《喪大記》「疾病，外内皆埽」注：「疾困曰病。」此云「疾，困」者，是以困釋病也。知「立爲太子」者，時君猶未薨也。

光殺戎子，尸諸朝，非禮也。婦人無刑。　服曰：「婦人，從人者也，故不爲制刑。及犯惡，從男子之刑也。」本疏。

案：「婦人，從人者也」，《禮記・郊特牲》文，彼文云「幼從父兄，嫁從夫，夫死從子」。「不爲制刑」者，言婦人非無刑事，特刑皆爲男子而設，不專設婦人之刑之制耳。《書大傳》曰：「決關梁、踰城郭而略盜者，其刑臏；男女不以義交者，其刑宮；觸易君命、革輿服制度，奸宄盜攘傷人者，其刑劓；

非事而事之，出入不以道義，而誦不詳之辭者，其刑墨；降畔、寇賊、刼略、奪攘、矯虔者，其刑死。」詳五刑之立，惟宫刑兼言男女，餘刑皆主男子，足證不爲婦人制刑矣。《禮記·文王世子》注：「犯，猶干也。」《説文》：「惡，過也。」男子之刑，五刑之屬也。言婦人之刑，既不專設，若有干犯過惡，即準男子之五刑刑之。今時所謂比照矣。鄭注：「《司刑》云：『宫者，丈夫則割其勢，女子閉於宫中。』宫特分男女者，以男女異體，故刑不得同。其他不言者，明刑雖爲男子而設，若婦人有惡，無別立之刑，其墨、劓、刖、殺，並得同也。」若然，杜言「婦人無黥、刖之刑」，失之，且傳言無刑者，統言不爲婦人立刑制耳，不得祇言無黥、刖也。

見衛在城上，號之，乃下。問守備焉，以無備告。揖之，乃登。　賈曰：「衛下與齊侯語。齊侯以衛告誠，揖而禮之，欲生之也。衛志於戰死，故不順齊侯之揖，而還登城。」本疏。服曰：「齊欲誅衛，呼而下與之言，固可取之，無爲揖之復令登城。仲博以爲：『齊侯號衛，衛慚而下。云「問守備焉」，問衛之守高唐者。衛無恩信，故令疑當作「今」。守者以無備告，齊侯善其言，故揖之，乃命士卒登城。』此説近之。」本疏。

案：余氏蕭客《五經鉤沈》引《御覽》五百四十三所載傳注，以爲服注。檢《御覽》，不標服氏，其所引注蓋杜注，非服注。孔氏曰：「杜于此注皆用賈逵之説。」是《御覽》自引杜注，杜注又本賈注，故據杜注爲賈義焉。「衛下與語」者，謂下至城外與齊侯語。「齊侯以衛告誠」者，《爾雅·釋詁》：「誠，信也。」「揖而禮之」者，《周禮·太祝》先鄭注：「今時撎是也。」《説文》云：「揖，讓也。一曰手著胸曰揖。」《儀禮・鄉飲酒》注：「推手曰揖。」《聘禮》「公揖入」注：「揖禮，羣臣是揖爲禮也。」齊侯以揖讓加衛，欲使衛屈服而生之。衛志在于死，不從齊侯之揖，而仍登城。《特牲饋食禮》注：「順，猶從也。」服云「齊欲誅衛，呼而下與之言，固可取之，無爲揖之，復令登城」者，此服辨賈注之失也。「仲博」者，彭汪之字，見《釋文序録》，服引其説也。「衛慚而下」，衛恥見齊侯而下城内，非下至城外也。云「問衛之守高唐者」，明非問衛也。「衛無恩信，故今守者以無備告」，明以實告之也。「齊侯善其言，故揖之」者，明揖守者非揖衛也。「乃命士卒登城」者，明非衛登城也。「此説近之」者，服謂彭説近于理也。

二十年經 陳侯之弟黄出奔楚。　賈曰：「稱名，罪其偪。」本疏。

案：《世族譜》云「孔成子，孔蒸鉏，孔達孫」。

孔成子。　服曰：「衛卿孔烝鉏。」《衛世家》注。

案：《二十一年》「欒盈出奔楚」，正義曰：「《宣十年》『齊崔氏出奔衛』，書其族也。又《八年》『宋司城來奔』，舉其官也。又《十四年》『宋子哀來奔』，稱其字也。皆爲無罪不書其名，則書名爲罪之文。」故賈以稱名爲罪。云「偪」者，據傳文「陳慶虎、慶寅畏公子黄之偪」也，然傳所云偪，非偪公，特二子畏其偪耳。故又明之曰「非其罪」也。如賈所云，于傳無徵，未審斯旨。

二十一年經　賈曰：「此年仲尼生，哀十六年夏四月己丑卒，七十三年。」卅一年傳疏。

傳子盇詰盜？　服曰：「盇，何不也。」本疏。

案：「盇」，《説文》作「盍」。正義引鄭君説同。

二十二年傳若不恤其患，而以爲口實。　服曰：「口照宋本增。實，謂譴讓也。」本疏。

案：《説文》云：「譴，謫問也。」「讓，相責讓也。」

二十三年經邾畀我來奔。　賈曰：「畀我，庶其之黨，同有竊邑叛君之罪。來奔，故書。」本疏。

案：正義曰：「杜從賈説。」

傳禮，爲鄰國闕。　服曰：「鄰國尚爲之闕樂，況甥舅之親乎？」《儀禮·聘禮》疏。

案：杞孝公爲平公之舅，尊同不降，當服緦麻。傳祇云「爲鄰國闕」，見鄰國猶闕，況甥之于舅乎？傳意所包，服爲申之。杜云「諸侯絶期，故以鄰國責之」，非也。

君子謂：「慶氏不義，不可肆也。」　服曰：「傳發此言，爲不書慶氏以陳叛。爲楚所圍，稱國以殺，不成惡人肆其志也。」本疏。

案：云「不書慶氏以陳叛」者，傳言而經不書也。傳言「楚屈建從陳侯圍陳」，是二慶由楚人圍之而殺之。經云「陳殺其大夫慶虎、慶寅」，不書「楚圍」者，見二慶爲衆所惡，非見殺於楚，是不成其肆志也。《元年》傳：「圍宋彭城，非宋地，追書也。於是爲宋討魚石，故稱宋，且不登叛人也。」登者，成也。此服所本。

納諸曲沃。　賈曰：「曲沃，欒盈之邑。」《齊世家》注。

惟魏氏及七輿大夫與之。　服曰：「下軍輿帥七人。」本疏。

案：欒盈，下軍佐，故下軍輿帥與之。劉炫云：「若是主公車，則當情親于公，不應曲附欒氏。服言是。」

欒魴傷。　服曰：「魴，盈之子。」本疏。

案：杜云：「魴，欒氏族。」

啟：牢成御襄罷師，狼蘧疏爲右。胠：商子車御侯朝，桓跳爲右。　賈曰：「左翼曰啟，右翼曰胠。」本疏。

案：《詩·行葦》「以引以翼」箋云「在旁曰翼」，《史記·李牧傳》「多爲奇陣，張左右擊之」，是行軍有左右爲翼。《六月》詩「元戎十乘，以先啟行」，《後漢·岑彭傳》注「凡軍在前曰啟」，《御覽·兵部》引《開元文字指歸》「前曰啟」，則「啟」不定是左翼之名。正義曰：「賈爲此言，或當有成文也。且此傳上下，『先驅』『申驅』是前軍也，『大殿』是後軍也，明『啟』『胠』是在旁之軍。《説文》云：『胠，掖下也。』胠是在旁明矣。凡言左右，以左爲先，知啟是左也。」

大殿：商子游御夏之御寇，崔如爲右。　服曰：「《司馬法·謀帥篇》曰：大前驅，啟乘車、大晨倅車屬焉。大晨，大殿也，音相似。」本疏。

案：引《司馬法》文證「大殿」之名也。「晨」「殿」音相似者，「殿」，《説文》作「𡱂」，从殳，居聲。古讀

「殿」如「屯」。《周禮·地官·鄉師》「巡其前後之屯」注：「故書『屯』或爲『臀』。鄭大夫讀『屯』爲『課殿』。杜子春讀爲在後曰殿。」是也。「屯」「晨」音相似，故「殿」「晨」音亦相似也。《詩·采菽》「殿天子之邦」傳曰：「殿，鎮也。」《爾雅·釋訓》：「殿屎，呻也。」並以音相近爲義。

取朝歌。爲二隊，入孟門，登大行。　賈曰：「朝歌，晉邑。孟門、太行皆晉山隘。」《齊世家》注。

案：《地理志》「河内郡朝歌」自注曰：「紂所都，周武王弟康叔所封，更名衞，是朝歌本衞地，此時屬晉。」顧氏棟高曰：「在今河南衞輝府輝縣。」司馬貞謂：「在朝歌東北。」高氏曰：「太行，《元和郡縣志》：『大行首始河内，北至幽州，連亘十三州之界，凡有八陘：第一軹關陘，第二太行陘，第三白陘，此三陘在河内。第四滏口陘，即鄴，第五井陘，第六飛狐陘，第七蒲陰陘，此四陘在中山。第八軍都陘，在幽州。以今日之地，大行陘在懷慶府城北，白陘在輝縣，輝縣界連淇縣，淇縣即古朝歌。齊之入孟門，蓋入白陘也。殷紂之國，左孟門，右大行。蓋以紂都朝歌，大行如屏，擁其西北，二陘分列左右，可恃以爲固也。是時，齊輕兵深入，既取朝歌，則分兵爲二部，一入白陘，一登太行也。」案：《淮南·墬形訓》言九山有大行、孟門，高注：「孟門，大行之限。」曹孟德詩曰：「北上太行山，艱哉何巍巍。羊腸坂詰屈，車輪爲之摧。」劉孝標《絶交論》云：「世路險巇，一至于此。太行、孟門，豈云嶄絶？」喻交道，特舉二山，以其險也，故云「皆晉山隘」。《文選·東京賦》「不恃隘害」，薛注：「隘，險也。」

張武軍于熒庭。　服曰：「張設旗鼓也。」本疏。

案：《周禮・鄭長》：「若作其民而用之，則以旗鼓兵革帥而至。」《成二年》傳：「張侯曰：『師之耳目，在吾旗鼓。』」故服知張設旗鼓以示武也。《廣雅・釋詁》：「張，施也。」施，亦設也。

帥東陽之師。　服曰：「東陽，魯邑。」本疏。

案：哀八年，吴伐魯，克東陽而進。知東陽爲魯邑也。「東陽之師」，即下文叔孫豹所帥者也。

八月，叔孫豹帥師救晉，次于雍榆，禮也。　賈曰：「禮者，言其先救後次，爲得禮也。」本疏。

案：正義云：「《公羊傳》曰：『曷爲先言救而後言次？先通君命也。』《僖元年》『齊師、宋師、曹師次于聶北，救邢』，《公羊傳》曰：『曷爲先言次而後言救？君也。』其意言君則進止自由，故先次後救。臣則先通君命，故先救後次。賈氏取以爲説。」

以公鉏爲馬正。　賈曰：「馬正，家司馬。」《御覽》四百三十二。

案：《周禮・家司馬》「各使其臣，以正于公司馬」，鄭注：「卿大夫之采地，各自使其家臣爲司馬，主其地之軍賦。」此馬正，當是家司馬之異名。《定十年》傳「公南爲馬正」，《昭二十五年》傳「叔孫氏之司馬鬷戾」，或稱馬正，或稱司馬，實一官也。

閔子馬見之。　賈曰：「魯大夫閔馬父。」同上。

案：閔馬父，見《昭二十六年》傳。

孟孫之惡我，藥石也。　服曰：「石，砭石也。」《南史》五十九。

案：《説文》云「砭，以石刺病也」，《素問・異法方宜論》「東方其治宜砭石」，是以石刺病爲砭，因即名其石爲砭石，一名箴石。《東山經》「高氏之山，其下多箴石」，郭云：「可以爲砭針，治癰腫者。」《素問》以東方砭石、南方九鍼並論，蓋對例言之。若散言之，則石爲砭，亦爲箴也。

夫石猶生我。　服曰：「夫謂孟孫也。」本疏。

猶有先人之敝廬在下。本疏。

案：正義曰：「服虔以『下』從上讀，言『敝廬在下』。」與杜氏異。

作不順而施不恕也。　服曰：「不順，謂阿季氏廢長立少也。不恕，謂惡孟氏立庶也。」本疏。

案：臧孫阿順季武之意，廢公鉏立悼子，是作事不順理也。孟氏立庶，即指立羯事，然羯之得立，由于公鉏，蓋公鉏猶挾臧孫之怨，故傳言「豐點謂公鉏『苟立羯，請讎臧氏』」，則孟氏立庶，非臧孫所欲矣。臧孫惡孟氏立庶，故入哭甚哀、多涕，蓋亦知立庶之非，而阿季氏廢長立少，是不恕也。

二十四年傳太上有立德。　服曰：「伏羲、神農。」本疏。

其次有立功。　服曰：「禹、稷。」本疏。

其次有立言。　服曰：「史佚、周任、臧文仲。」本疏。

象有齒以焚其身，賄也。　服曰：「焚，讀曰『僨』。僨，僵也。」《釋文》。○本疏。「爲生齒、牙，僵仆其身。」本疏。

案：「焚」「僨」音相近。《説文》無「焚」字。《一切經音義》二：「焚，古文『炃』『燌』，二形同。」則「焚」

古文「熕」，與「僨」形相近，服故讀「焚」曰「僨」。「僨，僵」，《爾雅·釋言》文。《桂海虞衡志》：「欽州人能捕象，象行觸機，則刃下擊之，中其要害必死。將死，以牙觸石折之，以牙爲身災也。」是象遭僵斃以齒牙也。

部婁無松栢。　服曰：「喻小國無賢材知勇之人，而與大國等也。」本疏。

案：《說文》「附」字引《春秋傳》「附婁無松栢」，是《左傳》古文「部」作「附」，「附」與「部」古字通。《文選·魏都賦》注引作「培塿」。周伯琦《六書正譌》云「俗用『培塿』，非也」。服以部婁喻小國者，《說文》云「附婁，小土山也」，《風俗通·山澤篇》引傳亦作「培塿」，云「言其卑小。部者，阜之類也。今齊魯之間，田中少高印名之爲部矣」，是「部婁」者，卑小之阜，故喻小國。上文云「大國之人，不可與也」，與，等也。故服云「不與大國等」，承上意也。

二十五年傳　齊棠公之妻。　賈曰：「棠公，齊棠邑大夫。」《齊世家》注。

案：「棠」當是《孟子》「發棠」之「棠」。顧氏棟高以爲「棠」後譌爲「堂」，今爲東昌府之堂邑縣。正義曰：「楚僭號稱王，故縣尹稱公。齊不僭號，亦邑長稱公者，蓋其家臣僕呼之曰公。傳即因而言之，猶伯有之臣云：『吾公在壑谷也。』」

史皆曰吉。　服曰：「皆，二卦。」本疏。

案：二卦，謂困與大過也。

乃爲崔子間公。　服曰：「伺公間隙。」《齊世家》注。

案：《説文》無「伺」字，新附字有之。伺，古作「司」。《荀子・議兵》「掎契司詐」，注「『司』，讀爲『伺』」；《漢書・高五王傳》「以爲物而司之得勃」，注「司者，察視之是也」；《荀子・王霸》「日欲司間」，注「司間，伺其間隙」。

公拊楹而歌。　服曰：「公以爲姜氏不知己在外，故歌以命之也。」同上。

案：「拊」，《釋文》云「拍也」。《史記》作「擁柱而歌」，則史遷以拊爲擁。公以姜氏既入室，己在外俟，姜或不知，故歌以告之。《爾雅・釋詁》云「命，告也」。

君之臣杼疾病，不能聽命。近於公宮。　服曰：「言不能親聽公命。崔杼之宮近公宮，淫者或詐稱公。」同上。

案：崔杼以病居内，公之真僞莫能親辨，其室又近公宮，恐淫者詐稱是公。《爾雅・釋詁》：「詐，僞也。」云「崔杼之宮」者，《僖二十八年》傳「令無入僖負羈之宮」，《内則》云「由命士以上，父子皆異宮」，是大夫士之室，古得稱宮也。

陪臣干諏有淫者，不知二命。　服曰：「一曰干，扞也。諏，謀也。言受崔子之命，扞禦謀淫之人。」本疏。○《釋文》：「干，服音如字。『掫』，服本作『諏』，子須反，謀也。今傳本或作『諏』，猶依『掫』音。」

案：「干，扞」，《爾雅・釋言》文。「諏，謀」，《釋詁》文。言「受崔子命」，即傳云「不知二命」也。「扞禦謀淫之人」者，崔氏欲掩其宿通之跡，故稱爲謀淫之人。服以「扞禦」訓「干」，以「謀淫之人」訓「諏淫者」，則服本當是「陪臣干諏淫者」，不得有「有」字矣。正義以服爲謬説，不知杜本作「掫」，服本自作「諏」，師讀異授，各據其本之字詮釋，不得指服爲謬説也。《釋文》云「今傳本或作『諏』」，是从服本。又云「猶依『掫』音」，是讀又从杜義也。此由六朝以來不别兩本字及音義並異，致有字从服本、音從杜讀以牽合之者，則後學之誤也。

晏子立於崔氏之門外。賈曰：「聞難而來。」《齊世家》注。

故君爲社稷死則死之，爲社稷亡則亡之。服曰：「謂公義爲社稷死亡也。如是者，臣亦隨之死亡。」同上。

案：《曲禮》云「國君死社稷」注：「死其所受於天子也，謂見侵伐也。《春秋傳》：『國滅，君死之，正也。』」「死社稷」，即「公義爲社稷而死」也。又「國君去其國，止之曰『奈何去社稷也』」，疏云：「國主社稷，君去，故云『去社稷』。《五經異義》：『《公羊》説國滅君死，正也。故《禮運》云君死社稷，無去國之義。』《左傳》説昔太王居豳，狄人攻之，乃踰梁山邑於岐山，故知有去國之義也。」案：孔氏謂《公羊》之説正禮，《左氏》之説權法，義皆通也。若然，如太王去國，正以圖存社稷，故《緜》之詩紀遷周之事曰「乃立冢土」，傳云「冢土，大社也」。以舊國既遭寇難，不能保其社稷，避地自存，又可復營新制，是雖曰去社稷，其實公義爲社稷而亡也。言必如是之君臣，始得或殉難，或從亡也。

若爲己死而爲己亡，非其私暱，誰敢任之。服曰：「言君自以己之私欲取死亡之禍，則私近之臣所當任也。」本疏。

案：服以「私暱」爲「私近」者，《說文》：「暱，日近也。」《爾雅・釋詁》：「暱，近也。」言君以縱欲死亡，私近之臣從君之欲者也，則亦當隨君死亡。

舍之，得民。　服曰：「置之，所以得人心。」同上。

案：《廣雅・釋詁》：「舍，置也。」此常訓。

執簡以往。　服曰：「古文篆書一簡八字。」《儀禮・聘禮》疏。

案：古文，蒼頡所造。《大篆》，史籀所著。《說文序》云「及宣王太史籀著《大篆》十五篇，與古文或異」，則古文與大篆不同。而此云「古文篆」者，《說文序》又云「至孔子書六經、左丘明述《春秋傳》皆目古文」，段氏玉裁曰：「孔子書六經以古文者，以壁中經知之，左氏述《春秋傳》以古文者，於張蒼所獻知之。」此云「皆以古文」兼大篆言之，六經、《左傳》不必有古文而無籀文也。下文云「取史籀《大篆》，或頗省改」，兼古文言之，不必所省改皆大篆而無古文也。秦書八體，一曰大篆，二曰小篆。不言古文，知古文已包于大篆中也。王莽改定古文有六書，一曰古文，二曰奇字，即古文而異者，三曰篆書，即小篆，不言大篆，知古文、奇字二者内已包大篆也。《吕氏春秋》云「倉頡造大篆」，是古文亦可偁大篆之證，故服云「古文篆書」也。《說文》：「簡，牒也。」《爾雅・釋器》云：「簡謂之畢。」本書杜氏《春秋序》：「小事，簡牘而已。」正義云：「單執一札謂之爲簡，連編諸簡乃名爲策。」然則蔡邕《獨斷》曰：「策者，簡也。」蓋亦渾言之耳。《獨斷》又曰：「其制長二尺，短者半之。」孔氏曰：「鄭玄注《論語序》以《鈎命決》云『《春秋》二尺四寸書之，《孝經》一尺二寸書之』，故知六經之策皆稱長二尺四寸。蔡邕言二尺者，謂漢世天子策書所用，故與六經異也。簡之所容一行字耳。」鄭注《尚書》曰：「三十字一簡之文。」《漢書·藝文志》：「劉向以中古文校歐陽、大、小夏侯三家經文，率簡二十五字者，脱亦二十五字，簡二十二字者，脱亦二十二字。」是一簡所受字數多寡不同。而服云「一簡八字」者，以《二十年》傳「孫林父、甯殖出其君」，名藏在諸侯之策，則當加「衞」字及君之名，是字數不止「孫林父、甯殖出其君」八字也。不止八字而云「在策」，可證一簡所容者八字。若八字以外，則當書策。服或據此以測當時簡書之數。

下車七乘。　服曰：「下車，遣車也。上公饔餼九牢，遣車九乘。」《禮記·檀弓》疏。○本疏引「下車，遣車也」。

案：《周禮·巾車》「大喪，飾遣車」注：「遣車，一名鸞車。」《車僕》「大喪，廞革車」注：「言興革車，則遣車不徒戎路。廣、闕、苹、輕皆有焉。」《司裘》「大喪，廞裘，飾皮車」注：「皮車，遣車之革路。」《家人》「大喪及葬，言鸞車」注：「鸞車，巾車所飾遣車也。鄭司農云：『言，言問其不如法度者。』」若然，則遣車是明器，當如法度。今葬莊公之遣車，是不如法度，故云「下車」也。《雜記》云「遣車視牢具」，注：「言車多少，各如所包遣奠牲體之數也。然則遣車載所包遣奠而藏之者與？遣奠，天子太牢，包九个；諸侯亦太牢，包七个；大夫亦太牢，包五个。」鄭云「天子九」、服云「上公九」，文異者，鄭據《檀弓》言「國君七个，遣車七乘」，云國君則當包公、侯言之，公、侯既同七个，則天子九矣。服以《雜記》云「遣車視牢具」，齊是侯爵，今得遣車七乘，則《周禮·大行人》言上公之禮「貳車九乘，禮九牢」，由齊侯推之，上公當是饗餼九牢，遣車九乘也。

當陳隧者，井堙木刊。　服曰：「堙，塞。刊，削也。」《詩·泮水》疏。

案：「堙」，《説文》作「垔」，云「塞也」，引《書》「鯀垔洪水」，是「垔」正字，「堙」俗字也。《説文》：「刊，剟也。」《柞氏》「夏日至，令刊陽木而火之」，注：「刊，謂斫去次地之皮。」《説文》云：「削，一曰析也。」又：「析，破木也。」然則剟、斫、析、破皆謂之刊矣。

祝袚社，司徒致民，司馬致節，司空致地。　服曰：「祝與司徒等皆陳人，各致其所主于子産。」本疏。

案：「袚」，《説文》云「除惡祭也」。《周禮·小祝》：「大師掌釁祈號祝。有寇戎之事，則保郊，祀于社。」後鄭云：「郊社皆守而祀之，彌烖兵。」今陳已服鄭，則烖兵可彌，故袚社以除不祥。知「祝與司徒等皆是陳人」者，以祝等若是鄭人，是子展預知必能入陳，先備官以往，無是理也。劉炫謂諸官皆鄭人，在軍有此官者，蓋權使攝爲之，未必是正官。劉亦以司徒等爲鄭官，于理未愜，故臆爲此説以通之。其實當從服義爲長。云「各致其所主於子産」者，《説文》：「致，送詣也。」《白虎通·封公侯篇》「司馬主兵，司徒主人，司空主地」，故主人者致民，主兵者致節，主地者致地，各以其司送詣于子産。不言兵言節者，杜氏以爲「節，兵符」也。此三官之所致者，亦同上文數俘之意。蓋致其民數、兵符、地圖，以示臣服。下文「子産獻捷於晉」，云「陳知其罪，授手於我」，足證「致」是陳致於鄭，惟未嘗寔取之耳。

武也知楚令尹。　服曰：「令尹，屈建。」本疏。

度山林，鳩藪澤，辨京陵，表淳鹵，數疆潦，規偃豬，町原防，牧隰皋，井衍沃。　賈曰：「山林之地，九夫爲度，九度而當一井也。藪澤之地，九夫爲鳩，八鳩而當一井也。京陵之地，九夫爲辨，七辨而當一井也。淳，鹹也。淳鹵之地，九夫爲表，六表而當一井也。疆，疆檕墝埆之地。疆潦之地，九夫爲數，五數而當一井也。偃豬之地，九夫爲規，四規而當一井也。原防之地，九夫爲町，三町而當一井也。隰皋之地，九夫爲牧，二牧而當一井也。下平曰衍，有溉曰沃。衍沃之地，畝百爲夫，九夫爲井。」本疏。

案：「山林之地」者，《周禮・大司徒》注：「積石曰山，竹木曰林。」「藪澤之地」者，散文則藪即澤，《說文》「藪，大澤也」，傳疏引李巡云「藪，澤之別名也」；若對文言，則藪、澤異。《周禮・太宰》「藪，以財得民」，《昭二十年》「藪之薪蒸」，《詩・大叔于田》釋文引《韓詩章句》云「禽獸居之曰藪澤」，虞注「澤，水所鍾，水希曰藪」是也。「京陵之地」者，《爾雅・釋山》「絶高爲之京」郭注「人力所作」，《說文》云「京，人所爲絶高丘也」，《詩・皇矣》傳「京，大阜也」，《淮南・覽冥訓》「築重京」，則京自人力所爲。《爾雅》「京」「丘」並舉，一是人築，一是天生也。《釋地》云：「大陸曰阜，大阜曰陵，大陵曰阿。」李巡注：「土地獨高大名阜，阜最大爲陵。」《釋名・釋山》云：「大阜曰陵。陵，隆也，體隆高也。」《詩釋文》引《韓詩章句》云「四平曰陵」，言土高而四平者爲陵矣。「淳，鹹也。淳鹵之地」者，浦鏜《注疏正誤》「『也』當作『地』」。《說文》：「鹵，西方鹹地也。安定有鹵縣。東方謂之㡿，西方謂之鹵。」今「淳」「鹵」並舉，鹵屬西方，則淳爲東方。鹹地即㡿矣。淳、斥一聲之轉。《儀禮・特牲饋食禮》「淳沃」注「今文『淳』作『激』」，亦以聲轉也。「疆，疆檕墝埆之地」者，上「疆」字下當有「潦」字。

《周禮·草人》「彊檃用蕡」，注：「彊檃，彊堅者。」「墝埆」，《淮南子·原道訓》：「昔舜耕于歷山，朞年而田者争處墝埆，以封壤肥饒相讓。」墝，本作「磽」，《漢書·景帝紀》「郡國或磽陿，無所農桑毄畜」注：「磽謂磽确，瘠薄也。」賈以「彊檃」訓「疆」，「墝埆」訓「潦」，鄭衆以爲「疆界内有水潦」，賈與之異者，以山林、藪澤以下皆對舉其名，❶此獨言「疆内有水」則是潦一名矣，故不同之。以墝、潦聲相近，因以「墝埆」爲訓，與「彊檃」類相從也。「偃豬之地」者，《周禮·螱人》「掌以時螱爲梁」，鄭司農云「梁，水偃也。偃水爲關空」，疏云「謂偃水兩畔，中央通水爲關孔」。「偃」，今時謂之「堰」矣。「豬」，或作「瀦」。《周禮·稻人》「以瀦蓄水」，注：「蓄，流水之波也。通作『都』。」《禹貢》「被孟豬」，《史記·夏本紀》作「被明都」。「至于豬野」，《水經》「都野澤在武威縣北」注：「古文以爲豬野也。」又《文水篇》注：「水澤所聚謂之都，亦曰瀦。」《釋名·釋丘》云：「澤中有丘曰都。」丘是偃豬，皆受水之地。「原防之地」者，《爾雅·釋地》曰：「可食者曰原。」昭元年《公羊傳》曰「上平曰原」，《詩·公劉》云「于胥斯原」，《僖二十八年》傳「原田每每」，皆言上平之地可種穀者也。《釋丘》云「墳，大防」，《詩·常武》「鋪敦淮墳」傳云「墳，涯也」，箋云：「陳屯其兵于淮水大防之上。」《稻人》云「以防止水」，鄭注：「防，豬旁隄也。」蓋高平尤可種穀，隄防亦得耕耨，本分言之。正義謂「此原爲隄防之

❶「林」，續經解本作「川」。

間」，❶失之。「隰皋之地」者，昭元年《公羊傳》曰「下平曰隰」，《爾雅・釋地》「下溼曰隰」，又曰「下者曰隰」，李巡云：「下者，謂下濕之地。隰，溼也。」《文選・秋興賦》注「水田曰皋」，《史記・孝武紀》云「間者，河溢皋陸」，正義引顏師古曰「皋，水旁地也」；《漢書・賈山傳》云「江皋河瀕」，是隰、皋皆近水窪下之地。「下平曰衍」者，此與《大司徒》鄭注、《周語》「猶其有原隰衍沃也」注、《史記・周本紀》集解引唐固並同，蓋下平而溼者爲隰，下平而廣長者爲衍，《司馬相如傳》注「平皋之廣衍」是也。「有溉曰沃」者，《一切經音義》四引《通俗文》「溉灌曰沃」，《説文》作「渋」，云「溉灌也」，引申之，則土之有水可溉者爲沃矣。《魯語》「沃土之民」，《漢書・地理志》「沃野千里」，《西京賦》「地沃野豐」，皆言其肥美也。賈以辨、度、鳩之等皆爲地名者，以《周禮・小司徒》「井牧其田野」，明井、牧是田野經界之名。此云「牧隰皋、井衍沃」，爲井、爲牧之名，與《周禮》合，則推之度、鳩、辨、表皆是因地以立名矣，其度、鳩、辨、表皆以九夫計數者，《食貨志》云「井方一里，是謂九夫」，此謂平土可以爲法者也。故山林藪澤雖因地異名，其夫數仍本井法，所謂「準平地爲法」也。其曰「九度當一井」以至「二牧當一井」者，《食貨志》云「若山林、藪澤、原陵、湻鹵之地，各以肥磽多少爲差」，若然，則山林極磽之地，故通率九而當一；藪澤、京陵、湻鹵、疆潦磽有等殺，故通率八、七、六、五而當一者，數亦因地遞減也。若偃豬則稍肥矣，故通率四而當一，原防、隰皋則可耕者多矣，故三町、二牧而當一

---

❶「爲」，《春秋左傳正義》作「謂」。

井。此賦税之差品也。《小司徒》鄭注亦云「隰皋之地，九夫爲牧，二牧而當一井」，與賈同義。知古制相傳如此。「晦百爲夫」，《司馬法》文，見《周禮·小司徒》注。「九夫爲井」，亦《小司徒》文。

二十六年傳 殺子叔及太子角。 服曰：「殺太子角不書，舉重者。」本疏。

案：「殺太子角不書」者，謂不書于經也。「舉重者」，以君爲重，故經祇書「弑其君剽」也。正義曰：「按晉侯、宋公殺其世子及陳侯之弟招殺陳世子，皆書經，則世子不輕於大夫也。孔父、荀息之徒弑君之下，并亦言大夫，大夫既書於經，則弑君并殺世子，世子亦當書，不得爲舉重也。」愚按：晉侯、宋公之殺世子，所殺者惟世子，故當書。若此殺太子角，因子叔而輕，非謂世子概可輕也。至荀息、孔父之死，《公羊傳》云「何以書？賢也」，固是《春秋》特例，其常例則《公羊傳》又曰：「及者何？累也。」何休注：「上下大夫言及。」知君尊亦不得及臣。子角既無孔父、荀息之賢，則舉君之弑，不得不及矣。

專禄以周旋，戮也。 服曰：「專禄，謂以戚叛也。既叛衛，亦不臣於晉，自謂若小國，是爲專禄。」本疏。

案：正義曰：「其意言專獨有之，不屬人也。若不屬晉，何故被衛侵而愬於晉？地若不入晉，晉復何以戍之？傳言『以戚如晉』，服言『不臣於晉』，是反丘明以解傳也。」愚按：經稱「孫林父入于戚以叛」，不言以戚歸晉，則傳言「如晉」者，實如楚之處魚石於彭城者。然於衛爲叛，於晉亦不歸邑，儼以晉之附庸自處，其急則愬於晉，有兵則晉戍之。晉又爲之疆戚田，是晉亦附庸視之，實未臣屬于晉也，故曰「專禄」。爲其不屬人，般桓二國之間，故曰「周旋」。孔以服義爲短，非也。

取衛西鄙懿氏六十以與孫氏。　服曰：「六十邑。」本疏。

案：《周禮・小司徒》云「四井爲邑」，六十邑蓋二百四十井。又云「乃經土地而井牧其田野」，注「方十里爲一成，積百井」，則二百四十井計方二十四里。以《孟子》「方里而井，井九百畝」計之，得田二十一萬六千畝。正義云：「劉炫以服言爲是。」

晉侯賦《嘉樂》。　服曰：「晉侯自嘉樂。」本疏。

案：今《詩》作「假樂」，《禮記・中庸》引作「嘉樂」。《詩序》「《假樂》，嘉成王也」，傳云「假，嘉也」，則《詩》作「假」者，假借，字當作「嘉」。晉侯賦《嘉樂》，蓋取燕及朋友。自成王言之，則朋友爲羣臣。自晉侯言之，則朋友爲同盟矣。云「晉侯自嘉樂」者，非晉侯自以爲嘉美，蓋言遂其燕樂之意也。

宋芮司徒。　服曰：「宋大夫。」《御覽》一百四十七。

生女子，赤而毛，棄諸堤下。共姬之妾取以入。　服曰：「其身色赤而生毛也。共姬，宋伯姬也。」同上。

案：《成九年》經「伯姬歸于宋」，即共姬也。

平公入夕。　服曰：「視夕也。平公，恭姬子。」同上。

案：《禮記・文王世子》載世子之記曰：「朝夕至於大寢之門外，問于内豎曰：『今日安否何加？』」注：「朝夕，朝朝暮夕也。」是世子有視夕禮。

公見棄也而視之尤。　服曰：「尤，過也。意悦之，故視之過久。」同上。

案：《説文》：「覽，注目視也。」此「視之過久」，所謂覽也。

姬納諸御。　服曰：「納之平公之御。」同上。

案：《獨斷》：「妃妾接于寢曰御。」《周禮·内宰》「以婦職之灋教九御」注：「九御，女御也。九九而御于王，因以號焉。」

嬖，生佐，惡而婉。太子痤美而狠。　服曰：「公嬖棄而生佐，佐立爲宋元公。婉，婉順也。佐貌惡心順，太子貌美而心狠。狠，戾不從教。」同上。

案：「立爲宋元公」者，從其後言之。婉爲順者，《詩·新臺》「燕婉之求」傳、《説文》並云「順也」。「很，戾不從教」者，《説文》「狠，不聽从也。一曰盭也」，《莊子·漁父》「見過不更，聞諫愈甚，謂之很」，皆爲「戾不從教」之證。故《晉語》「胥也很」注亦云：「很，很戾不從人也。」

合左師畏而惡之。　服曰：「合左師，向戌也。」同上。

寺人惠牆、伊戾爲太子内師而無寵。　服曰：「寺人，宋閹士。惠、伊皆發聲，實爲牆、戾名。以公寺人爲太子内師長，掌内官。」同上。○本疏引「惠、伊」二句同，惟無名字。

案：寺人爲宋閹士者，《周禮·天官》序官「寺人，王之正内五人」注：「寺之言侍也。」閹，當作「奄」。《酒人》「奄十人」注：「奄，精氣閉藏者，今謂之宦人。」又《内小臣》「奄上士四人」注「奄稱士者，異其賢」，此舉閹士釋寺人不必是異其賢也。「惠、伊爲發聲，實爲牆、戾名」者，古人呼名往往有發聲助之，今以惠、伊爲發聲，義未聞也。《詩・車鄰》「寺人之令」箋云「欲見國君者，必先令寺人使傳告之」，疏：「齊有寺人貂，晉有寺人披，是諸侯之官有寺人也。」正義曰：「公使之監知太子内事，爲在内人之長也。」正義以「長」釋「師」，服云「掌内官」，《廣雅・釋詁》云「師，官也」，蓋爲太子監知内事之官也。

楚客聘於晉，過宋。　服曰：「楚客，過使。」同上。

案：時楚都郢，在今荆州府江陵縣。宋都商丘，在今歸德府商丘縣。晉遷新田，在今平陽府曲沃縣西南。楚聘晉或亦可由宋都而達。《宣十四年》傳：「亦使公子馮聘于晉，不假道于鄭。」是由鄭達晉，則常道也。

夫不惡女乎？　服曰：「夫，謂太子伊戾。無寵于太子，故曰『夫不惡女』。」同上。○《二十三年》傳疏引「夫，謂大子也」。

縱有共其外，莫共其内。　服曰：「言我内師也，當爲内師供内使也。」同上。

加書，徵之，而騁告公。　服曰：「以書爲之徵驗。書，盟書也。騁，馳。」同上。

案：「徵驗」者，《書・洪範》「念用庶徵」鄭注：「徵，驗也。」「書，盟書」者，《司盟》「掌盟載之法」注：「載，盟辭也。盟者書其辭于策，殺牲取血，坎其牲，加書於上而埋之，謂之載書。」「騁，馳」者，《説文》云「騁，直馳也」，「馳，大驅也」。《後漢・光武紀》注：「直騁曰馳。」

公曰：「爲我子，又何求？」對曰：「欲速。」　服曰：「速，疾也。欲疾代公得位，故與楚客共謀弑父也。」同上。

案：「速，疾」，《釋詁》文。

公使視之，則信有焉。問諸夫人與左師，則皆曰「固聞之」。　服曰：「有盟也。夫人，佐母棄也，固，久也。久聞太子欲爲亂。」同上。

案：「有盟」者，謂有盟書也。佐此時尚未立爲太子，佐母亦未爲夫人，傳者追書之。《小爾雅·廣詁》、《晉語》「臣固聞之」注並云「固，久也」。

左師聞之，聒而與之語。　服曰：「聞太子與佐期日中。聒，讙也。欲使佐失期。」同上。

案：《説文》：「聒，讙語也。」《一切經音義》廿一引《蒼頡篇》：「聒，擾亂耳孔也。」《説文》：「讙，譁也。」《一切經音義》九引《三蒼》：「讙，言語譊譊也。」《禮記·樂記》：「鼓鼙之聲讙，以其聒耳也。」

左師知太子與佐期日中，故多言覊佐，使之失日中期也。

過期，乃縊而死。　服曰：「經書『宋公殺其世子痤』，平公用伊戾之譖，聽夫人、左師之言，世子無罪而死，故稱『宋公殺』，罪之也。」同上。

案：《三十年》傳書曰：「天王殺其弟佞夫，罪在王也。」《僖五年》經：「晉侯殺其世子申生。」《公羊傳》曰：「殺世子母弟直稱君者，甚之也。」然則經書「宋公殺其世子痤」，稱君以殺，是罪之文也。服總述上事，以宋公之昏，致太子無罪被殺，以明經文罪宋公之旨也。

欒、范易行以誘之。　賈曰：「易，讀『變易』之『易』。行，道也。欒爲將、范爲佐，二人分中軍別將之，欲使欒與范易道，令范先誘楚，欒以良卒從而擊之。」本疏。

案：《乾鑿度》云：「易一名而含三義，所謂易也、變易也、不易也。」此讀從「變易」之「易」者，《攷工記》釋文「易，改」是也。行爲道，則賈音與杜讀異，《釋文》「行，户郎反」注同。賈音衡。「行，道」，《爾雅・釋宫》文。《説文》云：「道，所行道也。」《成十六年》傳范匄曰：「塞井夷竈，而疏行首。」伯州犂曰：「將塞井夷竈而爲行也。」行，即戰道也。「欒爲將、范爲佐」者，《十六年》傳云「欒書將中軍，士燮佐之」。「二人分中軍别將之」者，時中軍既結陣以當楚軍，欒、范更分軍别將，使迭出爲奇兵也。云「欲使欒與范易道，令范先誘楚，欒以良卒從之」者，《宣十二年》傳敘泌之戰，曰：「彘子以中軍佐濟，韓獻子謂桓子曰：『彘子以偏師陷，子罪大矣。子爲元帥，師不用命，誰之罪也？』」《襄十四年》傳説伐秦之師，曰：「欒黶曰：『余馬首欲東。』乃歸。下軍從之。左史謂魏莊子曰：『不待中行伯乎？』莊子曰：『夫子命從帥。欒伯，吾帥也，吾將從之。』」是晉之軍制，將先佐後。此欒、范易道，則佐先將後，佐卒少，故先犯楚，以誘致之，然後欒以良卒繼之，是欒、范易行以誘之，實范先率師以誘。傳以易行，故欒、范並舉耳。賈知「易」必是「變易」之「易」者，以《楚語》説此事云「若易中下，楚必歆之」，韋昭云：「中下，中軍之下也。」惟其變易，故云「中下」，以見中軍之下變而先中軍之上。若從韋氏以爲簡易欒、范之行示之弱，杜以爲簡易兵備，則《國語》只須云「易中軍」足矣，何必云「易中下」？傳又何庸欒、范並舉乎？合《内》《外傳》參校，知賈義爲長。

釁于勇。　賈曰：「釁，動也。」本疏。

案：正義曰：「王肅云：『釁謂自矜奮以夸人。』王延壽《魯靈光殿賦》云『仡奮釁以軒鬐』，是釁爲奮動之意也。」按：《齊語》「三釁三浴之」注：「釁或爲『熏』。」《易・艮》「厲熏心」虞翻曰：❶「荀氏以『熏』爲『動』，讀作『動』。」是釁、熏、動、動，古音義得通也。恭冕謹案：《爾雅》云「獸曰釁」，釁亦動也。

以登其城，克而取之。　服曰：「取魯高魚及反之，皆不書，蓋諱之。」本疏。

案：高魚無備，爲齊烏餘所襲取，且烏餘以廩丘奔晉，晉人貪之，非盟主之道，故《春秋》於取及反皆諱之，不書於策也。

[二十七年傳] 公喪之，如税服，終身。　服曰：「衰麻已除，日月已過，乃聞喪而服，是謂税服。税服，二字从宋本增。服之輕者。」本疏。

案：《檀弓》「小功不税」注：「日月已過，乃聞喪而服曰税，大功以上然。小功輕，不服。」疏云「若限内聞喪，則追全服」，王肅議「限内聞喪，但服殘日」，二説不同，以疏爲允。服此注義與鄭同也。《喪服小記》云「生不及祖父母、諸父、昆弟，而父税喪，己則否」，注：「税讀如『無禮則税』之『税』。税喪者，喪與服不相當之言。」疏云「税是輕税，或前後不與正時相當，故云税也」。按：此是税服爲服之輕矣。孔爲《禮疏》亦謂税爲輕税，與服義同。及爲此傳疏，則斥服云「其服追過而服之衰麻，不爲

---

❶「艮」，原作「震」，據續經解本及《周易》改。

有異，何云『服之輕者』？公若依彼稅服法，其兄弟之服，則還是齊衰期耳，何以得云『如』也」？愚按：杜氏曰：「稅即總也。《喪服》總衰裳縷細而希。」無論如杜氏説，改易傳字，且《喪服·大功章》：「總衰裳牡麻絰，既葬除之者。傳曰：『總衰者何？以小功之總也。』諸侯之大夫爲天子。傳曰：『何以總衰也？諸侯之大夫以時接見乎天子。』」注云：「治其縷如小功，而成布四升半。細其縷者，以恩輕也。升數少者，以服至尊也。」是總衰爲諸侯之大夫以服天子喪者。獻公于子鮮親則兄也，尊則君也，何居乎以諸侯大夫服天子之服服之乎？蓋子鮮喪于晉，公不及當時而服，故用稅服，爲禮之正也。但于禮諸侯絶旁期，本可不服，今仍追服之，故曰「如稅服」，又見禮之變也。孔氏執杜以難服，非也。

仲尼使舉是禮也，以爲多文辭。　服曰：「以其多文辭，故特舉而用之，後世謂之孔子聘辭。以孔氏有其辭，故傳不復載也。」本疏。

案：「後世謂之孔子聘辭」者，服據當時所見書也。云「孔氏有其辭，故傳不復載也」者，傳既云「多文辭」，而篇内不述其語，以已載聘辭中，故不復述也。此是享事，而載之聘辭者，聘辭所舉當非一事，以聘有享賓之事，故此事亦採列焉。

伯夙。　服曰：「伯夙，晉大夫。」本疏。

故不書其族，言違命也。　賈曰：「叔孫義也，魯疾之，非也。」服曰：「叔孫欲尊魯國，不爲人私，雖以違命見貶，其於尊國之義得之。」本疏。

案：叔孫以邾、滕屬人，不肯視之，是得行事之宜，故曰「義也」。「魯疾之」者，是時季武當國，名曰違公之命，實則違季武之命，故命史氏去其族，以疾之也。夫子以無關宏旨，遂本魯史舊文，箸之于經，傳言「季武子使謂叔孫以公命」，以見命之非出于公也。其敘叔孫與盟，正見臨事能斷，不詭隨以辱國體。上云「季武子以公命」，此云「言違命」，所以證明魯史阿附季武之意，去族示貶，故史文如此。然則罪叔孫以違命者，乃魯史之意，非孔子意也。服云「叔孫欲尊魯國，不爲人私」者，邾、滕爲人之私，使魯視之，辱國甚矣。今叔孫以魯與宋、衛爲匹，得與盟列，庶乎能尊國體，雖舊史阿順季孫之旨，去族示貶。據丘明所述，論情論事，實得尊國之義，服非違背經傳，正得經傳之微旨也。

君恆以大夫爲賓者，趙孟爲客。

大夫卑，雖尊之，猶遠君也。楚先歃爲盟主，故尊趙孟爲客。　服曰：「楚此疑「燕」字之誤，以大夫爲賓，是燕之恆禮，何必云「楚之君」耶？」本疏。

案：《燕禮·記》曰「與卿燕則大夫爲賓，與大夫燕亦大夫爲賓」，注「君但以大夫爲賓者，大夫卑，雖尊之，猶遠于君也」，與此注同，可證「楚君」之「楚」爲「燕」之誤文。賈疏云：「按《禮記·燕義》云『不以公卿爲賓而以大夫爲賓爲疑也，明嫌之義』，注云『公卿尊矣，復以爲賓，則尊與君太相近』，是不用公卿爲賓，恐逼君。大夫爲賓，雖尊之，猶遠於君，不畏逼君也。」《聘禮·記》云「燕則上介爲賓」，今宋公以楚先歃，尊爲盟主，故不以子木爲賓，而以趙孟爲賓，猶《燕禮》以大夫爲賓，《聘禮》有「燕以上介爲賓」，示比楚稍降也。《魯語》云「公父文伯飲南宮敬叔酒，路堵父爲客」，是當時大夫燕飲，猶存此意。杜云「客，一坐所尊，故季孫飲大夫酒，臧紇爲客」，此實違棄古禮，豈可爲典要乎？

至服云「楚先歃爲盟主」者，實謂宋以楚爲盟主耳。不言「宋以」者，以上文有「君恆以大夫爲賓」之文，義足相包，故此不申言之，非謂楚人爲主也。乃孔氏不細勘服義，遽云「此享宋爲主，非楚爲主，服之妄也」，由于袒杜過甚，遂致此失。又云「此則兼享晉、楚大夫，異於常禮，以尊敬伯主之國，故令趙孟爲賓」。若然，則歃盟之時，趙孟既甘讓人；燕享之時，宋公復欲尊晉，楚氛甚惡，何以使子木帖然乎？劉光伯云：「兼享晉、楚之大夫，不以屈建爲賓者，賓惟一人，出自當時意耳。」模稜之語，竊所未了，不若服氏援据《禮經》，審察時事，知趙孟謙抑之衷，既肯下楚，即退就賓位，其說于理爲允愜耳。

宜其光輔五君，以爲盟主也。服曰：「文公爲戎右，襄、靈爲大夫，成公爲卿，景公爲太傅也。」本疏。

牀第之言。服曰：「簀謂之第。」《史記・禮書》注。

案：「簀謂之第」，《爾雅・釋器》文。郭注云「牀，版也」。《荀子・禮論》注：「簀，牀棧也。」《説文》云「簀，牀棧也」，「第，牀簀也」。《禮記・檀弓》「大夫之簀歟」鄭注云「簀，謂牀第也」。是簀、第一物二名，牀棧、牀版亦是隨時殊稱，其字从竹，或即以竹爲之。曾子命易簀，則簀是加之於牀，非即以牀爲簀也。《方言》云：「牀，齊、魯之間謂之簀，❶陳、楚之間或謂之第。」《方言》是舉大名，傳疏引孫炎曰「第，牀也」，本《方言》爲説耳。考《儀禮・士喪禮》及《喪大記》言「凡浴尸於牀」及「置冰牀下，

❶ 「齊魯」，原作「陳楚」，據《方言》改。

皆禫第」，鄭注皆以第爲簀，禫第爲去席。孔疏云：「浴時無席，爲漏水也。設冰無席，爲通寒氣也。」

請免死之邑。　服曰：「向戌自以止兵，民不戰鬭，自矜其功，故求免死之賞也。」本疏。

案：杜云：「欲宋君稱功加厚賞，故謙言免死之邑也。」此即服義。正義申服謂「止兵，不鬭，民免於死」，殊誤。

以誣道弊諸侯。　服曰：「弊，踣也，一曰罷也。」本疏。

案：《釋文》云：「蔽，必世反。服虔、王肅、董遇並作『弊』。」正義曰：「服本作『弊』，王肅、董遇本皆作『蔽』，謂以誣人之道掩諸侯也。杜本作『蔽』，當如王、董爲『蔽掩之也』。」案：王肅、董遇本、《釋文》與正義異，若杜本作「蔽」，《釋文》與正義實同。正義曰「杜本作『蔽』」，「蔽」當爲「敝」。若亦作「蔽」，則當云「王肅、董遇、杜本皆作『蔽』」，不必別出杜本作「蔽」矣。正義實以杜本作「敝」，當如王、董爲「蔽，句。掩之也」。句。蓋「掩之也」，即王、董義。正義以杜于此文無注，故采王、董説以疏之。各本皆作「蔽」，沿唐石經之誤。疏中「敝」作「蔽」，則因正文而竄易耳。服云「弊，踣也」，謂弊與斃同，此《釋言》文。孫炎曰：「前覆曰踣。」前覆者，不能起，故兼覆亡之義。《宣十五年》傳有「以國斃」，《襄十一年》傳「踣其國家」，是「斃」「踣」同義。「一曰罷」者，《漢書·高帝紀》集注「罷，讀曰疲」；《禮·少儀》「師役曰罷」注「罷之言罷勞也」，《莊子·齊物論》「苶然疲役」《釋文》引簡文注「疲，病困之狀」，「斃」「罷」聲相近，故「斃」亦訓「罷」。《西周策》「兵弊于周」、《齊策》「不如南攻襄陵以弊魏」注並曰「弊，罷也」。

告盧蒲嫳。　賈曰：「嫳，齊大夫慶封之屬。」《齊世家》注。

案：《三十一年》傳「絳縣人年長矣。問其縣大夫，則其屬也」，《檀弓》「陳子車死于衛，其妻與其家大夫謀以殉葬」，是春秋時，仕于家者，亦稱大夫，故知此大夫爲慶封之屬。

春秋左氏傳賈服注輯述卷十三

嘉興李貽德學

襄　公

二十八年傳　陰不堪陽。　服曰：「歲爲陽，玄枵爲陰。歲乘陰，進至玄枵，陰不勝陽，故温無冰。」本疏。

案：《保章氏》「以十有二歲之相，觀天下之妖祥」，注「歲謂太歲。歲星與日同次之月，斗所建之辰也。歲星爲陽，右行於天，太歲爲陰，左行於地，十二歲而小周」，是「歲爲陽」也。《爾雅・釋天》「玄枵，虚也」，疏引孫炎曰：「虚在正北，北方色玄，故曰玄枵。枵之言耗，耗，虚之意也。」邵氏《正義》曰：「《分野略例》云：自須女八度至危十五度，於辰在子，爲玄枵也。玄者，黑，北方之色。枵者，耗也。十一月之時，陽氣在下，陰氣在上，萬物幽死，未有生者，天地空虚，故曰玄枵。」是「玄枵爲陰」也。「歲乘陰，進至玄枵」者，即上文「歲在星紀，而淫于玄枵」也。《淮南・氾論訓》「彊弱相乘」注：「乘，加也。」《小爾雅・廣言》：「乘，淩也。」《開元占經・歲星占篇》：「歲星歲行一次，十二歲一周天。」《十八年》傳「晉董叔曰：天道多在西北」，是年歲星在亥。以右行一次準之，距此十一年，當在星紀。今加淩于玄枵之次，故服以乘訓。傳文「淫」字，正義據下「蛇乘龍」之文以規服，未明服意也。歲既越在玄枵之次，是以陽乘之而陰勿能勝矣。《論衡・寒温篇》「陽氣温」，《易・坤》象辭「履霜堅冰，陰始凝也」，今温無冰，是陰不勝陽也。

楚不幾十年。　服曰：「此行也，楚康王卒。至昭四年，楚靈王合諸侯于申，距今八年，故曰『不幾十年』。是謂『十年不克征』也。」本疏。

案：「十年不克征」，《易・復》爻詞。

舍不爲墠。　服曰：「除地爲墠。」本疏。

案：墠，杜本作「壇」，正義云：「服本作『墠』，王肅本作『壇』，而解云『除地，坦』。坦者則讀爲墠也。」《説文》：「墠，野土也。」鄭注《祭法》云「封土曰壇，除地曰墠」，與服義同。《昭元年》傳：楚公子圍逆女於鄭，鄭人請墠，聽命。楚人曰：「若野賜之，是委君貺於草莽也。」是野地除草曰墠矣。《祭法》「一壇一墠」，《書・金縢》云「三壇同墠」，壇與墠似別，其實壇、墠古通。《詩・東門之墠》傳「墠，除地町町者」，正義曰「毛以爲東門之壇」，又曰：「襄二十八年《左傳》云：『子産相鄭伯以如楚，舍不爲壇。外僕言曰：「昔先大夫相先君，適四國，未嘗不爲壇。今子草舍，無乃不可乎？」』上言『舍不爲壇』，下言『草舍』，明知壇者除地去草矣，故云『壇，除地町町者』。偏檢諸本，字皆作『壇』，《左傳》亦作『壇』，其《禮記》《尚書》言『壇』『墠』者，皆封土者謂之壇，除地者謂之墠。『壇』『墠』字異，而此作『壇』字，讀音曰『墠』，蓋古字得通用也。」按：《詩毛傳》是古文，「壇」是「墠」之古文，故字爲「壇」而義則爲「墠」也。《左氏傳》亦古文，則杜本作「壇」是古文，服本作「墠」爲今文，其義則並爲「除地」也。正義曰：「按下文『作壇以昭其功、昭其禍』，若是除地，草穢尋生，不足以昭示後人。杜言壇是也。」此孔氏申杜抑服，故與《詩正義》所云「明知壇者，除地去草」之言違異。至云「墠不足昭示後人」，説亦未確。《金縢》鄭注云：「時爲壇、墠于豐，壇墠之處猶存焉。」鄭去周公時已越千餘年，猶識其址，❶可證墠非不能示後也。

齊慶封好田而耆酒，與慶舍政。　服曰：「舍，慶封之子也。生傳其職政與子。」《齊世家》注。

吴句餘與之朱方。　服曰：「句餘，餘祭。」本疏。

案：杜以爲夷末。考慶封以冬來奔，經書在十一月之前，計時當在十月間也，齊人來讓，不容多日，計是年尚可由魯至吴。至明年五月，餘祭始爲閽弑，中間四、五月，豈不能予邑處之？是句餘必是餘祭，非夷末也。《史記·吴世家》云「王餘祭三年，齊相慶封自齊來犇吴，吴予慶封朱方之縣，以爲奉邑」，與服義合。

二十九年經　吴子使札來聘。　賈、服曰：「夷末新即位，使來通聘。」本疏。

傳　祇見疏也。　服曰：「祇，適也。」本疏。

❶ 「址」，續經解本作「地」。

案：正義云：「晉、宋杜本皆作『多』，古人『多』『祇』同音。張衡《西京賦》云『炙炮夥，清酤多。皇恩溥，洪德施』。『施』與『多』爲韻。此類衆矣。」《説文》「祇」字下段氏注云：「凡假借必取諸同部，如《周易》『无祇悔』，《釋文》云：『祇，辭也。馬同，音之是反。』此讀『祇』爲語辭，適也。《五經文字》《廣韻》作『祇』者是也。《五經文字・衣部》曰『祇，止移切，適也』，《廣韻・五支》『祇，章移切，適也』，唐石經『祇既平』，《左傳》『祇見疏也』，《詩》『祇攪我心』，《論語》『亦祇以異』，字皆从衣，正用張參《字樣》。而張參以前，顔師古注《竇嬰傳》曰『祇，適也，音支，其字从衣』，豈師古太宗朝刊定經籍，皆用此説歟？」按段説則服本當作「祇」，借「祇」爲之，是反从衣者。《方言》云「汗襦，自關而西或謂之祇裯」，《一切經音義》十四引《字苑》「祇衼」，「巨兒、之移反，法服也」，不訓爲適。《竇嬰傳》師古謂祇字从衣，則唐時始訓適也。孫奕《示兒編》云「祇有兩音，一音岐，神祇之『祇』，一音支，訓適」，與唐以前字合。近世經典又以「祇敬」之「祇」作「祇」，别于「祇」。正義引《西京賦》「清酤多」，今《文選》本「多」作「㚇」；引《廣雅》「㚇，多也，音支」，非「多」字，豈孔所見本有作「多」字歟？《論語》「多見其不知量也」，《集解》云「適足自見其不知量也」，以適訓多，亦謂「多」與「祇」同也。

先君若有知也，不尚取之。　服曰：「不尚，尚也。尚當取女叔侯殺之。」本疏。

毋甯夫人，而焉用老臣？　服曰：「毋甯，甯也。甯自取夫人，將焉用老臣乎？」本疏。

案：杜注「不尚取之」云「不尚叔侯之取貨」，注「毋甯夫人，而焉用老臣」云「言先君毋甯怪夫人之所爲，無用責我」。正義云：「杜以其言大悖，無復君臣之禮，故改之。劉氏炫以昭八年穿封戌云『若知君之及此』追恨不殺靈王，其意乃悖于此，蓋古者不諱之言。服虔之説，未必非也。」

請觀于周樂。　服曰：「周樂，魯所受四代之樂也。」《吴世家》注。

案：《禮記・明堂位》「四代之樂器也」注：「四代，虞、夏、商、周也。」四代之樂皆得稱周樂者，《明堂位》云「命魯公世世祀周公以天子之禮樂」，四代之樂命于周王，故云「周樂」也。

猶未也。　賈、服曰：「言未有雅頌之成功也。」賈義見《吴世家》注。○服義見《詩・關雎》序疏。

案：《周禮・太師》曰：「教六詩：曰雅，曰頌。」後鄭曰：「雅，正也。言今之正者，以爲後世灋。頌之言誦也，容也。誦今之德，廣以美之。」《詩序》云「《周南》《召南》，正始之道，王化之基」。《詩序》疏引《鄭志》云：「張逸問：『王者之風當在《雅》，在《風》何？』答曰：『文王以諸侯而有王者之化，述其本，宜爲《風》。』」《詩序》又曰：「是以一國之事，繫一人之本，謂之風。言天下之事，形四方之風，謂之雅。頌者，美盛德之形容，以其成功告于神明者也。」若然，則《周南》《召南》不過爲王化始基，若云「施齊正于天下，告成功于神明，猶未也」。《詩疏》：「成功者，營造之功畢也。天之所營在于命聖，聖之所營在于任賢，賢之所營在於養民，民安而財豐，衆和而事節，如是則司牧之功畢矣。干戈既戢，夷狄來賓，嘉瑞悉臻，遠邇咸服，羣生盡遂其性，萬物各得其所，即是成功之驗也。」

美哉！淵乎！　賈曰：「淵，深也。」《吴世家》注。

案：《詩・定之方中》「秉心塞淵」，箋云「淵，深也」。《老子》「深矣，遠矣」注：「深不可測。」

吾聞衛康叔、武公之德如是，是其《衛風》乎？　賈曰：「康叔遭管叔、蔡叔之難，武公罹幽王褒姒之憂。」《吴世家》注。

案：「康叔遭管叔、蔡叔之難」者，《書序》云：「成王既伐管叔、蔡叔，以殷餘民封康叔，作《康誥》《酒誥》《梓材》。」《康誥》曰：「今惟民不静，未戾厥心。」是封康叔時，管、蔡雖誅，頑民未靖，賈故以管、蔡之難包之，其實康叔封衛，在管、蔡叛後也。「武公罹幽王褒姒之憂」者，《史記·周本紀》云：「幽王嬖愛褒姒，以爲后。」《賓之初筵》詩序曰：「衛武公刺時也。幽王荒廢，媟近小人，飲酒無度，天下化之，君臣上下，沈湎淫液。武公既入，而作是詩也。」《漢書·文帝紀》注：「罹，遭也。」言武公遭此憂。「康叔、武公之德如是」，指上文「憂而不困」言，故賈氏即遭難罹憂事以證明焉。

爲之歌《王》。　服曰：「王室當在《雅》，衰微而列在《風》，國人猶尊之，故稱《王》，猶《春秋》之王人也。」同上。○《詩·黍離》序疏引「尊之猶稱王，猶《春秋》之王人」。

案：張逸曰：「王者之《風》當在《雅》，今以衰微始列於《風》也。」《王風譜》云：「於是王室之尊與諸侯無異，其詩不能復《雅》，故貶之，謂之王國之變風。」正義曰：「《鄭志》：『張逸問：「平王微弱，其詩不能復雅，厲王流于彘，幽王滅于戲，在《雅》何？」答曰：「幽、厲無道，酷虐于民，以强暴至于流滅，豈如平王微弱，政在諸侯，威令不加于百姓乎？其意言幽、厲以酷虐之政被於諸侯，故爲《雅》；平、桓以政教不及畿外，故爲《風》也。」』」又云：「在《風》則卑矣。已此列國當言周，而言王則尊之，故題王以當國，而敘以實應，故每言憫周也。」案：《僖八年》經：「盟于洮。」《公羊傳》：「王人者何？微者也。曷爲序乎諸侯之上？尊王命也。」服引以證《風》之稱「王」，亦是意也。

其周之東乎。　服曰：「平王東遷洛邑。」同上。

案：《王風譜》云：「王城者，周東都。王城内方六百里之地，其封域在《禹貢》豫州太華、外方之間，北得河陽，漸冀州之南。始武王作邑於鎬京，謂之宗周，是爲西都。申侯與犬戎攻宗周，殺幽王，晉文侯、鄭武公迎宜咎于申而立之，是爲平王。以亂故，徙居東都王城。」疏引《地理志》云「平王東居洛邑」，鄭所據之文也。

爲之歌《鄭》。　賈曰：「《鄭風》，東鄭。」同上。服曰：「鄭，東鄭，古檜國之地。」《詩・鄭譜》疏。

案：「《鄭風》，東鄭」者，别于西鄭也。《漢書・地理志》「京兆郡」「鄭，周宣王弟鄭桓公邑」，此西鄭也。《史記・鄭世家》云桓公「東徙其民雒東，而虢、鄶果獻十邑，竟國之」，此東鄭也。《詩譜》云「檜者，古高辛氏祝融之墟，在《禹貢》豫州外方之北、滎波之南，居溱、洧之間」，陸德明云「是子男之國，後爲鄭武所并焉」，是東鄭爲古檜國之地。《詩譜》云：「其國北鄰於虢，故鄭兼有虢、鄶之地。」

美哉！其細已甚，民弗堪也，是其先亡乎？　服曰：「其風細弱已甚，攝于大國之間，亡遠慮持久之風，故曰『民不堪，將先亡也』。」《吴世家》注。

案：「其風細弱已甚」者，《漢書・地理志》臣瓚注：「謂音聲細弱也。此衰弱之徵。」《論語》云「攝乎大國之間」，包咸注：「攝，迫也。」言鄭迫于晉、楚，無慮遠之謀、經久之計，悉索敝賦，奔走强鄰以苟安，旦夕財盡民離，不亡何待？故知其先他國亡也。

泱泱乎，大風也哉！　服曰：「泱泱，舒緩深遠，有大和之意。其詩風刺，詞約而義微，體疏而不切，故曰大風。」同上。

案：《地理志》云：「《齊詩》曰『子之營兮，遭我虖嶩之間兮』，又曰『竢我於著乎而』，此亦其舒緩之體也。」《詩・瞻彼洛矣》傳曰：「泱泱，深廣貌。」《康誥》曰：「四方民大和會。」《地理志》：「臨菑，海、岱之間一都會也，其中具五民云。」如氏曰：「遊子樂其俗，不復歸，故有五方之民也。」服故以「舒緩深遠，有大和之意」釋「泱泱」也。云「風刺，詞約而義微，體疏而不切，故曰大風」者，舉詩旨以明「大風」也。「約」者，《淮南・主術訓》注「少也」。「微」者，《説文》云「隱行也」。「疏」者，《楚詞・東皇太一》云「疏緩節兮安歌」，《淮南・氾論》「體大者節疎」，是也。「切」者，《小爾雅・廣詁》《廣雅・釋詁》並云「近也」。《齊譜》正義曰：「夫人不能警戒，切以《月出》之歌；挈壺氏廢其所掌，責以顛倒之詠，各隨所失，作詩刺之。」若然，則《齊風》之作因時起興，援古證今，《學記》所云「微而臧」，《孟子》云「言近而旨遠」，此其大概矣。

表東海者，其太公乎！　國未可量也。　服曰：「其爲東海之表式，國之興衰，世數短長，未可量也。」同上。

案：《説文》：「式，法也。」表所以爲法，故言「表式」。是時齊政已衰，世數則歷悼、簡、定、康而已，實比鄭先亡，而云「未可量」，疑季子知者一失矣。不知季札之意，以「泱泱大風」「人民和會」，姜氏雖替，必有嗣而興者，故曰「國未可量」，明國之未可量，非姜氏未可量也。下文「説晏平仲，謂之曰『齊國之政，將有所歸』」，季固知之熟矣。

爲之歌《豳》，曰：「美哉，蕩乎！樂而不淫。」賈曰：「蕩然無憂，自樂而不荒淫也。」同上。

案：《論語》曰：「君子坦蕩蕩，小人長戚戚。」《集解》引鄭曰：「坦蕩蕩，寬廣貌。長戚戚，多憂懼。」「蕩蕩」與「戚戚」相對，則「蕩蕩」是無憂之貌。《論語》「樂而不淫」注：「樂不至淫，言其和也。」

爲之歌《秦》，曰：「此之謂夏聲。」服曰：「秦仲始有車馬禮樂之好，侍御之臣，戎車四牡田狩之事。其孫襄公列爲秦伯，故有『蒹葭蒼蒼』之歌、《終南》之詩，追録先人；《車鄰》《駟鐵》《小戎》之歌，與諸夏同風，故曰夏聲。」《詩·秦譜》疏。

案：「秦仲始有車馬禮樂之好、侍御之臣」，本《車隣》詩序也。「戎車四牡田狩之事」，據《駟鐵》《小戎》言之。服以二詩爲襄公追録先人之歌，故係之秦仲，與《詩序》異者，或從三家説也。蓋秦仲既有車馬，當亦田狩。《史記·秦本紀》秦仲、莊公皆有伐戎之事，則《駟鐵》《小戎》追録先世，義或然也。「與諸夏同風」者，杜云「秦本在西戎汧隴之西，秦仲始有車馬禮樂，去戎狄之音而有諸夏之聲」，是也。《論語》云「不如諸夏之亡也」，諸夏指中國。

大而婉，險而易行，以德輔此，則明主也。賈曰：「其志大，直而有曲體，歸中和、中庸之德，難成而實易行，故曰『以德輔此，則明主也』。」《吴世家》注。

案：《禮》之稱《大雅》曰「曲而有直體」，此云「直而有曲體」，互易其文，以訓「婉」也。《周禮·大司徒》「以五禮防萬民之僞而教之中，以六樂防萬民之情而教之和」，注：「使其行得中，使其心應和也。」《禮記·中庸》鄭《目録》云：「名曰『中庸』者，以其記中和之爲用也。庸，用也。」是存之爲中和，用之爲中庸，其德一也。「險而易行」，《史記》「險」作「儉」。杜云「『險』當爲『儉』，字之誤也」。

惠士奇曰：「《史記》作『儉』，古文也。古文《易》云『動乎儉中』，又云『儉德辟難』，皆讀爲『險』。『險而易行』，即《易》之『《易》以知險』。杜云當爲『儉』讀，是也。」按：惠氏以《左傳》本古文，故謂「險」當爲「儉」。至傳義當從「險」，故賈本作「險」，師傳如是。《説文》：「險，阻難也。」賈謂歸中和之德而用之，始似阻難，而其實行之甚易也。若然，以德輔此者，言以中和、中庸之德也。「明主」之「明」，《史記》作「盟」。惠舉「《易》以知險」，《繫辭下》曰「德行恆易以知險」，虞翻曰：「險，謂坎也。謂乾二、五之坤成坎離，日月離天，天險不可升，故知險者也。」据此則惠氏舉《易》證此文者，謂字當从「儉」，義則仍爲「險」也。杜氏云「儉約易行」，非賈義也。

自《鄶》以下，無譏焉。　服曰：「《鄶》以下及《曹風》也，其國小，無所刺譏。」同上。

案：《詩・鄶・羔裘》序、《曹・蜉蝣》序並云「國小而迫」，故賈據以爲説。《説文》：「譏，誹也。」《楚詞・大招》注：「譏，非也。」《淮南・説林》「刺我行者，欲與我交」注：「刺，猶非。」「無所譏刺」，謂無所是非也。

爲之歌《小雅》。　服曰：「自《鹿鳴》至《菁菁者莪》，道文、武修小政，定大亂，致太平，樂且有儀，是謂正《小雅》。」《詩・小大雅譜》疏。

案：「道文、武」者，道如《孟子》「道性善」之「道」。《周禮・大司樂》：「興、道、諷、誦、言、語。」《小雅》道述文王、武王之事，故言「道文、武也」。「修小政」者，《詩序》云：「政有大小，故有《小雅》焉、有《大雅》焉。」正義云：「《小雅》所陳，有飲食賓客、賞勞羣臣、燕賜以懷諸侯、征伐以强中國、樂得賢者、養育人材，於天子之政，皆小事也。」云「定大亂」者，《采薇》序曰：「文王之時，西有昆夷之患，北有玁狁之難，以天子之命，命將率、遣戍役以守衛中國，故歌《采薇》以遣之，《出車》以勞還，《杕杜》以勤歸也。」《魚麗》序曰「文、武以《天保》以上治内，《采薇》以下治外」，是即服所云「修小政，定大亂」也。「致太平」者，《南有嘉魚》序曰：「樂與賢也。太平君子至誠，樂與賢者共之也。」《南山有臺》序曰：「樂得賢也。得賢則能爲邦家立太平之基矣。」「樂且有儀」，《菁菁者莪》文。「是謂正《小雅》」者，鄭氏《譜》云「《小雅》十六篇爲正經」，又曰「《小雅・六月》之後謂之變雅」，則《六月》之前，自《鹿鳴》至《菁菁者莪》並爲正《小雅》。服、鄭同也。惟《詩譜》言「《小雅・南有嘉魚》下及《菁菁者莪》爲周公、成王之時詩」，而服僅言「道文、武」者，以序不明斥成王，而《魚麗》序言「文、武以《采薇》以下治外」，則自《出車》至《菁菁者莪》皆可云《采薇》以下也。其致太平，澤四海，燕諸侯，錫有功，雖不能指爲文王時事，若武王則固有之矣，不必定在周公、成王時也。《詩疏》引皇甫謐曰：「詩人歌武王之德，今《小雅》自《魚麗》至《菁菁者莪》十篇是也。」蓋傳無明徵，訓詁家各以意斷，故不同如此。

曰：「美哉！思而不貳，怨而不言，其周德之衰乎！」　服曰：「此歎變《小雅》也。思上世之明聖，而不貳于當時之王。怨當時之政，而不有背叛之志也。其周德之衰微乎！疑其幽、厲之政也。」本疏。

案：知歌變《小雅》者，以季札所言知之。《六月》以下爲變《小雅》，《詩大序》正義曰：「以其變改正法，故謂之變焉。」「思上世之明聖」者，如《楚茨》《信南山》《魚藻》《瞻彼洛矣》《鴛鴦于飛》諸篇是已，然《車舝》「思得淑女」，《隰桑》「思見君子」，則于當代之君猶無二心也。「怨當時之政，而不有背叛之志」者，即《史記·屈原傳》所謂「《小雅》怨誹而不亂也」。云「周德之衰微」者，《詩序》云：「至于王道衰，禮義廢，政教失，國異政，家殊俗，而變《風》、變《雅》作矣。」惟歌變《雅》，故知爲周德之衰。「其」是疑詞，故云「疑幽、厲之政也」。《六月》至《圻父》，宣王時詩，亦在變《小雅》中，而不得指「宣」者，以「宣」是中興之主，雖在變《雅》，不得當周德之衰。其餘皆怨刺幽、厲之詩，故以幽、厲當之。《禮運》：「孔子曰：『吾觀周道，幽、厲傷之。』」宗周之壞，無不指斥二王矣。杜以爲歌正《小雅》，故其注「思而不貳」云「思文、武之德而無貳叛之心」，注「周德之衰」云「衰，小也」，注「猶有先王之遺民」云「謂有殷王餘俗，故未大」。近本「大」下有「衰」字，誤。此从湻熙本。劉炫以服言爲是，而謂杜解錯繆。正義祖杜，謂劉言爲非。然其作《詩正義》云：「季札見歌《小雅》，曰：『美哉！思而不貳，其周德之衰乎！猶有先王之遺民。』是由王澤未竭，民尚知禮，以禮救世，作此變《詩》。故變《詩》，王道衰乃作也。」按：此則孔亦同服氏，以季札所嘆者爲變《小雅》矣。蓋其作《詩正義》時，無左右之見亘于胸中，故能同其所異也。

爲之歌《大雅》。服曰：「陳文王之德、武王之功。自《文王》以下至《鳧鷖》，是爲正《大雅》。」《詩·小大雅譜》疏。

案：《詩疏》云「《文王》《大明》《緜》《棫樸》《思齊》《皇矣》《靈臺》七篇序皆云文王，《旱麓》一篇居中，從可知凡八篇，文王《大雅》也。《下武》《文王有聲》二篇序皆言武王，則武王《大雅》也。」此服所云「陳文王之德、武王之功」是也。季札惟嘆文王之德，而服兼言武王者，《詩譜》云「文王受命，武王遂定天下，盛德之隆，《大雅》之初，起自文王」，《詩疏》云「以文、武道同，故鄭連言之」。服亦此意也。云自《文王》至《鳧鷖》爲正《大雅》者，按：《譜》云「《大雅·民勞》謂之變《雅》」，若然，則《民勞》以前、《鳧鷖》以後列正《雅》者，尚有《假樂》《公劉》《泂酌》《卷阿》四篇。服不數者，以季札惟歎文德，武可牽連言之，以見道同。《假樂》以下則序指成王，概爲列入，與季札所美不合，故以《鳧鷖》爲斷，非謂《假樂》以下四詩不爲正《大雅》也。《譜》又云「《生民》下及《卷阿》，周公、成王之時詩也」。而服統爲「陳文、武功德」者，以諸序皆不明指成王，而據其隆盛上推祖考之休美，下示子孫之平成，皆可以文、武起義，故不與《詩譜》同也。

爲之歌《頌》。

服曰：「哀公十一年，孔子『自衛反魯，然後樂正，《雅》《頌》各得其所』，距此六十二歲。當時《雅》《頌》未定，而云爲之歌《小雅》《大雅》《頌》者，傳家據已定録之。」《詩譜序》疏。

案：「自衛反魯，然後樂正，《雅》《頌》各得其所」，《論語》文也。《哀十一年》傳：「冬，衛孔文子之將攻太叔也，訪于仲尼，仲尼曰：『胡簋之事，則嘗學之矣。甲兵之事，未之聞也。』退，命駕而行。魯人以幣召之，乃歸。」是自衛反魯在此年也。鄭氏《論語注》云：「反魯，哀公十一年冬。是時道衰樂廢，孔子來還，乃正之。」與服同也。云「距此六十二歲」者，阮氏《詩經校勘記》云：「浦鏜云：『二』當作『一』。以《春秋》考之，浦校是也。」「當時《雅》《頌》未定」者，非謂未定《雅》《頌》之名，謂未定《雅》

《頌》之次也。《周禮・大師》云「六詩：曰雅、曰頌」，是周公之初已有雅、頌之名矣。至春秋時，所歌《雅》《頌》或失其次。《襄四年》傳：「穆叔如晉，晉侯享之，金奏《肆夏》之三，工歌《文王》之三，歌《鹿鳴》之三。」《魯語》曰：「金奏《肆夏》《繁遏》《渠》。」《周禮・鐘師》注引吕叔玉云「《肆夏》《繁遏》《渠》皆《周頌》也。《肆夏》，《時邁》也；《繁遏》，《執競》也；《渠》，《思文》也」。據此，是先奏《頌》，次歌《大雅》，次歌《小雅》，以時因未定次序，故參錯雜陳耳。今傳于歌之次第，先序《小雅》，次序《大雅》，然後更歌《頌》，其篇次與孔子所正者相合，明是時孔子尚幼，未得正樂，歌者未必秩然如是，傳者從後序其事，則據孔子定之次追録之，故得同正樂後之次第也。

曰：「至矣哉。」　賈曰：「言道備至也。」《吴世家》注。

案：「備」「至」以音相近爲訓。《華嚴經音義》上引《儀禮》劉兆注：「備，畢，盡也。」

遷而不淫。　服曰：「遷，徙也。文王徙酆，武王居鄗。」同上。

案：「鄗」與「鎬」同。《大雅》《詩譜》疏云「《文王有聲》云『作邑于豐』，是文王居豐也。又曰：『考卜維王，宅是鎬京。維龜正之，武王成之。』是武王居鎬也。」

見舞《象》《箾》《南籥》者。　賈、服曰：「《象》，文王之樂舞《象》也。」賈義見《吴世家》注，惟「舞」作「武」，通用字。服義見《詩・維清》疏。「《箾》，舞曲名。」賈義見本疏，《吴世家》注：「名，作也。」服義見《詩疏》。「言天下樂削去無道。」賈義見本疏，惟「削」作「箾」，服義見《詩疏》。　賈曰：「《南籥》，以籥舞也。」《吴世家》注。

案：「《象》，文王之樂舞《象》」者，《詩序》云「《維清》，奏《象舞》也」，注曰「《象舞》，象用兵時刺伐之舞，武王制焉」，疏曰：「此詩經言『文王』，序稱《象舞》，則樂象文王之事，以《象武》爲名。」「《箾》，舞曲名」者，《詩序》云「《武》，奏《大武》也」，注云「《大武》，周公作樂所爲舞也」，疏云「《武》詩者，奏《大武》之樂歌也」。《詩序》又曰：「《桓》，講武類禡也。」疏云：「《桓》詩者，講武類禡之樂歌。」《荀子·禮論》以《箾》與《武》《桓》同列，明《箾》是舞曲名也。杜以爲舞者所執，失之。「天下樂箾去無道」者，「箾」從「削」得聲，而義亦因之，故服説作「削去」。《頌》詩如《酌》《桓》《賚》《般》，皆不取篇首爲名，别取所志以名篇。酌告成功，故名《酌》。錫予善人，故名《賚》。此名《箾》者，以箾从削，故知其取「削去無道」之義。「削」之作「箾」，猶「酌」之作「汋」，蓋古字通也。文王時削去無道者，伐崇、戡黎之事是也。「《南籥》，以籥舞」者，《禮記·文王世子》曰「春夏學干戈，秋冬學羽籥」，注：「干戈，《萬》舞，象武也。羽籥，《籥》舞，象文也。」《爾雅·釋樂》「大籥謂之産」，郭璞注「籥，如三孔笛而短小，《廣雅·釋樂》云七孔」，《周禮·笙師》及《少儀》《明堂位》注皆云「籥，如笛，三孔」，《簡兮》詩傳云「六孔」，説各不同。《詩釋文》云「籥，以竹爲之，長三尺，執之以舞」。《詩疏》曰：「籥雖吹器，舞時與羽並執，故得舞名，是以《賓之初筵》云『《籥》舞笙鼓』，《公羊傳》『籥者何？《籥》舞是也』。」

曰：「美哉！猶有憾。」　服曰：「憾，恨也。恨不及己以伐紂而致太平也。」《吴世家》注。

案：《廣雅·釋詁》：「憾，恨也。」文王率殷畔國以事紂，恨不及己身致太平也。但致太平必當伐紂，服故推本言之。

見舞《大武》者。　賈曰：「《大武》，周公所作，武王樂也。」同上。

案：《詩序》云「《武》，奏《大武》也」，注曰：「《大武》，周公作樂所爲舞也。」疏曰：「以王者功成作樂必待太平。《明堂位》云『周公攝政六年，制禮作樂』，故知《大武》是周公作樂所爲舞也。謂之『武』者，《禮器》云『樂也者，樂其所自成』，注云『作樂者，緣民所樂於己之功』，然則以武王用武除暴爲天下所樂，故謂其樂爲《武樂》，《武樂》爲一代大事，故歷代皆稱大也。」

見舞《韶護》者。　賈曰：「《韶護》，殷成湯樂《大護》也。」同上。

案：《史記》作「護」。引賈亦作「護」，今杜本作「濩」。其實，「濩」有「護」義。《周禮·大司樂》：「《大濩》」後鄭云：「《大濩》，湯樂也。湯以寬治民，而除其邪，言其德能使天下得其所也。」賈疏云「言護者，即救護也」。本疏云「以其防濩下民，「防濩」之「濩」當作「護」。故稱『濩』也」。《白虎通·禮樂篇》云「湯曰《大護》者，言湯承衰能護民之急也」，《漢書·禮志》「護，言救民也」，皆取救護之義。

聖人之宏也，而猶有慚德，聖人之難也。　賈曰：「宏，大也。」服曰：「慚于始伐而無聖佐，故曰『聖人之難』也。」同上。

案：《孟子·萬章篇》「天誅造攻，自牧宮。朕載自亳」，趙岐注：「載，始也。此湯之始伐也。」《漢書·古今人表》：「湯之佐，如伊尹在上中，仲虺在上下，皆不得爲聖人，故曰『無聖佐』。」《古文》云「聿求元聖」，傳以伊尹當之，皆本《孟子》「伊尹，聖之任者也」之語。其實伊尹不得爲聖佐，故有慚德。僞《古文》本此撰《仲虺之誥》矣。

見舞《大夏》者。　賈曰：「夏、禹之樂《大夏》也。」同上。

案：《禮記·樂記》：「夏，大也。」《白虎通·禮樂篇》：「禹曰《大夏》者，言禹能順二聖之道而行之，故曰『大夏』也。」

曰：「美哉！勤而不德。」　服曰：「禹勤其身以治水土也。」同上。

案：《大司樂》注云「《大夏》，禹樂也。禹治水傅土，言其德能大中國也」。《書·禹貢》云：「禹敷土，隨山刊木，奠高山大川。」《孟子》曰：「禹八年在外，三過其門而不入。」是「勤其身以治水土也」。

見舞《韶箾》者。　服曰：「有虞氏之樂《大韶》也。」同上。

案：《皋陶謨》作「《簫韶》」，鄭注：「《簫韶》，舜所制樂。」宋均注《樂説》云：「簫之言肅，舜時民樂其肅敬，其紹堯道，故謂之《簫韶》。或云《韶》，舜樂名。舜樂者，其《秉簫》乎？」《史記》作「九招」。《五帝本紀》云「四海之内，咸戴帝舜之功，於是禹乃興《九招》之樂，致異物，鳳凰來翔。天下明德，皆自虞帝始」。《周禮·大司樂》作「大磬」「《九磬》之舞」，注云：「《大磬》，舜樂也。言其德能紹堯之道也。」《簫韶》，《説文》作「箾韶」，云「以竿擊人也。虞舜樂曰《箾韶》」。《箾韶》即此傳《韶箾》。正義云：「蓋《韶》樂兼簫爲名，『簫』字或上或下耳。」服云《大韶》者，用《周禮》「大磬」文也。

曰：「德至矣哉。」　服曰：「至帝王之道，極于《韶》也，盡善盡美也。」同上。

案：《荀子·儒效》云「《頌》之所以爲至者」，注：「至，謂盛德之極。」服故以「極」訓「至」。《論語》曰：「子謂《韶》盡美矣，又盡善也。」《集解》引孔曰：「謂以聖德受禪，故曰『盡善』。」

如天之無不幬也。　賈曰：「幬，覆也。」同上。

案：《史記》作「燾」，正字。「幬」，假字也。《禮記・中庸》「無不覆幬」注「『幬』或作『燾』」；《説文》「燾」云「溥覆照也」，「幬，禪帳也」；《攷工記・輪人》「欲其幬之廉也」注「幬，幔轂之革也」；《後漢・朱穆傳》「故夫天不崇大，則覆幬不廣」注「幬亦覆」：皆借燾爲幬，而同訓爲覆也。

若有他樂，吾不敢請已。　服曰：「周用六代之樂，堯曰《咸池》，黄帝曰《雲門》。魯受四代，下周二等，故不舞其二等，季札知之，故曰『有他樂，吾不敢請』。」同上。

案：《周禮・大司樂》「以樂舞教國子，舞《雲門大卷》《大咸》《大磬》《大夏》《大濩》《大武》」，注：「此周所存六代之樂。」六代之樂獨舉「堯曰《咸池》、黄帝曰《雲門》」者，以四樂已具，傳文若言六代，則猶有此二樂也。《大司樂》注：「《大咸》，《咸池》，堯樂也。」《禮記・樂記》「《咸池》備矣」注：「黄帝所作樂名也，堯增修而用之。咸，皆也。池之言施也，言德之無不施也。《周禮》曰『大咸』。」《大司樂》「雲門大卷」注：「黄帝能成名萬物，以明民共財，言其德如雲之所出，民得以有族類者。」《明堂位》云「凡四代之服、器、官，魯兼用之」，是魯之所受四代而已，下二等以別于周。「不舞其二」者，是《雲門》《大咸》。季札在國本聞魯祇四代之樂，知至《韶》舞而止，云「不敢請他樂」，蓋託辭也。

子速納邑與政。　服曰：「入邑與政職于公，不與國家之事。」同上。

案：「不與」之「與」讀如「六十不與服戎」之「與」。《漢書・高紀》集注引如氏曰：「『與』，音『相干與』之『與』。」「不與國家之事」，言不必干與政事也。

慎之以禮。　服曰：「禮，所以經國家、利社稷也。」同上。

案：《隱十一年》傳：「禮，經國家，定社稷。」

將宿于戚，聞鐘聲焉。　服曰：「孫文子鼓鐘作樂也。」同上。

案：孫文子畔居于戚。《詩·鼓鐘》云「鼓鐘將將」，《白華》云「鼓鐘于宮」，正義皆以鼓爲擊。此言擊鐘作樂也。

曰：「異哉！吾聞之也：『辯而不德，必加于戮。』」　服曰：「辯，若鬭辯也。夫以辯争不以德居之，必加於刑戮也。」同上。

案：《周禮·調人》「凡有鬭怒者成之」注：「鬭怒，辯訟者。」《墨子·經上》「辯，争彼也」，故曰「辯争」。

夫子獲罪於君以在此。　賈曰：「夫子，孫文子也。獲罪，出獻公、以戚畔也。」同上。

案：出獻公在十四年，以戚畔在二十六年。

君又在殯，而可以樂乎？　賈曰：「衛君獻公棺在殯，未葬。」同上。

案：經書「五月庚午，衛侯衎卒」，季札過戚，時在七、八月間，《隱元年》傳云「諸侯五月而葬」，是猶在殯也。《禮記·王制》云：「諸侯五月而殯。」《喪大記》云「君殯用輴欑，至于上，畢塗屋」，注：「欑，猶菆也。屋，殯上覆如屋者也。」

終身不聽琴瑟。　服曰：「聞義而改也。琴瑟不聽，況於鐘鼓乎？」同上。

案：《論語》云「聞義不能徙，不善不能改」，此聞季札言而不聽琴瑟，是「聞義能改」也。《白虎通·

禮樂篇》引《詩傳》曰：「大夫、士琴瑟御。」《公羊》隱五年傳何注：「《魯詩傳》曰：『天子食，日舉樂，諸侯不釋縣，大夫、士日琴瑟。』然《周禮・小胥》云『卿大夫判縣，士特縣。凡縣鐘磬，半爲堵，全爲肆』，注：『諸侯之卿大夫半天子之卿大夫，西縣鐘，東縣磬。士亦半天子之士，縣磬而已。』是大夫當有鐘鼓，若士則惟琴瑟而已，故《曲禮》云『大夫無故不徹縣，士無故不徹琴瑟』，明大夫常縣，且以見琴瑟下鐘鼓一等。傳言『不聽琴瑟』，見琴瑟且徹，其不鐘鼓可知，服所以申明傳意也。

適晉，説趙文子、韓宣子、魏獻子，曰：「晉國其萃於三族乎！」　服曰：「言晉國之祚，將集于三家。」同上。

案：「祚」本作「胙」。《隱八年》傳：「胙之土而命之氏。」《周語》「胙以天下」注：「胙，禄也。」萃爲集者，《詩・墓門》「有鴞萃止」傳曰：「萃，集也。」其後，三家卒分晉國，果如季札之言。

吾子好直。　服曰：「不能曲撓以從衆。」同上。

案：「撓」，《説文》云「擾也」，與服義不協。「撓」當爲「橈」之「橈」。《易・大過》彖曰：「棟橈，本末弱也。」象以「本末」釋「棟」，「弱」釋「橈」。是「曲橈」者，言曲弱而能隨衆也。然《説文》無「橈」字，故服作「撓」也。

三十年傳 穆叔問：「王子之爲政何如？」　服曰：「王子，楚令尹王子圍也。」本疏。

案：《釋文》云：「『問王子之爲政』，一本作『問王子圍之爲政』，服虔、王肅本同。」正義曰：「『傳無『圍』字。』按：服注則當無『圍』字。《釋文》云『服虔、王肅同』者，亦言同無『圍』字本也。子圍，楚共王子，故稱「王子」。

吏走問諸朝。　服曰：「吏不知曆數，故走問於卿大夫。」本疏。○《釋文》引「吏不知曆者」。

案：《史記·曆書》云：「幽、厲之後，周室微，陪臣執政。史不記時，君不告朔，故疇人子弟分散。」《集解》引如氏曰：「家業世世相傳爲疇。律：年二十三傳之疇官，各從其父學。」是治曆爲名家之學，故吏有不知者。《周禮·太宰》「王眡治朝」注：「治朝，在路門外，羣臣治事之朝。」故「走問諸朝」，知問公卿大夫也。

而廢其輿尉。　服曰：「輿尉，軍尉，主發衆使民。」本疏。

案：《襄十九年》傳：「軍尉、輿尉皆受一命之服。」是軍尉、輿尉各有其職，而服云輿尉即軍尉者，《晉語》云「知祁奚之果而不淫也，使爲元尉」，注：「元尉，中軍尉也。」「知鐸遏寇之恭敬而信强也，使爲輿尉」注：「輿尉，上軍尉也。」是服云「軍尉」者，即「上軍尉」省文耳。正義曰：「于時，趙武將中軍，若是軍尉，當是中軍尉也。」此失之矣。趙武主晉政，此輿帥役及孤老，故得以公廢之，豈如行軍時各有司命乎？《小司徒》云「凡國之大事，致民；大故，致餘子」，鄭司農云「國有大事當徵召會聚百姓，則小司徒召聚之」，是周官發衆使民，小司徒主之。今晉掌自輿帥者，當時制耳。知其主發衆使民者，以此輿帥因役及孤老而廢，則知其主發衆使民事矣。

鳥鳴于亳社。　服曰：「殷，宋之祖也，故鳴其社。伯姬，魯女，欲使魯往悟伯姬也。」本疏。

案：「亳社」，《禮記》作「薄社」。《郊特牲》曰：「是故喪國之社屋之，不受天陽也。薄社北牖，使陰明也。」注：「薄社，殷之社。殷始都薄。」爲亳之古文。《公羊傳》作「蒲社」，《哀四年》：「六月辛丑，蒲社災。蒲社者何？亡國之社也。亡國之社掩其上而柴其下。」「蒲」者，「薄」之轉聲。徐彦疏引賈氏云「《公羊》曰『薄社也者』」，是《公羊》本有作「薄社」也。其云「亡國之社」，猶《郊特牲》云「喪國之社」，亦指殷也。何注：「蒲社者，先世之亡國，在魯竟。」失之。《白虎通・社稷篇》：「王者、諸侯必有誡社者何？示有存亡也。明爲善者得之，爲惡者失之。」《穀梁傳》注：「殷都于亳，武王克紂而班列其社于諸侯，以爲亡國之戒。」《哀四年》傳云「亳社災」，是魯有亳社。正義云「此鳥鳴于魯國之亳社也」。服云「殷，宋之祖，故鳴其社」者，以亳社是殷社，而宋爲殷後，鳥鳴其上，示有災也。云「伯姬，魯女，使魯往悟女」者，伯姬爲宣公女，今鳥鳴殷社，以見災應于宋，而鳴于魯之亳社，又見魯適宋之人，是欲警動魯人，使往曉伯姬也。

甲午，宋大災。宋伯姬卒，待姆也。　服曰：「不書大，非災。火及人，伯姬坐而待之耳。」本疏。

案：「不書大，非災」者，《宣十六年》傳曰：「凡火，人火曰火，天火曰災。」《公羊》襄九年傳：「大者曰災，小者曰火。」《穀梁》昭九年傳：「國曰災，邑曰火。」此經書「宋災」，不書「大」，《穀梁傳》曰「伯姬之舍失火」，可證非災及一國矣，服故曰「非災」，言特火耳。云「火及人，伯姬坐而待之」者，《公羊傳》云：「有司復曰：『火至矣！請出。』伯姬曰：『不可。吾聞之也，婦人夜出，不見傅母不下堂。傅至矣，母未至也。』逮乎火而死。」《穀梁傳》略同，是本非大火。其及人者，伯姬坐待傅、母之至而及之耳。

大夫放。　服曰：「淫，放也。」《釋文》。「言大夫淫放。」本疏。

案：《周禮·宫正》「去其淫怠」注：「淫，放濫也。」《文選·絶交書》「重增其放」注：「放，謂放蕩。」《詩·宛丘》「子之湯兮」傳曰：「子，大夫也。湯，蕩也。」疏曰：「毛以此序所言是幽公之惡，經之所陳是大夫之事。由君身爲此惡，化之使然。」是陳大夫淫放之風久矣。杜本「放」作「敖」。

三十一年傳 立胡女敬歸之子子野。　服曰：「胡，歸姓之國也。」《魯世家》注。

齊歸之子公子稠。　服曰：「齊，謚也。」同上。

案：《周書·謚法解》：「執心克莊曰齊，資輔供就曰齊。」

穆叔不欲，曰：「太子死，有母弟則立之，無則立長。」　服曰：「無母弟，則立庶子之長。」同上。

案：《昭二十六年》傳：王子朝曰：「昔先王之命曰：『王后無適，則擇立長。』」此立長，亦謂立庶子之長。然則先王之制，無適則立長矣。

於是昭公十九年矣，猶有童心。　服曰：「言無成人之志，而有童子之心。」同上。

案：《禮記·冠義》云「已冠而字之，成人之道也」。《儀禮·喪服記》「童子唯當室緦」注：「童子，未冠之稱也。」《少儀》「童子曰聽事」注：「童子，未成人。」《曲禮》云「男子二十而冠」，賈氏《士冠禮》疏云「若天子之子，則亦二十而冠」，若然，則諸侯之子亦當二十而冠，昭公是時年十九爲世子，時猶未冠也。若已立爲君，則《襄九年》傳云「國君十五而生子。冠而生子，禮也」，當有成人之度。今昭公猶然童心，是與未成人者同，故服云然。

以贏諸侯。　賈、服：「『贏』皆讀『盈』，盈，受也。」本疏。

案：《文選·古詩》「盈盈樓上女」注：「『盈』與『贏』，古字通。」《説文》云「盈，滿器也」，謂滿藏之以能受也。引申之，故「盈」訓爲「受」。

延州來季子，其果立乎？　服曰：「延，延陵也。州來，邑名。季子讓王位，升延陵爲大夫食邑。州來，傳家通言之。」本疏。

案：「延，延陵」者，二十九年《公羊傳》曰：「去之延陵。」此稱「延」者，省文耳。「州來，邑名」者，《成七年》傳：「吴入州來。」杜注：「州來，楚邑，淮南下蔡縣。」今江南鳳陽府壽州，即壽春是也。十三年，吴滅州來。二十三年吴伐州來，爲雞父之戰，七國大敗。自後州來當常爲吴有矣。《昭二十七年》正義云「《釋例·土地名》：『延、州來，闕。』則延陵、州來並闕，不知其處。杜意當謂吴地別有州來，非楚邑也」。然《哀元年》傳曰「蔡于是乎請遷于吴」，《二年》傳曰「吴洩庸如蔡納聘，而稍納師。師畢入，衆知之。哭而遷墓。冬，蔡遷于州來」，上云「蔡請遷于吴」，下云「蔡遷于州來」，則州來自雞父戰後爲吴邑久矣。竊謂州來實即此也。「季讓王位，升延陵爲大夫食邑」者，《史記·吴世家》云：「壽夢立，而吴始益大稱王。」又曰：「季札賢而壽夢欲立之。季札讓不可。」是讓王位也。《禮記·檀弓》「延陵季子適齊」注：「季子讓國，居延陵，因號焉。」《吴世家》又曰：「季札封於延陵，故號曰延陵季子。」是季札讓國時去之延陵，後遂升爲食邑，故《公羊傳》曰「去之延陵」，《史記》云「封於延陵」也。云「州來，傳家通言之」者，昭二十七年，季札本封延陵，後復封州來。服謂傳稱「延州來」者，通前後所封言之耳。正義曰：「按：傳文謂之『延陵季子』，則是『延陵』與『州來』必不得爲一，但不知何以呼爲延陵耳。或延陵亦是邑名，蓋並食二邑，故連書之。」《禮疏》申鄭注曰：「延陵，一名延州來。云《春秋傳》謂『延陵』『延州來』，即此經『延陵』，即《左傳》『延州來』，明是一也。」按：彼疏與此異者，蓋各申注意，不顧鑿枘也。

令尹以君矣。　服曰：「言令尹動作以君儀，故云『以君矣』。」本疏。

案：孔氏曰：「服言『以君儀』者，明年傳云『二執戈者前矣』，是用君儀也。俗本作『似君』。若云『似君』，不須言矣。今定本亦作『似』字，恐非。」阮氏《校勘記》云：「按此條，孔本作『似君』，而正義詳引服注，明當作『以君』，極爲明晰。」

春秋左氏傳賈服注輯述卷十四

嘉興李貽德學

昭公

元年經 取鄆。　賈曰：「楚以伐莒來討，故諱伐，不諱取。」本疏。

案：傳言「季武子伐莒取鄆」，是伐莒當書於策，而經不書者，傳又言「莒人告於會，楚告於晉，曰『尋盟未退，而魯伐莒，瀆齊盟，請戮其使』」，是伐莒之役，爲國大辱，故諱不書，而惟書「取鄆」。正義云：「劉炫以賈説爲是。」

傳 圍布几筵，告於莊、共之廟而來。　服曰：「莊，謂楚莊王，圍之祖。共王，圍之父。」《儀禮·聘禮》疏。

案：《聘禮》「厥明，賓朝服釋幣于禰」，注：「天子諸侯將出，告羣廟，大夫告禰而已。」今得於祖禰之廟者，賈氏云「彼不告聘，直告娶，故得並告」。按：《文王世子》「五廟之孫，祖廟未毁，雖爲庶人，冠、娶妻，必告」，注：「赴告於君也。」然云「五廟之孫」，不曰「五服之親」，明告君亦須告廟。子圍爲莊之孫、共之子，與庶人異，故得自告於廟。

楚公子圍設服離衛。　服曰：「二人執戈在前，在國居君離宫，陳衛在門。」本疏。

案：「執戈二人在前」，據下文言之。《周禮・天官》序官「閽人，囿游亦如之」，注：「游，離宫也。」《西都賦》：「離宫，别館。」《晉書・天文志》：「離宫，六星，天子之别宫。」是囿游别宫爲離也。「陳衛在門」者，以傳言「離衛」，當是離宫之衛，故知陳衛在門也。《周禮・虎賁氏》「舍則守王閑。王在國，則守王宫」，注：「爲周衛。」《宫伯》「授八次、八舍之職事」，注：「衛王宫者，必居四角四中，於徼候便也。」《漢書・百官表》：「衛尉，秦官，掌宫門衛、屯兵。長樂、建章、甘泉，衛尉皆掌其官。」長樂、建章、甘泉即漢離宫，則春秋時離宫當有門衛矣。古語簡質，故以離宫之衛爲離衛。

蒲宫有前，不亦可乎？　服曰：「蒲宫，楚君離宫。言令尹在國已居君之宫，出有前戈，不亦可乎？」本疏。

案：服以蒲宫爲楚君離宫，及子圍在國居之，自必有徵，古籍云亡，未詳所出。杜云：「公子圍在會，特緝蒲爲王殿屋屏蔽，以自殊異。言既造王宫而居之，雖服君服，無所怪也。」杜云「緝蒲爲宫」亦無所據。至以「服君服」釋「有前」，與「執戈前矣」之文不相應，不如服以「出有前戈」釋「有前」，較杜爲密。

齊國子曰：「吾代二子愍矣！」　服曰：「愍，憂也。代伯州犁憂公子圍，代子羽憂子皙。」本疏。

案：《廣雅・釋詁》：「愍，憂也。」伯州犁謂子羽當憂子皙，子羽又以伯州犁當憂子圍，互相譏刺。國子因子圍、子皙實所當憂，故曰「吾代二子愍矣」。傳意自明，故服爲此言，非謂憂伯州犁、子羽也。

正義不達此旨，乃曰：「若以二子爲伯州犁、子羽，子羽則卒無禍害，又何可愍而代之乎？」服明言「代子羽憂子晳」，是所憂者子晳，非子羽也。孔氏不審語意，妄以規服，非也。恭冕謹案：陳公子招曰：「不憂何成二子樂矣。」二子謂子圍、伯州犁。杜注不誤。

周有徐、奄。　賈曰：「徐即淮夷。」服曰：「一曰魯公所伐徐戎也。」本疏。

案：《書序》：「成王東伐淮夷，遂踐奄。作成王政。」《周本紀》云：「召公爲保、周公爲師，東伐淮夷，踐奄。」《書序》《本紀》言「淮夷」「奄」，不言「徐」，傳云「徐」「奄」不言「淮夷」，是淮夷即徐。服以《費誓》云「淮夷、徐戎並興」，言「並」則不得爲一，故引或説以明之。傳云「周有徐、奄」，此曰「魯公所伐徐戎」者，《魯世家》：「伯禽即位之後，有管、蔡等反也。淮夷、徐戎亦並興反，於是伯禽率師伐之。」《曾子問》云：「子夏問曰：『三年之喪卒哭，金革之事無辟也者，禮與？初有司與？』孔子曰：『吾聞諸老聃曰：「昔者魯公伯禽有爲爲之也。」』」注云：「伯禽，周公子，封於魯。有徐戎作難，喪，卒哭而征之，急王事也。征之作《費誓》。」若然，則伯禽所征亦急周事也，故傳以屬周。「徐」者，《説文》作「郐」，云「邾下邑也。魯東有郐城」。《魯世家》：「頃公十九年，楚伐我，取徐州。」《集解》引徐廣曰：「徐州在魯東，今薛縣。」《郡國志》「魯國」：「薛，六國時曰徐州。」段氏玉裁云：「魯東近郐，故曰東郊不闢。」

吾與子弁冕端委，以治民臨諸侯。　服曰：「禮衣端正無殺，故曰端。文德之衣尚褒長，故曰委。」本疏。

案：正義曰：「案：《論語・鄉黨》：『非帷裳，必殺之。』鄭康成云：『帷裳，謂朝祭之服，其制正幅如帷。非帷裳者，謂深衣削其幅，縫齊倍要。』《禮記》『深衣制，短不見膚，長不被土』，然則朝祭之服當曳地，服言是也。」按：帷裳對深衣及長衣、中衣之裳言之。深衣等無辟積，其當旁之衽須斜裁，謂之殺。朝服、祭服、喪服皆用帷裳，有辟積，前三幅，後四幅，皆以正裁。有辟積，故無殺。

終事八反。　服曰：「每於十里置幣車一乘，千里百乘，以次相授。車率皆日行一百六十里，謂從絳向雍，去而復還，一享之間，八度至也。」本疏。

案：盧氏文弨曰：「杜氏則謂每十里以八乘車各以次載幣相授而還，不徑至，故言八反。千里用車八百乘。」正義從杜難服，謂：「千里之路，往還八反，車率日行一百六十里，計則一萬六千里，雖追風逐日之足，猶將不逮。」謂杜義爲長。案：正義此駁何其輕脱，不思之甚也。十里一乘，一反二十里，八反行百六十里，故服以是爲率，安得忽生一萬六千里之説，輕相嘲笑乎？且其法至元董摶霄嘗祖之以運糧矣。十步一人，負米四斗。三十六人一里，日五百反，爲二十八里。輕行者半，重行者半，百里用三千六百人，致米二百石。是即服氏之説，可實見諸行事者。正義必抑之，使不得與杜氏並，多見其無識也。

爲五陳以相離，兩於前，伍於後，專爲右角，參爲左角，偏爲前拒。　服曰：「《司馬法》云：『五十乘爲兩，百二十乘爲伍，八十一乘爲專，二十九乘爲參，二十五乘爲偏。』彼皆準車數多少以爲別名。此傳去車用卒，而有此名，則此名不以車數爲別也。」本疏。

案：兩、伍、專、參、偏，《司馬法》車數之名與此合，故服引之。《小司徒》注引《司馬法》：「革車一乘，士十人，徒二十人。」此傳改車用卒，是不以車數多少爲準，當以車所用士、徒爲準。若五十乘爲兩，計卒千五百人陳之於前。百二十乘爲伍，計卒三千六百人陳之於後。八十一乘爲專，計卒二千四百三十人以爲右角。二十九乘爲角，計八百七十人以爲左角。二十五乘爲偏，計七百五十人以爲前拒。蓋仍車數之名，以別其士、卒之數焉。

居于曠林。　賈曰：「曠，大也。」《鄭世家》注。

案：《廣雅·釋詁》：「廣，大也。」曠從廣聲，亦作廣。《荀子·解蔽》「則廣焉能弃之矣」，楊倞注：「『廣』讀爲『曠』，遠也。」《詩·六月》「四牡脩廣」傳、《禮記·明堂位》「言廣魯於天下」注並云「廣，大也」。

后帝不臧。　賈曰：「后帝，堯也。臧，善也。」同上。

案：正義曰：「《襄九年》傳稱閼伯爲陶唐氏之火正，知后帝是堯也。」「臧，善」，《爾雅·釋詁》文。

遷閼伯于商丘，主辰。　賈曰：「商丘在漳南。」服曰：「辰，大火。主，主祀也。」同上。○《史》注主字不重，此增。

案：《地理志》：「周封微子於宋，今之睢陽是也，本陶唐氏火正閼伯之墟。」《商頌譜》云：「武王伐紂，乃以陶唐氏火正閼伯之墟，封紂兄微子啟爲宋公，代武庚爲商後。其封域在《禹貢》徐州泗濱西及豫州盟豬之野。」是相土所因之地，即睢陽矣。云「在漳南」者，《地理志》「上黨長子」下云：「鹿谷山，濁漳水所出，東至鄴入清漳。」又「沾」下云：「大黽谷，清漳水所出，東北至阜成入大河，過郡五，行千六百八十里。」胡氏渭曰：「濁漳水出山西長子縣發鳩山，東流經長治縣西，又東北，經屯留、潞城、襄垣、黎城、平順，又東經河南林縣，至涉縣東南，清漳水注之。」是即《禹貢》所謂「衡漳」者也。商丘屬今歸德府，在林縣東南。衡漳所在與漢時當不大異，是商丘在漳水南矣。《爾雅·釋天》：「大火謂之大辰。」《襄九年》傳云：「閼伯居商丘，祀大火，相土因之，故商主大火。」是辰即大辰，亦即大火也。《十七年》傳：「宋，大辰之虚也。」《晉語》云：「君之行也，歲在大火。大火，閼伯之星也，是謂大辰。」又云「且以辰出而以參入，皆晉祥也」，韋昭注：「辰，大火也。」主爲主祀者，《孟子》曰「使之主祭而百神受之」，《穆天子傳》「以爲殷人主」，郭璞云「主，謂主其祭祀」，《成五年》傳「國主山川」，《公羊》昭十五年傳「攝主而往」，皆謂主其祭祀。

商人是因。　服曰：「商人，契之先，殷近刊本「殷」或作「湯」。之始祖。相土封閼伯之故地，因其故國而代之。」同上。

案：《史記·殷本紀》云：「契封于商。」鄭康成《長發》詩箋：「有娀氏之國，有女簡狄吞鳦卵而生契，堯封之於商。」是商實契之始封。服以商人爲契之先，殷之始祖，與《史》、鄭不同者，以《長發》詩「帝立子生商」傳云「契生商也」。詳《詩》及毛公之意，謂契生于商也，是契之先早有商之稱矣，後封契時商因舊號耳。故服於商人之稱，不以契爲斷。其稱殷者，自盤庚始。《書》云「盤庚遷于殷」，《玄鳥》云「殷受命咸宜」，《殷武》云「撻彼殷武」，從其後稱也。《大明》云「殷商之旅」，《蕩》云「咨女殷商」，則承前後二號雙稱之。故此「殷之始祖」從後明前也。云「相土封閼伯之故地，因其故國而代之」者，《襄九年》傳「閼伯居商丘，相土因之」，服云「相土，契之孫。因之者，代閼伯之後居商丘」，此云「因故國而代之」者，相土以商之後故，居閼伯之墟，因故國之號名曰商丘，而代有其地。傳云商人指相土，服更推明商人非相土所自始，相土爲商人之後，故得稱商人也。

遷實沈于大夏，主參。服曰：「大夏在汾、澮之間。主祀參星。」同上。

案：顧氏炎武曰：「《左傳》昭公元年『遷實沈于大夏』，《定公四年》『命以《唐誥》而封于夏墟』。服虔曰：『大夏在汾、澮之間。』杜氏則以爲太原晉陽縣。按：晉之始見《春秋》，其都在翼。《括地志》：『故唐城在絳州翼城西二十里，堯裔子所封。』成王滅之，而封太叔也，北距晉陽七百餘里，即後世遷都，亦遠不相及。《竹書紀年》：「康王九年，唐遷于晉。宣王十六年，晉遷于絳。」況霍山以北，自悼公以後，始開縣邑，而前此不見於傳。又《史記·晉世家》曰：『成王封叔虞于唐，唐在河、汾之東，方百里。』翼城正在二水之東，而晉陽在汾水之西，又不相合。竊疑唐叔之封以至侯緡之滅並在於翼。《史記》屢言『禹鑿龍門，通大夏』，《吕氏春秋》言『龍門未闢，吕梁未鑿，河出孟門之上』，則所謂大夏者，正今晉絳、吉、隰之間。《書》所云『維彼陶唐，有此冀方』，而舜之命皋陶曰『蠻夷猾夏』者也，當以服氏之説爲信。又齊桓公伐晉之師僅及高粱，在今臨汾縣。而《封禪書》述桓公之言，以爲西伐大夏，大夏之在平陽明矣。」愚案：《吕氏春秋·本味篇》「和之美者，大夏之鹽」，即《説文》「河東鹽池」，與翼、絳爲近。《地理志》「太原郡汾陽」下云「北山，汾水所出，西南至汾陰入河」，《水經》「汾水出大原汾陽縣北管涔山，至汾陰縣北西注于河。澮水出河東絳縣東澮交東高山，西至王澤注于汾水」，《説文》「澮水出河東彘霍山，西南入汾」。大夏爲翼，在晉絳、吉、隰之間，正在二水東也。《説文》：「參商，星也。」段説「參」「商」二字連篆文讀之。顧氏譏《説文》以參爲商星者，非。《大戴記・夏小正》：「五月，參則見。」傳：「參也者，伐星也。」《淮南・時則訓》「昏參中」注：「參，西方白虎之宿，居實沈者，主祀之。」

唐人是因，以服事夏、商。　賈曰：「唐人，謂陶唐氏之胤。劉累事夏帝孔甲，封于大夏，因實沈之國，子孫以服事商也。」同上。服以唐人即是劉累。本疏。

案：「唐人，謂陶唐氏之胤」者，《史記・五帝本紀》「帝堯者，放勳」，《集解》引徐廣曰：「號陶唐。」《爾雅・釋詁》「允，繼也」，《堯典》「胤子朱啟明」，《五帝紀》作「嗣子丹朱」，是唐人謂帝堯之繼嗣也。劉累爲唐後，及事孔甲，見《二十九年》傳文。彼傳云「以更豕韋之後」，此賈以爲封于大夏者，以范宣子自炫其世族，必舉虞夏以來之顯者，而《襄廿四年》傳曰「自虞以上爲陶唐氏，在夏爲御龍氏」，是陶唐之後，御龍氏最顯，則此云「唐人」必是劉累，可知彼傳「更豕韋之後」，非指劉累，因賜氏之文連舉其後之在商者言之耳。至此傳唐人既定爲劉累，則封在大夏之墟。師古《高祖本紀》贊注云「豕韋，國名，在東郡白馬縣東南」，與大夏地相隔絶，是劉累之封非豕韋，其證一也。范宣子曰：「在商爲豕韋氏。」惟豕韋封之自商，故宣子曰「在商」，是劉累之封，當孔甲時，非豕韋，其證二也。《長發》詩「韋顧昆吾」，箋「韋，豕韋，彭姓也」，《鄭語》「彭姓，彭祖。豕韋，則商滅之矣」，則豕韋至湯始伐，至商始滅。孔甲時，劉累不得代之，是劉累之封非豕韋，其證三也。劉累既不封豕韋，則封夏之墟爲劉累所封明矣。彼傳又云「劉累遷於魯縣」，而賈云「子孫服事夏、商」者，正義曰「累雖遷魯縣，子孫仍在大夏」，《漢高帝紀》贊注云「殷末，豕韋徙國於唐」。若然，則劉累之後初在大夏，商時代受豕韋，復自豕韋遷唐，至成王始滅，是服事夏商之證也。

其季世曰唐叔虞。服曰：「即邑姜所生者也。」本疏。

案：服以此語爲下提綱，故云然。杜曰：「唐人之季世，其君曰叔虞。」

當武王邑姜，方震大叔。服曰：「邑姜，武王后，齊大公之女。」《晉世家》注。

案：正義曰：「傳言『武王邑姜』，繫之武王，知是武王后也。《十二年》傳稱吕伋『王舅』，伋是齊大公之子丁公也。」伋爲王舅，知邑姜是太公之女也。

夢帝謂己：「余命而子曰虞。」賈曰：「帝，天也。」《鄭世家》注。又曰：「己，武王也。」《鄭世家》注。服同。本疏。

案：《書·洪範》「帝乃震怒」，《文王世子》「夢帝與我九齡」，鄭注並云「帝，天也」。《晉世家》云「初，武王之與叔虞母會時，夢天謂武王曰『余命汝生子，名虞』」，故賈、服以此夢爲武王之夢。

及成王滅唐而封大叔焉，故參爲晉星。賈曰：「晉主祀參，參爲晉星。」《鄭世家》注。

案：《晉世家》：「封叔虞于唐。」又曰：「唐叔子燮，是爲晉侯。」若然，唐人祀參，則屬在唐，唐易爲晉，則曰晉星矣。

昔金天氏有裔子曰昧，爲玄冥師，生允格、臺駘。　服曰：「金天，少皞也。玄冥，水官也。師，長也。昧爲水官之長。允格、臺駘，兄弟也。」同上。

案：正義曰：「『金天氏，帝少皞』，《帝系》《世本》文也。金天代號，少皞身號。《月令》於冬云『其神玄冥』，是玄冥爲水官也。」師訓長者，《書・益稷》「州十有二師」鄭注、《周禮・地官》序官「鄉師」注並云「師，長也」。云「昧生允格、臺駘」，故知爲兄弟。《爾雅・釋親》：「男子謂先生爲兄，後生爲弟。」

臺駘能業其官。服曰：「修昧之職。」同上。

案：《論語》「修廢官」，皇疏「治故曰修」。言臺駘能治水官之故職也。

宣汾、洮，障大澤，以處大原。　賈曰：「宣，猶通也。汾、洮，二水也。」服曰：「陂障其水也。太原，汾水名。」同上。　《水經・澮水》注引賈曰：「汾、洮，二水名。」

案：云「宣，猶通」者，《呂覽・古樂篇》「故作爲舞，以宣導之」，高註：「宣，通也。」《釋名・釋言語》：「通，洞也，無所不貫洞也。」「汾、洮二水」者，汾水説見上；洮水，正義云：「《釋例》：『洮水闕，不知所在。』當亦是晉地之水，後世竭涸，無其處耳。」案：《續漢書・郡國志》「河東郡」：「聞喜有洮水。」《水經・涑水篇》「涑水出河東聞喜縣東山黍葭谷」，注：「涑水所出，俗謂之華谷，至周陽與洮水合。」司馬彪曰：「洮水出聞喜縣，故王莽以縣爲洮亭也。」檢前《志》，聞喜下無「莽曰洮亭」之文，上「左邑」下有「莽兆亭」，或酈氏所見本「兆」作「洮」，在聞喜縣下與？　然則涑水殆亦洮水之兼稱乎？　據此，則洮水漢時猶未絶，杜闕其地，或絶流於魏、晉間乎？ 服云「陂障其水」者，《詩》「彼澤之陂」傳「陂，澤障也」，《月令》「毋漉陂池」注「畜水曰陂」，《匡謬正俗》云「陂者，是隄防之指號」，是「障大澤」言防水使不流溢也。《水經·汾水篇》「汾水，又南過大陵縣東」，注：「汾水於縣左迤爲鄔澤。《廣雅》曰：『水自汾出爲汾陂。今《廣雅》作「水自汾出爲派」，王先生《疏證》云：「《水經》『汾出爲』下當有脱文。」其陂東西四里，南北十餘里，陂南接鄔。』《地理志》曰：『九澤在北，并州藪也。』《吕氏春秋》謂之『大陸』，又名之曰『漚洟之澤』。」道元所云，其遺跡與？《水經》「汾水出太原汾陽縣北管涔山」，服云「太原，汾水名」者，以汾水出自太原，言太原之地所由名，非謂太原爲即汾水名也。《檀弓》注：「處，安也。」《晉語》「蚤處之」注：「處，定也。」傳言宣通汾、洮，陂鄣大澤，以安定太原之地。《禹貢》「既修太原」，亦是治汾水而繫之太原。 杜云「臺駘之所居」，失之。

帝用嘉之。 服云：「帝，顓頊也。」同上。

案：正義曰：「顓頊爲帝，承金天之後。臺駘是金天裔孫，爲臣宜當顓頊，故以『帝用嘉之』爲顓頊嘉耳。昧於金天已云裔子，臺駘又是昧之所生，則去少皞遠矣。而《帝系》《世本》皆云少皞是黄帝之子，顓頊是黄帝之孫。臣世多而帝世少，史籍散亡，❶無可檢勘，此事未必然也。」按孔氏以籍亡難勘，不知參之他書猶可訂《帝系》《世本》之誤者。《漢書·律曆志》：「少昊曰清。清者，黄帝之子清

❶「散」，原誤作「敗」，據《春秋左傳正義》改。

陽也。其子孫名摯立，土生金，故爲金德，天下號曰金天氏。」是金天氏上承少昊氏，乃黄帝之裔，而非其子也。《楚語》：「少昊氏之衰也，九黎亂德，顓頊受之。」是少皡一代之通稱，非當其世而遽衰也。顓頊之去黄帝，中間隔絶，不得爲黄帝孫明矣。《春秋命曆序》云「黄帝傳十世，少昊傳八世，顓頊傳二十世」，足補《帝系》《世本》之疏，何疑臣世多而帝世少乎？服定爲顓頊者，或本《春秋命曆序》，不以史遷説爲然也。

沈、姒、蓐、黄，實守其祀。今晉主汾而滅之矣。　賈曰：「四國，臺駘之後也。滅四國。」同上。

山川之神，則水旱、癘疫之災，於是乎禜之。　賈曰：「營攢用幣。」本疏。服曰：「禜爲營攢，用幣也。若有水旱則禜祭山川之神以祈福也。」《鄭世家》注。

案：賈爲服所本，孔疏節引耳。《説文》：「禜，設緜蕝爲營，以禳風雨、雪霜、水旱、癘疫于日月、星辰、山川也。」《史記·叔孫通傳》云「爲綿蕞野外習之」，《索隱》引韋昭云「引繩爲綿，立表爲蕞」，蕞即蕝也。《説文》云：「蕝，朝會束茅表位曰蕝。」《晉語》云：「昔成王盟諸侯於岐陽，置茅蕝，設望表。」《史記索隱》引賈云：「束茅以表位爲蕝。」《史記·叔孫通傳》如氏注「蕞謂以茅翦樹地，爲纂位尊卑之次也」。何氏《纂文》曰：「蕝，今之『纂』字。」《文選·笙賦》「歌棗下之纂纂」，古歌曰「棗下何攢攢」，注：「攢，聚貌。纂與攢古字通。」然則服云「營攢」者，亦同《説文》「設綿蕝爲營」，「蕝」即「纂」，「纂」即「攢」也。《祭法》「雩宗，祭水旱也」注：「宗當爲禜，禜之言營也。」是禜、營同聲，故「營蕝」者爲「禜」矣。《周禮·鬯人》「禜門用瓢齎」注：「禜，謂營酇。」與服同。「酇」「攢」字通，《周禮·

遂人》「四里爲酇」，《吕覽》「季秋制百縣」注引爲「四里爲攢」矣。至鄭注《黨正》「祭禜亦如之」云：「禜謂雩，禜，水旱之神。蓋亦爲壇位，如祭社稷云。」鄭據《祭法》，云「蓋」者疑詞，是以禜酇爲正義矣。若孔氏不知「攢之」即茅蕝，云「聚草木爲祭處」，失之。《莊二十五年》傳云「凡天災，有幣，無牲」，水旱是天災流行，故服云「用幣」，據常禮也。若過甚，則亦用牲、玉，故《雲漢》詩云「靡愛斯牲」，又曰「圭璧既卒」也。《月令》「仲夏，爲民祈祀山川百源」注：「陽氣盛而常旱，山川百源，能興雲雨者也。」《大祀》「掌六祈，四曰禜」。然則《月令》云「祈山川」即禜也，以山川之神能主水旱，禜之。祈福者，《大祝》「祈福祥」是也。

勿使有所壅閉湫底，以露其體。　服曰：「湫，著也。底，止也。」《釋文》。○本疏。

案：《説文》：「湫，隘下也。」《晉語》「底著滯淫，底著猶此湫底」，彼注云「著，附也」。服故訓「湫」爲「著」。「底，止」，《釋詁》文。

於是有煩手淫聲。　服曰：「鄭重其手而音淫過。」《公羊・莊十七年》疏。

案：《漢書・王莽傳》「然非皇天所以鄭重降符命之意」，師古注：「鄭重，猶言頻煩也。」《詩・關雎》序「不淫其色」，疏：「淫者，過也。過其度量謂之爲淫。」《樂記》：「世亂則禮慝而樂淫。」是。

六氣曰陰、陽、風、雨、晦、明也。　賈、服曰：「風，東方。雨，西方。陰，中央。晦，北方。明，南方。惟天陽不變。」《詩・漸漸之石》疏。

案：《詩疏》據《五行傳》謂賈、服義與《書傳》相失，不知賈、服據《易》以釋此六氣也。《説卦》「巽爲風」，又曰「巽，東南也」，是風屬東方。「兑，正秋也」，虞注云「兑爲雨澤」，是雨屬西方。坤爲陰，《説卦》「坤爲地」，《月令》云「中央土」，故陰屬中央。《爾雅・釋言》「晦，冥也」，《隨・象傳》曰「君子以嚮晦入宴息」，且《説卦》云「坎，北方之卦」，又「坎爲隱伏」，故晦屬北方。《離・象》曰「明兩作」，《説卦》「離，南方之卦也」，故明屬南方。「惟天陽不變」，謂乾也。《乾・彖》曰：「大哉，乾元。」《九家易》曰：「陽稱大。六爻純陽，故曰大。乾者純陽，衆卦所生，天之象也，故曰『元者，氣之始也』。」《繫辭》云：「夫乾，其静也專，其動也直，故曰不變。」

使赴于鄭，伍舉問應爲後之辭焉。　服曰：「問來赴者。」《楚世家》注。

案：時伍舉代子圍聘，鄭使來赴郟敖之喪，故問之。

趙孟適南陽，將會孟、子餘。　服曰：「孟，趙盾。子餘，趙衰。」本疏。

案：《成八年》「宣孟之忠」，杜謂趙盾，是孟爲趙盾也。「子餘，趙衰」者，《僖二十三年》傳説秦伯之享重耳也，「公賦《六月》，趙衰曰『重耳拜賜』」，《晉語》云「子餘使公子降拜」，是子餘爲趙衰字也。正義云：「服以孟爲趙盾，子餘爲趙衰。若其必然，當先衰後盾，何以先言孟也？杜以孟子餘是趙衰一人，蓋子餘是字，孟是長幼之字也。」按：《王制》云「大夫一昭一穆，與太祖之廟而三」，敘昭穆在前，敘太祖在後，即《大傳》所云「自仁率親，等而上之至于祖」之義也，故先盾後衰。至孔云「子餘是字，孟是長幼之字」，則誤之甚者。《晉語》云「趙衰，其先君之戎御，趙氏之弟也」，《成八年》傳「成季之勳」，是衰之字「季」，傳有明文，豈有字「季」復字「孟」耶？

甲辰朔，烝于温。　服曰：「甲辰朔，夏十一月朔也。」本疏。「祭，人君用孟月，人臣用仲月。」《王制》疏。

案：顧氏炎武曰：「杜預《春秋後序》曰：『晉太康中，汲縣人發其界内舊冢，得古書，皆簡編科斗文字。記晉國起自殤叔，次文侯、昭侯以至曲沃莊伯。莊伯之十一年十一月，魯隱公之元年正月也，皆用夏正建寅之月爲歲首編年。』今攷《春秋》僖公五年『晉侯殺其世子申生』，經書『春』，而傳在上年之十二月。十年『里克弒其君卓』，經書『正月』，而傳在上年之十一月。十一年『晉殺其大夫丕鄭父』，經書『春』，而傳在上年之冬。十五年『晉侯及秦伯戰于韓，獲晉侯』，經書『十有一月壬戌』，而傳則爲『九月壬戌』。經、傳之文或從夏正，或從周正，所以錯互如此。」自注：「羅泌以爲傳據晉史，經則周曆。」按此則晉用夏正之證。《春秋繁露・四祭篇》云「蒸者，以十月進初稻也」，惟晉用夏正，故以十月烝祭。傳上云十二月者，用周曆紀晉事也。既用周曆，則下「甲辰朔」在晉尚在是年之十一月，在周則爲明年之正月。傳曰「甲辰朔」者，以晉未改年，當從其實，既不得稱明年正月，而上文以周正紀十二月矣，復不得更著「餘月」。《公羊傳》所云「辭窮之例」，故稱「甲辰朔」，明用夏正，此朔實夏之十一月朔也。若《僖五年》述卜偃對：「童謡曰：『丙之晨，龍尾伏辰。均服振振，取虢之旂。鶉之奔奔，天策焞焞，火中成軍，虢公其奔。』其九月、十月之交乎？丙子旦，日在尾，月在策，鶉火中，必是時也。」云「九月、十月」者，明夏正也。傳又云「冬，十二月丙子朔，晉滅虢，虢公醜奔京師」，云「十二月丙子朔」者，用周正也。傳敘晉事本有此例，故此以周正紀十二月，復云「甲辰朔」，明晉之用夏正也。其上云「十二月」，實夏正十月也。《晉語・平公有疾篇》云「是歲，趙文子卒」，

《秦后子來奔篇》云「冬，趙文子卒」，此晉史用其本國之曆紀事也。杜氏謂「十二月，月誤」，劉炫謂十二月之文，爲下「甲辰朔」起本，均不得傳意也。

二年傳 有嘉樹焉，宣子譽之。　服曰：「譽，游也。宣子游其樹下。夏諺曰：『一游一譽，爲諸侯度。』」本疏。

案：惠氏棟曰：「一游一譽，今《孟子》作『豫』。趙岐《章句》曰：『豫，亦游也。』《春秋傳》曰『季氏有嘉樹，宣子豫焉』。」《周易・序卦》曰『豫必有隨』，鄭康成注引《孟子》『吾君不豫』以爲證，則知此傳『譽』字本作『豫』，故服、趙互引爲證。《孫子兵法》曰『人效死，而上能用之，雖優游暇譽，令猶行也』，《外傳》作『暇豫』，李善曰：『譽猶豫，古字通。』按李善説見《文選》王元長《曲水詩序》注。」愚案：《晏子・内篇》作「一遊一豫」，《文選・東京賦》「度秋豫以收成」，並與今本《孟子》作「豫」合，服本作「豫」，所引《孟子》亦作「豫」。今正義作「譽」，就其本以改服，並改服所引《孟子》文，杜本作「譽」，爲「豫」之假借字，其義則當從豫之訓遊也。杜云「譽其好也」，是望文生義。正義云：「若是游於其下，宣子本自無言，武子何以輒對？故杜以爲譽其美好也。」孔氏祖杜抑服，故爲此言，不知古本作「豫」，不能以「譽其美好」通之也。至傳敘武子之言，亦以宣子游於其下，故欲封殖此樹，其賦《甘棠》，正取「召伯所憩」「召伯所茇」之語，並無對答宣子譽美之意。孔云「宣子本自無言，武子何以輒對」，是左杜而背傳也。

晉侯謂之少齊。　服曰：「所以寵異，不與齊衆女字等，言齊國如此好女甚少。」本疏。

案：《曲禮》云「男女異長」，注：「各自爲伯季也。」又曰「女子許嫁笄而字」，是女之常字亦以伯叔爲敘，如伯姬、孟姜是也。今晉侯欲寵異少姜，故特字之曰少齊，不與齊之衆女敘伯、仲字也。云「如此好女甚少」者，服依文立義。《説文》「少，不多也」，《易略例》「夫少者，多之所貴也」，是其義。《釋文》「少，詩照反」，如服義，則當讀書沼反矣。

晉侯使郊勞。服曰：「近郊三十里。」《詩·駉》疏。

案：《聘禮》云「賓及郊」，注：「郊，遠郊。周制：天子畿内千里，遠郊百里。以此差之，遠郊上公五十里，侯四十里，伯三十里，子二十里，男十里也。此從《詩正義》所引。今《儀禮注》「侯伯三十里」，當是脱「四十里」三字耳。近郊各半之。」晉是侯爵，近郊當二十里。服云「近郊三十里」者，「三」當作「二」，字之誤也。《詩正義》則曰「服或當別有依，終與鄭異也」。

三年傳 火中，寒暑乃退。服曰：「火，大火星也。季冬十二月平旦正中在南方，大寒退；季夏六月黄昏火星中，大暑退。是火爲寒暑之候事也。」《詩·七月》疏。

案：《爾雅·釋天》「大火謂之大辰」，郭注：「大火，心也，在中最明，故時候主焉。」《公羊疏》引李巡云：「大火，蒼龍宿之心，以候四時，故曰大辰。」知「季冬十二月平旦正中在南方」者，《月令》「旦氐中」正義引《三統曆》「大寒旦，心五度中」。《詩正義》曰：「《月令》季夏昏，火星中。六月既昏中，以衡反之，故十二月旦而中也。」過此則立春，故曰「大寒退」矣。知「季夏六月黄昏火星中，大暑退」

者，亦據《月令》文知之。過此則立秋，故曰「大暑退」。《堯典》「星火以正仲夏」，《夏小正》「五月初昏大火中」，與傳及《月令》差一月。《豳風》「七月流火」傳曰：「火，大火也。流，下也。」箋云「大火者，寒暑之候也。火星中而寒暑退，故將言寒，先著火所在」，則與傳及《月令》合。邵氏晉涵曰：「後世歲差之法權輿於此。」

以備内官，焜燿寡人之望。　服曰：「焜，明也。燿，照也。」《釋文》。○本疏。「言得備妃嬪之列，照明己之意望也。」本疏。

案：《説文》：「焜，煌也。」《詩·大明》「檀車煌煌」，傳「煌煌，明也」，故焜亦爲明。《釋名·釋天》：「曜，燿也，光明照燿也。」照燿以疊韻連文，故以「照」訓「燿」。《説文》亦曰：「燿，照也。」「照」者，《説文》云「明也」。云「備妃嬪之列」者，《哀元年》傳「宿有妃嬙嬪御焉」，《周語》云「内官不過九御」，注：「九御，九嬪。」故以妃嬪釋内官焉。

公聚朽蠹，而三老凍餒。　服曰：「三老，工老、商老、農老也。」《釋文》。○本疏略同。

案：《吕覽·上農篇》「凡民自七尺以上屬諸三官」，注「三官，農、工、賈也」。《六韜》云：「大農、大工、大商謂之三寶。農一其鄉則穀足，工一其鄉則器足，商一其鄉則貨足。」晉士會稱楚莊之霸也，曰：「商、農、工、賈，不敗其業。」楚子囊美晉悼之賢，亦曰：「其庶人力于農穡，商、工，不知遷業。」《大史公紀·貨殖傳》曰：「待農而食之，虞而出之，工而成之，商而通之。」又引《周書》曰：「農不出則乏其食，工不出則乏其事，商不出則三寶絶。」是言任職之民皆以三者爲要。論其司，則《吕覽》之言「三官」。重其業，則《六韶》之稱「三寶」。計其年，則此傳之曰「三老」。服曰「工老、商老、農老」，固不易之詁也。正義曰：「案：民有四民，其老無别，不宜以三種之民爲三老。」案：《王制》云「下士視上農夫，禄足以代其耕」，是士可免於凍餒，故晏子不及之，且工、商、農爲利所在，至其老凍餒，可見衣食之原已乏。竊謂别流品當四民並舉，言匱乏則三老已該。孔氏舉杜以難服，非也。

民人痛疾，而或噢休之。　賈曰：「燠，厚也。休，美也。」《釋文》。○本疏。　服曰：「燠休，痛其痛而念之。若今時小兒痛，父母以口就之曰燠休，代其痛也。」本疏。

案：「燠」訓「厚」者，引申之義。「休」訓「美」者，《爾雅·釋詁》文。服云「痛其痛而念之」者，《釋名·釋言語》：「念，黏也。」云「今時小兒痛，父母以口就之」者，舉時俗以況也。《攷工記·弓人》「蹙於剉而休於氣」注：「『休』，讀爲『煦』。」《説文》：「煦，一曰晶，潤也。」《樂記》「煦嫗覆育萬物」注：「以氣曰煦，則以口就之謂吹，氣以温之也。」《淮南·本經訓》：「以相嘔咐醖釀而成育羣生。」嘔咐即燠休。《玉篇》本服注「燠休」，又作「噢咻」矣。云「代其痛」者，言愛之甚也。

其相胡公、大姬，已在齊矣。　服曰：「相，隨也。」本疏。○《釋文》：「相，服如字。」

案：《説文》：「隨，从也。」言箕伯四人相從胡公、太姬，神靈已在齊矣。

讒鼎之銘曰。　服曰：「讒鼎，疾讒之鼎，《明堂位》所云『崇鼎』是也。一云讒，地名。禹鑄九鼎於甘讒之地，故曰『讒鼎』。」本疏。○《釋文》引「疾讒之鼎」也。

案：云「疾讒」者，《少儀》「有亡而無疾」注：「疾，惡也。」《周本紀》曰：「西伯曰：『文王遵后稷、公劉之業，則古公、公季之法，大顛、閎夭、散宜生、鬻子、辛甲大夫之徒皆往歸之。』崇侯虎譖西伯於殷紂，曰：『西伯積善累德，諸侯皆嚮之，將不利於帝。』帝紂乃囚西伯于羑里。」《明堂位》云「崇鼎」，注：「崇，國名。文王伐崇。古者伐國，遷其重器以分同姓。」若然，則文王疾崇侯之譖，故伐而得其鼎，名之曰「讒鼎」，服故以爲即《明堂位》之「崇鼎」也。云「一云讒，地名」者，備説以存疑也。讒之地，古籍無徵。按：《説文》：「邑，夏后同姓所封戰於甘者，有邑谷、甘亭。古文『邑』作『屵』，从山马。」马，徐鍇謂「從『辰巳』之『巳』」，非也。《马部》曰：「马，嘾也。讀若『含』。」古文「邑」字之右同之，右爲聲，則邑之古音讀如「含」。「含」「讒」聲相近，故假音字爲「讒」，今作「邑」，形聲並異，今古文之别也。若然，則「讒」即「邑」歟？云「禹鑄鼎於甘讒之地」者，《説文》「鼎」下云：「昔禹收九牧之金，鑄鼎荆山之下。」《漢書・地理志》「左馮翊褱德」下云：「《禹貢》：北條荆山在南。」《水經・渭水》注云：「渭水之陽即褱德縣界也，城在渭水之北，沙苑之南。『沙』當作『池』，謂『鎬池苑』即『蘭池宫』也。即褱德縣故城也。」引《地理志》「荆山在南，山下有荆渠，即夏后鑄九鼎處也」。《漢志》「右扶風鄠」下云：「古國有邑谷亭。」《渭水》注：「渭水又東合甘水，水出南山甘谷，北逕秦文王萯陽宫西，又北逕五柞宫東，又北逕甘亭西，在水東鄠縣。昔夏啟伐有邑，作誓於是亭。故馬融曰：『甘，有邑南郊地名也。』」褱德即今富平縣。鄠縣，仍秦舊名，俱屬西安府，相距甚近。然則《説文》以鑄鼎之地近於荆山，故云「荆山之下」，鼎則實紀其地，故曰「讒鼎」矣。服氏「甘」「讒」並舉者，以古爲「讒」，今又爲「邑」，其地難曉，故據邑谷、甘亭以舉之也。

子豐有勞於晉國。　服曰：「鄭僖公之爲太子，豐與之俱適晉。」本疏。

案：《襄七年》傳：「鄭僖公之爲太子也。於成之十六年與子罕適晉，不禮焉。又與子豐適楚，亦不禮焉。及其元年朝於晉，子豐欲愬諸晉而廢之。」據此，僖公爲太子時，與之俱適晉者子罕。及子豐適晉，僖公已爲君矣。服偶誤記也。

春秋左氏傳賈服注輯述卷十五

嘉興李貽德學

昭公

四年傳 三塗。　服曰：「塗，道也。」《水經・伊水篇》注。「三塗，太行、轘轅、崤澠也。」本疏。○《水經注》同，惟無「三塗」二字。

案：「塗」，《説文》新坿字有之，古作「涂」。《易・説卦》「爲大塗」鄭注：「國中三道曰塗。」《爾雅・釋宫》「路，旅途也」注：「途，即道也。」《禹貢》「大行恆山」，《地理志》「河内郡山陽」「東大行山在西北」。《水經・禹貢山水澤地所在》云：「在河内野王縣西北。」案：山陽，今河南修武縣，山在縣西北。野王，今河南懷慶府。轘轅，《襄二十一年》傳「使候出諸轘轅」，其山在今河南鞏縣西南七十里。崤澠，即《僖三十三年》「敗秦于殽」之「殽」，「殽」正字，「崤」俗字。曰「崤澠」者，《淮南・墬形訓》「殽阪」注：「崤阪，弘農郡澠池殽欽吟是也。」《公羊》僖三十三年傳云「爾即死，必於殽之嶔巖」，嶔巖即欽吟矣。《風俗通》云「東崤、西崤，澠池所高」。《地理通釋》云：「三崤，一名嶔崟山，在河南永寧縣北二十八里。」自東崤至西殽二十五里。《昭十七年》傳：「晉將伐陸渾，以有事于洛與三塗。」杜氏及《水經·伊水》注引京相璠《土地名》俱以爲山名，服解此爲三處道者，以《楚策》云「驥服鹽車而上太行，蹄申膝折，尾湛胕潰，漉汁洒地，白汗交流，外阪遷延，負棘而不能上」。《史記·范雎傳》：「北斷大行之道，則上黨之師不下。」則大行之險也。《管子·地圖》：「凡兵主者必先審知地圖，轘轅之險、濫車之水。」「轘轅」與「濫車」並舉，則「阨阻礙車」者謂轘轅矣。《東京賦》：「迴行道乎伊闕，邪徑捷乎轘轅。」薛綜曰：「轘轅坂十二曲道，將去復還，故曰轘轅。」則轘轅之險也。《水經·河水》注：「石崤山山徑委深，峰阜交蔭，故可以避風雨也。漢建安中，曹公西討巴漢，惡南路之險，故更開北道。」《地理通釋》注：「東崤長坂數里，峻阜絶澗，車不得方軌。西崤石阪十二里。」則崤澠之險也。司馬侯數九州之險，豈得遺此三者，以伊闕一山當之也？故知「三塗」猶上文稱「四嶽」，當是此三道也。

古者，日在北陸而藏冰。服曰：「陸，道也。北陸，言在謂十二月日在危一度。」《周禮·凌人》疏。

案：《爾雅·釋天》：「北陸，虚也。」孫炎云「陸，中也，北方之宿虚爲中也」。邵氏《正義》云：「北陸者，四陸之一也。古以星紀，日月之行分爲四象，亦謂之四陸。」《曲禮》云「前朱鳥而後玄武，左青龍而右白虎」，《淮南·兵略訓》「所謂天數者，左青龍，右白虎，前朱雀，後玄武」，是爲列宿之四象。按此以紀日月之行，故服云「道」也。正義曰：「《爾雅》『高平曰陸』，高平是道路之處，故以陸爲道也。」「言在謂十二月日在危一度」者，《漢書·律曆志》載《三統曆》云「玄枵，初，婺女八度，小寒。中，危初度，大寒。終于危十五度」，是夏之十二月，日在虚危。「危一度」，即危初度也。

西陸朝覿而出之。　服曰：「西陸朝覿，不言在，則不在昴。本疏。二月日在婁四度，春分之中，奎始朝見東方，以是時出冰，本疏。○《周禮疏》引作「謂二月在婁四度，謂春分時，奎婁晨見東方而出冰」。○《詩・七月》疏引「朝」作「晨」，「東方」下有「蟄蟲出矣」四字，又「故以是時出之」。　給賓客喪祭之用。《詩・七月》疏。《月令》『仲春，天子乃獻羔啟冰』，是也。」本疏。

案：《爾雅・釋天》：「西陸，昴也。」此「不言在」者，《三統曆》：「大梁，初，胃七度，穀雨。中，昴八度，清明。」是日在昴爲三月。此啟冰當在二月，故傳云「西陸朝覿」，不言在西陸也。「二月日在婁，春分之中」者，亦據《三統曆》文云「中者，春分爲中氣也」。知「奎始朝見東方」者，曆法：星去日半次，則得朝見。據《三統曆》「春分，日在婁四度」，宿分奎有十六度，乃次婁，是春分之日。奎之初度，去日已二十度矣，故以春分之中，得朝見東方也。云「以是時出冰，給賓客喪祭之用」者，《周禮・凌人》「春始治鑑」，《七月》詩云「四之日其蚤，獻羔祭韭」，是時謂夏正二月也。《凌人》又云「祭祀，共冰鑑；賓客，共冰；大喪，共夷槃冰」，是以「給賓客、喪祭之用」也。下文云「賓食喪祭，于是乎用之」，引《月令》文爲「二月出冰」證也。《月令》作「鮮羔開冰」，注：「鮮，當爲『獻』，聲之誤也。獻羔，謂祭司寒也。　祭司寒而出冰，薦于宗廟，乃後賦之。」

朝之祿位，賓食喪祭，於是乎用之。　服曰：「祿位，謂大夫以上。」《詩・七月》疏。

案：《禮・大學》云「伐冰之家」，鄭注云：「伐冰之家，卿大夫以上喪祭用冰。」彼疏云：「『伐冰之家，卿大夫』者，案昭四年《左傳》云『大夫命婦喪浴用冰』，《喪大記》注云『士不用冰』，故知卿大夫也。

士若恩賜及食而得用，亦有冰也，但非其當。故《士喪禮》：『賜冰，則夷槃可也。』《左傳》又云『食肉之禄，冰皆與焉』。」若禮，則大夫以上得伐冰，常例也。若士則特賜，故服於朝之禄位，專指大夫以上。

以享司寒。　服曰：「司寒，司陰之神玄冥也。將藏冰，致寒氣，故祀其神。」同上。

案：《月令》「孟冬，其神玄冥」注：「水官之臣玄冥，少皞氏之子，曰脩、曰熙，爲水官。」《昭二十九年》傳「少皞氏有子，曰脩、曰熙」，又云「脩及熙爲玄冥」，是玄冥，水官。《白虎通・五行篇》：「水位在北方，北方者，陰氣在黄泉之下。」是司陰之神，水官也。「將藏冰，致寒氣」者，《月令》「季冬，冰方盛，水澤腹堅，命取冰」注：「腹，厚也。此月日在北陸，冰堅厚之時也。」是藏冰須冰堅厚，而堅厚則必盛陰以凝之，玄冥司陰，故祀之。

其出之也，桃弧棘矢，以除其災。　服曰：「桃，所以逃凶也。棘矢者，棘赤有箴，取其名也。」本疏。

案：「桃」之爲「逃」，取聲近者以釋。《周禮・戎右》「贊牛耳、桃茢」注：「桃，鬼所畏也。」是「桃」可以「逃」也。《周禮・朝士》「掌外朝之法，❶左九棘」注：「樹棘以爲位者，取其赤心而外刺，象以赤心三刺也。」是赤者其心而刺在外。「箴」即「鍼」，《内則》《荀子》「鍼」皆作「箴」，「箴」即「刺」。今吴人猶曰「鍼刺矣」。「取其名」者，言取其樹之名，以桃爲逃、棘爲刺也。《廣雅・釋詁》：「棘，箴也。」

❶ 「掌」下，《周禮注疏》有「建邦」二字。

火出而畢賦。　服曰：「火出於夏爲三月，於商爲四月，於周爲五月。」《周官・凌人》疏。

案：此十七年傳文。《周禮・司爟》：「季春出火，民咸從之。」鄭司農云：「以三月本時昏，心星見于辰上，使民出火。」《禮・郊特牲》「季春出火」注：「建辰之月火始出。」若然，則夏建寅，故建辰之月爲三月。殷建丑，故建辰之月爲四月。周建子，故建辰之月爲五月。

成有岐陽之蒐。　賈曰：「岐陽，岐山之陽。」《楚世家》注。

案：《閟宮》詩言太王曰「居岐之陽」，《皇矣》詩言文王曰「居岐之陽」，是自太王至文王未遷豐以前，皆在其地。《地理志》曰「右扶風美陽」，「《禹貢》『岐山在西北中水鄉，周太王所邑』」，言其始也；《說文》「郂，周文王所封」，要其終也。《說文》「郂」或作「岐」。薛綜《西京賦注》引《說文》：「岐山，在長安西美陽縣界，山有兩岐，因以名焉。」戴氏震曰：「美陽在今爲陝西鳳翔府岐山、扶風二縣，岐山在今岐山縣東七十里。」陽者，《穀梁》僖二十八年傳：「山南爲陽。」《皇矣》箋云「在岐山之南」。

康有酆宮之朝。　服曰：「豐宮，成王廟所在也。」同上。

案：《顧命》云「諸侯出廟門俟」，時成王方大斂，而稱廟門者，《儀禮・士喪禮》「巫止于廟門外」，鄭注：「凡宮有鬼神曰廟。」然則此豐宮即《顧命》所云「廟」，故服云「成王廟所在」。《顧命》又稱「王出，在應門之内，僞孔《書》云「此以下爲《康王之誥》」。馬、鄭則分「王若曰」以下爲《康王之誥》。太保率西方諸侯，入應門左；畢公率東方諸侯，入應門右」，即朝事也。《史記・周本紀》云「成王既崩，二公率諸侯，以太子釗見於先王廟，申告以文王、武王之所以爲王業之不易」，則《史》以廟爲文、武之廟矣，此古文家説也。按：《烈文》詩序云「成王即政，諸侯助祭也」，箋：「新王即政，必以朝享之禮祭於祖考，告嗣位也。」《閔予小子》序「嗣王朝于廟也」箋：「嗣王者，謂成王也。除武王之喪，將始即政，朝于廟也。」然則除喪後始見先王之廟，此時成王在殯，恐不得遽以見先王廟，則豐宮指爲成王廟，當與《書》義合也。

吾用齊桓。　服曰：「召陵之役，齊桓退舍以禮。楚靈王今感其意，是以用之。」本疏。

案：召陵會在僖四年。

寡君將墮幣焉。　服曰：「墮，輸也。《釋文》。○本疏。言將輸受宋之幣於宗廟。」本疏。

案：墮爲輸者，據二傳「鄭人來輸平」，以輸爲墮，故此以墮爲輸。第彼墮爲不成，此輸爲「將幣」，不過以「墮」「輸」義通，非取彼傳之意也。《司儀》：「諸公之臣相爲國客，及將幣，旅擯，三辭，拜逆，客辟，三揖，每門止一相，及廟，惟君相入；三讓，客登，拜，客三辟；授幣，下，出。」是受幣在廟中，故服云「言將輸受宋之幣于宗廟」。

夏桀爲仍之會，有緡叛之。　賈曰：「仍、緡，國名也。」《楚世家》注。

案：《哀元年》傳言少康爲仍牧正，則仍爲國矣。《史記·吴世家》「后緡方娠」，《集解》引賈氏注「緡，有仍之姓也」，則此有緡，賈亦當爲仍國之姓，云「仍、緡，國名」，不知繕寫有誤否。緡于春秋屬宋。《僖二十三年》傳「齊侯伐宋圍緡」，《地理志》「山陽郡東緡」，師古曰「齊侯伐宋圍緡，即謂此」，江氏永又謂「『有緡叛之』，即此」，今在山東兖州府金鄉縣東北二十里。

商紂爲黎之蒐，東夷叛之。　服曰：「黎，東夷國名也，子姓。」同上。

案：《王制》曰：「東方曰夷。」《地理志》「上黨郡壺關」注：「應劭曰：『黎，侯國也，今黎亭是。』」此《書》「西伯戡黎」之「黎」。《書疏》引鄭注「戡黎入紂圻内」。按：黎爲無道，當是輔紂爲惡者，故文王伐之。此云「叛紂」，非上黨之黎矣。《地理志》「魏郡黎陽」注：「晉灼曰『黎山在其東』。」「黎之蒐」，《史記·楚世家》作「黎山之會」，則黎者，其殆是與？在紂時，或爲東夷之國。黎爲子姓者，《世本》云「子姓，殷時來、宋、空同、黎、比、髦、目夷、蕭」，是服據《世本》也。

鄭子産作丘賦。　服曰：「子産作丘賦者，賦此一丘之田，使之出一馬三牛，復古法耳。丘賦之法不行久矣，今子産復修古法，民以爲貪，故謗之。」本疏。

案：「賦此一丘之田，使之出一馬三牛」者，約《司馬法》文。《司馬法》云「四邑爲丘，有戎馬一匹、牛三頭，是曰『匹馬丘牛』」。惠氏士奇曰：「《司馬法》以田賦出兵，其法本于春秋，行于戰國，非周禮也。《管子·乘馬篇》：『一乘之地方六里。』當作「八里」。一乘者，四馬也。甸馬四匹。一馬，丘馬一匹。其甲七，其蔽五。」按：此則《司馬法》所云「丘馬」，即《管子》所云「一馬」，非古法矣。而服云「復古法」者，漢世大儒皆以《司馬法》爲古法。鄭引以注《小司徒》文，馬引以注《論語》「千乘之國」，故服亦同之也。知鄭不行丘賦者，以《襄三十年》傳云：「子産使田有封洫，廬井有伍。輿人誦之曰：『取我田疇而伍之，取我衣冠而褚之。孰殺子産，吾其與之。』」夫封洫之界、廬井之伍，皆古法也，乃一朝正之，而輿人至欲殺之，是鄭於古法蕩廢無存，其取民之道，亦必强弱殊形，貴賤異斂，不能如古之計甸定賦，通力供財也。然則丘賦之法同於伍田，蠆尾之言等於孰殺。蓋習俗相安，忽繩古法，柔弱以爲利，即豪强以爲不便矣。

釁大夫以落之。　服曰：「釁以豭豚爲落。」《詩・斯干》疏。

案：正義曰：「《説文》：『釁，血祭也。』《雜記》釁廟之禮云『雍人舉羊，升屋自中，中屋南面，刲羊，血流于前』，是釁祭之法，以血澆落之，知落之即是釁也。《雜記》又曰：『凡宗廟之器，其名者，成則釁之以豭豚。』此叔孫爲孟作鍾，非是宗廟之器，亦釁之者，《周禮・小子職》曰『釁邦器及軍器』，鄭玄云『邦器謂禮樂之器及祭器之屬』，此鍾是禮樂之器，故釁也。」

五年傳　卿喪自朝，魯禮也。　服曰：「言卿葬，三辭于朝，從朝出正門。卿佐，國之楨幹，君之股肱，必過于朝，重之也。」本疏。

案：知「卿葬，三辭于朝」者，《周官・喪祝》「及朝，御匶」注：「鄭司農云：『朝謂將葬，朝于祖考之廟而後行。《檀弓》云：「喪之朝也，順死者之孝心也。其哀離其室也，故至於祖考之廟而后行。殷朝而殯於祖，周朝而遂葬。」』」《既夕》「遷於祖用軸」注：「遷，徙也。徙于祖，朝祖廟也。蓋象平生時，將出，必辭尊者。」服以卿佐之於君，亦猶子孫于祖考，亦必三辭于朝，象平生時也。此是魯禮，故記禮者失之。「從朝出正門」者，《爾雅・釋宫》「正門謂之應門」，郭注云「朝門」。《曲禮》云「龜策、几杖、席蓋、重素、袗絺綌，不入公門」。然則出正門者，非雉皋之門，由朝之路出國之南門耳。《玉藻》

「聽朔于南門之外」注：「南門，國門是也。」《詩·文王》「王國克生，維周之楨」，傳云「楨，幹也」，《皋陶謨》云「臣作朕股肱」，《益稷》云「元首明哉，股肱良哉」，「國之楨幹，君之股肱」，言朝佐之重。傳云「自朝」，故知必過于朝，以尊之也。

豎牛禍叔孫氏，使亂大從。　服曰：「使亂大和順之道也。」《釋文》。○本疏引無「也」字。

案：《禮·孔子閒居》「志氣既從」注：「從，順。」故以「和順」釋「從」。

明而未融。　服曰：「融，高也。」《詩·東方之日》疏。

案：《詩正義》曰：「案：《既醉》『昭明有融』傳云『融，長也』。謂日高，其光照長遠。日之旦，明未高。」

享頫有璋。　服曰：「享，獻也。」《釋文》。

案：正義曰：「鄭氏先儒以爲朝聘之禮，使執玉以授主國之君，乃行享禮，獻國之所有。頫，見也，謂行享禮以見主國之君也。」鄭氏先儒，謂鄭興也。然則以享爲獻，服本鄭說。《聘禮》「受享束帛加璧，受夫人之聘璋，享束帛加琮」，注：「享，獻也。既聘又獻，所以厚恩惠也。」若然，則聘夫人用璋，至享則用琮，而此云「享有璋」者，《小行人》「合六幣：圭以馬，璋以皮，璧以帛，琮以錦，琥以繡，璜以黼」，注云：「六幣，所以享也，五等諸侯享天子用璧，享后用琮，用圭、璋者，二王之後也。二王之後，即是上公。」正義引鄭說「上公享王，圭以馬；享后，璋以皮」是也。特舉享后者，正義云「舉璋與圭相對也」。杜云：「享，饗也，既朝聘而享見也，臣爲君使，執璋。」饗禮已亡，然《聘禮》及《記》載饗燕食之禮無「執璋」之文，是杜意主破先儒説，而於禮籍無徵，所謂「不可爲典要」也。以享爲獻，於義爲順。

飧有陪鼎。　服曰：「陪牛、羊、豕鼎，故云『陪鼎』。」本疏。

案：《聘禮》：「有司入陳饔：飪一牢，鼎九，設于西階前，陪鼎當内廉，東面北上，上當碑，南陳；牛、羊、豕、魚、腊、腸，胃同鼎，膚，鮮魚，鮮腊，設扃鼏。膷、臐、膮，蓋陪牛、羊、豕。」服義本此。鄭彼注云「陪鼎，三牲臛膷、臐、膮陪之，庶羞加也」。正義曰：「按《聘禮》：『又有陪鼎三：其一曰膷鼎，牛臛也，在牛鼎之西；其一曰臐鼎，羊臛也，在羊鼎之西；其一曰膮鼎，豕臛也，在豕鼎之西。』」

叔禽、叔椒、子羽。　賈曰：「皆韓起庶子。」本疏。

案：正義曰：「賈逵云然，杜依用之。叔禽、叔椒皆連叔爲文，羽又稱子，事似兄弟，故云『皆韓起庶子』。」

羊舌四族，皆彊家也。　服曰：「伯華、叔向、叔魚、季夙。」本疏。

案：正義曰：「按：《世本》叔向兄弟有季夙，疑季夙即是虎也。杜氏有「叔虎」，無「季夙」，故云。劉炫以爲叔虎于時已死，别有季夙。」按：劉説是也。季夙亦是字，稱季，則次在叔虎後，叔虎已死，薳啟疆當不數之。

何不可之有？　服曰：「何不可之有如是。」本疏。

使薳啟疆待命于雩婁。　服曰：「雩婁，楚東邑。」《楚世家》注。

案：《地理志》「廬江郡雩婁」、《淮南子·人間訓》「孫叔敖決期思之水，而灌雩婁之野」注：「雩婁，今廬江。」案：期思陂即芍陂。《襄二十六年》傳：「楚子、秦人侵吴及雩婁，聞吴有備而還。」是不入吴境也。惟爲楚之東邑與吴接壤，故楚、秦之師及此而還。《水經·決水》注以雩婁爲吴地，誤也。《方輿紀要》曰：「今江南潁州府霍丘縣西南八十里有雩婁故城。」

六年傳　三辟之興，皆叔世也。　服曰：「政衰爲叔世，叔世踰於季世，季世不能作辟也。」本疏。

案：「政衰爲叔世」者，據上云「亂政」知之。季世者，《三年》傳「晏子曰『此季世也』」是也。叔、季爲字之次第。「叔世踰于季世」，猶言叔某長於季某也。若季世並此三刑不能作，故曰「不能作辟」。

《詩》云：「儀式刑文王之德，日靖四方。」　服曰：「儀，善；式，用；刑，法；靖，謀也。言善用法文王之德，日日謀安四方。」本疏。

案：「儀，善」「式，用」「刑，法」「靖，謀」，皆《釋詁》文。《詩傳》惟「式」不詁，餘皆同。箋云「法文王之常道，日謀四方」，與服解同。正義曰：「此解于文便于杜也。」

又曰：「儀刑文王，萬邦作孚。」　服曰：「儀，善也；刑，法也。善用法者，文王也。言文王善用其法，故能爲萬國所信也。」本疏。

案：《文王》詩傳云「孚，信也」，彼疏云「孚，信」，《釋詁》文。箋云：「儀法文王之事，則天下咸信而順之。」服言善用法者文王，是斥文王言；箋則斥法文王者言之，各自爲説，義並得通。

火未出而作火，以鑄刑器，藏争辟焉。火如象之，不火何爲？　服曰：「鑄鼎，藏争辟，故今出火與五行之火争明，故爲災。在器，故稱器藏也。」本疏。

案：知鑄刑器是鼎者，《二十九年》傳晉趙鞅、荀寅「賦晉國一鼓鐵，以鑄刑鼎，著范宣子所爲《刑書》焉」，彼是鑄之於鼎，知此亦是鼎也。「藏争辟」者，正義曰：「作《刑書》以示民，教民使争罪，故謂之『争辟』。」「故今出火與五行之火争明」者，出火之火爲心星，五行之火爲鑄鼎之火，民既争罪，二火亦争明，故必致災。《宣十六年》傳：「凡火，天火曰災。」「在器故稱藏」者，「藏」讀如「守藏」之「藏」，《周禮・宰夫》「五曰府，掌官契以治藏」注：「治藏，藏文書及器物。」刑鼎是器，故稱藏焉。

不抽屋，不强匄。　服曰：「抽，裂也。言不毁裂所舍之屋也。匄，乞也。不就人强乞也。」本疏。

案：抽爲裂者，《詩・楚茨》「言抽其棘」傳曰：「抽，除也。」毁去爲抽，毁裂亦爲抽。《詩・羔裘》「舍命不渝」箋：「舍，猶處也。」言所處之屋，無有毁裂。」匄爲乞者，《一切經音義》二引《倉頡篇》云：「匄，乞行謂匄也。字體从人从亡，言人亡財物，則行求匄也。」又卷三引《通俗文》：「求願曰匄强。」《釋文》其丈、其良二反，服云「不就人强匄」，則下音爲是。《爾雅・釋言》：「彊，暴也。」郭注：「彊梁，凌暴。」言不彊梁以乞之也。

七年經 春，王正月，暨齊平。　賈曰：「魯與齊平。」服曰：「襄二十四年『仲孫羯侵齊』，二十五年『崔杼伐我』，自爾以來，齊、魯不相侵伐。且齊是大國，無爲求與魯平。此六年『冬，齊侯伐北燕，將納簡公』。齊侯貪賄而與之平，故傳言『齊求之也。齊次于虢，燕人行成』。其文相比，許君近之。」本疏。

案：賈云「魯與齊平」者，《穀梁傳》云「以外及内爲暨」，賈説本此。且經例，如燕與齊平，當書「燕」，不僅曰「暨齊平」也。言「暨」，則魯與諸侯平之辭，下文「叔孫婼如齊涖盟」，即齊平之徵也。服不然者，以崔杼伐我，而後齊、魯無相侵伐之事，則無庸與齊平。經書云「暨齊平」，是齊求成之詞，齊大國無反求成之理，不應如此書法。《六年》傳：「十二月，齊侯伐北燕，將納簡公。晏子曰：『不入，燕有君矣，民不貳。吾君賄，左右諂諛，作大事不以信，未嘗可也。』」此事在上年十二月，接此春間無異事，故不云「燕」，省文也。杜氏《釋例》云：「昭六年冬，齊侯伐北燕，七年春而平。冬春相接，無異事，省文，故不重言燕。猶《桓五年》『冬，州公如曹』，六年春，因書『寔來』也。」傳云「齊侯次于虢，燕人行成」，次于「暨齊平」之後，文相比連，是「暨」者，燕暨之也。傳以其不分明，故又曰「齊、燕平之月」，以正之也。「許君近之」者，正義曰「許惠卿也」。

士臣皂，皂臣輿，輿臣隸，隸臣僚，僚臣僕，僕臣臺。　服曰：「皂，造也；造成事也。輿，衆也，佐皂舉衆事也。隸，隸屬於吏也。僚，勞也，共勞事也。僕，僕豎，主藏者也。臺，給臺下，微名也。」本疏。

〇「微名」亦作「徵召」。

案：《史記·鄒陽傳》「與牛驥同皂」，《索隱》：「皂，養馬之官，下士也。」《漢書·貨殖傳》「至于皂隸」注：「皂，養馬者也。」服不取以爲説者，以下文云「馬有圉」，方爲養馬，故此訓「皂」爲「造」，取聲相近。《閔予小子》詩「遭家不造」箋云「造，猶成也」，則造成事謂之皂矣。《僖二十八年》「聽輿人之謀」，《襄三十年》「輿人誦之」，是「輿」爲「衆」也。「佐皂成衆事」者，以輿臣皂，故皂造事，輿衆佐之。「隸屬于吏」者，《周官》序官「司隸」注：「隸，給勞辱之役者。漢始置司隸，亦使將徒治道溝渠之役。」其《司隸之職》曰「掌五隸之灋」注：「五隸，謂罪隸、四翟之隸也。」《司厲》「男子入于罪隸」，鄭司農云：「謂坐爲盜賊而爲奴者，輸于罪隸，舂人、槀人之官也。」由是觀之，今之爲奴婢，古之罪人也。故《書》曰「予則奴戮女」，《論語》曰「箕子爲之奴」，罪隸之奴也。故《春秋傳》曰：「斐豹，隸也，著於丹書。請焚丹書，我殺督戎。」恥爲奴，欲焚其籍也。是屬于吏者，即屬于司隸也。「僚，勞」者，亦取聲近。《詩·板》「及爾同僚」傳：「僚，官也。」服以同官爲僚，謂卿大夫、士也。此僚不得有同官之義，故訓爲「勞」。《詩·漸漸之石》箋「邦域又勞勞廣闊」，疏：「『廣闊遼遼』之字當從遼遠之『遼』，而作『勞』者，以古之字少，多相假借。」按：服以「勞」訓「僚」，亦此義也。「僕，僕豎，主藏也」者，《詩·出車》「召彼僕夫」傳：「僕夫，御夫也。」《正月》「屢顧爾僕」箋：「僕，將車者。」服不以御訓僕者，《曲禮》「凡僕人之禮」疏：「古者，僕用好人爲之，故孔子曰『吾執御矣』」，又云「『子適衛，冉有僕』，及《周禮》諸僕，皆用大夫、士也」。若然，則此僕非其倫矣，故以爲僕豎。《史記·酈生陸賈傳》「沛公罵曰豎儒」《索隱》：「豎者，僮僕之稱。」《僖二十四年》傳：「晉侯之豎守藏者也。」《後漢·何敞傳》注引《方言》：「臧獲，奴僕賤稱也。」《楚辭·哀時命》「釋管、晏而任臧獲矣」王逸注：「臧，爲人所賤繫也。或曰臧，守藏者也。」然則此僕即豎臧獲之類，服故以爲主藏。「臺，給臺下，微名」者，云「臺下」，以漢法相況。《文選》袁紹《檄豫州》注引《漢官儀》「尚書爲中臺，御史爲憲臺，謁者爲外臺」，《後漢書・蔡邕傳》「周歷三臺」是也。漢曰臺，周曰官府。給臺下者稱臺，猶治府藏者稱府矣。微名，言其賤也。《孟子》「蓋自是臺無餽也」注：「臺，賤官，主使令者。」《後漢書・濟南安王康傳》注：「臺隸，賤職也。」微名，一本作「徵召」，義亦通，言有徵發之事，則臺任奔走之役焉。

作僕區之法。　服曰：「僕，隱也。區，匿也。爲隱匿亡人之法也。」《釋文》。○本疏「爲隱」下無「匿」字。

案：「僕，隱」，義未聞。《説文》：「區，踦區，藏匿也。从品在匸中。品，衆也。」《荀子・大略》「言之信者，在區蓋之間」注：「區，藏物處。」是藏物爲區也。知爲隱匿亡人之法者，上文云「納亡人以實之」。無宇引楚法，當是爲隱匿亡人設也。

好以大屈。　賈曰：「大屈，寶金，可以爲劍。大屈，金所生地名。」本疏。○《釋文》引作「出大屈也」，餘同。服曰：「一曰大屈，弓名。《魯連書》曰：『楚子享魯侯於章華之臺，與大曲之弓，既而悔之。薳啟疆見魯侯，魯侯歸之大屈』。即大曲也。」本疏。○《釋文》：「大屈，弓名。服同。又云大曲也。」

案：《禹貢》：「荆州厥貢惟金三品。」《詩・泮水》：「大輅南金。」❶是金出楚地。《僖十八年》傳：「鄭伯始朝于楚，楚子賜之金，既而悔之，與之盟曰『無以鑄兵』，故以鑄三鐘。」與好魯事相類，故賈以大屈爲寶金也。《齊語》「美金以鑄劍戟」，故曰「可以爲劍」。大屈是地名，而以爲金者，猶朱提爲銀矣。《地理志》「犍爲郡朱提」注：「山出銀。」服引《魯連書》以爲弓名者，《漢書・藝文志》「儒家」有《魯仲連

❶ 「輅」，續經解本作「路」。

子》十四篇，即《魯連書》也。《太平御覽・兵部》《珍寶部》引《魯連子》「楚子成章華之臺，酌諸侯酒，魯侯先至，楚王悦，與大曲之弓、不琢之璧」，即服氏所引。服以魯連去春秋未遠，當得其實，且「薳啟疆」言當是寶器，若是賜金，不得曰「齊晉越欲此」，並不得曰「慎守寶矣」，故服從之也。大屈即大曲者，屈、曲聲相近。梁簡文《樂府詩》：「右把蘇合彈，❶旁持大屈弓。」

今夢黄熊入于寢門。賈曰：「熊，獸也。」本疏。

案：《釋文》云：「黄熊，音雄，獸名，亦作『能』，如字，一音奴來反，三足鼈也。解者云，獸非入水之物，故是鼈也。一曰既爲神，何妨是獸？按《説文》及《字林》皆云『能，熊屬，足似鹿』。然則能既熊屬，入爲鼈類。今本作『能』者勝也。」正義曰：「諸本皆作『熊』字。」然則《釋文》云「今本作『能』」者，知古本皆作「熊」矣。其作「能」者，流俗本也。郭璞注：《爾雅》：「鼈，三足能。」不著鮌化之異。傅玄《潛通賦》「鮌殛變而成熊」，與「終」「窮」爲韻，是東晉時猶作「熊」，正義引梁王云「鮌之所化，是能鼈也」，是「熊」作「能」，而讀爲奴來反，異説當起于齊梁時。《晉語》亦作「黄熊」。正義又引汲冢書《瑣語》云「晉平公夢見赤熊闚屏，惡之」，雜説佐傳，知熊者是已。《説文》「熊，獸，似豕，山居，冬蟄」，《釋獸》云「熊如羆，黄白文」，又云「熊虎醜，其子狗」，是熊爲獸名。正義又云：「張叔皮論云：張叔，錢氏大昕定爲《後漢書・文苑傳》之張叔。『賓爵下革，田鼠上騰。牛哀虎變，鮌化爲熊。久血爲燐，

❶ 「右」，文淵閣四庫本《樂府詩集》作「左」。

積灰生蠅。』或疑張叔爲『能』。著作郎王劭云『古人讀雄與熊者，皆于陵反，張叔用舊音』。案《詩·無羊》與《正月》及襄十年衛卜禦寇之繇，皆以『雄』韻『陵』，劭言是也。」按：此則後漢時人亦作「熊」也。

吾聞將有達者，曰孔丘，聖人之後也。　服曰：「聖人謂商湯。」《孔子世家》注。

案：《史記·孔子世家》云「其先宋人也」，《檀弓》「孔子曰：而某也，殷人也」，是成湯之後也。

而滅於宋。　服曰：「孔子六代祖孔父嘉，爲宋華督所殺，其子奔魯也。」《後漢書》注。

案：《詩·商頌譜》疏引《世本》云：「正考父生孔父嘉，爲宋司馬，華督殺之而絶其世，其子木金父降爲士。木金父生祁父，祁父生防叔，爲華氏所逼奔魯，爲防大夫，故曰防叔。防叔生伯夏，伯夏生叔梁紇，叔梁紇生仲尼。」據此，則孔父嘉爲孔子六代祖矣，《世本》云「防叔始奔魯」，非也。華督既殺孔父，而相莊公，氣燄方張，孔父之子不得不奔魯以避其難。《春秋傳》于桓三年之後，宋之臣無孔氏，可證奔魯即在是時，豈有孔父被殺後，越至三世始畏華氏之偪而奔魯乎？正義每言《世本》之疎，此類是也。服云「其子奔魯」，爲得其實。

其祖弗父何，以有宋而授厲公。　服曰：「弗父何，宋湣公世子，厲公之兄。『以有宋』，言湣公之適嗣當有宋國，而讓與弟厲公也。」《詩·那》疏。

案：《世本》云「宋湣公生弗甫何」，是何爲湣公子。知是世子者，《白虎通·京師篇》「天子太子食菜者，儲君嗣主也」，然則諸侯世子亦所以儲君嗣主。《文選·西征賦》注引宋均《元命包》注曰：「儲君，副主，言設以待之。」今傳云「有宋」，明何爲湣公之適嗣，當得國者，是何爲湣之世子矣。《公羊》隱元年傳：「立適以長不以賢。」何爲世子，故知厲公之兄。《史記・宋世家》云：「湣公共卒，弟煬公熙立，湣公子鮒祀弑煬公而自立，是爲厲公。」按此，則厲公實自立，非弗父何讓之，與傳違異。《猗那》詩序疏云：「何是湣公世子，父卒當立，而煬公篡之。蓋厲公既殺煬公，將立弗父何，而何讓與厲公也。」孔氏之言，雖由臆決，以傳所云，當有其事，《史》不敘讓國者，以《世家》於春秋以前諸君，僅撮世系，不甚詳事實故也。

及正考父，佐戴、武、宣。　服曰：「正考父，弗父何之曾孫。」《孔子世家》注。　賈曰：「三人皆宋君也。」《御覽》四百三十二。

案：《世本》云「宋湣公生弗甫何，弗甫何生宋父，宋父生正考父」，若然，則正考父是弗父何之孫，而此言「曾孫」者，與王肅所撰《家語・本姓解》合。《本姓解》云「宋丁公申生湣公共及襄公熙，熙生弗父何，何生宋父周，周生世子勝，勝生正考父」，較《世本》多「世子勝」一代，是正考父爲弗父何曾孫矣。《曲禮》云「卿大夫之子不敢與世子同名」，是名且不得同之，乃弗父以下降爲卿佐，忽有「世子」之稱，於義可疑。然漢、魏之間，古書未亡，服不從《世本》而斷爲「曾孫」，當有證據，故王肅僞撰《家語》亦與服合，其「世子勝」之稱則不敢遽定也。《詩・那》序：「微子至于戴公，其間禮樂廢壞，有正考甫者，得《商頌》十二篇于周之大師，以《那》爲首。」是正考父佐戴公之證也。《宋世家》：「戴公卒，子武公司空立，武公卒，子宣公力立。」武、宣二君，考父皆逮事，故曰「佐戴、武、宣」也。

三命茲益恭。　賈曰：「三命，上卿。」《御覽》四百三十二。

案：《周禮・典命》云「公之孤，四命。其卿，三命」，《王制》云「大國之卿不過三命，下卿再命」。再命爲下卿，則三命爲上卿矣。

一命而僂，再命而傴，三命而俯。循牆而走。　服曰：「僂、傴、俯，皆恭敬之貌也。」《孔子世家》注。賈曰：「俯恭于傴，傴恭于僂。循牆而走，不敢安行也。」《御覽》四百三十二。

案：《説文》：「僂，尪也。傴，僂也。」「俯」，《説文》作「頫」，或从人免。❶《文選・上林賦》注引《聲類》：「『頫』，古文『俯』字。」是「頫」正字，俛或字，俯俗字。《吕覽》「盡數苦水所多尪與傴人」注：「傴，脊疾也。」《素問・刺禁論》「刺脊間中髓爲傴」注：「傴謂傴僂，身踡曲也。」傴僂是疾名，銘借以象恭敬之形，故曰僂、曰傴。「頫，低頭」是正義，《説文》又云「大史卜書，頫仰字如此」，則凡卑其身者亦謂之頫矣。《廣雅・釋詁》：「傴，僂曲也。」《禮・樂記》「進俯、退俯」注：「俯，猶曲也。」《論語・鄉黨篇》：「鞠躬如也。」孔曰：「斂身。」是《論語》作「鞠」，即《説文》之「匑」，《説文》云「匑，曲脊」。此僂、傴、俯，即鞠躬高下之分。《廣雅・釋訓》：「匑匔，謹敬也。」《龍城札記》引《廣雅》作「匑匑」。《廣雅疏證》作「匔匔」。曹憲丘六、丘弓兩音，亦讀鞠窮。故服曰「皆恭敬之貌」。《莊子・達生篇》「見痀僂者」，「痀」即「傴」。《淮南・精神訓》：「子求行年五十有四，而病傴僂。」《一切經音義》二引《通俗

❶「人免」，原作「俛」，據《説文解字》改。

文》：「曲脊，謂之傴僂。」《漢書·蔡義傳》：「行步俛僂。」三者，本不甚分，賈云「俯恭于傴，傴恭于僂」者，以上文云「三命茲益恭」，銘又析言之，故知由僂而傴、由傴而俯，遞見恭敬之加也。《曲禮》：「立則磬折，垂佩。主佩倚，則臣佩垂。主佩垂，則臣佩委。」注：「小俛則垂，大俛則委於地。」彼疏云「臣則身宜僂折，如磬之背，故云『磬折』也」。又云：「言君若折身而佩垂，則臣彌曲，故佩垂委於地。」《容經》：「因以微磬曰共立，因以磬折曰肅立，因以垂佩曰卑立。」僂、傴、俯之分，亦是也。「循牆而走」，謂不敢安行者。言循牆，不敢由中道也。《說文》：「行，人之步趨也。」「步，行也。」「趨，走也。」「走，趨也。」「奔，走也。」散文義皆相通。若對文言之，《爾雅·釋宫》：「堂上謂之行，中庭謂之走。」《釋名·釋姿容》云：「兩脚進曰行。行，抗也，抗足而前也。徐行曰步，疾行曰趨，疾趨曰走。走，奏也，促有所奏至也。」是走與安行爲異，故賈曰「不敢安行也」。

歲、時、日、月、星、辰是謂也。　服曰：「歲，星之神也，左行於地，十二歲而一周。時，四時也。日，十日也。月，十二月也。星，二十八宿也。辰，十二辰也。是爲六物也。」《詩·小弁》疏。

案：《爾雅·釋天》：「太歲在寅曰攝提格。」《淮南·天文訓》：「太陰在寅，歲名曰攝提格。」《開元占經·歲星占篇》引許慎注云「太陰，謂太歲也」。《天文訓》又曰：「天神之貴者，莫貴於青龍，或曰天一，或曰太陰。」服云「歲，星之神」者，言太歲爲貴神也。《周官·保章氏》「十有二歲之相」鄭注云「歲，謂太歲。歲星爲陽，右行于天。太歲爲陰，左行于地。十二歲而小周」，與服注同。《史記·天官書》云「以攝提格歲，歲星左行在寅」，即太歲也。歲名，則《爾雅》「在寅曰攝提格」至「丑曰赤奮若」者是。「時，四時」者，《白虎通·四時篇》云：「歲時何？謂春、夏、秋、冬也。時者，期也，陰陽消息之期也。四時天異名，何？天尊各據其盛者爲名也。春秋物變盛，冬夏氣變盛。春曰蒼天，夏曰昊天，秋曰閔天，冬曰上天。《爾雅》曰。」❶云「日，十日」者，《廣雅·釋天》：「甲乙爲幹，幹者，日之神也。」《淮南·天文訓》：「凡日，甲剛乙柔，丙剛丁柔，以至于癸。」是從甲至癸爲十日矣。《周禮·太宰》「挾日而斂之」注：「從甲至甲謂之挾日，凡十日。」賈疏破諸家，從甲至癸謂之挾日，通也。若從甲至癸仍有癸日，不得通。挾，故以從甲至甲言之。按：賈氏自疏從甲至甲之意，至注云「凡十日」，仍謂從甲至癸十日者，懸書之十日也，斂之日爲甲日則不數也。「月，十二月」者，《爾雅·釋天》正月爲陬，至十二月爲除，❷題曰「月名」是已。《春秋繁露·官制象天篇》：「十者，天之數也。十二者，歲之度也。用歲之度條天之數，十二而天數畢，是終。」又曰：「天有四時，每一時有三月，三四十二。十二月相受，而歲數終矣。」「星，二十八宿」者，《説文》：「曐，萬物之精，上爲列星。或省作『星』。」《釋名·釋天》：「星，散也。列位，布散也。宿，宿也，星各止宿其處也。」《春官·馮相氏》：「掌二十有八星之位。」《秋官·硩蔟氏》「以方書二十有八星之號」鄭注：「星，謂從角至軫。」邵氏晉涵曰：「《月令》載二十六星，益以建、弧，而無箕、昴、鬼、張。」《史記·律書》備二十八

❶「爾雅曰」下，《白虎通義》此句尚有「一説春爲蒼天等是也」。
❷「除」，續經解本及文淵閣四庫本《爾雅注疏》並作「涂」。

星之號，有建、罰、狼、弧，而無斗、觜、井、鬼。《淮南・天文訓》云：「二十八宿，中央其星角、亢、氐，東方其星房、心、尾，東北其星箕、斗、牽牛，北方其星須女、虛、危、營室，西北其星東壁、奎、婁，西方其星胃、昴、畢，西南方其星觜巂、參、東井，南方其星輿鬼、柳、七星，東南方其星張、翼、軫。」《漢書・曆志》星名與《淮南》同，鄭注所謂「從角至軫」也。「辰，十二辰」者，《周禮・哲蔟》「十有二辰之號」注：「辰謂從子至亥。」《呂覽》「孟春乃擇元辰」注：「辰，十二辰，從子至亥也。」《史記・龜策傳》「日辰不全集」注：「子丑謂之辰。」《儀禮・士冠禮》「吉月令辰」汼：「辰，子丑也。」

八年經 蒐于紅。 賈曰：「『蒐于紅』不言『大』者，言公失大權在三家也。」本疏。

案：《易・彖下傳》：「尚，大也。」姚信注：「得其盛位，謂之大。」《論語》「畏大人」鄭曰：「大人，謂天子、諸侯。」若然，凡事物屬君上者曰大，如寢曰大寢，車曰大路。蒐之事，《周禮》謂之「大田」，《春秋經》謂之「大閱」是已。此不言大蒐者，以是時君失大權，故不書「大」。「在三家」者，《論語》「三家者以《雍》徹」，馬曰：「三家，謂仲孫、叔孫、季孫。」按此經不書「大」，賈云「公失大權」，至《十二年》「大蒐于比蒲」，《三十二年》「大蒐于昌間」，《定十四年》「大蒐于比蒲」，仍書「大蒐」者，以蒐紅爲蒐之始事，經書曰「大」，明君失權，此後即書「大蒐」，可證蒐之事出自三家，史爲緣飾而書「大」，故「不妨」仍「魯史」舊文。杜氏序所云「文見於此，而義見於彼者」也。是以《十二年》「大蒐于比蒲」，賈復云「書大者，言大衆盡在三家」，義不相妨也。

葬陳哀公。　賈、服云：「楚葬哀公。」本疏。

案：賈、服以「楚師滅陳」之下「放子招」「殺孔奂」「葬哀公」，文相比次，故知爲「楚葬哀公」，傳稱「袁克私葬」，而云「楚葬」，蓋楚人以葬陳侯爲己德，牽連以告，史從而書之耳。《公羊》十年傳説滅陳之事，曰「滅人之國，執人之罪人」，何休注「罪人，招也。殺人之賊，葬人之君」，亦據經發傳以爲楚葬哀公也。正義曰：「若是楚葬，宜云『楚人葬陳哀公』，當如『齊侯葬紀伯姬』，不得直言『葬』。」若然，則《十三年》經云「葬蔡靈公」，傳云「平王即位，既封陳、蔡，冬十月，葬蔡靈公，禮也」，傳所云禮，明指平王，是蔡靈公之葬爲平王所葬，何經不云「楚葬」也？

八年傳　石言于晉魏榆。　服曰：「魏，晉邑。榆，州里名也。」《水經·洞過水》注。○《釋文》。○本疏引略同。

案：《水經注·洞過水篇》有「石言晉之魏榆」，《漢書》曰榆次」，《地理志》「太原郡榆次」注「梗陽鄉魏戊邑」，然則云魏邑者，謂魏氏之邑也。《春秋傳》曰：「鄉取一人焉以歸，謂之夏州。」「榆，州里名」，謂州中之里名，如闕里、欙里、《史·甘茂傳》。井里，《荀子》。是也。

將往。　服曰：「將往者，欲往到陳氏，問助子良攻我意。」本疏。

案：正義曰：「將往子良之家也，又數人告，不使敢向子良之家，遂如陳氏。服虔云云，謬甚也。」今知不然者，陳桓子亦受甲將助子良。告者，必並告于子旗，子旗不信者，非不信子良之攻，不信陳氏之助子良也。于是將往陳氏者，蓋以子良之攻有由陳氏之助，何故？蓋將以詰責之也。至數人又告于道，急欲過察其動静，故曰「遂如陳氏」，是將往陳氏于情爲愜，孔以服説爲謬，非也。輿襞袁克，殺馬毁玉以葬。　服曰：「一曰馬，陳侯所乘馬。玉，陳侯所佩玉。故殺馬毁玉，不欲使楚得之。」本疏。

案：葬無殺馬毁玉之事，今袁克殘毁之以殉者，蓋不欲故君常乘佩之物入楚人之手也。

陳，顓頊之族也。　服曰：「陳祖虞舜，舜出顓頊，故爲顓頊之族。」《陳杞世家》注。

案：《樂記》：「武王封帝舜之後於陳。」《史記·陳杞世家》云「周武王克殷紂，乃復求舜後，得嬀滿，封之於陳，以奉帝舜祀」，是陳祖虞舜也。「舜出顓頊」者，《大戴禮·帝繫篇》「顓頊産窮蟬，窮蟬産敬康，敬康産句芒，句芒産蟜牛，蟜牛産瞽叟，瞽叟産重華，是爲帝舜」，是舜出顓頊也。若是，則陳爲顓頊之後，而云「族」者，《晉語》「天祚將在武族」注：「族，嗣也。」言顓頊之後嗣，猶傳稱桓族、戴族云。

且陳氏得政于齊，而後陳卒亡。　賈曰：「物莫能兩大。」同上。　汲古本作「兩盛」。

案：《莊二十二年》述周史之言曰：「物莫能兩大，陳衰，此其昌乎？」賈引其文。

自幕至于瞽瞍，無違命。　賈曰：「幕，舜後虞思也，至于瞽叟，無聞違天命以廢絶者。」同上。

案：「舜後虞思」者，《哀元年》傳：伍員説少康之事，曰「虞思于是妻之以二姚」，即其人也。「無聞違天命以廢絶者」，言其不絶世繼嗣相傳也。《史記》注又引鄭衆曰：「幕，舜之先也。」裴駰曰：「案《國語》，賈義爲長。」貽德考《魯語》曰：「幕能帥顓頊者也，有虞氏報焉。」有虞氏，韋昭注引賈説以爲舜後，然幕果舜後當云「帥舜」，不當上溯顓頊矣。《鄭語》云「虞幕能聽協風，以成樂物生者也」，似幕在舜先，不得稱虞。然下文云「周棄能播殖百穀疏，以衣食民人者也」，后稷之封尚未有周而稱周棄，是由後追稱者，則虞幕亦是追稱，不得如傳稱「虞思」例矣。《多方》云「自成湯至于帝乙」，是由前及後之辭，此云「自幕至于瞽叟」，文與相同，不敢蹈左袒之失，竊以鄭説爲優。恭冕謹案：《史記索隱》曰：「賈以幕爲虞思，非也。傳言『自幕而至瞽瞍』，知幕在瞽瞍之前，非虞思明矣。」亦是從鄭説。

春秋左氏傳賈服注輯述卷十六

嘉興李貽德學

昭公

九年經 陳災。　賈、服曰：「愍陳不與楚，故存陳而書之，言陳尚爲國也。」本疏。

案：《公羊傳》曰：「陳已滅矣，其言陳火何？ 存陳也。」《穀梁傳》曰：「國曰災，邑曰火。 火不志，此何以志？ 閔陳而存之也。」賈、服取以爲説者，以《春秋》之例，外災不書，往弔來告則其書法如《宣十六年》「成周宣榭火」，必繫其國名於「火」處之上。 時陳既爲楚縣，若與楚有陳，則當曰「楚陳火」，今曰「陳火」，明陳國尚存，不與楚滅，爲繼絶存亡之義明矣。 若然，則沙鹿、梁山崩，何不繫晉？《王制》「天子祭天下名山大川」，《公羊傳》曰「爲天下記異」，與災、火之異係一國者有殊，故不繫晉也。《十三年》經云「陳侯吴歸于陳」，不言楚復封，則楚雖滅陳，固不與其滅也。 不與楚滅，則亦不斥陳亡矣。

傳 叔弓、宋華亥、鄭游吉、衛趙黶會楚子于陳。　服曰：「此會，宋、鄭、衛之大夫不書，叔弓後也。」

本疏。

案：《文七年》經：「公會諸侯、晉大夫盟于扈。」傳：「齊侯、宋公、衛侯、鄭伯、許男、曹伯會晉趙盾盟于扈，晉侯立故也。公後至，故不書所會。凡會諸侯，不書所會，後也。」今經云「叔弓會楚子于陳」，與文七年盟扈書法相似。傳歷敘宋、鄭、衛之大夫，與彼歷敘齊、宋、衛、鄭、許、曹之君相同。傳所敘宋、鄭、衛之大夫，據凡例言之，則彼不書所會，爲公緩。此不書所會，明叔弓後也。杜云「不行會禮，故不總書」，若然，則經何以書會，傳又何以歷敘叔弓諸人而曰會楚子於陳乎？以此相較，服義優矣。

蒲姑、商奄，吾東土也。　服曰：「蒲姑、商奄，濱東海者也。蒲姑，齊也。商奄，魯也。」《二十年》傳曰：『蒲姑氏因之。』《定四年》傳曰：『因商奄之民，命以伯禽。』」本疏。

案：《書序》：「成王既踐奄，將遷其君於蒲姑。」《史記》作「薄姑」，「蒲」「薄」聲相近，如「薄社」，《公羊傳》作「蒲社」矣。《書大傳》「奄君薄姑謂禄父曰」，以薄姑爲奄君之名，其實薄姑、商奄是兩地名。《漢書・地理志》：「齊地殷末有薄姑氏，至周成王時，薄姑與四國共作亂。」《破斧》詩云「四國是皇」，傳：「四國，管、蔡、商、奄也。」班氏謂薄姑與四國共作亂，則薄姑與奄爲二矣。「濱東海」者，「濱」本作「瀕」，《説文》「瀕，水厓」，引伸爲瀕近之稱。《僖四年》，管仲述太公之賜履，曰「東至于海」，《魯頌》「至于海邦」，蒲姑、商奄爲齊、魯之地，是近東海矣。云「蒲姑，齊也。商奄，魯也」者，《史記・周本紀》集解引馬曰：「薄姑，齊地名。」《説文》作「鄗」，云「周公所誅鄗國在魯」。《郡國志》

「魯國奄」劉昭注引《皇覽》曰：「奄里伯公冢在城内祥舍中，民傳言魯五德奄里伯公葬其宅。」《史記・周本紀》集解引《括地志》云「兖州曲阜縣奄里，即奄國之地」。又引鄭康成云「奄國在淮夷之北」。《詩・邠風譜》疏引「北」作「傍」，與《皇覽》不同者，《漢書・王莽傳》云「成王之與周公也，開七百里之宇，兼商奄之民」，是奄地甚大，故得在魯南、淮北也。鄭君、《皇覽》各就其所指爲説。「蒲姑氏因之」，晏子對景公之辭。「因商奄之民」，祝鮀所言，引以證蒲姑爲齊地、商奄爲魯地也。

王有姻喪，使趙成如周弔，且致閻田與襚。　服曰：「婦之父曰姻。王之后喪父，於王亦有服義，故往弔。」本疏。

案：《爾雅・釋親》：「婦之父爲婚。」服云「爲姻」。《釋親》又云「婦之父母、壻之父母相謂爲婚姻」，邵氏曰：「昏姻每多連舉，《士昏禮》云『某以得爲外昏姻』，又云『某以得爲外昏姻之故』，又云『某以得爲昏姻之故』，《小雅・我行其野》云『昏姻之故』，《左氏》文三年傳云『修昏姻』，皆並舉其文也。」以上邵説。《經解》「昏姻之禮，所以明男女之別也」鄭注：「昏姻，謂嫁娶也。婿曰昏，妻曰姻。」然則對文則婦之父爲婚，散文得爲姻也。「王之后喪父，於王亦有服」者，《白虎通・喪服篇》：「《禮・雜記》曰：『婦人越疆而弔，非禮也。』而有三年喪，君與夫人俱往。禮：妻爲父母服，夫亦當服。」按此，則諸侯爲婦父有服，王亦有服可知。其服則《喪服》云「緦麻三月者，妻之父母」，傳曰「何以緦？從服也」。《通典》引馬融云「壻從妻而服緦也」。《曲禮》「知生者弔，知死者傷」注：「人恩各施於所知也。」此往弔者，以王故推及也。正義謂：「王之納后，必取諸侯之女。后之父母，不得身在京師，往弔可耳，何以得致襚也？」案：《春秋》言逆王后者，惟桓八年及襄十五年耳。孫氏覺、吴氏澂並謂「非禮則書」，此殊未然，豈二百四十二年之間除此二文，餘俱合禮乎？是不書者，齊紀而外娶于圻内多矣。若云「必娶于外諸侯」，則如申伯爲宣王之元舅，是厲王所娶者其姊妹也。《崧高》之詩始云「于邑于謝，南國是式」，又云「我圖爾居，莫如南土，錫爾介圭，以作爾寶」，則前此不過爲王卿士無封國，可知厲王可娶其家以爲后，而曰必娶于外諸侯乎？孔云「后之父母，不得在京師」者，非也。

火，水妃也。　服曰：「火，離也。水，坎也。《易》卦離爲中女，坎爲中男，故火爲水妃。」本疏。

案：《説卦》：「離爲火。」崔憬曰：「取卦陽在外，象火之外照也。」又曰：「坎爲水。」宋衷曰：「坎，陽在中，内光明有似於水。」又曰：「坎再索而得男，故謂之中男。離再索而得女，故謂之中女。」王肅曰：「以乾坤爲父母，而求其子也。得父氣者爲男，得母氣者爲女。」孔疏曰：「坤二，求得乾氣爲坎，故曰中男。乾二，求得坤氣爲離，故曰中女。」若是，則坎水爲男，離火爲女，女配男，故火爲水之妃。

辰在子卯，謂之疾日。　賈曰：「桀以乙卯日死，受以甲子日亡，故以爲戒。」《禮記·檀弓》釋文。

案：知「桀以乙卯亡」者，《長發》詩云「韋顧既伐，昆吾夏桀」，言昆吾與桀同時死也。《十八年》傳：「二月乙卯，周毛得殺毛伯過而代之。萇宏曰：『毛得必亡，是昆吾稔之日也。』」昆吾、夏桀亡既同時，則昆吾以乙卯亡，桀亡亦乙卯矣。說本孔疏。《漢書·律曆志》引《武成篇》曰：「粤若來三月既死霸，粤五日甲子，咸劉商王紂。」《殷本紀》曰：「甲子日，紂兵敗，紂走，入登鹿臺，衣其寶玉衣，赴火而死。」是紂以甲子亡也。此作「受」者，《牧誓》曰「今商王受」。孫先生《疏證》云：「史公『受』作『紂』者，《漢書・五行志》亦作『紂』。凡今文俱作『紂』，古文或作『受』也。」按賈氏傳古文者，故作「受」。云「以爲戒」者，《檀弓》説此事云「子卯不樂」，注：「紂以甲子死，桀以乙卯亡，王者謂之疾日，不以舉樂爲吉事，所以自戒懼。」《玉藻》「子卯稷食菜羹」注：「忌日，貶也。」疏云「桀、紂以其無道被誅，後王以爲忌日」。謂桀、紂。忌，即戒也，故曰「以爲戒」。《檀弓》釋文云：「《漢書》翼奉説則不然。張晏云：『子刑卯，卯刑子，相刑之日，故以爲忌。』」《檀弓》疏曰「鄭司農注《春秋》，以爲五行子卯自刑」，與翼奉説同，非賈義也。

孟僖子如齊殷聘。　服曰：「殷，中也。自襄二十年叔老聘於齊，至今積二十一年。聘齊，故中復盛聘。」《周禮・大行人》疏。

案：《大行人》云「凡諸侯之邦交，歲相問也，殷相聘也」，注：「小聘曰問。殷，中也。久無事，又於殷朝者及而相聘也。鄭司農説殷聘以《春秋傳》曰『孟僖子如齊殷聘』是也。」彼注引傳以證殷，服故從彼文以證此傳，故亦曰「殷，中也」。叔老聘齊在襄二十年，襄後十一年而薨，至續以昭公九年積二十年。至「二十一年」者，浦鏜校《周禮》云：「『一』字衍也。」言此二十年之間無聘齊之事，至此始聘，同於彼注云「久無事而聘也」，故傳云「殷聘」焉。盛聘，對小聘而言。《易・象上傳》「殷薦之上帝」，《釋文》引馬注：「殷，盛也。」《儀禮・士喪禮》「月半不殷奠」注：「殷，盛也。」或服兼取此義，故曰「盛聘」。

十年經　十有二月。　賈、服曰：「無『冬』，刺不登臺視氣。」《公羊疏》。

案：僖五年登臺視氣，傳以爲禮。此不書「冬」，當是不行此禮，故去「冬」刺之，理或然也。

傳　公卜使王黑以靈姑銔率，吉。請斷三尺焉而用之。　服曰：「斷三尺，使至于較。大夫旗至較。」《考工・輿人》疏。

案：「斷三尺，使至于較」者，以靈姑銔是君旗，故斷旒三尺，不敢與君並也。「較」者，《攷工記・輿人》「以其隧之半爲之較崇」注：「較，兩輢上出式者。兵車自較而下凡五尺五寸。故書『較』作『榷』，杜子春云『當爲較』。」《説文》：「較，車輢曲鉤也。」從段氏注本。段氏謂曲鉤是漢制，其在輢上則同。「大夫旗至較」者，《周官》《公羊疏》及本疏並引《禮含文嘉》曰：「天子之旗九仞、十二旒曳地，諸侯七仞、九旒齊軫，卿大夫五仞、七旒齊較，士三仞、五旒齊首」，故服引之。《廣雅・釋天》旌旗云「卿大夫七斿至軹，士三斿至肩」，《新序・義勇篇》「芊尹文云『國君之旗齊于軫，大夫之旗齊于軾』」，並與服所引異義。《廣雅疏證》云：「案《攷工記》：『六尺有六寸之輪，軹崇三尺有三寸也；加軫與轐焉，四尺也。』鄭注云：『軫，輿也。軹，轂末也。』旗旒愈短則去地愈高。此云『諸侯至軫，卿大夫至軹』，若爲轂末之軹則反卑于軫，而卿大夫之斿反長於諸侯矣。然則所謂軹者，蓋兩輢之横直木也。《攷工記・輿人》『參分較圍，去一以爲軹圍』注『軹，輢之植者、衡者』是也。兩輢通高五尺五寸，其上出軾者二尺二寸謂之較。其下三尺三寸，木横直，結如窗櫺，所謂軹也。此軹在軫之上，而諸侯之斿齊軫，故王黑請以齊侯之旗，斷三尺而用之，則至于軹而不至于軫矣。軾在軫上，亦高三尺三寸，故芋尹文謂『大夫之旗齊于軾』也。《禮緯》謂『卿大夫之旒齊較，較則高于軹』，又《廣雅》『士旒至肩』，《禮緯》『士旒齊首』，首亦高于肩，蓋所傳者異也。」按：《疏證》之言，則傳云「斷三尺」，服引「齊較」之文，與尺數不合。賈公彦曰：「斷三尺得至較者，蓋天子與其臣乘重較之車，諸侯之車不重較。故有三尺之較也。」

視民不佻。　服曰：「示民不愉薄。」《詩·鹿鳴》疏。

案：「佻」，《詩》作「恌」，傳「恌，愉也」，箋云「『視』，古『示』字也。可以示天下之民，使之不愉于禮義」。《釋文》：「愉，音他侯反，又音踰。」彼疏云：「愉音臾，《説文》訓爲『薄』。」案：此服云「不愉薄」，與《詩》傳、箋合。孔疏云「佻，偷」，《釋言》文。李巡曰：「佻佻，偷薄之偷也。」「愉」正字，「偷」俗字。

十一年經 大蒐于比蒲。　賈曰：「書『大』者，言大衆盡在三家。」八年疏。

案：知書「大」爲「大衆盡在三家」者，以叔向論魯事曰「君有大喪，國不廢蒐，國不恤喪，不忌君也」。云「不忌君」，可見蒐事出于三家，非君蒐而仍書「大」者，明「大衆盡在三家」，至蒐而集，故曰「大」矣。

傳 臣聞五大不在邊。　賈曰：「五大，謂太子、母弟、貴寵公子、公孫、累世正卿也。」本疏。

案：疏又引鄭衆曰：「太子，晉申生居曲沃是也。母弟，鄭共叔段居京是也。貴寵公子，若棄疾在蔡是也。貴寵公孫，若無知食渠丘是也。累世正卿，衛甯殖居蒲、孫氏居戚是也。」按：鄭所申賈爲有據，且下文歷引京、櫟、蕭、亳、渠丘、蒲、戚者，正爲五大之證，若杜爲五官之長，直臆説耳。

十二年經 齊高偃帥師納北燕伯于陽。　賈曰：「時陽守距難，故稱納。」《成十八年》傳疏。

案：「陽守」者，謂守陽城之主，猶史稱上黨守、三川守，是以其距難，故帥師而往。杜氏《釋例》云「今檢經諸稱『納』者，皆有興師見納之事」，然則稱「納」者，因所納之地，先必距難，故須興師以納。賈知陽之距難爲陽守者，以傳云「因其衆」，明陽之居民未嘗相距難，距難者獨此守耳。而北燕伯得入者，當與夙沙衛拒守，而高唐人納齊師相類，故傳曰「因其衆」也。

晉伐鮮虞。　《穀梁傳》：「其曰晉，狄之也。不正其與夷狄交伐中國，故狄稱之也。」賈、服取以爲説。本疏。

傳 已乎已乎。　服曰：「已乎，決絶之辭。」本疏。

案：《離騷》云「已矣哉，國無人莫我知兮」，注：「已矣，絶望之辭也。」與此歌意相同。

僕析父從。　賈曰：「析父，楚大夫。」《楚世家》注。

四國皆有分。　服曰：「有功德受分器。」同上。

案：《書序》云：「武王既勝殷，邦諸侯，班宗彝，作分器。」《魯語》云：「古者分同姓以珍玉，展親也。

分異姓以遠方之職貢，使無忘服也。」《周本紀》云：「封諸侯，班賜宗彝，作分殷之器物。武王追思先聖王，乃襃封神農之後於焦，黄帝之後於祝，帝堯之後於薊，帝舜之後於陳，大禹之後於杞。於是封功臣謀士，封師尚父於營丘，曰齊；封弟周公旦於曲阜，曰魯。』若然，則封諸侯以其有功德也。班賜宗彝在封諸侯之後，是有功德者得受分器也。

蓽路藍縷，以處草莽；跋涉山林，以事天子。唯是桃弧、棘矢，以共禦王事。　服曰：「蓽路，柴車，素木輅也。藍縷，言衣敝壞，其縷藍藍然也。草行曰跋，水行曰涉。桃弧、棘矢，所以禦其災，言楚地山林無所出也。」同上。

案：《公羊傳》：「亡國之社，掩其上而柴其下。」《周禮・喪祝》注作「奄其上而棧其下」。「柴」「棧」，古字通，「柴車」即「棧車」。《説文》「棧」云：「竹木之車曰棧。」《周禮・巾車》「士乘棧車，庶人乘役車」注：「棧車，不革輓而漆之。役車，方箱可載任器以共役。」疏云：「役車亦名棧車，以其同無革輓故也。是以《何草不黄》詩云『有棧之車』，註云『棧車，役車』是也。」若然，則棧車、役車對文則分，散文不甚分别。《攷工記》云「棧車欲奄，飾車欲侈」，棧車與飾車相對，是棧車素而無飾，《唐書》大傳云「庶人木車，故曰素木車也」。「藍縷」，見《宣十二年》傳注。《詩・載馳》云「大夫跋涉」，毛傳云「草行曰跋，水行曰涉」，疏云：「《左傳》云『跋涉山川』，則跋者山行之名也。言『草行』者，跋本行草之名，故傳曰『反首茇舍』，以行山必有草，故山行亦曰跋。」服用毛傳，故與之同也。「桃弧、棘矢以禦災」者，四年傳云「桃弧、棘矢，以除其災」，是桃弧、棘矢爲禦災之器也。晉文公之對楚子曰：「羽毛齒革，則君地生焉。」聲子之對子木曰：「如杞梓皮革，自楚往也。」楚之生物廣矣，而云「楚地山林無所出」者，指能繹啟封之初，其地未廣言耳。

齊，王舅也。　服曰：「齊吕伋，成王之舅。」同上。

案：「齊吕伋」者，《齊世家》言「太公卒，子丁公吕伋立」。《説文》云「齊太公子伋謚曰玎公」是也。「成王之舅」者，成王母邑姜，齊大公女，故伋爲成王之舅。

昔我皇祖伯父昆吾，舊許是宅。　服曰：「陸終氏六子，長曰昆吾，少曰季連。季連，楚之祖，故謂昆吾爲伯父也。昆吾曾居許地，故曰『舊許是宅』也。」同上。

案：《鄭語》「昆吾爲夏伯矣」注：「昆吾，祝融之孫，陸終第一子，名樊，爲己姓，封于昆吾。」又曰「夫黎爲高辛氏火正」，注：「黎，顓頊之後，吴回也。」顓頊生老童，老童生重黎及吴回，吴回生陸終，陸終産六子。其季曰季連，爲羋姓，楚之祖也。《楚世家》云：「陸終生子六人，坼破而産焉。一曰昆吾，二曰參胡，三曰彭祖，四曰會人，五曰曹姓，六曰季連，羋姓，楚其後也。」是昆吾爲楚遠祖之兄，故曰「皇祖伯父」。《哀十七年》「衛侯夢見人登昆吾之觀，被髮北面而譟，曰『登此昆吾之虚』」，是昆吾後爲衛地。今云「舊許是宅」者，韋昭云「夏衰，昆吾爲夏伯，遷于舊許」是也。

是能讀三墳、五典、八索、九丘。　賈曰：「三墳，三皇之書。墳，大也。五典，五帝之典。八索，素王之法。九丘，亡國之戒。」《文選·閒居賦》注。○本疏「三皇」作「三王」，無「墳，大也」三字，「素王」作「八王」，「亡國」上有「九州」二字。

案：《周禮·外史》「掌三皇五帝之書」注：「楚靈王所謂三墳、五典。」疏曰：「《孝經緯》云『三皇無文，五帝畫象，三王肉刑』。又《世本·作》云『蒼頡造文字』，蒼頡，黄帝之史，則文字起於黄帝。而云『三皇之書』者，三皇雖無文，以有文字之後，仰録三皇時事，故云掌三皇之書也。」《白虎通·號篇》：「三皇者何謂也？謂伏羲、神農、燧人也。或曰伏羲、神農、祝融也。」《禮》曰：「伏羲、神農、祝融，三皇也。」《漢書·律曆志》：「叙次則三皇者，太昊、炎帝、黄帝也。」故《後漢書·周榮傳》注謂「伏羲、神農、黄帝之書曰三墳」。「墳，大」者，《爾雅·釋詁》文。「五典，五帝之典」者，《爾雅·釋詁》云「典，常也」，《釋言》云「經也」，《楚語》「申叔時曰教之訓典」，韋昭注云「訓典，五帝之書也」。《説文》：「典，五帝之書也，从册在丌上，尊閣之也。莊都説：典，大册也。」五帝者，《大戴禮·五帝德》《史記·五帝本紀》《白虎通·號篇》並以黄帝、顓頊、帝嚳、堯、舜爲五帝。《律曆志》所敘，似黄帝在三皇之中，五帝之首以少昊當之，合之《左》昭二十四年傳文，班氏爲得。然則今所存《堯》《舜典》當是五典之二，百篇《書敘》稱「典」，其舊名也。八索爲素王之法者，《釋文》云「索」本又作「素」，是古本作「素」，故以素王之法釋之。《殷本紀》云：「伊尹從湯，言素王及九主之事。」是「素王」古有其稱。賈氏《春秋序》云：「孔子覽史記，就是非之説，立素王之法。」《漢書·董仲舒傳》：「孔子作《春秋》，先正王而繫萬事，見素王之文焉。」曰「立」、曰「見」，明孔子作《春秋》準素王之法，舊有其書，特準之爲法耳。是素王之法，即此八索也。《釋名·釋典藝》云：「八索，索，素也。著素王之法，若孔子者聖而不王，制此法者有八也。」云「素王之法」是也，謂孔子制此法有八，失之。「九丘，九州亡國之戒」者，九是九州之數，九州者，《禹貢》之九州，冀、兖、青、徐、揚、荆、豫、梁、雍也；知爲亡國之誡者，《楚詞·哀郢》「曾不知夏之爲丘兮」注「丘，墟也」，是亡國者爲丘墟矣。《周書·史記解》「乃取遂事之要戒，俾戎夫言之，朔望以聞」。下述皮氏至有洛亡國之由，即九丘遺書歟？三墳、五典、八索、九丘，二《典》而外，書皆遺佚，故釋者各據己意説之。正義引延篤言張平子説：「三墳，三禮，禮爲人防。《爾雅》曰：『墳，大防也。』《書》曰：『誰能典朕三禮。』三禮，天、地、人之禮也。五典，五帝之常道也。八索，《周禮》八議之刑。索，空，空設之。九丘，《周禮》之九刑。丘，空也，亦空設之。」馬融説：「三墳，三氣，陰陽始生，天、地、人之氣也。五典，五行也。八索，八卦。九丘，九州之數也。」並與賈異。

祭公謀父作《祈昭》之詩。　賈曰：「祈，求也。昭，明也。言求明德也。」本疏。

案：《説文》：「祈，求福也。」《詩·賓之初筵》「以祈爾爵」傳、《禮器》「祭祀不祈」注並以祈爲求。《詩·鹿鳴》「德音孔昭」箋、《儀禮·士冠禮》「昭告爾字」注並訓「昭」爲「明」。「言求明德」者，以下文引《詩》「式昭德音」故云。正義又曰：「馬融以圻爲『王圻千里』，王者游戲不過圻内。昭，明也。言千里之内足明德。」阮氏《校勘記》曰：「據此，則賈逵本作『祈昭』，馬融本作『圻昭』也。」

十三年傳　請待於郊，以聽國人。　服曰：「聽國人欲爲誰。」《楚世家》注。

案：《釋名·釋言語》：「誰，推也。有推擇，言不能一也。」「聽國人欲爲誰」，言聽國人之所擇也。

將欲入鄢。　服曰：「鄢，楚別都。」同上。

案：桓十三年，❶楚屈瑕伐羅及鄢，亂次以濟。《地理志》「南郡宜城」注：「故鄢即此。」又上「華容」注：「夏水首受江，東入沔，行五百里。」傳所云「沿夏」也。《史記·六國表》：「頃襄二十年，秦拔鄢西陵。」今襄陽府宜城縣西南九里有古鄢城。

芋尹無宇之子申亥曰：「吾父再奸王命。」　服曰：「斷王旌，執人於章華之宮。」同上。

案：二事見七年傳。

楚師還自徐，吴人敗諸豫章，獲其五帥。　服曰：「五帥，蕩侯、潘子、司馬督、囂尹午、陵尹喜。」同上。

○《史記》作「五率」，引服亦作「率」。

案：前年傳云：「楚子狩于州來，使蕩侯、潘子、司馬督、囂尹午、陵尹喜帥師圍徐，以懼吴。」今此五帥爲吴所獲。

乃使爲卜尹。　賈曰：「卜尹，卜師，大夫官。」同上。

案：《春官·卜師》：「掌開龜之四兆。」序官：「太卜，下大夫；卜師，上士。」此云「大夫官」，蓋偶誤也。

乃與巴姬密埋璧於太室之庭。　賈曰：「巴姬，共王妾。」同上。

---

❶ 「十」，原脱，據《春秋左傳正義》補。

案：杜用賈説。正義曰：「《襄十二年》傳云『楚司馬子庚聘于秦，爲夫人寧，禮也』。彼秦女是夫人，明巴姬是妾。」

康王跨之。　服曰：「兩足各跨璧一邊。」同上。

案：《文選·上林賦》「跨壄馬」注：「跨謂騎之也。」騎必兩足據一邊，故此亦云「跨璧一邊」也。《五代會要》三引鄭康成《三禮圖》：「璧徑九寸。」又引崔靈恩《三禮義宗》：「蒼璧所以禮天，其長尺有二寸。」長徑如此，故得跨之。

同惡相求，如市賈焉。　服曰：「謂國人共惡靈王者，如市賈人求利也。」同上。

案：《白虎通·商賈篇》：「賈之爲言固也，固其有用之物，以待民來，以求其利者也。」言同惡之人亦若是焉。

無與同好，誰與同惡。　服曰：「言無黨於内，當與誰共同好惡。」同上。

案：下文云「族盡親叛，可謂無主」，是子干無黨于内也。凡欲有同爲惡者，必先與己爲同好，乃有羽翼之助。言子干内既無主，既無有與之共好，誰肯與之共惡乎？

無釁而動，可謂無謀。　服曰：「言靈王尚在而妄動取國，是謂無謀。」同上。

案：《宣十二年》傳「觀釁而動」，服云：「釁，閒也。」

私欲不違。　賈、服曰：「不以私欲違民心。」同上。

案：《襄十年》傳云「專欲難成」。《孟子》：「得其民有道，得其心斯得民矣。」言棄疾不專欲以得民心。《古文尚書》：「罔咈百姓，以從己之欲。」

齊桓、晉文，不亦是乎？　賈、服曰：「皆庶子而出奔。」同上。

案：《莊八年》傳：「襄公立，無常。鮑叔牙奉公子小白出奔莒。」杜云「小白，僖公庶子」。《二十八年》傳：「晉獻公娶于賈，又娶二女于戎。大戎狐姬生重耳。」是晉文爲獻公庶子。僖五年，重耳出奔莒。

有莒、衛以爲外主。　賈曰：「齊桓出奔莒，自莒先入，衛人助之。」同上。

案：知衛人助之者，以桓是衛姬之子，于衛爲甥，舅故助之。

有國、高以爲内主。　服曰：「國子、高子，皆齊之正卿。」同上。

案：《齊世家》云「小白自少好善大夫高傒。及雍林人殺無知，高、國先陰召小白於莒」，是高、國爲内主也。云「國子、高子，皆齊之正卿」者，《王制》曰「大國三卿，二卿命于天子」，命于天子者爲正卿矣。《僖十二年》，管仲曰：「有天子之二守國、高在。」是高、國命于天子者。《齊語》云「國子帥五鄉焉，高子帥五鄉焉」，韋昭云「國子、高子皆齊上卿」，是也。

從善如流。　服曰：「言其疾也。」同上。

案：言如流之疾也，《廣雅・釋詁》：「疾，急也。」

有先大夫子餘、子犯以爲腹心。　賈曰：「子餘，趙衰。」同上。

案：子餘，趙衰字，説見「將會孟子餘」下。

有齊、宋、秦、楚以爲外主。　賈曰：「齊以女妻之，宋贈之馬，楚享以九獻，秦送内之。」同上。

案：事具僖二十三、二十四年傳。

有欒、郤、狐、先以爲内主。　賈曰：「四姓，晉大夫。」同上。

案：「四姓，晉大夫」者，杜云「謂欒枝、郤縠、狐突、先軫也」。

惠、懷棄民。　服曰：「皆棄民不恤。」同上。

案：《爾雅·釋詁》：「恤，憂也。」孫炎注：「恤，救之憂也。」《周語》：「勤恤民隱而除其害也。」言惠公、懷公不憂民隱，是棄其民也。

間朝以講禮。　賈、服以爲朝天子之法。《禮記·王制》疏。

案：《王制》疏云：「『間朝以講禮』，崔氏以爲朝霸主之法，鄭康成以爲不知何代之禮。」案：上云「明王之制」，則非朝霸主可知。鄭注「禮，五年一朝」，云「此大聘與朝，晉文霸時所制也。虞、夏之制，諸侯歲朝；周之制，侯、甸、男、采、衛、要服六者，各以其服數來朝」，並與間朝不合，故疑之。賈、服必以爲朝天子之法者，以上云「明王之制」知之。又《王制》：「天子無事，與諸侯相見曰朝，考禮、正刑、一德，以尊於天子。」考禮即講禮，故以爲朝天子法也。特上云「歲聘」，此云「間朝」，若從聘歲間之，似爲三年一朝，古無其制，不知歲聘者包比年、三年言之，則朝者是五年之朝耳。《魯語》：「曹劌曰：『夫禮，所以正民也。是故先王制諸侯，使五年四王、一相朝也。』」注引賈侍中曰：「王謂王事天子也。歲聘以志業，間朝以講禮。五年之間，四聘于王而一相朝者，將朝天子，先相朝也。」是賈釋「間朝」當以爲五年一朝，此其證也。伏生《書虞傳》：「古者，諸侯之於天子五年一朝。」如伏生說五年一朝，虞夏時有此制。若周，則《大行人》朝數有明文矣，與五年之制顯爲違異。而云「明王之制」者，《周語》言「穆王征犬戎，荒服者不至」，《郊特牲》云「下堂而見諸侯，天子之失禮也，由夷王以下」。冠履失辨，不能以周禮相繩，特遠紹前代之制，存其名相羈縻而已。及文、襄之霸，因而修之，故韋昭注《魯語》云：「《禮記》曰：『諸侯之於天子也，比年一小聘，三年一大聘，五年一朝。』晉文公霸時，亦取於此禮。」後之言禮者，遂託爲明王之制矣。

鄭伯，男也。賈曰：「鄭伯，爵在男。《詩譜》疏。或云：二字依《周語》注補。『男』當作『南』，南面之君也。」服曰：「鄭伯，爵在男服也。」本疏。

案：以鄭在男畿者，賈之正說。「『男』當作『南』，謂南面之君」者，賈引或說。知者，《周語》云「鄭伯，南也」，韋昭注引賈侍中云：「南者，在南服之侯伯。或云『南』，南面君也。」孔氏於《譜》疏引賈正說，而本疏獨引賈或說者，蓋孔氏意主難賈，故引其說而駁之，曰：「子産争國小貢重，輒言鄭伯爲南面之君，復何所益？南面君者，豈貢得輕乎？」不知《周語》僅言鄭伯之當尊貴，賈猶以南面君非正訓，不過引以備説，豈于此傳爲争承而言，反取此不相比切之文乎？或孔氏旁取《國語注》以發難，未可定也，是當以《詩疏》所引「鄭伯，爵在男畿」爲正解矣。按《周禮·大行人》之文，男畿距邦畿千五百里。《漢書·地理志》云「本周宣王弟友，爲周司徒，食采於宗周畿内」。《周語》注引鄭司農云「鄭，今之新鄭，新定之於王城爲在畿内」。據鄭説，鄭之初封以及遷國皆在畿内，不得爲男服，而賈、服並云「在男服」者，《周語》韋昭注云：「周公雖制土中，設九服，至康王而西都鎬京。其後衰弱，土地損減，服制改易，故鄭在男服。」愚謂韋説固通，而子産以爲男服者，實據舊都鎬京言之，以新鄭之地由西都計遠近則「在男服」，既則古而稱先，實權詞以濟急，蓋其敏也。「伯男」之文，舊説多端。《詩譜》疏引《鄭志》答趙商曰：「此『鄭伯男』者，非男畿，乃謂子男也。先鄭之於王城爲在畿内之諸侯，雖爵爲侯伯，周之舊俗皆食子男之地，故云『鄭伯男』也。」本疏駁之曰：「鄭之此言不知所出，鄭食子男之地，不知復在何時？武公既遷東鄭，並十邑爲國，不得食子男之地。若西鄭之時食子男之地，則今爲大國，自當貢重，子産不得遠言上世國小以距今之貢重。王肅云：『鄭伯爵而連男言之，猶言曰公侯，足句辭也。』杜用王説，言鄭國在甸服之外，其爵列于伯子男。」貽德謂「鄭伯也」句非不足，即欲連文足之，則公與侯連也，《詩》「公侯干城」傳：「公侯之子孫。」《禮・王制》：「公侯田方百里。」侯與伯連也，《周禮・典命》曰：「侯伯七命。」「邢遷于夷儀」傳「凡侯伯救患分災」。子與男連也，《孟子》：「子男同一位」，《王制》：「子男方五十里。」不過下兼一等，豈得越子而言男？知王、杜之説爲不然矣。《大行人》「男服在甸服之外」、《康誥》「侯甸男采衛」、《酒誥》「越在侯甸男衛」，男服皆次在甸服之後。上文「卑而貢重」者，甸服也，則此舉男服，明其在甸服之外，不肯與甸服同貢也。賈、服之説，庶爲近之。

貢之無藝。　服曰：「藝，極也。一曰常也。」本疏。

案：《魯語》「貪，無藝也」、《晉語》「貪欲無藝」注並訓「藝」爲「極」。《文六年》傳云「陳之藝極」，下文云「貢獻無極」。「一曰常」者，《昭二十年》傳「布常無藝」，是有常者爲藝矣。

十四年傳 南蒯之將叛也，盟費人。司徒老祁、慮癸。　服曰：「司徒，姓也。老祁，字也。慮癸，亦姓字也。二子，季氏家臣也。」本疏。

案：《廣韻・七之》「司」下云「司徒、司寇、司空，並以官爲氏」，《九御》「慮」下云「又姓」，是司徒及慮皆姓也。杜謂「二子謂南蒯家臣」，正義曰：「杜以下句『請于南蒯曰，臣願受盟』，知是南蒯家臣。」按：南蒯已是家臣，雖傳云「人有十等」，然家臣之下不得復有家臣也，且果是南蒯家臣，何必與之盟乎？其稱臣者，《漢書・高帝紀》云「臣少好相人」，注引張晏曰：「古人相與語多自稱臣，自卑下之道也。」是二人故自卑其稱，使蒯不疑也。其劫南蒯之後而曰「羣臣不忘其君」，則爲季氏家臣明矣。杜氏失之。

宥孤寡。　服曰：「宥，寬赦其罪。」本疏。

案：《説文》：「宥，寬也。」《廣雅・釋言》：「宥，赦也。」《成十八年》傳：「宥罪戾。」故曰「寬赦其罪」也。杜云「寬其賦税」，正義云：「杜以下云『赦罪戾』，則此宥非寬罪，故以爲『寬其賦税』也。」貽德按：《書・舜典》曰「流宥五刑」，《周禮・大司寇》「則宥而舍之」，《小司寇》「聽民之所刺宥」，《禮・文王世子》「公曰宥之」，《齊語》曰「公若宥而反之」，又曰「一再則宥」，《莊二十二年》傳「幸若獲宥」，《成三年》傳「以相宥也」，凡言宥，皆指罪過，無有言寬賦税曰宥者。至以下有「赦罪戾」之文，故不以服説爲然，則尤誤。「宥」「赦」二字，散文有别。《易·象下傳》曰「君子以赦過宥罪」，《舜典》曰「流宥矣」，又曰「眚災肆赦」，《司刺》「掌三宥三赦之灋」，《齊語》「一再則宥，三則不赦」，皆對文並舉，何獨此傳「宥孤寡」「赦罪戾」之不當分舉乎？傳曰「宥孤寡」者，即《司刺》幼弱、老旄、惷愚之赦也；傳曰「赦罪戾」者，即《司刺》不識、過失、遺忘之宥。以「赦」「宥」相通，故隨文言之，而宥、赦自是兩事，則與《周禮》同也。至杜云「寬其賦税」，不可爲典要矣。

任良物官。　賈云：「物官，量能授官也。」本疏。

案：《王制》：「司馬辨論官材，論定然後官之。」《司士》：「以能詔事，以久奠食。」古者皆量能授官，言平王能與古會。

乃施邢侯。　服曰：「施罪於邢侯。施，猶劾也。邢侯亡，故劾之。」本疏。○《釋文》引「施罪於邢侯」也。

案：「施罪於邢侯」，謂劾邢侯之罪也。劾者，《周禮·鄉士》「異其死刑之罪而要之」注：「要之，爲其罪灋之要辭，如今劾矣。」《説文》：「劾，法有辠也。」云時「邢侯亡」者，《晉語》云「邢侯聞之逃」，逃即亡也。「故劾之」者，韋昭注：「施，施劾捕也。」然則劾者書其罪辭捕之，若今捕亡文書矣。

三數叔魚之惡，不爲末，句。　咸曰「義也」夫。　服曰：「不爲末者，不爲末穀隱蔽之也。咸曰『義也』，言人皆曰叔向是義。」本疏。

案：「末穀」者，漢時語也。《谷永傳》：「欲末殺災異，滿讕誣天。」「末殺」即此「末穀」。《説文》云：「穀散之也。」亦省作「殺」。《齊民要術》：「凡云『殺米』，皆『穀米』也。」當時語作「末穀」，服所云是也，省作「末殺」，如永所稱是也。「末𥻆」爲隱蔽之詞。今謂隱没者爲抹殺矣。師古注《谷永傳》「末殺，埽滅也」，亦隱蔽義也。「咸」，杜本作「減」。「不爲末減」，與服異字異讀，所受本異也，服本作「咸」，故訓爲「皆」，而連下讀之，就本爲義。漢時師讀有異，訓詁亦别者甚多，孔斥服爲妄，過矣。

十五年傳 吾見赤黑之祲。 服曰：「水黑火赤，水火相遇。」本疏。

案：《周禮·眡祲》：「掌十煇之法，一曰祲。」鄭司農曰：「祲，陰陽氣相侵也。」《攷工記》「畫繢之事」云「南方謂之赤，北方謂之黑」。《白虎通·五行篇》：「水位在北方，火在南方。」若然，則赤黑之氣爲水火相遇之象。

而在下位，句。辱必求之，吾助子請。 服曰：「辱，欲。欲必求之，吾助子請。」本疏。

案：《儒行》「其飲食不溽」注：「溽之言欲也。」以聲相近爲訓。服以辱爲欲，猶鄭義也。正義以「辱」連上句，云「言在下位，可恥辱也」，審是，則傳何不云「辱在下位」，而爲此不文乎？以聲求義，服訓爲欲而屬下句，文義爲愜。

禮，王之大經也。 服曰：「經，常也。常所當行也。」本疏。

案：《禮器》：「以爲禮之大經。」《韓詩外傳》二引《孟子》「常之謂經」，故曰常也。

十六年經 楚子誘戎蠻子，殺之。 賈曰：「楚子不名，以立其子。」本疏。

案：《十一年》「楚子虔誘蔡侯般，殺之」，此與之同，則當書名，而不名者，傳云「既而復立其子焉，禮也」。傳以爲禮，故賈曰「不名，以立其子」也。

[傳]幾爲之笑而不陵我？　服曰：「幾，近也。」本疏。○《釋文》：「幾，服音機，近也。」

案：《易·小畜》「月幾望」虞注：「幾，近也。」《釋詁》：「幾，近也。」《穀梁》成三年傳「迫近不敢稱諡」，服言近，亦謂迫近而笑我也。若杜言「數見笑」，則「客從而笑之」，不過一笑而止，何居乎爲數見笑乎？

刑之頗類。　服讀「類」爲「纇」，曰：「頗，偏也。纇，不平也。」本疏。

案：纇爲不平者，《説文》：「纇，絲節也。」《一切經音義》十二引《通俗文》曰：「多節曰纇。」《詩》「節彼南山」傳：「節，高峻貌。」又曰：「不平謂何？」然則多節則不平矣。「纇」亦作「類」，借字也。《昭二十八年》傳：「忿類無期。」《釋文》：「類，服作『纇』。」《老子釋文》：「『纇』，河上公作『類』。」故杜本作「類」，而義則纇也。顧氏炎武曰：「『類』當作『纇』。」乃杜云「緣事類以成偏頗」，望文爲義，真不辭矣。

立於朝而祀於家。　服曰：「祀其所自出之君於家，以爲太祖。」本疏。

案：《禮·大傳》「王者禘其祖之所自出」注：「大祭其先祖所由生。」此云「所自出之君」者，謂公子所由生。知得祀于家爲太祖者，以《文二年》傳云「宋祖帝乙、鄭祖厲王」。《襄十二年》傳「吴子壽夢卒，臨於周廟」，鄭注《郊特牲》「諸侯不敢祖天子」云「魯以周公之故，立文王廟」，然則周廟者，文王廟也。諸侯既得祖其所自出，明公子亦得祖其所自出之君，而於家立廟祀之，其後即祀爲太祖矣。本疏曰：「《郊特牲》曰：『諸侯不敢祖天子，大夫不敢祖諸侯。而公廟之設於私家，非禮也。』安得祀所出之君爲太祖乎？」其疏《郊特牲》云：「此經云『諸侯不敢祖大子』，而文二年《左傳》云『宋祖帝乙、鄭祖厲王』。『大夫不敢祖諸侯』，而莊二十八年《左傳》云『凡邑有宗廟先君之主曰都』。與此文不同者，此據尋常諸侯、大夫，彼據有大功德者。故《異義》：《禮》戴引此《郊特牲》云。又匡衡說：『支庶不敢薦其禰，下土諸侯不得專祖於王。古《春秋左氏》說：大子之子，以上德爲諸侯者，得祀所自出。魯以周公之故，立文王廟。《左傳》：「宋祖帝乙，鄭祖厲王，猶上祖也。」又曰：「凡邑，有宗廟先君之主曰都。」以其有先君之主，公子爲大夫，所食采地亦自立所自出宗廟。準禮，公子得祖先君，公孫不得祖諸侯。』許慎謹案：『周公以上德封於魯，得郊天，兼用四代之禮樂，知亦得祖天子。諸侯有德祖天子者，知大夫亦得祖諸侯。』鄭氏無駁，與許慎同也。其王子母弟無大功德，不得出封，食采畿内，賢於餘者，亦得采地之中立祖王廟，故都宗人、家宗人，皆爲都家祭所出祖王之廟也。」案：此則大夫之賢者，得祀所出先君。春秋之時，容有大夫無功德而亦祀所出先君。孔氏於《禮疏》引《左氏》説以通之，於服注則引《禮》文以駁之，是其蔽也。

其祭在廟，已有著位。　服曰：「其祭在廟，謂孔張先祖配廟食。」本疏。

案：孔張先祖，子孔也。配廟食者，《周禮·司勳》「凡有功者，銘書於王之太常，祭於大烝」，注云：「生則書于王旌，以識其人與其功也，死則于烝先王祭之。」《盤庚》告其卿大夫曰「兹予大享于先王，爾祖其從與享之」是也。今按：《盤庚》鄭注：「大享，謂烝、嘗也。」此謂臣得配食于廟，後世謂之配享廟庭，子孔得配食者，豈以穆公之子與？《通典》「功臣配享」下載高堂隆議曰：「《周志》曰『勇則害上，不登于明堂，共用之謂勇』，言有勇而無義，死不登堂而配食。」若然，則正義謂「子孔作亂而死，公孫洩因妖鬼而立，不得有配食在廟」，其説未爲非也。杜云謂「助君祭」，較服爲長。

非不能事大，句。字小之難。　服曰：「字，養也。言事大國易，養小國難。」本疏。

案：字爲養者，《説文》：「字，乳也。」乳爲生，引伸之爲哺乳。《荀子・禮論》「父能生之，不能養之」注：「養，謂哺乳之也。」故「字」亦得訓「養」。以傳云非不能事大國，故云「事大國易」也。言「養小國難」者，此小國，子産自指其國也，言身居小國，生養其民人爲難。

不亦鋭乎？　服曰：「鋭，折也。」本疏。○此據宋本，今本皆脱焉。

案：《説文》：「鋭，芒也。」芒草，耑草，耑纖而易折，故以「折」訓「鋭」，此引申之義。子産言：「吾懼以玉賈罪，不亦自折其氣乎？」

春秋左氏傳賈服注輯述卷十七

嘉興李貽德學

昭　公

十七年傳　昔者黄帝氏以雲紀，故爲雲師而雲名。炎帝氏以火紀，故爲火師而火名。共工氏以水紀，故爲水師而水名。大皞氏以龍紀，故爲龍師而龍名。　服曰：「黄帝受命，得景雲之瑞，故以雲紀事，以雲名官，蓋春官爲青雲氏，夏官爲縉雲氏，秋官爲白雲氏，冬官爲黑雲氏，中官爲黄雲氏。炎帝以火名官，春官爲大火，夏官爲鶉火，秋官爲西火，冬官爲北火，中官爲中火。共工以水名官，春官爲東水，夏官爲南水，秋官爲西水，冬官爲北水，中官爲中水。大皞以龍名官，春官爲青龍氏，夏官爲赤龍氏，秋官爲白龍氏，冬官爲黑龍氏，中官爲黄龍氏。」本疏。

案：「黄帝受命」者，《文王》詩序「文王受命作周也」箋：「受命，受天命而王天下。」此亦言黄帝受天命也。《天官書》：「若煙非煙，若雲非雲，郁郁紛紛，蕭索輪囷，是謂卿雲。」或作「慶雲」，或作「景雲」。《孝經援神契》云：「德至山陵，則景雲出。」云「黄帝得景雲之瑞」者，《宋書・符瑞志》：「黄帝，軒轅氏。天下既定，聖德光被，羣瑞畢臻，有景雲之瑞。」約時古籍未亡，其言可徵，可推服説之有本矣。知黄帝上至大皡，皆以春、夏、秋、冬、中分官者，《易·繫辭傳》：「包犧氏之王天下也，仰則觀象於天，俯則觀法於地。」《禮運》曰：「故天秉陽，垂日星。地秉陰，竅於山川，播五行於四時。」又云：「夫禮必本於太一，分而爲天地，轉而爲陰陽，變而爲四時，其官於天也。」《禮運》言「播五行於四時」，《易·繫辭》曰「兩儀生四象」，虞翻曰「四象，四時也」。《周官序》引《文耀鉤》云「伏羲作《易》名官」，《太平御覽》引曹植所作《伏羲贊》有「龍瑞紀官」之語，若然，則伏羲本易象制官，以宣化天地之氣，四時爲要，故以春、夏、秋、冬、中分官。至此而後至黄帝，準此爲法，莫有改易。唐虞成周，猶有以四時紀官，祖其遺制耳。正義曰：「此黄帝以上四代，用火、雲、水、龍紀事。」故服知黄帝以雲紀官，而以四時配之，其五官當爲青雲、縉雲、白雲、黑雲、黄雲也。夏官不曰赤雲，曰縉雲者，《説文》：「縉，帛赤色也。」《文十八年》疏引《字書》：「縉，赤繒也。」故以代赤雲氏，則他官以色分可知矣。《説卦》：「離爲火。」《離·象傳》：「大人以明照四方。」明五方皆有火也。炎帝以火名官，而以春、夏、秋、冬、中配之，其五官當爲大火、鶉火、西火、北火、中火也。不曰東火、南火，而曰大火、鶉火者，《爾雅·釋天》曰「大火謂之大辰」，注：「大火，心也。」《分野略例》：「於辰在卯爲大火，東方爲木，心星在卯，火出木心，❶故曰大火。」又曰「柳，鶉火也」，注：「鶉，鳥名，火屬南方。」然則舉大

❶「心」，原作「星」，據《開元占經》改。

火、鶉火者，亦猶云東火、南火耳。水爲五方皆有，共工以水名，而以春、夏、秋、冬、中配之，其五官當爲東水、南水、西水、北水、中水也。於水、火言方者，《白虎通・五行篇》：「春位在東方，夏位在南方，秋位在西方，冬位在北方，土爲中宫。」水火不可以五色分，而無地不足，知當以方位分之也。大皥以龍紀官，以春、夏、秋、冬、中配之，其官當爲青龍、赤龍、白龍、黑龍、黄龍也。《月令》言四時衣旗車馬之制，春以青，夏以赤，秋以白，冬以黑，中央以黄，五色配時，義相同也。

五雉爲五工正，利器用，正度量，夷民者也。賈曰：「西方曰鷷雉，攻木之工也。東方曰鶅雉，搏埴之工也。南方曰翟雉，攻金之工也。北方曰鵗雉，攻皮之工也。伊洛而南曰翬雉，設五色之工也。」服曰：「雉者，夷也。夷，平也，使度量、器用平也。」本疏。

案：「西方曰鷷」「東方曰鶅」「南方曰翟」「北方曰鵗」，皆《爾雅・釋鳥》文，惟「南方曰翟」，《爾雅》「翟」作「翯」耳。《説文》曰：「南方曰翯，東方曰甾，北方曰稀，西方曰蹲。」「攻木之工」「搏埴之工」「攻金之工」「攻皮之工」「設色之工」，皆《考工記》説。賈以工是剋治之名，故知以五行相剋取象焉。西方者金，金剋木，故爲攻木之工焉。東方者木，木剋土，故爲搏埴之工焉。《考工記》注云：「搏之言拍也。埴，黏土也。」南方者火，火剋金，故爲攻金之工也。北方者水，攻皮之工，函鮑爲重，離爲火，爲甲胄，然則攻皮之工，火屬也，水剋火，故爲攻皮之工也。《釋鳥》云「伊洛而南，素質、五采皆備成章曰翬」。《考工記》云「畫繢之事雜五色」，❶又曰「凡畫繢之事後素功」，有似于翬，故知爲設

❶ 「考」，原作「攻」，據續經解本改。

色之工也。服云「雉，夷」者，《周禮》「薙氏」或作「夷氏」。《揚雄傳·甘泉賦》「列新雉于林薄」，注引服云：「新雉，香草也。雉、夷聲相近。」師古曰：「新雉，即辛夷耳。」然則雉曰夷者，取古音同也。《説文》：「夷，平也。」正義曰：「雉訓夷，夷訓平，故以雉名工正之官，使其利便民之器用，正丈尺之度、斗斛之量，所以平均下民也。」邵氏曰：「賈、樊所説五雉之名，當屬漢初相傳舊説，不可疑其無據也。」

九扈爲九農正。　賈曰：「春扈分循，相五土之宜，趣民耕種者也。夏扈竊玄，趣民耘苗者也。❶秋扈竊藍，趣民收斂者也。冬扈竊黄，趣民蓋藏者也。棘扈竊丹，爲果驅鳥者也。行扈唶唶，晝爲民驅鳥者也。宵扈嘖嘖，夜爲農驅獸者也。桑扈竊脂，爲蠶驅雀者也。老扈鷃鷃，趣民收麥，令不得晏起者也。」本疏。○疏又云：「賈、服皆云『鷃鷃』，是服亦有注，今佚不存。」

案：《釋鳥》自「春扈」以下至「宵扈嘖嘖」，凡七扈，其文相次。唐石經於「冬扈」之下重出「桑扈竊脂」四字，後俱仍之。近邵氏作《正義》，歷引諸證，删去其文。《釋鳥》又曰：「鴱，鵋老。❷鳸，鷃。桑鳸，竊脂。」正義曰：「注《爾雅》者，舍人、李巡、孫炎、郭璞皆斷『老』上屬，謂讀爲「鴱，鵋老」也。鳸下屬，謂讀爲「鳸鷃」也。惟樊光斷『鴱鵋』爲句，以『老』下屬，注云：『《春秋》云九扈爲九農正，九扈者，春扈、夏扈、秋扈、冬

❶「耘」，原作「耕」，據孔疏及下注文改。

❷「鵋」，原作「欺」，據續經解本及《爾雅》改。

扈、棘扈、行扈、宵扈、桑扈、老扈。』」是以「老」下屬，惟「鷃」不重耳。「鷃」不重者，非若賈、服作「老扈鷃鷃」也。邵氏《正義》曰：「案諸家釋九扈之名者，俱有老扈，不獨樊光也。然《説文》云『鴳，欺老也』，又云『老扈，鷃』，是則鴳老之名其來已久，不得以上屬者爲非。疑下文『鳸』上舊有『老』字，後人誤以爲重衍而去之耳。」又案：賈作「老扈鷃鷃」者，正義謂「鷃鷃亦聲音爲名」，是也。《説文》：「雇，九雇，農桑候鳥。」然則以九雇有知農桑之候，故少昊之時督民農桑者取其名。「春扈分循」，《爾雅》作「鳻鶞」，《説文》作「鳻盾」，《爾雅》「鳥」旁爲後人所施矣。「相五土之宜」者，《月令》：「命田舍東郊，善相丘陵、阪險、原隰，土地所宜。」「趣民耕種」者，三之日于耜，耕種是春時事，故春扈趣之。「夏扈竊玄，趣民耘苗」者，「耘」，《説文》作「𦓤」，云「除苗間穢」，《漢書・食貨志》云「芸，除草也」，《月令》「季夏之月，利以殺草」，是夏之事，故夏扈趣之。「趣民收斂」，《月令》仲秋之事，故秋扈趣之。「謹蓋藏」，是《月令》孟冬之事，故冬扈趣之。《周禮・天官》「園圃毓草木」，鄭曰「樹果蓏曰圃」。《漢書・食貨志》云：「還廬樹桑，菜茹有畦，瓜瓠果蓏殖於疆易。」❶《荀子・富國篇》：「瓜、桃、棗、李，一本數以盆鼓。」然則果實亦富國者所資矣。故棘扈爲之驅鳥焉。《周禮・司寤氏》「禁宵行者」，是行爲晝事，故行雇爲晝驅雀。《釋言》「宵，夜也」，故夜雇驅獸，《月令》所云「驅獸，無害五穀」者也。桑扈，桑時候鳥，故曰「爲蠶驅雀」。《離騷》「及年歲之未晏兮」注「晚也」，《吕覽・慎小》「二子侍君

❶ 「疆」，原作「彊」，據《漢書》改。

日晏」注「暮也」。鴳鴳之聲，故爲驅民早起，以是麥時候鳥，故知爲收麥也。正義曰：「舍人、樊光注《爾雅》，其言亦與賈同，其意皆謂以扈爲官，還令依此諸扈而動作也。」蔡邕《獨斷》説九扈之官云「春扈氏農正趣民耕種，夏扈氏農正趣民芸除，秋扈氏農正趣民收斂，冬扈氏農正趣民蓋藏，棘扈氏農正當謂茅氏，一曰掌人百果，行扈氏農正晝爲民驅鳥，宵扈氏農正夜爲民驅獸，桑扈氏農正趣民養蠶，老扈氏農正趣民收麥」，亦與賈説相同。以桑扈爲趣民養蠶，勝於賈氏。邵氏云。孔疏駁賈氏云：「趣民耕耘及收斂、蓋藏，其事可得召民使聚而總號令之。其爲果驅鳥、爲蠶驅雀，豈得多置官方，使之就果樹，入蠶室，爲民驅之哉？又晝驅鳥，夜驅獸，不免竟日通宵常在田野。溥天之下，何以可周？且其言不經，難可據信也。」邵氏晉涵曰：「案：古制茫昧，唐虞以前，設官分職，自難定其職掌。第如孔疏所駁，則又不然。古者重民衣食，果亦民食所資，故《爾雅》以果不熟爲荒，而《急就篇》亦云『園菜果蓏助米糧』。九扈爲農正，植果養蠶，設官董率，於事無不便，豈必親就果園，躬入蠶室，而始稱棘扈、桑扈之職哉？田家種藝，春夏之交，晝驅鳥雀，夜驅走獸，設人伺守，至今猶然。上古質樸，設官以相倡導，自可與民相安。若如孔疏所言，將令農民袖手旁觀，而行扈、宵扈之官，使其竟日通宵馳逐田野，有是理乎？疆域所限，耳目難周，無妨隨地設官，如漢制鄉置三老、嗇夫者。古今官制，不必其設一官號，祇使一人爲之，後世守、牧、令、丞，千百人而同一官號。孔疏乃慮及溥天之下何以可周，是謂九扈之官，必祇有九人也，無乃失之泥與？」

自顓頊以來，不能紀遠，乃紀於近。爲民師而命以民事，則不能故也。　服曰：「少皞以上，天子之號以其德，百官之號以其徵；顓頊以來，天子之號以其地，百官之號以其事。命以民事，春官爲木正，夏官爲火正，秋官爲金正，冬官爲水正，中官爲土正。高辛氏因之。」《禮記·月令》疏。〇此據宋本。

案：《白虎通·號篇》：「伏羲始定人道，畫八卦以治下，下伏而化之，故謂之伏羲也。神農教民農作，神而化之，使民宜之，故謂之神農也。黄帝始作制度，得其中和，萬世常存，故稱黄帝也。」是少皞以上，天子之號以其德也。百官之號以其徵，即上以雲、火、水、龍紀官是也。顓頊以來，天子之號以其地，如唐、虞、夏、商、周是也。百官以其事者，賈公彦《周禮序》云「事，即司徒、司馬之類」是也。木正五官，見二十九年傳。《楚語》云：「及少皞之衰也，九黎亂德，民神雜糅，不可方物。顓頊受之，乃命南正重司天以屬神，命火正黎司地以屬民。」南正、火正在顓頊之世，餘三正亦在其世可知。云「高辛氏因之」者，《鄭語》曰：「黎爲高辛氏火正。」是五行之官，高辛氏亦依此也。

晉荀吴帥師涉自棘津。　服曰：「棘津，猶孟津也。」《水經·河水》注。

案：《論語》「使子路問津焉」，《集解》引鄭注：「津，濟渡處也。」云「棘津，猶孟津」，言孟津之以濟渡得名也。

冬，有星孛于大辰，西及漢。　賈曰：「天漢，水也。或曰天河。」《御覽》八。

案：《爾雅·釋天》「析木之津，箕斗之閒，漢津也」注：「天漢之津梁。」《大東》詩云「維天有漢」，傳「漢，天河也。有光而無所明」。《棫樸》《雲漢》詩皆云「倬彼雲漢」，傳云「雲漢，天河也」，是天漢有水，而又謂之河。

今兹火出而章，必火，火入而伏。　服本「火出而章，必火，火入而伏」，重「火」，别句。賈氏舊文無重「火」字。本疏。

案：臧氏琳曰：「當從服氏本，有重『火』字爲是。梓慎以火彗之隱顯占諸侯之有災。下云『其居火也久矣，其與不然乎』，言彗星隨火行已二年矣，諸侯之有火災，必然而無疑也。若作『必火入而伏』，爲火星入而彗伏，則下文『其與不然』，何所指乎？賈景伯不重『火』字，與《漢志》同。」

十八年傳　宋、衛、陳、鄭皆火。梓慎登大庭氏之庫以望之。　服曰：「四國次有火氣也。」本疏。「大庭氏，古亡國之名，在黄帝前，其處高顯。」《周官・誦訓》疏。

案：《東京賦》「則大庭氏何以尚兹」薛注：「大庭，古國名也。」正義引鄭《詩譜》云「大庭在軒轅之前」，與服説在黄帝前合。正義又曰：「先儒舊説皆曰，炎帝號神農氏，一曰大庭氏。」云「其處高顯」者，以能望遠知之。「四國次」者，言十二次也。《周禮・保章氏》：「以星土辨九州之地，所封封域皆有分星，以觀妖祥。」鄭注曰：「大界則曰九州，州中諸國中之封域，於星亦有分焉。其書亡矣。堪輿雖有郡國所入度，非古數也。今其存可言者，十二次之分也。星紀，吴越也。玄枵，齊也。娵訾，衛也。降婁，魯也。大梁，趙也。實沈，晉也。鶉首，秦也。鶉火，周也。鶉尾，楚也。壽星，鄭也。大火，宋也。析木，燕也。」然則宋爲大火之次，衛爲娵訾之次，鄭爲壽星之次。正義曰：「陳獨無次，何所望哉！」按：正義説非也。鄭氏云「今存其可言者」，足證古法已失，不過就所知者分之。即如戰國時始有趙，言十二次者並趙地數之，非春秋時天文説可知。然則不能言陳次者，特傳者失之，非陳無次也。梓慎精疇人之術，且在當時，其有不知陳次乎？服云「四國次有火氣」者，義當然也。

弗良及也。　服曰：「弗良及者，不能及也。良，能也。」本疏。

案：《周禮・宰夫》：「書其能者與其良者，而以告于王。」❶良、能並舉，是義相近，故良訓爲能。

禳火于玄冥、回禄。　賈曰：「回禄，火神。」本疏。

案：正義曰：「先儒註《左傳》及《國語》者，皆云回禄火神。」案：云注《左傳》及《國語》，知爲賈氏，故定爲賈説。正義曰：「楚之先吴回爲祝融，或云回禄即吴回也。」

郲人藉稻。　服曰：「藉，耕種於藉田也。」本疏。

案：「藉」，《説文》作「耤」，云：「『帝耤千畝』也。❷古者使民如借，故謂之耤。」《祭義》曰：「天子爲籍千畝，冕而朱紘，躬秉耒。諸侯爲籍百畝，冕而青紘，躬秉耒。」是諸侯有籍田，當躬親之。郲子在外者，耕種藉田時也。杜注：「其君自出藉稻，蓋履行之。」事無所出。正義曰：「周之六月，夏之四月，種稻之時，其君自出觀行之。藉猶藉蹈。藉，踐履之義，故爲履行之。」真曲説附會也。

❶「王」，《周禮注疏》作「上」。

❷「耤」，原作「藉」，據《説文解字》改。

今執事撊然授兵登陴。　服曰：「撊然，猛貌也。」本疏。

案：《方言》：「撊，猛也。晉、魏之間曰撊。」《廣雅·釋詁》：「撊，猛也。」撊即僩。《説文》：「僩，武貌。」《大學》云「瑟兮者，❶恂栗也」，鄭注：「『恂』或作『峻』，讀如嚴峻之『峻』，言其容貌嚴栗也。」即此「撊然」者也。

十九年傳　楚子之在蔡也。　賈曰：「楚子在蔡，爲蔡公時也。」本疏。

案：杜云：「蓋爲大夫時，往聘蔡。」正義曰：「杜以楚子十一年爲蔡公，十三年而即位。若在蔡生子，唯一二歲耳，❷未堪立師傅也。至今七年，未得云『建可室矣』，故疑爲大夫時聘蔡也。」

費無極爲少師。　服曰：「楚大夫。」《楚世家》注。

若大城城父，而寘大子焉。　服曰：「城父，楚北境邑。」同上。

案：顧氏棟高曰：「楚有兩城父。一爲夷城父，《僖二十三年》，『楚伐陳取焦夷』。又有北城父，《哀六年》，『昭王攻大冥，卒于城父』，即此。漢置父城縣。王莽末，馮異爲父城長，光武屯巾車鄉，獲馮異處也。今河南汝州郟縣西四十里有城父城。」服云「楚北境邑」者，以下文云「以通北方」故也。

懼隊宗主。　服曰：「祏主藏於宗廟，故曰宗主。」本疏。

❶「者」上，《禮記·太學》有「僩兮」二字。

❷「一二」，原誤作「十」，據《春秋左傳正義》改。

案：「祏主藏於宗廟」者，《説文》：「祏，宗廟主也。」又：「宔，宗廟宔祏也。」今字皆作「主」。《五經要義》云：「木主之狀四方，穿中央以達四方。天子長尺二寸，諸侯長尺，皆刻謚於其背。」《春秋左氏傳》「典司宗祏」，又曰「使祝史徙主祏于周廟」，又曰「反祏于西圃」，皆謂木主也。正義駁服曰：「《少牢饋食》，大夫禮也。大夫無主，何所隊乎？」若然，大夫無主而服云「祏主」者，《説文》又云「一曰大夫以石爲主」。《五經異義》：「今《春秋公羊》説，卿、大夫、士非有土子民之君，不得祫享，序昭穆，故無木主。大夫束帛依神，士結茅爲菆。許君謹案：《春秋左氏傳》曰：『衛孔悝反祏于西圃。』祏，石主也。言大夫以石爲主。今山陽民俗祭皆以石爲主。」鄭君駁之曰：「大夫、士無昭穆，不得有主。《少牢饋食》，大夫禮也，『束帛依神』。《特牲饋食》，士祭禮也，『結茅爲菆』。大夫以石爲主，禮無明文。孔悝之反祏有主者，祭其所出之君爲之主耳。」《哀十六年》傳「反祏于西圃」，疏云：「鄭《祭法》注云：『惟天子諸侯有主禘祫，大夫不禘祫，無主耳。』今孔悝有主者，當特僭爲之。」按：此禮大夫無主，春秋時則大夫僭爲主矣。服云「祏主」者，據時言之，與《説文》或説同，皆通時變耳。

寡君與其二三老曰。　服曰：「二三老，駟偃家臣。」本疏。

案：《聘禮》「賓降，授老幣」注：「家臣也。」《論語》「孟公綽爲趙魏老」，注引孔曰：「家臣稱老。」傳曰「其二三老」，故知爲駟偃家臣。孔氏謂老爲卿大夫，《聘禮·記》「延及二三老」注「大夫曰老」，則義亦相通。

二十年傳 春，王二月，日南至，梓慎望氣。　服曰：「梓慎知失閏，二月冬至，故獨以二月望氣。」本疏。

案：正義曰：「曆之正法，往年十二月後宜置閏月，即此年正月當是往年閏月，此年二月乃是正月。時史失閏，往年錯不置閏，閏更在二月之後。」若然，則時史于往年不置閏故。冬至本爲周正月之中氣，原當書「正月，日南至」，而傳云「二月，乙丑朔，日南至」者，明往年置閏，則今之二月推爲正月。梓慎亦以失閏之故，知二十年之二月實是正月，冬至應在此月之朔，故獨以二月望氣。

奮揚使城父人執己以至。　服曰：「城父人，城父大夫。」本疏。

案：《詩·載馳》「許人尤之」箋：「許人，許大夫也。」《鄉飲酒義》「鄉人士君子」注：「鄉人，鄉大夫也。」是大夫得稱人。此知爲城父大夫者，以奮揚使執己，明是有官守也。

相從爲愈。　服曰：「相從愈於共死。」本疏。

案：言相從者，謂己則從君命，員則從兄言也。如此，則一死一生，比共死爲愈。

員曰：「彼將有他志。」　服曰：「欲取國。」《吳世家》注。

案：言欲弒僚而取其國也。《史記·刺客列傳》「伍子胥知公子光之欲殺吳王僚，乃曰『彼光將有內志』」是也。

乃見鱄設諸焉。　服曰：「鱄諸，吴勇士。」同上。

案：《刺客列傳》云：「專諸者，吴堂邑人也。」其勇具《吴越春秋》。

賓將掫。　賈、服曰：「掫謂行夜。」《周禮·掌固》疏。

案：《說文》：「掫，夜戒有所擊也。」《掌固》：「夜三鼜以號戒。」杜子春曰：「讀『鼜』爲『造次』之

『造』，謂擊鼓行夜戒守也。《春秋傳》所謂『賓將趣』者與？『趣』與『造』音相近，故曰『終夕與燎』。」然則《左傳》古文作「趣」，從杜說，「趣」即《周禮》之「鼜」。後鄭説「鼜」爲「擊鼜，警守鼓也」，意與杜同，亦即與服同。今文作「掫」，《説文》謂「所擊」，亦謂擊鼜也。

琴張聞宗魯死。　賈曰：「子張，即顓孫師。」服曰：「案：《七十子傳》云子張少孔子四十餘歲，孔子是時四十，『四』當作『三』。知未有子張。鄭、賈之説，不知所出。」本疏。

案：賈云「子張即顓孫」者，《弟子列傳》云「顓孫師，陳人，字子張」者也。服不然之，云「《七十子傳》云子張少孔子四十餘歲」者，《弟子列傳》云「子張少孔子四十八歲」，則服所本即《弟子列傳》也。孔子是時年四十，當作三十。孔子生於襄公二十一年，至襄三十一年計十一歲，合昭公二十年，是時爲三十一也，但言三十者，舉成數也。「知未有子張」者，以子張既少孔子四十餘歲，計此時子張猶未生，故疑賈説爲不知所出。

盍誅於祝固、史嚚以辭賓？　服曰：「祝固，齊大祝。史嚚，太史也。一曰段氏玉裁曰：「『謂』上當有『一曰』二字。」其説是也。今從之。謂祝史之固陋嚚闇，不能盡禮薦美，至於鬼神怒也。」本疏。

案：「齊太祝」「太史」者，《周禮·太祝》：「掌六祝之辭，以事鬼神示。」《太史》：「大祭祀，與執事卜日。祭之日，執書以次位常。」是太祝、太史掌祭祀之官。此服正解以固、嚚爲人名，故曰「祝固，太祝。史嚚，太史也」。其曰「謂祝史之固陋嚚闇」者，是或説也。或以固、嚚若是人，傳當直云「祝固、史嚚」，今傳云「誅於祝固、史嚚」，似言於祝誅其固者，於史誅其嚚者，故釋之如是。《禮記·祭義》

「立而不詘，固也」注：「固，猶質陋也。」《論語》「儉則固」，《集解》引孔曰：「固，陋也。」《僖二十四年》傳曰：「不道忠信之言爲嚚。」「闇」通「暗」，《文選》歐陽堅石詩注引《國語》賈注：「暗，不明也。」《説文》：「禮，履也，所以事神致福也。」《祭統》：「是故賢者之祭也，致其誠信與其忠敬，奉之以物，道之以禮，安之以樂，參之以時，明薦之而已矣。」是祭必盡禮薦美，然後致福，否則神明怨恫，疾作由此矣。

上下無怨。　服曰：「上下謂人、神無怨。」本疏。

案：下文云「神怒民痛」，則此上下亦指人、神言也。《禮・坊記》「示民有上下也」注：「上下，猶尊卑也。」此云上下，就君身言之，尊於君者爲神，卑於君者爲人。《祭統》云「上則順於鬼神」，亦謂鬼神爲上矣。

一氣。　服曰：「歌氣也。」本疏。

案：《郊特牲》曰：「歌者在上，匏竹在下，貴人聲也。」故一氣爲作樂之本。《説文・可部》：「哥，聲也。古文以爲『歌』字。」《白虎通・禮樂篇》：「夫歌者，口言之也。」口言則氣以宣之。《説文》：「欠，張口氣悟也。」「歌，詠也，从欠。」亦以張口出氣故也。

七音。　服曰：「七律爲七器音。黄鐘之均，黄鐘爲宫，太蔟爲商，姑洗爲角，林鐘爲徵，南吕爲羽，應鐘爲變宫，蕤賓爲變徵。《周禮疏》作「黄鐘爲宫，林鐘爲徵，太蔟爲商，南吕爲羽，姑洗爲角，應鐘爲變宫，蕤賓爲變徵」。《外傳》云：『武王克商，歲在鶉火，月在天駟，日在析木之津，辰在斗柄，星在天黿。鶉火及天駟，七列也。南北之揆，七同也。』鳧氏爲鐘以律計，自倍半。一縣十九鐘，鐘七律。十二縣，二百二十八鐘，爲八十四律。此一歲之閏數。」《周禮・小胥》疏、《魏書・樂志》。

案：云「七律爲七器音」者，《周語》云「七律者何」，韋昭注云：「周有七音，王問七音之律。意謂七律爲音器用。」然則「七器音」當作「七音器」。云此七音即《外傳》之七律，而七律爲七音之器。《二十一年》傳曰「而鐘，音之器也」是也。云「黄鐘之均」者，《周語》云「度律均鐘」，黄鐘之均，謂以黄鐘爲宫也。下言「黄鐘爲宫」至「蕤賓爲變徵」，是黄鐘之均法也。《周語》韋昭注同。《續漢書・律曆志》：「冬至之聲，以黄鐘爲宫，至蕤賓爲變徵，其餘以次運行，當日者各自爲宫，而商、徵以類從焉。」若然，如林鐘之均，則南吕爲商，應鐘爲角，太蔟爲徵，姑洗爲羽，蕤賓爲變宫，大吕爲變徵。以此相準，而十二均之法可推矣。聲之清濁不過五，所謂宫、商、角、徵、羽是也。至周加變宫、變徵二聲，《周語》曰：「故以七同其數，而以律和其聲，於是乎有七律。」《通典》曰「殷已前但有五音，自周以來加文、武二聲，謂之爲七音。五聲爲正，二聲爲變」是也。「武王克商」至「南北之揆，七同也」者，皆《周語》「王將鑄無射」傳文。韋昭注云：「歲，歲星也。鶉火，次名，周分野也。謂武王始發師東行，時殷之十一月二十八日戊子，是時歲星在張十三度。張，鶉火也。天駟，房星也。謂戊子日月宿房五度。津，天漢也。析木，次名，謂戊子日日宿箕七度。正義曰：「箕於次分在析木之津也。」辰，日月之會。斗柄，斗前也。謂戊子後三日，得周正月辛卯朔，是日月合辰斗前一度。星，辰星也。天黿，次名，一曰玄枵。謂周正月辛卯朔，二日壬辰辰星始見。三日癸巳，武王發行。二十八日戊午，度孟津。二十九日己未晦，冬至，辰星在須女，伏天黿之首。七列合七宿，謂張、翼、軫、角、亢、氐、房之位。七同，合七律也。自午至子，其度七同也。」服引之者，明周之所以用七律也。「鳧氏爲鐘以律計，自倍半」者，《通典・樂三》曰：「以子聲比正聲，則正聲爲倍，以正聲比子聲，則子聲爲半，如黄鐘之管，正聲九寸，子聲則四寸半也。」「一縣十九鐘」至「此一歲之閏數」者，賈公彦曰：「此服以音定之，以一懸十九鐘，十二鐘當一月，十二月十二辰，辰加七律之鐘，則十九鐘。一月有七律，當一月之小餘，十二月八十四小餘，故云一歲之閏數。」賈氏之説，不足發明服義也。服云「一懸十九鐘」者，《周禮・小胥》「凡懸鐘磬半爲堵，全爲肆」注：「鐘磬者，編懸之二八十六枚。」是五聲之正法，鐘凡十六枚，今以二聲加之，故一懸爲十九鐘。二聲僅加三鐘者，以倍半之法通之也。「鐘七律」者，謂一懸七律也。十二懸爲二百二十八鐘者，謂第一宫黄鐘之均，第二宫林鐘之均，第三宫太蔟之均，第四宫南吕之均，第五宫姑洗之均，第六宫應鐘之均，第七宫蕤賓之均，第八宫大吕之均，第九宫夷則之均，第十宫黄鐘之均，第十一宫無射之均，第十二宫仲吕之均。每懸十九鐘，以十二乘之，共得二百二十八鐘也。爲八十四律者，謂每宫有七律，旋相爲宫，十二宫得八十四律也。「爲一歲之閏數」者，謂變宫、變徵也。《續漢志》以六十律分朞之日，黄鐘自冬至始，及冬至而復。若然，一歲之正數，以五聲生六十律當之，其變宫、變徵，餘於六十律之外，故曰「爲一歲之閏數」。

八風。　賈曰：「兑爲金，爲閶闔風也。乾爲石，爲不周風也。坎爲革，爲廣莫風也。艮爲匏，爲融風也。震爲竹，爲明庶風也。巽爲木，爲清明風也。離爲絲，爲景風也。坤爲土，爲涼風也。」本疏。

案：説見《隱五年》「而行八風」下。

古之遺愛也。　賈曰：「愛，惠也。」

案：《廣雅・釋詁》：「愛，仁也。」《論語》：「或問子産。子曰：『惠人也。』」故以愛爲惠。

二十一年經　宋華亥、向寧、華定自陳入于宋南里以叛。　賈曰：「書入，華貙兄弟作亂，召而逆之。」本疏。

案：云「華貙兄弟作亂，召而逆之」者，據傳文從國逆之例，故書「入」。

傳　亟言之。　服曰：「亟，急也。疾言之，欲使信。」本疏。

案：「亟」，讀爲「爾之亟行」之「亟」。「亟，疾」，《爾雅・釋詁》文。

而不能送亡君，請待之。　服以「君」上屬。本疏。

案：正義曰：「服虔以『君』上屬，孫毓以『君』下屬。杜注不明，亦似上屬。」《釋文》云：「『而不能送亡君』絶句。」厨人濮以公欲出亡，故言激之，曰：「吾小人，死難則可。至於送出亡之君，則不可。」欲公之無出也，故又曰「請待之」。

不狎，鄙。　服曰：「狎，更也。子城謂華豹曰：不更射爲鄙。一曰城言『我不狎習，故鄙』。」本疏。

案：狎爲更者，《襄二十七年》傳「且晉、楚狎主諸侯之盟也久矣」、《晉語》「今將與狎主諸侯之盟」注並訓狎爲更，是狎有更義也。服言城謂「不更射爲鄙」，此以言劫之也。豹懾其氣盛，故抽矢而止。

或説城言「不狎習故鄙」者，謂以言誘之也。豹聞而輕之，以爲不足畏，故抽矢而止。是皆揣當時情事爲此説耳。「狎，習」者，《釋詁》文。

二十二年傳　王子朝、賓起有寵於景王，王與賓孟説之，欲立之。　賈曰：「子朝，王庶長子。《周本紀》注。賓孟，子朝之傅也。王愛子朝，因愛其傅，故朝、起並有寵於景王也。與賓孟並談説之，欲立朝爲太子。」本疏。

案：知子朝是庶長子者，《二十六年》傳「子朝使告于諸侯，云『王后無適，則擇立長』」，明是庶長子矣。孔氏曰：「賓孟欲立子朝，明是子朝之傅。」説爲談者，《説文》：「談，語也。」

王弗應。　賈曰：「太子壽卒，景王不立適子。」服以賈爲然。本疏。

案：《十五年》傳云「王一歲而有三年之喪二焉」，謂穆后及太子，則太子壽卒在十五年。《二十六年》傳：「子朝使告于諸侯曰：『先王之命曰：「王后無適，則擇立長。」』又曰：『穆后及太子壽早夭即世，單、劉贊私立少。』」明穆后之子惟太子壽，壽卒無適子矣。此云「景王不立適子」者，適子猶太子。《漢・宣帝紀》「又賜功臣適後」注：「適，承嗣者也。」若然，承嗣爲太子者，得稱適子矣。知時尚未立太子者，以王欲立子朝知之。王既屬意子朝，不遽立者，王子猛年次於朝，分貴於朝，又單、劉之族佐之，王勿能決，故距太子壽卒後已越六年，尚未定儲位也。韋昭、杜預以爲王立子猛後復欲立子朝，傳無其文，未足據也。

敗績于前城。　服曰：「前讀爲『泉』，周地也。」《水經·伊水》注。

案：《續漢·郡國志》：「雒陽有前亭。」劉昭注引杜預曰：「縣西南有泉亭，即泉戎也。」《水經注》引京相璠曰：「今洛陽西南五十里伊闕外前亭矣。」

己丑，敬王即位。　賈曰：「猛母弟。」《周本紀》注。

案：正義曰：「《本紀》不言敬王是猛之母弟，先儒相傳説耳。」

二十三年經吴敗頓、胡、沈、蔡、陳、許之師于雞父。　賈曰：「泓之戰譏宋襄，故書朔。鄢陵之戰譏楚子，故書晦。雞父之戰夷之，故不書晦。不國國書師，惡其同役而不同心。」服曰：「不書楚，楚諱敗不告。」本疏。

案：泓之戰在僖二十二年，經書「己巳朔」。鄢陵之戰在成十六年，經書「甲午晦」。若然，則史有所譏，戰遇朔、晦必書。此傳書「戊辰晦」，經不書「晦」者，以吴、楚、沈、頓諸國置之夷狄之列，無足輕重，故不書。「不國國書師」者，言不每國書也。《桓十三年》經書「齊師、宋師、衛師、燕師敗績」，依其例當書頓師、胡師、沈師、蔡師、陳師、許師以別之。今合諸國而總云師，與桓十三年之例異矣。「惡其同役而不同心」者，據傳文也。服云「不書楚，楚諱敗不告」者，史之所書據楚告也。知是楚告者，以雞父楚地，吴敗六國之師於其地，不能不告，故來告。至其自敗，則諱而不告，故經不書。杜云：「不書楚，楚不戰也。」按：經若是書戰，則楚未戰當不書楚。今經是書敗，而傳明云「楚人大奔」，敗是實矣。若非楚諱而不告，則經何故不書敗乎？正義駁服曰：「然則必其楚人來告，容或諱敗。若吴人來告，豈代楚諱乎？」孔氏此言誤矣。正惟楚人來告，故自諱其敗，若吴人來告，方且誇張其詞，肯以楚不戰之故而掩其大奔之跡乎？服云「楚諱敗不告」，謂楚祇告六國之敗，而不數己也，於情爲愜。

傳 王師在澤邑。　賈曰：「澤邑，周地也。」《周本紀》注。

使各居一館。　服曰：「賈逵云『使邾、魯大夫各居一館』。鄭衆云：『使叔孫、子服回各居一館。邾、魯大夫本不同館，無爲復言使各居一館也。欲分别叔孫與子服回不得相見，各聽其辭耳。』賈氏近之。」本疏。

案：賈云「使邾、魯大夫各居一館」者，非《司儀》「致館」、《聘禮》「及館」之「館」。蓋以叔孫不肯與邾大夫坐訟，故使各就坐訟旁舍，以便於聽辭耳。若是客舍，則邾、魯大夫至晉之時，已各居館，不必至此始云「使各居一館」矣。鄭不達賈義，謂使叔孫、子服各居，使不得相見而各聽其辭。按《吕刑》云「兩造具備，師聽五辭」，此古今治獄之定法也。今叔孫、子服雖爲兩人，祇一造也。兩人别館，士伯就而各聽其辭，名曰各聽，祇聽一造之辭也。聽一造之辭，遽即執之，恐聽獄者無此理也，即坐訟者亦不受也。下文云「士伯御叔孫，從者過邾館以如吏」，明邾、魯各居一館。云「過館如吏」，明與訟獄之處相近也，故服云「賈氏近之」。

明其五候。　賈曰：「五候，五方之候也。敬授民時，四方中央之候也。」本疏。○服本亦作「五候」，見本疏。

案：「五方之候」者，《鄉飲酒義》：「東方者春，南方者夏，西方者秋，北方者冬。」《月令》：「季夏曰中央土。」「候」者，《説文》云「伺望也」。「敬授民時」，《堯典》文。授時而必候五方者，《書疏》引《書大傳》曰：「主春者張，昏中可以種稷。主夏者火，昏中可以種黍。主秋者虚，昏中可以種麥。主冬者昴，昏中可以收斂。皆云上告天子，下賦臣人，天子南面而知四方星之中，知人緩急，故曰『敬授人時』。」此候亦當是占候曆象之事。彼主四時，故舉四方。此傳云「五候」，故兼中央言之。杜本作「伍候」，云：「使民有部伍，相爲候望。」正義曰：「賈、服、王、董皆作『五候』。王云『五候，山候、林候、澤候、川候、平地候也』。董云『五候，候四方及國中之姦謀也』。」案：王、董之解，雖與賈、服異説，而《漢・魏相傳》之本皆作「五」矣。《周書・程典》云「協其三族，固其四援，明其伍候」，按三、四、五相對而言，則《周書》本亦作「五」。今作「伍」者，以杜本《左傳》文轉改耳。杜作「伍」，特改字以就己説耳。惠氏棟謂杜氏依《周書》爲説，亦恐未確。

二十四年經　春王二月，丙戌，仲孫貜卒。　服曰：「賈逵云『是歲，孟僖子卒，屬其子使事仲尼，仲尼時年三十五』。」《襄三十一年》疏。

案：孟僖子，即仲孫貜。「屬其子使事仲尼」，事具七年傳。「仲尼時年三十五」者，二傳並於襄公二十一年書「孔子生」，是至襄公薨年爲十一歲，合昭二十四年，故年三十五。

二十五年傳爲六畜、五牲、三犧。　服曰：「五牲：麐、鹿、熊、狼、野豕。三犧：鴈、鶩、雉也。」❶本疏。

案：《説文》：「牲，牛完全。」《周禮·庖人》「掌共六畜、六獸、六禽」注：「始養之曰畜，將用之曰牲。」《大戴禮·曾子天圜》「序五牲之先後貴賤」注「五牲，牛、羊、豕、鷄、犬」，是用六畜爲牲。此云「麕、鹿、熊、狼、野豕」，俱是獸名，而以屬牲者，以上文言六畜，此不得重述，故知此五牲當用獸也。《祭義》云：「古者，天子、諸侯必有養獸之官，犧牷祭牲必於是取之。」鄭注《天官·獸醫》云：「獸，牛馬之類。」祭牲屬獸官，牛、馬稱獸類，則獸亦得稱牲也。此五牲即《庖人》「六獸」，鄭司農云：「六獸，麋、鹿、熊、麕、即麐。野豕、兔。」後鄭云：「《獸人》冬獻狼，夏獻麋。又《内則》無熊，則六獸當有狼，而熊不屬。」服云「麐、鹿、熊、狼、野豕」，有「熊」，用先鄭説，有「狼」，用後鄭説。復去麋者，《説文》：「麋，鹿屬。」「麇，即「麐」正字。麞也。」「麞，麋屬也。」是鹿、麐足以包麋，故不列。犧爲鴈、鶩、雉者，《説文》：「犧，宗廟之牲也。」《周禮·牧人》：「凡祭祀共其犧牲。」後鄭云：「犧牲，毛羽完具也。」又《魯頌》：「享以騂犧。」《毛傳》：「犧，純也。」《曲禮》「天子以犧牛」注：「犧，純毛也。」《禮記·月令》「循行犧牲」，疏引王肅曰：「純色曰犧。」《二十二年》傳：「賓孟見雄鷄自斷其尾，侍者曰：『自憚其犧也。』」明羽族體完亦爲犧矣。犧兼鳥、獸言之。服只及羽族者，避上文「畜牲」也。司農注《庖人》

❶「鴈」，原作「鷹」，據續經解本、《春秋左傳正義》改。下「鴈」字同。

「六禽」有雁、雉，雁即今之鵝，鶩亦雁類，今之鴨，皆是饍品。故服舉此三者。

民有好、惡、喜、怒、哀、樂，生于六氣。　賈、服曰：「好生於陽，惡生於陰，喜生於風，怒生於雨，哀生於晦，樂生於明。」賈義見本疏。○服義見《詩・烝民》疏。

案：《烝民》詩箋：「其情有所法，謂喜、怒、哀、樂、好、惡也。」彼疏云：「昭元年《左傳》曰：『六氣，陰、陽、風、雨、晦、明也。』昭二十五年《左傳》：『民有好、惡、喜、怒、哀、樂，生於六氣。』六情法六氣也。」下引服氏此注云云。又《禮運》「何謂人情」疏云：「《左傳》云『天有六氣，在人爲六情』，彼注云『喜生於風，怒生于雨，哀生于晦，樂生于明，好生于陽，惡生于陰』，其義可知也。」按孔氏疏《詩》《禮》兩引此文，皆以服説爲然，而《傳疏》引此文爲賈逵説，云「一氣生于一志」，謬矣。此祖杜之過也。

師己曰：「異哉！吾聞文、成之世。」　賈曰：「師己，魯大夫。文、成，魯文公、成公。」《魯世家》注。

案：賈云魯文公、成公，則今傳云作「文、武」，誤也。陳樹華云：「《史記》《漢書》《論衡・異虛篇》《文選・幽通賦》注並作『文、成』。」《校勘記》云：「石經、宋本、岳本『武』作『成』，劉氏《史通》亦引作『文、成』。」

介其雞。　賈、服曰：「擣芥子爲末，播其雞翼，服作『羽』。可以坌郈氏鷄目。」本疏。○《魯世家》注作服説。

案：《釋文》：「介，又作『芥』。」《儀禮疏》十六、《初學記》引傳亦作「芥」，是賈、服本作「芥」，故以擣芥子爲説。《説文》：「擩，手椎也。」《一切經音義》七引《字林》：「芥，辛菜也。」芥辛則子亦辛矣。

《説文》：「播，一曰布也。」《文選・答盧諶詩》注引《聲類》曰「散也」。坌即坋，《説文》：「坋，塵也。」《一切經音義》二引《通俗文》曰：「埲土曰坌。埲之言蓬勃也。」季氏椎芥子布散於雞翼間，使坌涌蓬勃，如塵之揚，足以眯郈氏雞目。高誘注《淮南・人間訓》云「介，以芥菜塗其雞翅也」，與賈、服同；注《吕覽・察微》云「介，甲也。作小鎧著雞頭也」，與《人間訓》互異。《吕覽》引傳作「介」，疑《淮南》引傳作「芥」，本既異文，高各就文爲説，或今本《淮南》本雜許氏注也。杜氏云：「擣芥子播其羽也。或曰以膠沙播之爲介雞。」前説亦從賈、服，後説則正義謂不可解，良是。正義引鄭衆云：「介，甲也。雞著甲。」是鄭本作「介」也。

郈氏爲之金距。　服曰：「金距，以金錔距。」《儀禮・少牢饋食禮》疏。

案：「距」，《説文》：「鷄距也。」《漢書・五行志》「雌雞化爲雄而不鳴，不將無距」注：「距，鷄附足骨，鬭時所用刺之。」《論語・子張》釋文：「距，鷄爪也。」《説文》：「錔，以金有所冒也。」「以金錔」，言以金冒其爪也。「錔」亦作「沓」，《漢書・外戚傳》「切皆銅沓冒黄金塗」，謂以銅冒門限也。高誘注《吕覽・察微》「郈氏金距」云「以利鐵作鍛距，沓其距上」，即服義也。《儀禮・士相見》注：「下亦降也。」怒其不下己，謂不降下於己也。

益宫於郈氏。　服曰：「侵郈氏之宫地以自益。」《魯世家》注。

臧昭伯之從弟會。　賈曰：「昭伯，臧孫賜也。」同上。

拘臧氏老。　服曰：「老，臧氏家之大臣。」同上。

案：老爲臧氏家大臣者，《儀禮・聘禮》「老牽牛以致之」注：「老，室老，大夫之貴臣。」大臣猶貴臣也。

請囚于費，弗許。請以五乘亡，弗許。　服曰：「費，季氏邑。言五乘，自省約以出。」同上。

案：《僖元年》「公賜季友汶陽之田及費」，遂常爲季氏私邑。春秋時，人臣出亡必隨車乘。后子奔晉以車千乘。慶封來奔，獻車於季武子。今季孫自願減損至五乘出亡。

逆孟懿子。　賈曰：「懿子，仲孫何忌。」同上。

執冰而踞。　賈、服曰：「冰，櫝丸蓋也。」賈義見本疏。○服義見《詩・太叔于田》疏。

案：冰即掤，《詩・叔于田》「抑釋掤忌」，正義曰：「掤與冰，字雖異，音義同。」《毛傳》「掤所以覆矢」，《釋文》引馬融云「掤，櫝丸蓋也」，是漢儒相傳之訓如此。《説文》：「掤，所以覆矢也。」引《詩》曰「抑釋掤忌」。《北堂書鈔》百廿六引劉楨《毛詩義問》：「掤，所以覆矢也，謂箭筩蓋。」然則櫝丸即箭筩，「櫝丸」亦作「韇丸」。《方言》：「所以藏弓謂之鞬，或謂之韇丸。」《廣雅・釋器》：「韇丸，矢藏也。」按：《方言》以韇丸爲弓藏，與《廣雅》異。《後漢書・南匈奴傳》「弓鞬韇丸」注引《方言》作「藏弓爲鞬，藏箭爲韇丸」，似《方言》亦謂矢藏，然此傳疏引《方言》與今本同，且如彼文，則櫝丸是盛弓者。李賢以上有弓鞬，改《方言》以伸其意，非《方言》本文如是。《士冠禮》鄭注：「今時藏弓矢者，謂之韇丸。」《説文》：「韇，弓矢韇也。」則櫝丸可爲藏弓、矢之通名，故《廣雅》爲矢藏，《方言》爲弓藏，且凡藏兵器者皆謂之櫝。《少儀》曰「劍則啟櫝」，又云「戈有刃者櫝」，是也。其蓋于櫝丸上爲冰，故毛公、許君俱曰「覆矢」矣。

請致千社。　賈曰：「二十五家爲一社。千社，二萬五千家也。」《魯世家》注。

案：《周禮·遂人》「五家爲鄰，五鄰爲里」，是五五二十五家也。《詩·將仲子》「無踰我里」傳：「二十五家爲里。」《祭法》「大夫以下成群立社，曰置社」注：「大夫不得特立社，與民族居，百家以上則共立一社，今時里社是也。」《郊特牲》疏：「如鄭此言，謂《祭法》注。則周之政法，百家以上得立社。其秦、漢以來，雖非大夫，民二十五家以上則得立社，故云『今之里社』。又《鄭志》云：『《月令》「命民社」，謂秦社也。自秦以下，民始得立社也。』」按此則春秋時尚無里社，而服云「二十五家爲社」者，里社之名，雖盛於秦、漢時，春秋時已有其制。《管子·小稱》「公子開方以書社七百下衛矣」注：「古者群居，二十五家則共居社。」《呂覽·知接》「書社四十」注：「二十五家也。」《慎大篇》「諸大夫賞以書社」注：「二十五家爲社。」《史記·孔子世家》：「楚昭王將以書社七百里封孔子。」七百里，即七百社。可證《管子》云「書社七百」者，七百里也。《呂覽》「書社四十」者，四十里也。是里社起於秦、漢之前，以里是二十五家，一里祀一社，則亦二十五家爲社矣。千社則二萬五千家矣。正義曰：「禮有里社，故《郊特牲》稱『唯爲社事，❶單出里』，以二十五家爲里，故知二十五家爲社也。」按《郊特牲》注「單出里」：「皆往祭社于都鄙。」非里社也。正義引以證此，誤也。

❶「郊」，原脱，據《春秋左傳正義》及下文補。

齊侯圍鄆。　賈曰：「鄆，魯邑。」《魯世家》注。「不書圍，鄆人自服，不成圍。」本疏。

案正義曰：「經書『取鄆』，而傳言『圍鄆』，故云『鄆人自服，不成圍』。以傳云『書取，言易也』，故賈爲此解，杜從之也。劉炫以爲此時圍鄆而未得，明年方始取之，經即因圍書『取』，傳言實圍之日，非自服也，而規杜氏。今知非者，案二十六年，公圍成亦是圍而不得而書『圍』，此若圍鄆不得，何以不書『圍』？案《元年》『伐莒，取鄆』，書『取』，不言伐，此圍鄆、取鄆，亦書『取』不言圍，其義正同，何爲不可？劉何知此年圍鄆未服？鄆若未服，經何得書『取』？苟出胸臆而規杜氏，非也。」以上正義。

今案：劉炫謂明年方始取之，觀明年傳文，劉言未可駁也。賈云「鄆人自服，不成圍」者，以臣無拒君之義。《穀梁傳》所云「以其爲公取之，故易言之」是也。二十六年自釋經不書「圍」之意，非謂今年圍鄆之日，即取鄆也。

三月，公至自齊，居于鄆。　賈曰：「季氏示欲爲臣，故以告廟。」本疏。

案：《曾子問》：「諸侯相見必告于禰，命祝史告于五廟，反必親告于祖禰，乃命祝史告至于前所告者，而后聽朝而入。」《桓二年》傳：「公至自唐。」傳曰：「告于廟也。」今昭公不得歸其國都，而書至者，季氏明示終守臣節，特告于廟，若公至國都者然。晉范獻子謂「季孫事君如在國」，是也。

春秋左氏傳賈服注輯述卷十八

嘉興李貽德學

昭　公

二十六年傳　春王正月庚申，齊侯取鄆。　服曰：「往年齊侯取鄆，實圍鄆耳。經於『圍』書『取』，傳實其事，故於是言『取』。」本疏。

案：「往年齊侯取鄆」者，謂往年經已書「取鄆」也，經于圍鄆之日即書「取」者，《穀梁傳》曰「以其爲公取之，故易言之」，是也。明臣無拒君之義，故往年傳書「圍鄆」，經即書「取鄆」矣。其實取鄆在今年，故傳從實書之。正義曰：「劉炫以服言爲是。往年十二月庚辰圍鄆，今年正月庚申取之，凡三十一日。」杜云「前年已取鄆，至是乃發傳者，爲公處鄆起」，若如杜言，則傳只次于「三月公至自齊」之前書「齊人取鄆」足矣，何必繫月繫日乎？傳書月書日，明取鄆實在此月中也。

申豐從女賈。　賈曰：「申豐、女賈，魯大夫。」《魯世家》注。

粟五千庾。　賈曰：「十六斗爲庾，五千庾八萬斗。」同上。

案：《聘禮·記》「十六斗曰籔」注：「今江、淮之間量名有爲籔者，今文『籔』爲『庾』。」《論語》「與之庾」《集解》引包咸、《周語》「野有庾積」韋昭引唐尚書並曰「十六斗曰庾」。一庾十六斗，故累五千庾得八萬斗也。

然據有異焉。　服曰：「異，猶怪也。」同上。

案：《白虎通·災變》引《春秋潛潭巴》：「異之言怪也。」

七月己巳，劉子以王出。　服曰：「出成周也。」本疏。

案：先是王居狄泉，《郡國志》「雒陽」：「周時號成周，有狄泉在城中。」至是而出，故曰「出成周也」。

使女寬守闕塞。　服曰：「南山伊闕是也。」《御覽》四十二。○《元一統志》三百八十三。

案：《水經注·伊水篇》云：「伊水又北入伊闕，昔大禹疏以通水，兩山相對，望之若闕。伊水歷其間，北流，故謂之『伊闕』矣，《春秋》之『闕塞』也。《昭公二十六年》趙鞅『使女寬守闕塞』是也。」若然，則今監本、毛本作「守關塞」，誤。石經、宋本、淳熙本、岳本、足利本作「守闕塞」，是也。服本作「闕塞」，知是伊闕之塞，故曰「南山伊闕」。陸機云「洛有四闕，斯其一焉」。

楚平王卒，令尹子常欲立子西。　服曰：「平王之庶長子宜申。」《御覽》一百四十七。

案：平王娶秦女爲夫人，昭王爲適子，下文云「子西長而好善」，是子西爲平王之庶長子。《史記》謂平王之庶弟，服、杜皆不從，當是別有據也。宜申，子西名。

太子壬弱。　服曰：「太子壬，昭王也，秦嬴子也，其年幼弱。」同上。

案：任，今本作「壬」，陳氏樹華云：「《哀六年》云『楚子軫卒』，則昭王名軫，疑壬非昭王，或者即位后改名邪？《史記·楚世家》《十二諸侯年表》並作『珍』。蓋傳寫異文。《伍子胥傳》仍作『軫』。」貽德按：「珍」爲正文，「軫」則通字，珍脱而爲王，王轉而爲壬。服本作「任」者，則又以「壬」「任」通而傳寫誤也。秦嬴，平王夫人也。《楚世家》云「將軍子常曰太子珍少」，即本傳文，是古本《左氏傳》亦作「珍」也。《曲禮》云：「十年曰幼，二十曰弱。」蓋年穉者謂之幼弱矣。

其母非適也，王子建實聘之。　服曰：「謂夫人，故太子建聘之。」同上。

案：《楚世家》云：「且其母乃前太子建所當娶也。」服云「故太子」，即史云前太子也，事在十九年傳。

是亂國而惡君王也。國有外援，不可瀆也。　服曰：「廢而不立，是謂亂國，追惡君王也。外援，謂太子任，秦外孫。瀆，易也。秦爲任外援，不可易。」同上。

案：言若廢太子而不立，是亂國之常紀。納太子所聘，是平王之惡。既葬而復言及，是追章其惡也。《釋親》「女子子之子爲外孫」，「緦麻三月」章「外孫」賈疏：「以女出外適而生，故云外孫。」太子任，秦嬴所生，故云「秦外孫」也。「瀆」通「瀆」，《禮·表記》注：「瀆之言褻也。」《晉語》「瀆其信也」注「瀆，輕也」，《少儀》「毋瀆神」疏「瀆，慢也」，然則訓易者，猶慢易、輕易、褻易也。

昔文、武克殷。　服曰：「文王受命，武王伐紂，故云文、武克殷。」本疏。○正義曰：「諸家本皆然，服虔、王肅並注云云，下句云『吾無專享文、武之功』，則合文、武，是也。諸本悉作『武王克殷』，疑誤也。」

案：「文王受命」，《詩·大雅》序文也。彼箋云「受命，受天命而王天下，制立周邦」。正義曰：「劉歆作《三統曆》，考上世帝王，以爲文王受命九年而崩。班固作《漢書・律曆志》，載其説，於是賈逵、馬融、王肅、韋昭、皇甫謐皆悉同之。」武王伐紂事具《泰誓》《書大傳》《史記・周本紀》《齊世家》所引之文，非梅氏古文。《牧誓》。此言「武王克殷」，而上推文王者，亦言文王既受命是伐殷之由，故文王亦得爲克殷。

諸侯釋位，以間王政。　服曰：「言諸侯釋其私政而佐王室。」《魏志・武帝紀》注。

案：《周本紀》言「彘之亂，宣王匿召公之宫。國人圍之，召公以其子代太子，太子竟得脱。周、召二公二相行政，號曰『共和』」是其事也。

玩求無度。　服曰：「玩，貪也。」本疏。

案：正義曰：「俗本作『規』，服、王、孫皆注云『玩，貪也』。《元年》傳曰：『玩歲而愒日。』杜云『翫、愒，皆貪也』，則此言貪求無限度。本或作『規』，謬也。」今諸本皆作「規」，石經此處缺。段氏玉裁校本作「玩」，是也。《易・繫辭》「所樂而玩者」，《釋文》引馬注：「玩，貪也。」《説文》：「玩，弄也。貦，或从貝。」有貪愛之意，故貦、貪皆從貝。

其誰有此乎？　服曰：「景公自恐德薄不能久享齊國，故曰『誰有此』也。」《齊世家》注。

案：下文景公曰「吾以爲在德」，故知景公自以爲德薄，不能久享齊國也。《無逸》述殷中宗享國七十有五年，高宗享國五十有九年，是德盛者能享國久也。

二十七年傳　吴子欲因楚喪而伐之，使公子掩餘、公子燭庸帥師圍潛。　賈曰：「二子皆王僚母弟。」

本疏。

案：下文述王僚弑後掩餘奔徐、燭庸奔鍾吾。《三十年》傳：「二公子奔楚，楚子大封，而定其徙。子西諫曰：『吴光新得國。若好吴邊疆，使柔服焉，猶懼其至。吾又彊其讎以重怒之，無乃不可乎！』」謂二公子爲吴光之讎，當是僚母弟矣。又《吴世家》云：「專諸曰：『王僚可殺也。母老子弱，而兩公子將兵攻楚，楚絶其路。方今吴外困於楚，而内空無骨鯁之臣，是無柰我何。』」詳《史》文與傳稍異，母老子弱是指王僚言，既云「子弱」，又云「兩公子攻楚」，則二子爲僚弟明矣。賈據《史記》爲説，故知爲僚母弟也。

使延州來季子聘于上國。　服曰：「上國，中國也。」本疏。

案：正義曰：「蓋以吴辟在東南，地勢卑下，中國在其上流，故謂中國爲上國也。下云『遂聘于晉』，則上國之言不包晉矣，當總謂宋、衛、陳、鄭之徒爲上國耳。」

遂聘于晉，以觀諸侯。　服曰：「察彊弱。」《吴世家》注。

案：《爾雅·釋詁》：「察，審也。」

楚莠尹然、王尹麇帥師救潛。　服曰：「王尹，主宫内之政。」本疏。

案：正義曰：「定本『王』作『工』。」是正義本作「王」矣。《釋文》作「工」。《纂圖》本、閩本、監本、毛本「工」作「王」，與正義合。孫氏志祖云：「下文别有工尹壽，此當作王尹。」服云「王尹，主宫内之政」，以此尹繫王，則於王爲近，故知主宫内之政，猶《周禮》之内宰矣。

左司馬沈尹戌帥都君子與王馬之屬。　賈曰：「都君子，在都邑之士有復除者。」本疏。

案：正義曰：「都謂國都。在都君子，明是在都邑之士也。都邑之士，以君子爲號，故知是有『復除』者，謂優復其身，除其徭役。『今之律令猶名放課役者爲復除』，是漢世以來有此言也。此人或別有功勞，或曲蒙恩澤，平常免其徭役，事急乃使之耳。」

吴公子光曰：「此時也，弗可失也。」　服曰：「時，言可殺王時也。」《吴世家》注。

案：《吴世家》：「楚發兵絶吴兵後，吴兵不得還。」所謂此時可以殺王。

上國有言曰：「不索何獲？」　賈曰：「上國與中國同。」《釋文》。○本疏引云「上國，中國也」。　服曰：「上國，謂上古之國，賢士所言也。」本疏。○《釋文》引祇云「上古國也」。

案：正義曰：「此猶如上文『聘于上國』，則賈言是也。」服以賈言上國爲中國，吴公子光未必近述時人之言，故以爲上古之國，賢士所言者。《說文》：「古，故也。从十口，識前言者也。」然則其前言，皆前之賢士所言也。「不索，當何時得」者，《皇矣》詩「其政不獲」箋：「獲，得也。」言不求之，則位何時始得也？

我，王嗣也，我欲求之。　服曰：「夷昧生光而廢之，僚者，夷昧之庶兄，夷昧卒，僚代立，故光曰『我，王嗣也』。」本疏。

案：《公羊》襄二十九年傳：「謁也、餘祭也、夷昧也，與季子同母者四。季子弱而才，兄弟皆愛之，同欲立之以爲君。弟兄迭爲君，而致國乎季子。」又云：「闔廬於是使專諸刺僚，而致國乎季子。季子不受，曰：『爾殺吾君，吾受爾國，是吾與爾爲篡也。爾殺吾兄，吾又殺爾，是父子兄弟相殺，終身無已也。』」若然，則謁爲壽夢之嫡，餘祭、夷昧、季子則謁同母弟，僚爲壽夢之庶長子，故季子稱之爲兄矣。服據《公羊傳》爲説云「夷昧生光而廢之」者，言光應爲世子。「夷昧廢而不立」者，欲致國季子故也。僚者，夷昧之庶兄，季子既稱之爲兄，則亦爲夷昧之庶兄矣。「夷昧卒，僚代立」，夷昧死時，季子外使，故僚即位也。光曰「我，王嗣」者，《公羊》述闔廬之言曰：「先君之所以不與子國而與弟者，凡爲季子故也。將從先君之命與，則國宜之季子者也。如不從先君之命與，則我宜立者也。僚焉得爲君乎？」光謂身是夷昧之子，若不與季子，則王嗣宜立者也。《吴世家》則曰：「王餘昧卒，乃立王餘昧之子僚爲王。公子光者，王諸樊之子也。常以爲『吾父兄弟四人，當傳至季子。季子即不受國，光父先立。即不傳季子，光當立』。陰納賢士，欲以襲王僚。」《史》文與《公羊傳》違異。杜據《史記》，故曰「光，吴王諸樊子也」。若然，則宜曰「我亦王嗣也」，不當僅以王嗣爲言。若據王嗣，則光果諸樊之嗣子，僚亦夷昧之儲君，既非兄終弟及，即當父死子傳，僚之立宜也。光何不平之有，而且以王嗣爲言乎？信《史》不如信傳，服從《公羊》説，是也。

母老子弱，是無若我何？　服曰：「專諸託其母子於光也。」《吴世家》注。「『無若我何』，猶言我無若是何。」《史記索隱》十。

案：專諸言其母老、其子弱，身在則事育之，倘無我爲若之何？杜氏云「猶言我無若是何」，當即本服注。正義曰：「古人言有顛倒，『是無若我何』猶言『我無若是何』，恐已死之後不能存立，欲以老弱託光也。彭仲博云『當言是無我若何』，我母無我，當如何？『我』字當在『若』上。」

我爾身也。　服曰：「言我身猶爾身也。」《吴世家》注。

案：《吴世家》云「我身，子之身也」，言爾我不分，任其母子之事也。

鱄設諸置劍于魚中以進。　服曰：「全魚炙也。」同上。

案：知是魚炙者，《吴世家》云「置匕首于炙魚之中」，是也。知是全魚炙者，以中可置劍也。

鈹交於胸。　賈曰：「交鱄諸胸也。」同上。

案：《莊子・庚桑楚》釋文引李注：「交，共也。」言共交于專諸之胸也。

哀死事生，以待天命。　服曰：「待其天命之終也。」同上。

案：《白虎通・壽命篇》：「命者，何謂也？人之壽也，天命已使生者也。命有三科以記驗，有壽命以保度，有遭命以遇暴，有隨命以應行。」《祭法》注：「司命主督察三命。」正義引《孝經援神契》云：「命三科，有受命以保慶，有遭命以謫暴，有隨命以督行。」受命謂年壽也。《洪範》「九：五福，五曰考終命」鄭注：「考，成也。終性命，謂皆生佼好以至老也。」《檀弓》「子張云『君子曰終』」注：「事卒爲終。」季子謂待年壽，是天所命者，以待其卒事而已。

復命哭墓。　服曰：「復命于僚，哭其墓也。」同上。

案：《聘禮》曰「君若薨，歸，執圭復命于殯」注：「復命于殯者，臣子之與君父，存亡同。」又曰：「與介入，北鄉哭。」是君薨後而歸，有復命、入哭之事。今僚已葬，故復命而哭其墓也。

取五甲五兵。　服曰：「兵，戟也。」本疏。

案：《周禮·司兵》「掌五兵、五盾」鄭司農注：「五兵者，戈、殳、戟、酋矛、夷矛。」《穀梁》莊二十五年傳「陳五兵」注：「五兵，矛、戟、鉞、楯、弓矢。」《匡謬正俗》云：「五方之兵，東方其兵矛，南方其兵弩，中央其兵劍，西方其兵戈，北方其兵鎩。」若然，五兵之器不一。正義曰：「此云五兵，當是一種器耳。」服以兵爲戟者，《司右》「凡國之勇力之士，能用五兵者屬焉」，後鄭引《司馬法》曰：「弓矢圍，殳矛守，戈戟助。」正義曰：「謂圍守皆用戈戟助之。」若然，則除弓矢，殳矛是偏用之，故知所陳者當是戈戟。《說文》：「戈，平頭戟也。」《方言》：「凡戟而無刃，吳、揚之閒謂之戈。」然則戈者，戟之平頭者也。戟者，戈之無刃者也。戈、戟同類，故言戟足以包戈。《呂覽·慎行》述此事曰：「令尹好甲兵。」高注亦曰：「兵，戟也。」

遂弗爇也。令尹炮之。　服曰：「民弗肯爇也。鄢將師稱令尹使女燔炮之。」本疏。

案：知「鄢將師稱令尹使炮燔之」者，以令尹不過將師告之，其攻郤氏且爇之，皆是鄢將師矯令尹命爲之。下文沈尹戌曰「夫鄢將師矯子之命，以滅三族」，是也。

使宰獻而請安。　服曰：「主人請安，謂主人使司正請安于賓，當如彼使宰請魯侯自安耳。」本疏。

案：《燕禮》：「司正洗角觶，南面坐，奠于中庭；升，東楹之東受命，西階上，北面，命卿、大夫。君曰：『以我安！』卿、大夫皆對曰：『諾！　敢不安？』」此君燕臣請自安之禮。服謂此請安當如彼文，齊侯使宰代司正，請魯侯自安也。《鄉飲酒禮》亦有請安之文，服不引彼證此者，以《燕義》云「使宰夫爲獻主，臣莫敢與君亢禮也」，今齊侯既使宰獻，明以臣禮待魯侯矣，則此請安當如《燕禮》之命司正請安，非《鄉飲酒》賓主請安之禮矣。杜云「請安，齊侯請自安，不在坐也」。按：《燕禮》是君燕臣之禮，公必在坐，齊侯即以臣禮待魯侯，何容不在坐？杜氏謂「不在坐」，非也。

二十八年傳 昔有仍氏生女，黰黑而甚美，光可以鑑，名曰玄妻。 服曰：「髮美爲鬒。《詩》云『鬒髮如雲』，言其美長而黑。以髮美故名玄妻。」《詩·君子偕老》疏。

案：《說文》：「㐱，稠髮也。《詩》曰：『㐱髮如雲。』或作『鬒』。」今《詩》作「鬒」，疑此傳亦作「鬒」。作「黰」者，涉下「黑」字而誤耳。《說文》無「黰」字。《二十六年》傳「有君子白皙，鬒鬚眉」，亦作「鬒」，不作「黰」。髮美爲鬒，即稠髮也。髮稠則美也。《毛傳》：「鬒，黑髮也。如雲，言美長也。」毛取此傳爲說，服亦引彼《詩》，又取毛傳爲說，故曰「言其美長而黑也」。

貪惏無厭，忿類無期。 賈曰：「惏，耆食也。」服曰：「忿怒其類，以饜其私，無期度也。」本疏。

案：惏即婪，《說文》：「婪，貪也。杜林說：卜者黨相詐驗爲婪。讀若潭。」又河内之北謂貪曰惏，从心林聲，是散文惏即貪，若對文則惏爲耆食。《離騷》「衆皆競進以貪婪兮」，王逸注曰「愛食曰婪」是也。「忿類」之「類」，杜本作「纇」，注云「纇，戾也」。《釋文》：「服作『類』。」云「忿怒其類」者，服就其本釋之也。《桑柔》詩「貪人敗類」傳：「類，善也。」毛意以敗爲毀，謂貪人毀敗其善也。服本彼爲說，忿怒其類，忿怒其善也。「饜」與「厭」同。《晉語》「屬厭而已」注：「厭，飽也。」「以饜其私」，言飽其私欲也。《吕覽》「懷寵徵斂無期」注「期，度也」，故曰「無期度也」。

心能制義曰度。　服曰：「心能制事，使得其宜，言善揆度事也。」《詩·皇矣》疏。

案：《周禮·大司徒》「知、仁、聖、義、忠、和」注：「義，能斷時宜。」《禮記·祭義》云：「義者，宜此者也。」《法言·重黎篇》：「事得其宜之謂義。」《白虎通·情性篇》：「義者，宜也，斷決得中也。」《爾雅·釋言》：「揆，度也。」《史記·律書》：「癸之爲言揆也。言萬物可揆度也。」若然，則以心裁斷使事得宜，是爲善揆度矣。

德正應和曰莫。　服曰：「在己爲德，施行爲音。發號施令，天下皆應和之。言皆莫然而定，無讙譁也。」同上。

案：此傳釋「莫其德音」之意。《詩正義》曰「德正即德音，故服云『在己爲德，施行爲音』」，以正即音也。《鄉飲酒義》：「德也者，得於身也。」《通典》引《周禮·師氏》馬注云「在心爲德」，身心皆屬於己，故曰「在己曰德」。《説文》：「音，聲也。生於心有節於外謂之音。」❶然則德之施行於外，亦爲音矣。《鹿鳴》詩曰：「德音孔昭。」惟施行在外，故曰昭也。「發號施令」，《祭統》文。「天下皆應和之」者，正義曰：「《繫辭》曰『君子居其室，出其言善，則千里之外應之』，即此義也。」「莫」，《詩》作「貊」，《樂記》引《詩》亦作「莫」，《爾雅·釋詁》：「貊、嘆，定也。」郭云：「皆静定。」「讙譁」，不静之貌。

❶「節」，原作「即」，據《説文解字》改。

照臨四方曰明。　服曰：「豫見安危也。」同上。

案：言知四方安危也。《中庸》曰：「至誠之道，可以前知。」又曰：「自誠明謂之性。」是豫見安危爲明矣。

教誨不倦曰長。　服曰：「教誨人以善不懈倦。言善長人以道德也。」同上。

案：《孟子》曰：「誨人不倦，仁也。」《易・文言》曰：「元者，善之長也。君子體仁，足以長人。」傳曰：「供養三德曰善。」則善，道德之總名。言能道德教人而不懈倦，故曰長矣。

慈和偏服曰順。　服曰：「上愛下曰慈。和，中和也。爲上而愛下，行之以中和，天下偏服從而順之。」同上。

案：《説文》：「慈，愛也。」《釋名・釋言語》：「慈，字也，字愛物也。」《晉語》：「甚寬惠而慈於民。」《賈子・道術》：「惻隱憐人謂之慈。」是以「上愛下曰慈」矣。《禮・中庸》：「中也者，天下之大本也。和也者，天下之達道也。」和非中不生，故曰「和，中和也」。「爲上而愛下，行之以中和」者，《周禮・大司徒》「以保息六養萬民，以本俗六安萬民，以五禮防萬民之僞而教之中，以六樂防萬民之情而教之和」。君人者，能以此爲治，則《祭義》曰「樂極和，禮極順，内和而外順，則民瞻其顔色而不與争也；望其容貌，而衆不生慢易焉。故德煇動乎内，而民莫不承聽；理發乎外，而衆莫不承順」，所云「天下偏服信而順之」，由此道也。

擇善而從之曰比。　服曰：「比方損益古今之宜而從之。」同上。

案：《齊語》「比校民之有道者」注：「比，比方也。」然則比方猶比校矣。《廣雅・釋詁》：「損，減也。益，加也。」《説文》：「宜，所安也。」比校古今，減之而得所安，是擇善也。

經緯天地曰文。　服曰：「德能經緯順從天地之道，故曰文。」同上。

案：正義曰：「《易》稱聖人『先天而天弗違，後天而奉天時』，言德能順天，隨天所爲，如經緯相錯，織成文章，故爲文也。」

二十九年傳　齊侯使高張來唁公，稱主君。　服曰：「大夫稱主，比公於大夫，故稱主君。」《魯世家》注。

案：大夫稱主者，《周禮・太宰》「主以利得民」注：「主，謂公、卿、大夫。」《調人》「主友之讎眂從父兄弟」注：「主，大夫君也。傳稱范宣子撫荀偃，云『事吳，敢不如事主』。」醫和謂趙武曰「主是謂矣」，成鱄謂魏獻子曰「主之舉也」，並稱大夫爲主。《晉語》「再世以下主之」注亦云「大夫稱主」。《儀禮・喪服傳》「君至尊也」注：「天子、諸侯及卿大夫有地者皆曰君。」《喪大記》「大夫君不迎于門外」，正義曰：「謂大夫下臣稱大夫爲君，故曰大夫君也。」若然，則主者，大夫之通稱。君者，又有地之通稱。此稱主君，是比公于大夫也。

故國有豢龍氏，有御龍氏。　賈、服曰：「豢，養也，穀食曰豢。御亦養也。」賈義見《夏本紀》注。○服義見本疏。

案：「豢」，《説文》作「豢」，云「以穀圈養豕也」。《禮・樂記》「夫豢豕爲酒」注：「以穀食犬豕曰豢。」《楚語》「芻豢幾何」韋注、《淮南・時則訓》「案芻豢」高注皆云「穀食曰豢」，是凡以穀養之者，皆曰豢。「御亦養」者，正義曰：「養馬曰圉。御與圉同，言養龍猶養馬，故稱御。」

帝賜之乘龍河、漢各二乘。　服曰：「四頭爲乘，四乘十六頭也。」本疏。○《釋文》：「河、漢各二，服云：河、漢各二乘。」

案：《儀禮·大射儀》「司馬師坐乘之」注「乘，四四數之」，《孟子》「發乘矢」注「乘，四也」，《既夕·記》「猴矢一乘」注「四矢曰乘」，《檀弓》「攝束帛乘馬而將之」釋文「四馬曰乘」，《方言》「四雁曰乘」。龍稱頭，猶馬稱匹也，故以乘龍爲四頭。河、漢各二乘，合四乘十六頭也。

其後有劉累。　服曰：「後劉累之爲諸侯者，夏后賜之姓。」《夏本紀》注。

案：《隱八年》傳：「天子建德，因生以賜姓。」是天子立有德爲諸侯，有賜姓之事。如《世本》謂舜爲姚姓。《哀元年》傳稱虞思妻少康以二姚，是自舜以下猶姓姚。《昭八年》傳：「及胡公不淫，故周賜之姓。」此劉累本陶唐之後，本有舊姓，及劉累夏時爲諸侯，夏后復賜姓爲劉，猶周賜舜後爲嬀姓也。御龍是氏，《史記·夏本紀》曰「姓」，非也。《漢書·高祖紀》「姓劉氏」，師古曰「本出劉累」，言自劉累始得劉姓也。

以更豕韋之後。　賈曰：「劉累之後，至商不絕，以代豕韋之後。祝融之後封于豕韋，殷武丁滅之，以劉累之後代之。」同上。

案：賈以元年傳「唐人是因」，明劉累在孔甲時。本封實是大夏豕韋，至湯始伐，孔甲時未嘗滅亡，不得更代。知此傳云「更豕韋之後」者，非指劉累，特承賜氏之下，終言其後之在商者耳，故云「劉累之後至商不絶」也。「祝融之後封于豕韋」者，指彭姓之豕韋也。《鄭語》：「祝融亦能昭顯天地之光明，以生柔嘉材者也。其後八姓於周未有侯伯，佐制物於前代者，昆吾爲夏伯矣，大彭、豕韋爲商伯矣。」是豕韋爲祝融之後也。云「武丁滅之」者，《鄭語》又曰「彭姓，彭祖豕韋，則商滅之矣」，韋昭曰：「豕韋，彭姓之别封于豕韋者，殷衰爲商伯，其後世失道，殷復興而滅之。」《殷本紀》：「帝小辛立，殷復衰。武丁修政行德，天下咸驩，殷道復興。」《易》稱「高宗伐鬼方」，《詩·殷武》稱「撻伐荆楚」，武功爲甚。若然，豕韋爲伯于帝乙之時，而當滅於武丁之世。劉累之後，實更其封，故《襄二十四年》傳范宣子曰：「在夏爲御龍氏，在商爲豕韋氏。」

夏后饗之，既而使求之。懼而遷于魯縣。　賈曰：「夏后既饗，而又使求致龍，不能得而懼也。」同上。

官宿其業。　服曰：「宿，思也。今日當豫思明日之事，如家人宿火矣。」本疏。

案：《説文》：「宿，从宀，佰聲。佰，古文夙。」「殊，早敬也。从丮。持事雖夕不休，早敬者也。佰，古文夙，从人、𠙹。❶佰，亦古文夙，从人、𠙹。宿从此。」故《周書》「寤儆戒維宿」注：「宿，古文夙。」若然，雖夕不休，所以思也。《論語·子路》「無宿諾」集解：「宿猶豫也。」今夕豫思明日之事，所由早敬也。「如家人宿火」，漢時俗，猶《漢書·召信臣傳》言「藴火」矣。

鬱湮不育。　賈曰：「鬱，滯也。湮，塞也。」本疏。

---

❶「𠙹」，原作「佰」，據《説文解字》改。

案：正義曰：「鬱積是沈滯之義，故爲滯也。傳謂塞井爲堙井，是堙爲塞也。言此物沈滯壅塞不復生也。」

木正曰句芒。　賈曰：「總言萬物句芒，句芒祀于户。」本疏。

案：古音「亡」「明」相近。《書》「盟諸」亦作「明都」；《史記》「孟卯」，《國策》作「芒卯」；《詩》言「采其蝱」，《説文》引「蝱」作「莔」，莔，明之聲也。故《白虎通·五行篇》曰「句芒者，物之始生，芒之爲言萌也」，是句芒即句萌矣。《月令》：「句者畢出，萌者盡達。」賈言「萬物句芒」，知木正取名以春氣極盛言也。杜云「取木生句曲而有芒角也」，豈春氣所達僅在木乎？不如賈「萬物」之賅備矣。正義曰：「杜獨言木者，以木爲其主，故經云『木正』。且木比萬物芒角爲甚，故舉木而言。」按孔説非也，以木爲主而獨舉木，則金之神曰蓐收，能曰金之蓐收乎？此不可通也。云「句芒祀于户」者，此賈分言五祀之祭也。《大宗伯》：「以血祭祭社稷、五祀、五嶽。」後鄭曰：「此五祀者，五官之神在四郊，四時迎五行之氣於四郊，而祭五德之帝，亦食此神焉。少昊氏之子曰重，爲句芒，食于木；該爲蓐收，食于金；脩及熙爲玄冥，食於水。顓頊氏之子曰黎，爲祝融、后土，食于火、土。」《曲禮》「天子祭天地、祭四方」注：「祭四方，謂祭五官之神於四郊也。句芒在東，祝融、后土在南，蓐收在西，玄冥在北。《詩》云『來方禋祀』。方祀者，各祭其方之官而已。」是鄭以爲五官之祀當在四郊、四方，賈謂祀于户竈等祀者，《白虎通·五祀》云「五祀者，何謂也？謂門、户、井、竈、中霤也。」是户竈等祀爲五祀之正名。此傳云「社稷、五祀，是尊是奉」，是祭五祀時五行之官亦得祭之，故曰「句芒祀于户」也。《月令》「其祀户」注：「春陽氣出，祀之於户，内陽也。凡祭五祀於廟，用特牲，有主有尸，皆先設席于奥。祀户之禮，南面設主于户内之西，乃制脾及腎爲俎，奠于主北。又設盛于俎西，祭黍稷、祭肉、祭醴皆三。祭肉，脾一，腎再。既祭，徹之，更陳鼎俎，設饌于筵前。迎尸，略如祭宗廟之儀。」

火正曰祝融。　賈曰：「夏，陽氣明朗。祝，甚也。融，明也。祝融祀于社。」同上。

案：《白虎通・號篇》説祝融云「祝者，屬也」，《五行篇》釋祝融云「屬，續也」，《史記・楚世家》「命曰祝融」，集解引虞注「祝，大也」，《鄭語》「故命之曰祝融」，韋昭曰「祝，始也」，是祝無定義。賈云「祝，甚」者，亦大義也。《御覽》引崔靈恩《三禮義宗》亦曰：「祝，甚。」《詩・既醉》「昭明有融」，《鄭語》云「以湻燿惇大，天明地德，光昭四海，故命之曰祝融」，是融爲明也。《月令》曰「其祀竈」，注：「夏，陽氣盛，熱于外，祀之于竈，從熱類也。祀竈之禮，先席于門之奥，東面設主于竈陘，乃制肺及心肝爲俎，奠于主西。又設盛于俎南，亦祭黍三，祭肺、心、肝各一，祭醴二。亦既祭徹之，更陳鼎俎，設饌于筵前。迎尸，如祀户之禮。」

金正曰蓐收。　賈曰：「蓐收祀于門。」同上。

案：《月令》「其祀門」注：「秋陰氣出，祀之於門，外陰也。祀門之禮，北面設主于門左樞，乃制肝及肺、心爲俎，奠于俎南。又設盛于俎東，其他皆如祭竈之禮。」

水正曰玄冥。　賈曰：「玄冥祀于井。」同上。

案：《月令》作「其祀行」，《吕覽・孟冬紀》亦作「行」，注：「或作『井』，冬水王，故祀之也。」《淮南・

時則訓》作「其祀井」。《白虎通・五祀篇》引《月令》亦曰「其祀井」，則賈云「祀井」者，《吕覽》注所云或本也。《白虎通》又云：「冬祭井。井者，水之生，藏在地中。冬亦水王，萬物伏藏。一説井以豕，或曰井以魚。」

土正曰后土。　賈曰：「后土祀于中霤。」同上。

案：《月令》「其祀中霤」注：「中霤，猶中室也。土主中央，而神在室。古者複穴，是以名室爲霤云。祀中霤之禮，設主于牖下，乃制心及肺、肝爲俎，其祭肉、心、肺、肝各一，他皆如祀户之禮。」

遂濟窮桑。　賈曰：「處窮桑以登爲帝，故天下號曰窮桑。」本疏。服曰：「窮桑，顓頊所居。」《路史・國名紀》八。

案：《御覽・皇王部》引《帝王世紀》曰：「少昊帝，❶名摯，字青陽，降居江水，邑于窮桑，以登帝位，都曲阜，故或謂之窮桑。」又引《古史攷》云：「窮桑氏，嬴姓也。以金德王，故號金天氏，或曰宗師太昊之道，故曰少昊。」是賈云「處窮桑以登帝，天下號爲窮桑」者爲少皞。正義曰：「賈以濟爲渡也。言四叔子孫，世不失職，遂渡少皞之世。服以少皞之世以鳥名官，❷不得有木正、火正。」且云「世不失職」，則指其後世而言，故以窮桑爲顓頊，《帝王世紀》云「顓頊始都窮桑，後徙桑丘」，是窮桑曾居

❶「昊」，原脱，據光緒貴筑楊氏訓纂堂叢書本《帝王世紀》補。

❷「服」，《春秋左傳正義》作「杜」。

之矣。

有烈山氏之子。　賈曰：「烈山，炎帝之號。」本疏。

案：《祭法》作「厲山」，云「厲山氏之有天下也」，注：「厲山氏，炎帝也，起于厲山。或曰有烈山氏。」《魯語》「昔烈山氏之有天下也」注：「烈山氏，炎帝之號也。」《御覽·皇王部》引《帝王世紀》云「神農氏，姜姓也，以火承木，位在南方，主夏，故謂之炎帝」，又曰：「本起烈山，或時稱之，一號。」❶是烈山爲炎帝號，信矣。杜以爲神農世諸侯。案《祭法》《魯語》並云「有天下」，則非諸侯明矣。烈山即神農，先儒之説同。然則不得云「神農世諸侯」明矣。劉炫規杜宜也。

遂賦晉國一鼓鐵。　服曰：「鼓，量名也。《曲禮》云：『獻米者操量鼓。』取晉國一鼓鐵以鑄之。」本疏。

案：「鼓，量名」者，《曲禮》注云「量鼓，量器名」。《管子·地數》「民自有百鼓之粟者不行」注：「鼓，十二斛。」《禮釋文》引《隱義》云「樂浪人呼容十二石者爲鼓」，若是，十二斛、十二石之鼓則不得操，不得以樂浪人所呼當之，故鄭僅曰「器」，服曰「量名」，不言所容之數。《荀子·富國》：「然後瓜、桃、棗、李一本數以盆鼓。」「鼓」與「盆」並舉，斯爲然矣。《廣雅·釋器》云「斛謂之鼓」，《小爾雅·衡》云「石四謂之鼓」，蓋鼓無定數也。引《曲禮》者，證量有鼓名。云「取晉國一鼓鐵以鑄之」者，謂遍賦國中也。正義曰：「禮之將命，置重而執輕，鼓可操之以將命，即豆區之類，非大器也。惟用一

❶ 「號」，疑李氏因誤斷句而衍。

鼓則不足以成鼎。家賦一鼓，而鐵又大多。且金鐵之物，當稱之以權衡，數之以鈞石，甯用量米之器量之哉？故杜以爲賦晉國者，令民各出功力，均賦取其功也。冶石爲鐵，用橐扇火，動橐謂之鼓。今時俗語猶然。令衆人鼓石爲鐵，計令一鼓使足，故云『賦晉國一鼓鐵』也。」按：孔規服非也。「禹鑄九鼎，貢金九牧」，刑鼎雖微，賦鐵鑄之，猶貢金意也。其不以權衡鈞石計者，以鼓之屬量器。徵者，即家賦一鼓，財不費而易集。《周禮》「桃氏」「冶氏」備于《考工》，《月令》「審五庫之良，金鐵具焉」，《玉府》「掌王之金玉、玩好、兵器」注：「此物皆式貢之餘財所作。」《内府》：「掌受良兵、良器。」若然，凡器物之財，皆徵于民。今趙鞅、荀寅藉兵役之需，初賦錢以爲役器，而藉以鑄刑鼎，故傳爲因上生下之辭，而曰「遂」也。是家賦一鼓，何嫌多乎？杜云「今晉國各出功力」，若是各出功力，共鼓石爲鐵，無論鼓石之義爲傳文所無，即云「各出功力共鼓」，當云「役」，不當云「賦」，當云「役國人」，不當云「賦晉國」矣。且「鼓冶」即下文「鑄」字，果如杜云，當云「一鼓鐵爲刑鼎」足矣，何容曰「鼓」、曰「鑄」，以重疊其文乎？既云「鼓石爲鐵」，又云「計令一鼓已足」，迂折其詞，傳意逾晦，自當以服説爲長。

三十年傳 非公，且徵過也。　服曰：「非公，且徵過，昭公無道，久在外，季氏非公，不肯釋言公在某地，《春秋》之義亦以不書徵季氏之過。此年書者，公不得入晉，外内有困辱，季氏閔而釋之，所謂事君如在國。」本疏。

案：《襄二十九年》經書「公在楚」，傳曰：「公在楚，釋不朝正于廟也。」若然，則史例公在外于春王正月必書其所在之地，所以解釋不朝之故也。今昭公無爲君之道，季氏不善公之所爲，《淮南子·脩務》「世俗廢衰，而非學者多」注：「非者，不善之詞。」故于二十七年、二十八年「公在鄆」，二十九年「公在乾侯」，皆缺朝正之禮，而史不釋言之者，季氏不肯也。孔子《春秋》之時，❶當補書之，而亦不書者，所以明季氏之罪耳。「此年書者」，謂此年史于春王正月書「公在乾侯」。其書者何？以往年公如晉次于乾侯，既不能入晉，又不能返國，季氏閔公之内外交困，因于此年歲首書「公在乾侯」，釋不朝正之禮，明猶以爲君也。「事君如在國」，二十七年傳文。

三十一年傳 不絶季氏，而賜之死。　服曰：「言賜不使死，是爲以死賜之。」本疏。

案：傳文言「不絶季氏，則賜之死」者，是賜之不使死也。既不使死，是晉君以死賜季孫也。

十二月辛亥朔，日有食之。是夜也，趙簡子夢童子羸而轉以歌。旦，占諸史墨，曰：「吾夢如是，今而日食，何也？」對曰：「六年及此月也，吴其入郢乎！終亦弗克。」　服曰：「是歲，歲在析木。後六年，在大梁，大梁水宗。十一月，日在星紀，爲吴國分。楚之先，顓頊之子老童，童子楚象。「童子」，注疏本作「老童」，此从惠校。行歌，象楚走哭。姬姓日月在星紀，星紀之分，姬姓吴也。楚衰則吴得志，吴世世與

❶「孔子」下，疑脱「修」字。

楚怨。楚走去其國，故曰『吴其入郢』。吴屬水，水數六，十月水位，故曰『六年及此月也』。有適而食，故知吴終亦不克。」《周禮·占夢》疏。

案：十一年傳：萇宏曰：「歲及大梁，蔡復楚凶。」至十三年，公子比弑靈王，蔡侯廬歸于蔡，是十三年歲在大梁。歲星十二年而周天，周而復始，二十五年復在大梁。由是而遞推至此年，歲當在大火，而服云「是歲，歲在析木」者，《馮相氏》賈疏云：「歲星爲陽，右行于天，一歲移一辰，又分前辰爲一百三十四分而侵一分，❶則一百四十四年跳一辰。十二辰帀，則總有千七百二十八年，十二跳辰帀。以此而計之，十二年一小周，謂一年移一辰故也。千七百二十八年一大周，十二跳帀故也。」然則厤有超辰之法，故服于三十二年傳注「有事于武宫之歲，龍度天門」，謂十五年歲應在鶉首，超之則在鶉火矣。由是，二十七年復在鶉火。由鶉火遞推之，則是年歲在析木矣。《保章氏》注：「星紀，吴越也。」明年傳曰「越得歲」，是歲在星紀，明年歲在星紀，則此年在析木矣。「後六年在大梁」者，三十二年歲在星紀，定元年歲在玄枵，定二年歲在娵訾，定三年歲在降婁，至定四年則歲在大梁。自此年數至彼年爲後六年也。「大梁水宗」者，《漢書·五行志》：「今兹歲在星紀，後五年在大梁。大梁，昴也，金爲水宗，得其宗而昌。」服取彼爲説也。「十一月，日在星紀，爲吴國分」者，賈公彦《占夢》疏曰：「問曰：『周之十二月，夏之十月。日夏體正應在析木，而云在星紀何？』答曰：『據此月

❶「三」，當是「四」之訛。

中有十一月節，故舉言之。』」「日在星紀」者，《月令》曰：「仲冬之月，日在斗。」《爾雅·釋天》：「星紀，斗、牽牛也。」「爲吴國分」，以星紀爲吴分野也。「楚之先顓頊之子老童，童子楚象」者，《楚世家》云「楚之先祖出自帝顓頊高陽。高陽生稱，稱生卷章，卷章生重黎」，徐廣引《世本》云「老童生重黎及吴回」，譙周曰「老童即卷章」。據《史記》，是老童爲顓頊之孫，然《鄭語》「夫黎爲高辛氏火正」，韋昭曰「顓頊生老童」，與服同，則老童爲顓頊子，當有古籍可徵也。楚之先既曰老童，則所夢之童子爲楚象矣。「行歌象楚走哭」者，《易·中孚》曰「或泣或歌」，是歌、哭同類，故轉以歌爲走哭象也。「姬姓日月在星紀」者，《爾雅》「星紀，斗、牽牛也」，郭注：「牽牛、斗者，日月五星之所終始，故謂之星紀。」《逸周書·周月解》：「惟一月既南至。是月，斗柄建子，日月俱起于牽牛之初，右回而行，月周天進一次，而與日合宿。日行月一次周天，歷舍于十有二辰，終則復始，是爲日月權輿。周正歲道，數起于時一，而成於十，次一爲首，其義則然。」若然，則周時冬至日在牽牛，爲星紀之中，則斗值星紀之初，用是爲十二次紀首。是「姬姓日月在星紀」者，謂姬姓日月之次起于星紀也。「星紀之分，姬姓吴」者，以星紀爲吴、越同分，其應姬姓，則惟吴耳。越據《鄭語》是芈姓，據《吴越春秋》爲姒姓。「楚衰則吴得志，吴世世與楚怨」者，吴自壽夢得申公巫臣而爲楚患，伐郯之役，始見於《春秋》。自是以來，入州來，圍巢，戰于長岸，敗于雞父，互爲侵伐，靡世不有，吴、楚怨已深，故楚衰則吴必得志。今夢楚走去其國，其所以致楚之走者必吴，故曰「吴其入郢」。郢，楚之都也。「吴屬水」者，《淮南子·天文訓》：「北方曰玄天，其星須女。」其言星部地名曰：須女，吴。須女在北，爲吴分星。北方水位，是吴屬水，猶商主火也。「水數六」者，《月令》：「冬其數六。」「十月水位」者，《白虎通・五行篇》「水位在北方」，又曰「太陰見于亥」，故十月爲水位也。數六，故主六年。夏之十月爲周十二月，此年十二月計，去後六年十二月，當入郢矣。下文云「庚午之日，日始有謫」，故云「有適而食」。「吴終亦不克」者，即下文云「火勝金，故弗克」也。

入郢必以庚辰，日月在辰尾。　服曰：「後六年，定四年。十一月，閏餘十七，閏在四月後。其十一月晦，晦庚辰，吴入郢，在立冬後，復此月也。十二月辛亥，日會月於龍尾而食，庚午日初有適，故曰庚辰。一曰日月在辰尾，尾爲亡臣，是歲吴始用子胥之謀以伐楚，故天垂象。」同上。

案：「後六年，定四年」者，釋史墨所言六年也。「十一月閏餘十七」者，指定四年十一月閏所餘之數也。「閏在四月後」者，以四年經有「四月庚辰」，若四月後不置，則十一月不得有庚辰，乃入郢在十一月庚辰，是彼年在四月後置閏。杜氏《長曆》「定四年閏十月」，是閏在四月後矣。「其十一月晦，晦庚辰」者，《釋名・釋天》云「晦，月盡之名」，言庚辰爲十一月晦日也。杜以庚辰爲十一月二十九日，是月大，故以辛巳日爲晦，以服説相較差一日，或服以是月爲小耳。知入郢在立冬後者，周之十一月，夏之九月，以夏正言之，其時未得立冬，以前有閏月則節氣當超前，且晦爲月盡，知庚辰在立冬後矣。服以此十二月日食，彼十一月入郢，則是未復其月，與史墨曰「及此月」之言不應，惟并閏數之。且月盡，則雖是十一月節氣，實在十二月矣，乃與史墨之言相合，故曰「復此月」，明此年十二月至後六年十二月而復也。《釋天》「大辰，房、心、尾也」，傳疏引李巡云「大辰，蒼龍宿之體」，《晉語》「且以辰出而以參入」注「辰，大火也」，《月令章句》：「自亢八度至尾四度，謂之大火之次。」正義曰：「東方七宿：角、亢、氐、房、心、尾、箕，共爲蒼龍之體。南角，❶北尾，角即龍角，尾即龍尾。」服故謂辰尾爲龍尾矣。「周十二月，夏之十月」，《月令》「孟冬之月，日在尾」，此時日月合朔于辰尾而食。下文云「庚午之日，日始適」，❷服合之以證庚辰者，以庚與庚配，辰尾之辰爲星，庚辰之辰爲日，二辰實不同而名相配，故知入郢當以庚辰焉。「一曰尾爲亡臣」者，《御覽・星部》引《詩緯氾曆樞》云「尾爲逃臣」，逃即亡。「是歲吳始用子胥之謀以伐楚，故天垂象」者，子胥，楚亡臣，吳用其三師以肄之計，楚於是乎始病。《易・繫辭下》云：「天垂象，聖人則之。」

庚午之日，日始有謫。火勝金，故弗克。服曰：「午，火。庚，金也。火當勝金而反有適，故爲不克。晉，諸侯之霸，與楚同盟。趙簡子爲執政之卿，遠夷將伐同盟，日應之食，故夢發簡子。」同上。

案：適，譴謫也。《昏義》云「陽事不得，適見于天，日爲之食。」此始見適在庚午。《天文訓》：「丙丁、巳午，火也。庚辛、申酉，金也。」《白虎通・五行篇》「精勝堅，故火勝金」，是午火應克庚金，而反有適，謫爲變氣，故不能克矣。晉自文、襄以來霸于諸侯，會宋之後與楚亦稱同盟。吳是遠夷，❸將伐

❶「角」，《春秋左傳正義》作「首」。
❷「始」下，《春秋左傳正義》有「有」字。
❸「是」，續經解本作「自」。

晉之同盟，故夢發于執政之卿。此服于傳終言簡子得夢之由。

三十二年經 取闞。　賈曰：「昭公得闞，季氏奪之，不用師徒。」本疏。

案：四年傳：「凡克邑不用師徒曰取。」

仲孫何忌會晉韓不信、齊高張、宋仲幾、衛世叔申、鄭國參、曹人、莒人、薛人、杞人、小邾人城成周。

賈曰：「魯有昭公難，故會而不盟。」本疏。

案：傳稱晉魏舒、韓不信合諸侯之大夫于狄泉，尋盟，且令城成周，則此時爲盟，而經書「會」而不書「盟」，以昭公蒙難在外，仲孫何忌與會而不與盟，故史不書盟。

傳 夏，吴伐越，始用師于越也。史墨曰：「不及四十年，越其有吴乎！」　服曰：「史墨知不及四十年越有吴者，以其歲星十二年一周天，存亡之數不過三紀。三者，天、地、人之數，故歲星三周星紀至玄枵，哀二十二年越滅吴，至此三十八年。」《周禮・保章氏》疏。

案：下文「越得歲而吴伐之」，故史墨測天象而論之也。「歲星十二年一周天」者，《説文》云：「歲，木星也。越歷二十八宿，宣徧陰陽，十二月一次。」《淮南・天文訓》：「歲星十二歲而行二十八宿，日行十二分度之一，歲行三十度十六分度之七，十二歲而周。」「存亡之數不過三紀」者，《晉語》「蓄力一紀」注：「十二年，歲星一周爲一紀。」《史記・天官書》：「歲星，一曰紀星。」又云：「夫天運三十歲一小變，百年中變，五百載大變。三大變一紀，三紀而大備。」此其大數也。史言古今之大數，故以

三十、百年、五百爲三紀，此論休咎之已徵，不過歲星三周而止。「三者，天、地、人之數」者，《説文》：「三，天、地、人之道也。」凡言三者，皆具天、地、人也，故《周語》「紀之以三」韋昭注「三，天、地、人也」，《易・豐》「三歲不覿」干寶注：「三者，天、地、人之數也。」「故星紀三周至玄枵，哀公二十二年滅吴」者，謂歲星至定十二年爲一周，至哀八年二周，至哀二十年三周，由是二十年復在星紀，二十二年在玄枵，而越滅吴。計自此年至彼爲三十八年，故史墨曰「不及四十年也」。

越得歲而吴伐之，必受其凶。賈曰：「歲星所在，其國有福，吴先用兵，故反受其殃。」本疏。服曰：「歲星在星紀，吴、越之分野。蔡復之歲，歲在大梁，距此十九年。昭十五年，有事於武宫之歲，龍度天門。龍，歲星也。天門在戌，是歲越過，故使今年越得歲。龍，東方宿，天德之貴神，其所在之國，兵必昌，向之以兵則凶。吴、越同次，吴先舉兵，故凶也。或歲星在越分中，故云得歲。」《周禮・保章氏》疏。

案：「歲星所在，其國有福」者，《淮南・天文訓》：「歲星之所居，五穀豐昌。」是歲星所居之次，其國必受福也。「吴先用兵，故反受其殃」者，《天官書》：「歲星贏縮，以其舍命國，所在國不可伐，可以罰人。」若然，吴、越同在星紀之分，今歲在星紀，是吴亦得歲，可以罰人，特不可伐同得歲者。若同得歲，則先舉兵者受其禍矣。服云「歲星在星紀，吴、越之分」者，《保章氏》注：「星紀，吴、越也。」云越得歲，則知歲在星紀矣。「蔡復之歲，歲在大梁」者，蔡復在十三年，知是年歲在大梁者，以十一年傳云「歲及大梁，蔡復楚凶」，是蔡復之年爲歲在大梁矣。「距此十九年」者，由昭十三年歲在大梁，以歲行一次，歷數歲之所次，則距此十九年，當歲在析木，而歲在星紀者，正義曰：「歲行一次，舉大數耳。其實一歲之行有餘一次，故劉歆《三統》之術以爲歲星一百四十四年行天一百四十五次，計一千七百二十八年爲歲星歲數。言數滿此年，剩得行天一周。」按：此歲有超辰，《昭十五年》「有事于武宮之歲，龍度天門」，服知此超辰在此年者，《三統曆》以庚戌爲上元，從上元至襄二十八年，積十四萬二千六百八十六歲。置此歲數，以歲星歲數一千七百二十八除之，得積終八十二，去之歲餘九百九十，以一百四十五乘歲餘，得十四萬三千五百五十，以一百四十四除之，得九百九十六爲積次，不盡一百二十六爲次餘。從襄二十八年至昭十五年，合有一十八年。歲星年行一次，年有一餘，以次加次，得一千一十四。以餘加餘，得一百四十四，餘數滿法又成一次，以從積次，得一千一十五也。以十二去之餘，餘次一百四十四，周七个，一百四十四年還得剩行天一周也。餘七命起星紀算外，得鶉火。是昭十五年歲星在鶉火也。計十三年在大梁，十五年當在鶉首，而在鶉火者，服以此年爲龍度天門，超一辰矣。《馮相氏》疏曰：「歲星本在東方謂之龍，以辰爲天門，故以歲日跳度爲龍度天門也。」「天門在戌」者，《馮相氏》疏曰：「《括地象》『天不足於西北』，則西爲天門。昭十五年，歲星正應在鶉首，越一次當在鶉火，是以昭三十二年得在星紀。」若然，天門不在戌者，但龍度天門，正應在五月，日體在鶉首，與歲星同次，日没于戌，歲星亦應没，由度戌至酉上見而不没，故云「龍度天門，是歲越過，故使今年越得歲」者，越次在十五年，故今年得歲在星紀也。「龍，東方宿」者，《漢書・天文志》：「歲星曰東方木，是東方之宿也。」「爲天德之貴神」者，《保章氏》「以十有二歲之相」注：「歲謂太歲。歲星與日同次之月，斗所建之辰也。歲星爲陽，右行於天。太歲爲陰，左行於地。」《馮相氏》疏云「此太歲在地，與天上歲星相應而行」。《開元占經·歲星占篇》引許慎注云「太陰謂太歲」。《天文訓》云「天神之貴者，莫貴於青龍，或曰天乙，或曰太陰」。是太歲與歲星相應，是爲天之貴神同也。《天官·星占》：「歲星，蒼帝之長，有人君之象，是爲天德之貴神矣。」「其所在之國，兵必昌，向之以兵則凶」，即《天官書》説也。「吴、越同次，吴先舉兵，故凶」者，與賈説同也。「或歲星在越分中，故曰得歲」者，引鄭君説也。正義引鄭氏云「天文分野，斗主吴，牽牛主越」。

此年歲星在牽牛，故吴伐之凶」，是也。

趙簡子問於史墨曰。　　服曰：「史墨，晉史蔡墨。」《魯世家》注。

案：晉史，晉太史也。

魯文公薨，而東門遂殺適立庶。　　服曰：「東門遂，襄仲也。居東門，故稱東門遂。」同上。

春秋左氏傳賈服注輯述卷十九

嘉興李貽德學

定　公

〔三年經〕春，王正月，公如晉，至河乃復。　賈曰：「刺緩朝見辭，失所不諱，罪己。」本疏。

案：公即位已二年，至此始朝晉，故以爲緩朝。經書「至河乃復」，必晉人辭之，故不入晉。朝晉而來，而不能入，是失所矣。宜諱之而不諱者，所以罪己也。

〔傳〕唐成公如楚，有兩肅霜馬。　賈曰：「色如霜紈。」本疏。

案：今本作「爽」。正義曰：「『爽』或作『霜』。賈逵云『色如霜紈』。」是賈本作「霜」。「紈」者，《説文》：「紈，素也。」《漢書・地理志》曰：「織作冰紈綺繡純麗之物。」冰紈即霜紈也，言此馬色似之，故以爲名。正義引馬融曰：「肅爽，雁也。其羽如練，高首而修頸，馬似之。」《淮南・説林》「墨子見練絲而泣之」注：「練，白也。」云「羽如練」，則馬本亦作「霜」也。

〔四年傳〕嘖有煩言。　賈曰：「嘖，至也。」本疏。

案：《説文》：「嘖，大呼也。」《荀子·正名》「嘖然而不類」注：「嘖，争言也。」嘖與賾同。正義曰：「《易·繫辭》云『聖人有以見天下之賾』，謂見其至深之處。賾亦深之義也。」按：《易釋文》云「『賾』，京作『嘖』。」

君行師從，卿行旅從。　服曰：「謂會同。」《詩·黍苗》疏。

案：服以上言嘉好之事，故云「謂會同」。《周禮·大宗伯》「以賓禮親邦國，時見曰會，殷見曰同」，注謂「合諸侯命事」爲會，「合諸侯命政」爲同。《大行人》「掌大賓之禮。時會以發四方之禁，殷同以施天下之政」，是周之正禮「會」「同」皆君自行。此兼及卿行者，春秋時卿亦有與會、同之事，故有旅從之制。

將長蔡於衛。　服曰：「載書使蔡在衛上。」《管蔡世家》注。

案：《周禮·司盟》「掌盟載之灋」注：「載，盟辭也。盟者書其辭於策謂之載書。」此書當書盟者之名，名以國之大小爲長次。今晉將加蔡於衛之上，《史記·管蔡世家》云：「蔡侯私於周萇宏，以求長於衛。」

蔡叔，康叔之兄也。　賈曰：「蔡叔，周公兄。」本疏。

案：《史記·管蔡世家》敘武王同母弟十人，以蔡叔爲周公之弟。此當别有所本。《僖二十四年》傳富辰言文之昭十六國，蔡在魯上，則蔡叔爲周公兄明矣。此傳言蔡叔爲康叔兄，而注云「周公兄」者，《書·康誥》「乃洪大誥治」疏云「鄭玄以洪爲代，言周公代成王誥」。而稱康叔曰「朕其弟，小子封」，是康叔爲周公弟也。康叔既爲周公弟，明蔡叔爲周公之兄，康叔亦當稱蔡叔爲兄矣。

備物、典策。　服曰：「備物，國之職物之備也。」本疏。

案：正義曰：「當謂國君威儀之物，若今傘扇之屬，備賜魯也。」

分康叔以大路、少帛、綪茷、旃旌、大吕。　賈曰：「大路，金路也。少帛，雜帛也。綪茷，大赤也。通帛爲旃，析羽爲旌。大吕，鐘名。」《衛世家》注。

案：云「大路，金路」者，《周禮·巾車》云「金路，建大旂以賓，同姓以封」，注：「金路，以金飾諸末，無鍚有鉤。同姓以封，謂王子母弟率以功德出封。雖爲侯伯，其畫服猶如上公，若魯、衛之屬。」故知大路爲金路也。「少帛，雜帛」者，《司常》云「雜帛爲物」，注：「雜帛者，以帛素飾其側。白，殷之正色。」以下有旃爲通帛，則此少帛爲雜帛矣。「綪茷，大赤」者，《禮記·雜記》注引傳作「蒨旆」，《詩·六月》「白旆央央」，彼疏曰「茷與旆，古今字也」，故《左傳》曰「蒨茷旃旌」。按：此則「綪」或作「蒨」。杜云「綪茷，大赤，取染草名也」，則杜本亦作「蒨」。《爾雅·釋草》「茹藘，茅蒐」郭注：「今之蒨也，可以染絳。」綪是大赤，《説文》：「綪，赤繒也。」蒨可染赤，故綪得或作「蒨」。正義曰：「茷即旆也。《爾雅》：『繼旐曰旆。』旐是旂身，旆是旂尾，尾猶用赤，則通身皆赤。知綪茷是大赤，即今之紅旗。」「通帛爲旃，析羽爲旌」，並《司常》文，「旃」，彼文作「旜」，注：「通帛謂大赤，從周正色，無飾。析羽五采繫之於旌之上，所謂『注旄於干首』也。」正義曰：「然則大赤即是旃也，於綪茷之下更言旃者，茷言旂尾，旃言旂身，圓其文，故具言耳。」「大吕，鐘名」者，正義曰：「周鑄無射，魯鑄林鐘，皆以律名名鐘。知此大吕、姑洗皆鐘名也。其聲與此律相應，故以律名焉。」

《康誥》。　服曰：「誥敕王，如《尚書》諸誥是也。」《漢書·武帝紀》注。

惎間王室。　賈曰：「惎，毒。間，亂。」本疏。

案：杜云「周公攝政，管叔、蔡叔開道紂子祿父以毒亂王室」。《説文》：「惎，毒也。」引《周書》云「來就惎惎」。

無始亂。　賈曰：「無爲亂始。」《御覽》三百九十。

楚子取其妹季芈，畀我以出。　服曰：「季芈許嫁而字。畀我，季芈弟也。」本疏。〇《釋文》引云「畀我，季芈之字」。

案：《釋文》引服云「畀我，季芈之字」，稱季則其字也，不得更字畀我。《釋文》「字」當作「弟」。季芈已許嫁，何以又適鍾建？正義曰：「蓋遭亂夫死，而改適鍾建耳。」云「畀我，季芈弟」者，《爾雅·釋親》：「男子先生爲兄，後生爲弟。男子謂女子先生爲姊，後生爲妹。」然則男稱女爲姊妹，若女稱女亦可爲兄弟矣，至其同事一夫則後生爲娣。《公羊傳》曰：「娣者何？弟也，故其未嫁也則稱弟。」

王使執燧象以奔吴師。　賈曰：「燧，火燧也。象，象獸也。以火繫其尾，使奔吴師，驚却其衆，使王得脱。」本疏。

案：燧，《説文》作「䢗」，云「塞上亭守𤆀火者。𤐫，篆文省」。《史記·周本紀》：「幽王爲熢燧。」是𤐫又省作「燧」。《一切經音義》十引《世本》：「造火者燧人，因以爲名也。」《禮》有「金燧」「木燧」，以其可鑽木取火，故曰燧。然則賈云「火燧」，直燧是火也。《説文》：「象，長牙鼻，南越大獸。」正義曰：「《南州異物志》云：『象，身倍數牛，而日則如豕。其鼻長七八尺，其所食物皆鼻取之。性馴良，爲人所養，夷人服乘之。』《史記・大宛傳》曰：『身毒國，其民皆乘象以戰。』」蓋象可調馴，楚近南邊，故有此象。知以火繫象尾者，《史記・田單傳》：「田單乃收城中，得千餘牛，爲絳繒衣，畫以五采龍文，束兵刃於其角，而灌脂束葦於尾，燒其端，鑿城數十穴，夜縱牛，牛尾熱怒而奔燕軍，燕軍夜大驚。」按田單去楚昭不遠，當祖其燧象遺法，彼束葦於牛尾，則此以火繫象尾可知矣。

王奔鄖。　服曰：「鄖，楚縣。」《吴世家》注。

案：《宣十一年》傳「因縣陳」，言以陳爲楚縣。十二年傳「夷於九縣」，言滅九國以爲縣。是楚名邑都爲縣，其縣宰皆稱公，如申公、葉公、蔡公者也。下云「鄖公辛」，則鄖爲楚縣矣。《釋例・土地名》云「鄖，江夏雲杜縣」。《漢書・地理志》「江夏郡竟陵」自注「鄖鄉，楚鄖公邑」，是鄖在竟陵，非雲杜。《續漢書・郡國志》「竟陵有鄖鄉」注：「《左傳》桓十一年『鄖人軍蒲騷』，下文云『王之奔隨也，將涉於成臼』，杜云『江夏竟陵縣有臼水』。」自鄖奔隨涉之，則鄖在竟陵明矣。若「雲杜」之「鄖」本作「邧」，應劭注《地理志》「雲杜」，云「今邧亭」是也。

平王殺吾父。　服曰：「父，曼成然。」《楚世家》注。

案：殺成然在昭十四年。

以王奔隨。　服曰：「隨，楚與國也。」《吴世家》注。

案：《桓六年》傳：「漢東之國，隨爲大。」《漢書·地理志》「南陽郡隨」班氏自注云「故國」。云「楚與國」者，下文隨人辭吴曰：「以隨之辟小，而密邇於楚，楚實存之。世有盟誓，至於今未改。」是隨爲楚與國也。《哀元年》經：「楚子、陳侯、隨侯、許男圍蔡。」正義曰：「僖二十年楚人伐隨，自爾以來隨不復見，以隨世服於楚，爲楚私屬，不通於諸侯，征伐盟會不齒於列，故史不得書之，猶如邾、滕爲人私屬，不序於宋盟也。」是隨爲楚與國久矣。

初，伍員與申包胥友。　服曰：「楚大夫王孫包胥。」《楚世家》注。

案：傳稱「申包胥」，而服云「王孫包胥」者，《國策·楚策》稱「包胥」爲「棼冒勃蘇」。吴師道云「棼冒」即「蚡冒」。《史記·楚世家》：「熊眴立，是爲蚡冒，包胥以棼冒爲氏，是蚡冒之後爲王孫。」《吴語》：「申包胥使於越，越王句踐問焉。」又曰：「吾問於王孫包胥，既命孤矣。」亦稱包胥爲王孫也。

五年傳 使楚人先與吴人戰，而自稷會之。　賈曰：「稷，楚地也。」同上。

案：顧氏棟高曰：「當在河南南陽府桐栢縣境。」

六年傳 君將以文之舒鼎，成之昭兆。　賈曰：「舒鼎，鼎名。昭兆，寶龜。」本疏。

案：正義曰：「蓋衛文公鑄此鼎也。」「昭兆，寶龜」者，「兆」，《説文》作「𠔁」，云「灼龜坼也」。《周禮·太卜》「掌三兆之灋」，《釋文》云「兆亦作『𠔁』」，是兆是龜坼。質言之，則龜亦爲兆。《漢書·文帝紀》注引應劭曰：「龜曰兆。」《文選·劇秦美新》曰「神卦靈兆」，注亦以龜爲兆矣。正義曰：「成公新得此龜，蓋以灼之出兆，兆文分明，故名爲『昭兆』。」

於是乎遷郢於鄀。　服曰：「鄀，楚邑。」《吴世家》注。

案：顧氏棟高曰：「今爲湖廣襄陽府之宜城縣，所謂鄢郢也。以江陵爲紀郢，故謂此爲鄢郢。」《史記》：「昭王十二年，吴伐楚，取番。楚恐，北去徙都鄀。」實當春秋定公之六年、吴入郢後之二年矣，因仍謂之郢，故《左傳》曰「遷郢於鄀」也。今縣西南九十里有故鄀城。

七年經　九月，大雩。　賈曰：「旱也。」本疏。

案：雩，有常雩，有旱雩。常雩者，傳稱「龍見而雩」是也。「旱雩」者，《周禮·司巫》曰「若國大旱，則帥巫而舞雩」是也。上文經書「大雩」，此復「大雩」，與《昭二十五年》「上辛大雩」「季辛又雩」同。彼傳云「旱甚也」，則此兩雩亦是旱甚，傳不言者，以文見於彼，可據彼以明此，故不發傳。若是常雩，一秋不得有兩雩之理，杜云「過也」，恐非經意。

傳　齊人歸鄆、陽關。　服曰：「陽關，魯邑。」《魯世家》注。

案：昭公時，齊人取鄆以居公，前年經「季孫斯、仲孫忌帥師圍鄆」，則是叛歸齊矣。至是齊人歸於魯。《襄十七年》傳「師自陽關逆臧孫」杜注：「在泰山鉅平縣東。」

八年經　二月，公侵齊。三月，公至自侵齊。　賈曰：「還至不月，爲曹伯卒月。」《公羊》本疏。

案：「還至不月」者，《桓二年》經書：「冬，公至自唐。」又《莊二十四年》：「秋，公至自齊。」《僖六年》：「冬，公至自伐鄭。」《二十九年》：「春，公至自圍許。」《宣五年》：「夏，公至自齊。」《七年》：

「秋，公至自伐萊。」《八年》：「春，公至自會。」《襄十年》：「夏，公至自會。」《十三年》：「春，公至自晉。」《昭二十七年》：「春，公如齊，公至自齊。」其《桓十六年》經書：「秋，七月，公至自伐鄭。」傳曰：「以飲至之禮也。」《僖十七年》「九月，公至自會」，傳曰「九月，公至。書曰『至自會』，猶有諸侯之事焉，且諱之也。」是或行禮、或飾諱，書月非是，則還至不書月者多。今書月者，爲下文「曹伯露卒」當書月，而「公至自齊」適在其前，故月之，實爲曹伯卒月也。

從祀先公。　服曰：「自躋僖公以來，昭穆皆逆。」《禮記·禮器》疏。

案：僖公逆祀在文二年，《禮記·禮器》疏云：「按《外傳》云『躋僖公，弗綦曰：明爲昭，其次爲穆』。以此言之，從文公至惠公七世，惠公爲昭，隱公爲穆；桓公爲昭，莊公爲穆；閔公爲昭，僖公爲穆。今躋僖公爲昭，閔公爲穆，自此以下，昭、穆皆逆。」服是同《國語》之説。《公羊》董仲舒説：逆祀，小惡也，《左氏》説爲大惡也。許君謹案：同《左氏》説。鄭駁之云『兄弟無相後之道，登僖公主於閔公主上，不順，爲小惡也』。如鄭此意，正以僖在閔上謂之爲昭，非昭穆也。」

傳 我無勇，吾志其目也。　服曰：「志中其目，是非其誠，詐以自矜。」《儀禮·大射儀》疏。

案：《呂覽》「尊師得之無矜」注：「矜，自伐。」言志目非其實，然不過僞辭以自伐耳。

主人出，師奔。　賈曰：「主人出，魯師奔走而卻退。」本疏。

案：杜云「攻郛人少，故遣後師走往助之」。正義曰：「今杜必異於賈，以爲後師奔走往助之者，若以賈言魯師奔走，則是被敗而還，下傳陽虎何得云『猛在此，必敗』？ 明其於時不敗，故猛得逐廩丘之人，是賈言非也。」按：師中奔皆是奔敗，如杜所云，傳當云「使後師助之攻」，不當云「師奔」也。云「師奔」，明是魯師奔走而卻退也。 至下文云「猛在此，必敗」，正是陽虎見師已奔，詭辭自解，故傳云「陽虎僞不見冉猛者」。 若遣師助之，則猛因虎激，反逐廩丘人，當有繼者，何傳云「猛逐之，顧而無繼」？ 明師盡先奔，故反顧而後無繼者也。 傳文甚明，孔反謂賈爲非，失之。 恭冕謹案：賈氏但言奔走卻退，此釋經「師奔」之文，未嘗言「敗」，正義殊不瞭。

魯於是始尚羔。 賈曰：「周禮：公之孤四命執皮帛，卿三命執羔，大夫再命執雁。 魯廢其禮，三命之卿皆執皮帛，至是乃始復禮尚羔。」本疏。

案：《周禮・大宗伯》曰：「以禽作六摯，孤執皮帛，卿執羔，大夫執雁。」《典命》曰：「公之孤四命，以皮帛眡小國之君，其卿三命，其大夫再命，其士一命，侯伯之卿、大夫、士亦如之。」《周禮》於《典命》敘孤四命而曰「以皮帛」，其下敘卿大夫命數而不詳所執，以羔、雁之摯已見《大宗伯》文，故不復述。 其孤執皮帛，亦見《大宗伯》文，而《典命》必復言者，所以舉一以示例，言孤四命以皮帛，則卿三命以羔，大夫再命以雁，不必煩言而自見矣。 賈舉《周禮》而約其文，故兼言其命與摯也。 孔氏駁之曰：「《周禮》《禮記》皆言卿執羔，大夫執雁，並以爵斷，不依命數，賈何以計命高下，妄稱禮乎？」孔氏此言，直未明《典命》之文，妄加駁斥耳。 知魯廢其禮，三命之卿皆執皮帛者，以其舞用八佾，斂用璵璠，事事僭禮，則其平時執摯必廢卿羔之禮，而用皮帛，以眡小國之君。 及見范獻子執羔，趙簡子、中行文子皆執雁，是大國之卿尚守典禮，而趙簡子、中行文子且以卿而執大夫之摯，相形之下，不敢僭侈，於是始復禮而用羔焉。杜云「大夫執雁，魯則同之。今始知執羔之尊也」。按：五年傳：仲梁懷曰：「改步改玉。」杜云「昭公之出，季孫行君事，佩璵璠祭宗廟」。豈爲君行事佩君玉，尚優爲之，獨於所執之摯，反就大夫以自卑乎？至於羔尊雁降，禮有明文，豈有秉國之政，未諳典故，至此始知羔之尊貴乎？且尚者，上也。惟始貴皮帛而賤羔，今見大國之卿皆諳禮制，因亦遵循，故曰「始尚羔」也。

九年傳　載蔥靈，寢於其中。　賈曰：「蔥靈，衣車也，有蔥有靈。」本疏。

案：《説文》：「輜，輜軿，衣車也。軿，車前衣也。車後爲輜。」《釋名・釋車》曰：「輜車，載輜重卧息其中之車也。軿車，軿屏也。輜、軿之形同。有邸曰輜，無邸曰軿。」《宋書・禮志》引《字林》曰：「軿車有衣蔽，無後轅，其有後轅者，謂之輜。」是輜、軿析言之則有前衣、後衣及有邸、無邸之别，渾言之則同。故《説文》又曰：「軿，輜軿也。」《列女傳》：「齊孟姬曰：立車無軿，非敢受命。」《釋名》：「軿車，四面屏蔽，婦人所乘。」「軿車，直衣前蔽」，云四面有蔽，兼言輜車也。《漢書・霍光傳》「昌邑王略女子載衣車」，然則輜軿載衣物可卧息，爲婦人所乘，故陽虎寢於其中而逃，僞託爲婦人也。云「有蔥有靈」者，明衣車所以名蔥靈也。蔥，从艸，悤聲。蔥者，❶囱之古文。《説文》：「在屋曰囱。」此車兩

❶ 案，據《説文解字》，囱之古文作㕚。

旁開囪。正義説。古音「囪」讀若「蔥」。鮑照《翫月詩》：「蛾眉蔽珠櫳，玉鉤隔瑣囪。三五二八時，千里與君同。」陶潛詩：「有酒有酒，閒飲東囪。願言懷人，舟車靡從。」是六朝人猶讀「囪」爲「蔥」。孔氏謂「兩旁開蔥，蔥中竪木謂之靈」。如孔言，是「靈」即「櫺」之古文，《説文》云「櫺，楯閒子也」。《一切經音義》四引《通俗文》云「疏門曰櫺」。《文選・游天台山賦》「彤雲斐亹以翼櫺」注：「窗閒子也。」❶是蔥閒施櫺，故曰蔥靈矣。「靈」又通「軨」，《文選》四十八注引《尚書大傳》「未命爲士，車不得有飛軨」，鄭注「如今窗車也」，李尤《小車銘》「軨之嗛虚，疎達開通」是也。

晳幘而衣貍製。　服曰：「貍製，貍裘也。」《詩・七月》疏。

案：正義曰：「《説文》云『製，裁也』。衣貍製，謂著貍皮也。裁皮著之，明是裘矣，故以製爲裘也。」《詩・羔羊》「素絲五緎」疏曰：「若兵事，既用韎韋，衣則用黄衣狐裘及貍裘，象衣色故也。」《禮記・月令》：「孟冬，天子始裘。」伐夷儀是周正之秋。未寒而衣裘者，正義曰：「《哀二十七年》傳言『陳成子衣製，杖戈』，文在『秋』上，製亦裘也。然則在軍之服，或臨時所需，不可以寒暑常節約之。」

齊侯謂夷儀人曰：「得敝無存者，以五家免。」　服曰：「是時齊克夷儀而有之。既爲齊有，故齊得優其爲役也。」本疏。

案：「免」即「復除」，《後漢・光武紀》注：「復，謂除其賦役也。」正義曰：「一人得之，則以五家給所

❶ 「窗」上，續經解本有「櫺」字。

得者，令常不共國家役事。」云「齊得優其爲役」者，《詩·瞻卬》「維其優矣」箋云「優，寬也，寬其爲役，猶今世云優免矣」。夷儀時爲齊有，故齊得以此令之。

十年經 齊人來歸鄆、讙、龜陰田。　服曰：「三田，汶陽田也。龜，山名。陰之田，得其田不得其山也。」《孔子世家》注。

傳 夏，公會齊侯於祝其，實夾谷。　服曰：「東海祝其縣是也。」《齊世家》注。「地二名。」《水經·淮水》注。

案：云「東海祝其縣」，本《漢書·地理志》文也。云「地二名」者，《釋例》云：「經書所改之名，則傳以『實』明之。『許遷于夷，實城父』，『齊侯、衛侯次于垂葭，實郥氏』之比是也。」此經云夾谷，傳以夾谷即祝其，故曰「會于祝其，實夾谷」，明地二名，故服云然。

齊人加於載書曰：「齊師出竟，而不以甲車三百乘從我者，有如此盟。」　賈曰：「不書盟，諱以三百乘從齊師。」本疏。

案：以三百乘從齊師，則受齊役也。盟辭如此，經故諱而不書。

且犧象不出門，嘉樂不野合。　服曰：「犧象，《饗禮》：『犧尊、象尊也。』嘉樂，鐘鼓之樂也。」《詩·鼓鐘》疏。

案：《饗禮》今亡。上云「齊侯享之」，而此云「犧象」，則享禮有犧尊、象尊。諸侯相見之禮享在廟，故得備犧象也。《周禮·司尊彝》「其朝踐用兩獻尊，其再獻用兩象尊」注：「『獻』讀爲『犧』。」《明堂位》曰：「犧象，周尊也。」《詩·鼓鐘》「鼓鐘將將，淮水湯湯」箋云：「嘉樂不野合，犧象不出門。今乃於淮水之上作先王之樂，失禮尤甚。」是鄭以鼓鐘爲嘉樂也。服與之同。《詩》云「鼓鐘」，傳謂「鼓其淫樂」，是以鼓爲擊，而服兼言鐘鼓者，《關雎》「鐘鼓樂之」傳云「德盛者，宜有鐘鼓之樂」，是嘉樂鐘鼓備也。

十二年傳 仲由爲季氏宰，將墮三都。　服曰：「仲由，子路。」《魯世家》注。「三都，三家之邑也。」《孔子世家》注。

案：《史記·弟子列傳》：「仲由，字子路，卞人也。」

公與三子入于季氏之宫。　服曰：「三子，季孫、孟孫、叔孫也。」《孔子世家》注。

案：《論語》：「公曰：『告夫三子。』」《集解》引孔曰「謂三卿也」，是季、孟、叔時稱三子。

入及公側。　服曰：「人有入及公之臺側。」同上。

案：「人」，即上文「費人」也。時公登武子之臺，故曰「入及公之臺側」。

仲尼命申句須、樂頎下伐之。　服曰：「申句須，樂頎，魯大夫。」同上。

公斂處父。　服曰：「成宰也。」同上。

案：《禮記·禮器》「子路爲季氏宰」注：「宰，治邑吏也。」時公斂處父治成邑，故曰「成宰」。

十三年傳 歸我衛貢五百家，吾舍諸晉陽。　服曰：「往年趙鞅圍衛，衛人恐懼，故貢五百家，鞅置之邯鄲，又欲更徙於晉陽。」《趙世家》注。

案：《十年》傳「趙鞅圍衛，報夷儀也」，衛貢當在此時。晉陽，趙鞅邑。

歸告其父兄。　服曰：「午之諸父兄及邯鄲中長老。」同上。

案：《儀禮・士冠禮》「若孤子，則父兄戒宿」注：「父兄，諸父諸兄。」是諸父兄亦稱父兄。云「邯鄲中長老」者，《國語・晉語》「讓父兄也」注：「父兄，長老也。」《方言》六：「凡尊老，南楚謂之父，或謂之父老。」是長老亦得稱父兄也。服故兼言之。

趙稷、涉賓以邯鄲叛。　服曰：「稷，午子。」同上。

案：趙午，即邯鄲午，世封邯鄲，故稱「邯鄲」，其氏則趙也。

范皋夷無寵於范吉射。　服曰：「范氏之側室子。」同上。

案：《桓二年》傳：「卿置側室。」《文十二年》傳：「趙有側室曰穿。」言穿爲側室子也。

梁嬰父嬖于知文子。　賈曰：「梁嬰父，晉大夫也。」同上。

今三臣始禍。　賈曰：「范、中行、趙也。」同上。

韓、魏以趙氏爲請。　服曰：「以其罪輕於荀、范也。」同上。

十四年經 於越敗吴于檇李。　賈曰：「檇李，越地。」《吴世家》注。

案：《吴越春秋》云「吴王夫差增越封西至於醉李」，似敗吴時尚爲吴地。杜氏《通典》云：「吴國南百四十里與越分境，吴伐越，越子禦之於檇李。」故賈云「越地」。今嘉興府治南七里地名「國界」，相傳爲吴、越分界處也。❶則檇李亦有越地，故賈云然。《吴越春秋》所言，當謂吴界内之地名檇李者，亦以界越也。

傳使死士。　賈曰：「死士，死罪人也。」同上。

衛侯爲夫人南子召宋朝，會于洮。　賈曰：「南子，宋女。」《衛世家》注。服曰：「衛侯爲夫人南子召宋朝，故與宋公會于洮。」本疏。

案：子是宋姓，故知南子爲宋女也。時齊、宋會洮，衛侯以宋公在洮，亦往會之。不書者，以召宋朝是私事，故不告。正義曰：「此『會于洮』，還是上文『會于洮』也。傳爲野人之歌張本，故追言衛爲夫人南子召宋朝，召在遠年，非今始召。欲説過宋野，已隔此語，故又本之云『齊、宋會于洮』。時太子蒯聵獻盂于齊，過宋野而被譏也。宋朝是宋之公子，衛侯欲召則召，何須與宋爲會，方始召之？直言『會于洮』，『會』上無國名，知與何國會，而言宋、衛乎？服不達此勢，愚之甚也。」孔氏規服如是，今知不然者，以「會于洮」，若不定爲宋、衛，則三字爲贅。若云以齊、宋會洮，衛太子就往獻盂，因書曰「會于洮」，則從無兩君盟會之時，忽雜以他國獻地之事。若謂追言衛爲夫人南子召宋朝在

❶「分」，原作「公」，據續經解本改。

遠年，則其上當如傳例加「初」以别之。若謂欲説過宋野，因記會于洮時，則當如傳例云「會于洮」之月，云「會于洮」，明是上屬；云「召宋朝」，明是齊、宋會洮之時，衛侯所往會者，宋公矣。故傳不必再書國名，而其事自見也。至孔云「朝是宋之公子，衛侯欲召則召」，按傳於各國公子或往仕，或來奔，皆書其故，可見名在屬籍，不輕於往來也。宋之公子而謂衛侯欲召則召，於理尤未順也。

謂戲陽速曰。　賈曰：「戲陽速，太子家臣。」《衛世家》注。

案：「速」，《史記》作「遬」，云「蒯聵與其徒戲陽遬謀」，云「徒」，是太子家臣也。

十五年經　齊侯、衛侯次于渠蒢。　賈曰：「欲救宋，蓋恤鄰也。」《公羊》本疏。

案：傳云「謀救宋也」，以鄭罕達伐宋故。《周禮・大宗伯》「以恤禮哀寇亂」注：「恤，憂也，鄰國相憂。兵作於外，爲寇；作於内，爲亂。」

春秋左氏傳賈服注輯述卷二十

嘉興李貽德學

哀　公

元年傳 使疆于江、汝之閒而還。　服曰：「蔡使楚進疆於故江國與汝水之閒。」本疏。

案：故江國，文四年楚人所滅者。《水經·淮水》：「又東逕安陽縣故城南，江國也，嬴姓矣。」今其地有江亭。」《漢書·地理志》「汝南郡安陽」注引應劭曰：「故江國。」昭十三年，蔡侯廬歸於蔡，是爲平侯。《地理志》「新蔡」注：「蔡平侯自蔡徙此。」《水經·汝水》注：「汝水又東南，逕新蔡縣故城南。」《地理志》「定陵」注：「高陵山，汝水出東南，至新蔡入淮。」是江在安陽，爲淮水之旁，蔡徙新蔡，屬汝水之末。時蔡賂楚地，使之進疆，蓋過江國故界，逼汝尾，故曰江、汝之間。蔡既失國都，故下文云「蔡於是乎請遷於吴」，言又由新蔡而退徙州來也。

吴王夫差敗越于夫椒。　賈曰：「夫椒，越地。」《吴世家》注。

案：杜云：「夫椒，吴郡吴縣西南太湖中椒山。」《通典》云：「包山，一名夫椒山。」即西洞庭山也，在太湖中。左思《吴都賦》「指包山而爲期，集洞庭而淹留」，即此山。據此，似夫椒爲吴地。《越語》云「句踐之地，西至於姑蔑」，韋昭云：「今太湖是也。」則夫椒在太湖中，或此時本爲越地也。然檇李已爲吴、越分界，不得更至太湖。《哀十三年》傳「彌庸見姑蔑之旗」，杜云「姑蔑，越地，今東陽大末縣」，則非太湖也。《吴語》云「句踐起師逆之江」，當是今之錢塘江也。傳云「保于會稽」，即今之稽山，則夫椒爲近江之地，故越敗之後，即得退保會稽也。賈云「越地」，當得其實。

因吴太宰嚭以行成。　服曰：「行成，求成也。」同上。

案：《詩・緜》「虞、芮質厥成」，傳云「成，平也」。「求成」言求平也。

昔有過澆殺斟灌，以伐斟鄩，滅夏后相。　賈曰：「過，國名也。斟灌、斟鄩，夏同姓也。夏后相依斟灌而國，故因殺夏后相也。」同上。○本疏引「夏后相」云云同，惟「因」字誤作「曰」。

案：《襄四年》傳稱：夏之衰也，有窮后羿因夏民以代夏政，而用寒浞。浞因羿室生澆，處澆于過。是過爲澆所國也。「斟灌、斟鄩，夏同姓」者，《史記・夏本紀》：「太史公曰：『禹爲姒姓，其後分封有斟尋氏、斟氏。』」《漢書・地理志》「北海郡平壽」注引應劭曰：「古斟尋，禹後，今斟城是也。」又「壽光」注引應劭曰：「古斟灌，禹後，今灌亭是。」又「斟」班氏自注云「故國，禹後」。《水經・巨洋水篇》注云「溉水北逕斟亭，西北合白狼水」。按《地理志》：「北海有斟縣。」京相璠曰：「故斟尋國，禹後，西北去灌亭九十里。」是京氏以斟國爲斟尋，非平壽矣。其爲禹後則同，是二氏夏同姓矣。云「夏后相依斟灌而國」者，《巨洋水篇》注引《汲冢書》云「相居斟灌」，與賈説同，是賈及見古籍，因以爲據也。又引皇甫謐云「夏相徙帝丘，依同姓之諸侯於斟尋氏」，是斟尋亦相所依，故過澆滅斟尋氏。云「故因殺夏后相」者，上文「殺斟灌氏」，相國於是，因亦殺之。

后緡方娠，逃出自竇，歸于有仍，生少康焉。　賈曰：「緡，有仍之姓也。有仍，國名，后緡之家。」服曰：「少康，后緡遺腹子。」同上。

案：緡爲有仍之姓者，以女子必繫父族之姓，云后緡猶太任、邑姜也。知后緡爲有仍女者，《儀禮·喪服傳》「婦人雖在外，必有歸宗」，然則謂嫁曰歸，歸宗者，亦曰歸。傳稱「歸于有仍」，是有仍爲后緡家也。少康爲遺腹子者，《白虎通·封公侯篇》曰：「君薨，適夫人無子有育遺腹，必待其産立之何？專適重正也。」是君薨而生者爲遺腹子。今后相已殺，故少康爲遺腹子也。

逃奔有虞。　賈曰：「有虞，帝舜之後。」同上。

案：《史記·五帝紀》：「帝舜爲有虞。」又云「堯子丹朱、舜子商均皆有疆土，以奉先祀。服其服，禮樂如之」。是舜後子孫國號亦不改也，故《魯語》云「有虞氏禘黄帝而祖顓頊，郊堯而宗舜」。云宗舜，是在舜後。云有虞氏，則舜後子孫國名亦稱虞也。

虞思於是妻之以二姚，而邑諸綸，有田一成，有衆一旅。　賈曰：「綸，虞邑。方十里爲成，五百人爲旅。」同上。

案：少康爲虞庖正，則綸是虞邑，故得與之。《漢書·地理志》：「梁國有虞縣。」《續漢·郡國志》「梁國虞有綸城」注云「少康邑」。「方十里爲成」，《司馬法》文。「五百人爲旅」，《司馬》序官文。《詩·

信南山》箋云「六十四井爲甸，甸方八里，居一成之中，成方十里，出兵車一乘，以爲賦法」。若然，甸、成之制，禹已經畫，故《周禮・小司徒》「井牧其田野」，後鄭云「隰皋之地，九夫爲牧，二牧而當一井。今造都鄙授民田，有不易，有一易，有再易，通率二而當一，是之謂井牧」。昔夏少康在虞，思「有田一成，有衆一旅」，一旅之衆而田一成，則井牧之法，先古然矣。

以收夏衆，撫其官職。　服曰：「因此基業，稍收取夏遺民餘衆，撫修夏之故官憲典。」同上。

案：云「因此基業」者，言因綸之田衆也。云「稍收取夏遺民餘衆」者，《襄四年》傳「靡自有鬲氏，收二國之燼」是也。《爾雅・釋詁》云「憲，法也」。《周禮・太宰》注：「典，常也，經也，法也。」謂修夏之舊司常灋也。❶

祀夏配天，不失舊物。　服曰：「以鯀配天也。」賈曰：「物，職也。」同上。

案：云「以鯀配天」者，《禮記・祭法》云「夏后氏亦禘黄帝而郊鯀」。《孝經》云「郊祀后稷以配天」。周既於郊祀以稷配天，則《禮》曰「郊鯀」亦必配天明矣。云「物，職」者，《廣雅・釋詁》：「職，業也。」言不失舊業也。

越十年生聚，而十年教訓。　服曰：「令少者無娶老婦，老者無娶少婦。女十七不嫁，男二十不娶，父母有罪也。將生子，以告，與之醫，饋之餼也。死者釋其征，必哭泣葬埋，如其子也。孺子遊者必餔歠

---

❶ 「司」，續經解本作「典」。

之也。非手所種、夫人所織不用，十年不收於國。」本疏。

案：服所云，約《越語》文。

在軍，熟食者分而後敢食。　服曰：「以其半分軍士，而後自食其餘，若簞醪注流也。」本疏。

案：「若簞醪注流」者，《黄石公記》云「昔良將之用兵也，人有饋一簞之醪，投河，令衆迎流而飲之。夫一簞之醪，不味一河，而三軍致死者，以滋味及之也」。服援以比分熟食之意。

二年經 癸巳，叔孫州仇、仲孫何忌及邾子盟于句繹。　服曰：「季孫尊卿，敵服先歸，使二子與之盟。」本疏。

案：經書「季孫斯、叔孫州仇、仲孫何忌帥師伐邾」，是三子同伐邾。及此盟獨有二子，無季孫，是季孫不與盟也。當由敵服，故季孫先歸耳。

傳 子南僕。　賈曰：「僕，御也。」《衛世家》注。

郢不足以辱社稷。　服曰：「郢自謂己無德，不足立以污辱社稷。」《衛世家》注。

三揖在下。　服曰：「三揖，卿、大夫、士。『士揖庶姓，時揖異姓，天揖同姓。』」本疏。

案：《周禮·司士》云「孤卿特揖，大夫以其等旅揖，士旁三揖」，注云：「特揖，一一揖之。旅，衆也。大夫爵同者，衆揖之。三揖者，士有上、中、下。王揖之，皆逡遁，既復位。鄭司農云：『卿、大夫、士，皆君之所揖，禮。《春秋傳》所謂「三揖在下」。』」故服云「三揖，卿、大夫、士也」。「士揖庶姓，時揖異姓，天揖同姓」，《司儀》文。服引之者，言王有此三等揖，諸侯於卿、大夫、士亦得同之。

八人衰絰，僞自衛逆者。　服曰：「衰絰，爲若從衛來迎太子也。」同上。

志父無罪。　服曰：「趙鞅入于晉陽以叛，諸侯之策書曰『晉趙鞅以叛』。」本疏。「後得歸，改名志父。」《釋文》。○本疏作「既復，更名志父」。《春秋》仍舊，猶書趙鞅。」《釋文》。

案：趙鞅入晉陽以叛，在定十三年。「諸侯之策」，列國史也。《文十五年》傳云「名在諸侯之策」是也。云「書晉趙鞅叛」者，謂列國之史據晉告書也。「後得歸」者，《定十三年》經書「晉趙鞅歸于晉」是也。其「改名志父」者，以諸侯之策書叛，恥其惡名，故更之。「《春秋》仍舊，書趙鞅」者，以此年經書「趙鞅帥師納衛世子蒯聵于戚」「趙鞅帥師及鄭罕達帥師戰于鐵」，故云。正義曰：「楚公子圍弑君取國，改名曰虔，經即書虔。公子棄疾殺君取國，改名曰居，經即書居。今趙鞅改名志父，經書猶云趙鞅者，彼楚子既爲國君，臣下以所改之名告於鄰國，故得書所改之名。趙鞅，人臣，國家不爲之諱，仍以趙鞅名告，故書鞅也。」按：孔氏之言是也。鞅之改名，祗自諱耳。傳記他人猶稱其舊名，不獨國家也，故下文蒯聵之禱曰「使鞅討之」，十七年傳稱「晉趙鞅使告於衛」。至其敘鞅之言，則曰「君之在晉也，志父爲主」，可證傳記及他人均不稱其改名也。

郵無卹御簡子。　服曰：「王良也。」本疏。

案：《孟子》曰：「昔者，趙簡子使王良與嬖奚乘。」王良是簡子御者，此無卹亦御簡子，故知爲王良也。恭冕謹案：下文稱「郵良」可證。

三年經 五月辛卯，桓宫、僖宫災。　服曰：「俱在迭毁，故不言『及』。」本疏。

案：《公羊傳》曰：「何以不言『及』？敵也。」何休注云「據『雉門及兩觀』」，親過高祖，親疏適等」。服意亦以文與雉門、兩觀言「及」者異，取《公羊》爲説，以桓、僖皆當在毁廟之數，輕重相同，故不言「及」以别之。《禮記·祭法》云：「諸侯立五廟，一壇一墠，曰考廟，曰王考廟，曰皇考廟，皆月祭之；顯考廟、祖考廟，享嘗乃止。」《王制》云：「諸侯五廟，二昭、二穆與太祖之廟而五。」《文王世子》云：「五廟之孫，祖廟未毁。」若然，則五廟外皆所當毁，故正義曰：「禮：諸侯親廟四焉，高祖之父即當毁其廟。計桓之於哀，八世祖也；僖，六世祖也。」按：禮皆在迭毁者也。

傳 命藏象魏。　服曰：「象魏，闕也。法令懸之朝，謂其書爲象魏。」《御覽》一百七十九。

案：《周禮·太宰》云「正月之吉，始和，乃縣治象之法于象魏」，鄭司農云「象魏，闕也」。《爾雅·釋宫》云「觀謂之闕」。《説文》云：「闕，門觀也。」《釋名·釋宫室》云：「闕在門兩旁，中央闕然爲道也。」《禮記·禮運》云：「仲尼與於蜡賓，出遊于觀之上。」《定二年》：「雉門及兩觀災。」昭二十五年《公羊傳》云：「設兩觀。」《莊二十一年》傳云：「鄭伯享王於闕西辟。」桓三年《穀梁傳》云：「不出闕門。」《吕覽·仲冬》云「塗闕，庭門閭」。是也。亦謂之魏闕。《吕覽·審爲》云「心居乎魏闕之下」，注：「魏魏高大，故曰魏闕。」《淮南·本經》云「魏闕之高」，注：「門闕高崇嵬嵬然，故曰魏闕。」然則本名爲觀、爲闕。賈公彦云：「周公謂之象魏。」其名象魏者，《太宰》「縣治象」，《夏官》「縣政象」，

《秋官》「縣刑象」，是象法令之書之名，以此是懸法令之地，巍然高大，故曰「象魏」矣。書祇名象而曰象魏，以治政等象懸於魏闕，故名其書亦曰象魏也。正義曰：「彼言朔日懸之，十日即斂之，則救火之時，其書久已藏矣。而此立象魏之外，方始命藏此書者，象魏是懸書之處，見其處而念及其書，非始就縣處斂藏之。」

孔子在陳，聞火，曰：「其桓、僖乎！」　服曰：「季氏出桓公，又爲僖公所立，故不毁其廟。」本疏。「桓、僖當毁，而魯事非禮之廟，故孔子聞有火災，知其加桓、僖也。」《孔子世家》注。

案：「季氏出桓公」者，季友爲桓公子，出桓公猶言生自桓公也。《莊三十二年》傳云「立叔孫氏」，是卿大夫得氏者爲立矣。季友事僖公，《僖十六年》經書「公子季友卒」，劉炫以季爲氏，云季友、仲遂皆生賜族，故云「僖公所立」。季氏世專國政，顧其私恩，故桓、僖之廟當毁不毁。杜云「言桓、僖親盡而廟不毁，宜爲天所災」。愚謂聖人與天合德，故知之也。

召正常。　服曰：「召而問兒死意。」本疏。

案：上文云「則或殺之矣，乃討之」，不知所殺之人，故云「或」。《説文》云「討，治也」。正常既告而奔，視之則已殺矣。當時治此事者不能不問正常也，故召之。

四年傳 襲梁及霍。　服曰：「梁、霍，周南鄙也。」《水經・汝水》注。

案：《水經・汝水》注云：「汝水之右有霍陽聚，汝水逕其北，東合霍陽山水，水出南山，其水東北流，逕霍陽聚。建武二年，世祖遣征虜將軍祭遵攻蠻中山賊張滿，得霍陽聚，即此。霍陽山水又逕梁城西。按春秋周小邑也，於戰國爲南梁矣。」若然，梁是周之南鄙小邑，霍即霍陽聚也，以霍陽山得名。《汝水》注又引京相璠曰：「霍陽山在周平城東南者也。」《漢書·地理志》「河南郡梁」注引應劭曰：「秦取梁。梁伯翳之後與秦同祖。」臣瓚曰：「秦取梁，後改曰夏陽，今馮翊夏陽是也。此梁，周之小邑，見於《春秋》。」《續漢·郡國志》「河南尹梁」：「故國伯翳，後有霍陽山。」注引傳云「襲梁及霍」。

五年傳 齊燕姬生子，不成而死。　服曰：「燕姬，齊景公嫡夫人。昭七年，燕人所歸。不成，未冠。」《御覽》一百四十七。

案：云「昭七年，燕人所歸」者，昭六年冬，齊侯伐北燕，七年經曰：「暨齊平。」服氏用許惠卿説，謂燕與齊平，既平之後，得爲婚姻，故以燕姬爲此年歸也。「不成」爲「未冠」者，《冠義》云「已冠而字之，成人之道也」，故未冠爲不成。

諸子鬻姒之子荼嬖。　服曰：「諸子，庶公子。鬻姒，景公妾也，淳于人所納女。荼，安孺子。」同上。

案：諸子爲庶公子者，《周禮·宫正》疏云「諸、庶，一也。於諸侯即爲庶子，於天子則爲諸子」。此賈以對文，故分天子、諸侯，其實散文諸侯之子亦稱諸子，如天子之適子稱太子。《王制》云「王太子」。經書「會王世子于首止」，諸侯之子稱世子，《曲禮》云「卿大夫之子不敢與世子同名」。傳於晉有太子申生，鄭有太子華，齊有太子光，是太子、世子名稱不定，太子、世子無定名，知諸子、庶子亦無定名也。諸，庶也。《曲禮》「諸母不漱裳」，鄭曰：「諸母，庶母也。」「鬻姒」，《史記·齊世家》作「芮姬」，云景公寵妾芮姬生子荼，故服曰「景公妾」也。「淳于人所納女」者，《晏子·内篇·諫上》云「淳于人納女於景公，生孺子」。荼，《史記》曰：「太子荼立，是爲晏孺子。」晏、安通也。

諸大夫恐其爲子也，言於公曰：「君之齒長矣，未有太子，若之何？」服曰：「爲子，爲太子也。荼少，故恐立之。言君年長未有太子，一旦不諱，當若之何？欲其早立長也。」同上。

案：今本作「恐其爲太子也」，服本無「太」字，故云「爲子，爲太子也」。古者稱繼儲者爲子，故子南爲靈公子，而公謂之曰：「余無子，將立女者也。」云「荼少，故恐立之」者，《晏子·内篇·諫上》：「諸臣謀欲廢公子陽生而立荼，公以告晏子。晏子曰：『置大立少，亂之本也。』」《史記》云：「荼少，其母賤無行，諸大夫恐其爲嗣。」《文王世子》云：「古者謂年齡，齒亦齡也。」故服釋齒長爲年長。「一旦不諱」者，《史記·商君傳》云「公叔病，有如不可諱，將柰社稷何」？《後漢書·桓榮傳》云「如有不諱，無憂家室也」，注：「死者，人之常，故言不諱也。」

公曰：「二三子間於憂虞，則有疾疢，亦姑謀樂，何憂於無君？」服曰：「言二三子間於鄰國憂虞，則疾疢在其間。今無疾疢，何爲不自謀身樂？何憂無君乎？」同上。

案：「閒」，《釋文》云「又音『閒厠』之『閒』」。言二三子厠於敵國外患，則可憂可虞，以爲疾疢。今無此患，則當謀樂，何必爲此遠慮。

公疾，使國惠子、高昭子立荼。服曰：「國惠子，國景之子國夏也。高昭子，高偃之子高張也。」同上。

案：國景，即國弱，《成十八年》傳「國弱來奔。既，齊侯反國弱，使嗣國氏」是也，「景」其謚。《昭二十九年》經「齊侯使高張來唁公」，杜云「高偃子」，服云「高媼之子」，當是偃之訛文，《御覽》轉寫誤耳。

寘群公子於萊。　服曰：「寘，置。萊，齊東鄙邑。欲使遠齊。」同上。

案：云「寘，置」者，《易・坎》爻辭「寘于叢棘」，《釋文》云「寘，張作『置』」，是寘即置。《詩・卷耳》「寘彼周行」，傳亦云「寘，置也」。「萊，齊東鄙邑」者，《漢書・地理志》「東萊郡」師古注：「故萊子國也。」襄六年，齊侯滅萊，是萊滅後爲齊邑。《定十年》傳：「若使萊人，以兵劫魯侯。」正義曰：「萊，東萊黄縣，地在東邊。」又「裔不謀夏」疏曰：「萊是東夷，其地又遠。」是萊爲齊東鄙邑也。

萊人歌之曰：「景公死乎不與埋，三軍之事不與謀，師乎師乎，何黨之乎？」　服曰：「萊人見五公子遠遷鄙邑，不得與景公葬埋之事及國三軍之謀，故愍而歌。師，衆也。黨，所也。言公子徒衆，何所適也。」《齊世家》注。

案：五公子，謂公子嘉、公子駒、公子黔、公子鉏、公子陽生也。「遠遷鄙邑」，謂寘於萊。《釋名・釋喪制》云「葬不如禮曰埋」。是埋亦葬也，故曰葬埋。「愍而歌」，謂憐之也。「師，衆也」，《易・師》彖辭。「黨，所」者，文十三年《公羊傳》曰「往黨衛侯」，注：「黨，所也。所猶是，齊人語也。」是齊人謂所爲黨也。《小爾雅・廣詁》：「之，適也。」言公子徒衆，何所適乎？

六年傳 遂及高張、晏圉、弦施來奔。　服曰：「圉，晏嬰之子。」同上。

潛師閉塗，逆越女之子章，立之而後還。　服曰：「閉塗，不通外使也。越女，昭王之妾。」《楚世家》注。

案：《史記集解》引徐廣曰：「塗，一作『壁』。」是閉塗爲築壁壘於往來之道，使外人不知王卒。

楚子使問諸周太史。　服曰：「諸侯皆有太史，主周所賜典籍，故曰周太史。一曰是時往問周太史。」本疏。

案：云「諸侯皆有太史」者，《書・酒誥》曰「矧太史友、内史友」，《宣二年》傳晉太史書趙盾弑其君，《襄二十五年》傳齊太史書崔杼弑其君，《三十年》傳鄭使太史命伯石爲卿，是諸侯皆有太史之官。云「主周所賜典籍」者，《昭二年》傳「韓宣子觀書於太史氏，曰『吾乃今知周公之德與周之所以王也』」，《十五年》傳王謂籍談曰「昔而高祖孫伯黶，司晉之典籍，以爲大政，故曰籍氏。及辛有之二子董之晉，於是乎有董史」，是太史在列國掌周所賜典籍也。服欲明周太史之稱，故云然也。「一曰是時往問周太史」者，以傳云「使問」，則周太史當在周，故又引或説也。

三代命祀，祭不越望。　服曰：「謂所受王命，祀其國中山川爲望。」《楚世家》注。

案：《書・舜典》云「望于山川」，《周禮・小宗伯》「四望四類」注：「四望，五嶽、四鎮、四竇。」按《周禮》言望，主天子言，故得遍祭嶽、鎮、瀆。《禮記・王制》云：「天子祭天下名山大川，諸侯祭名山大川之在其地者。」僖三十一年《穀梁傳》注引鄭曰「望者，祭山川之名也，非其疆界則不祭」，即服云「祀其國中山川」者也。以爲受王命者，封國之初，其得祀在其地之山川，亦王所命，故《論語》謂顓臾曰：「昔者先王以爲東蒙主。」

《夏書》曰：「惟彼陶唐，帥彼天常。有此冀方，今失其行。亂其紀綱，乃滅而亡。」　賈、服曰：「逸《書》，夏桀之時。」本疏。

案：以《書》稱「冀方」，又言「乃滅而亡」，故定爲夏桀時之書，晚出古文輯其辭入《五子之歌》。

八月，齊邴意茲來奔。陳僖子使召公子陽生。　賈曰：「遣意來召，日月錯誤，其説未聞。」本疏。

案：賈本當無「奔」字，故以意茲之來爲召陽生也。《史記·齊世家》云「八月，齊秉意茲、「秉」「邴」同音。田乞即陳僖子。敗二相」。是史遷所采《左氏》説亦無「奔」字，故以秉意茲與田乞同逐高、國。杜本有「奔」字，故注云「高、國黨」。晉、宋以後本皆有「奔」字，故《史記集解》於「秉意茲」下引徐廣曰：「《左傳》：『八月，齊邴意茲來奔魯。』」云「日月錯誤」者，以經云「秋，七月，楚子軫卒」，即繼之曰「齊陽生入于齊」，則陽生似七月入齊，而傳於八月始云「來召」，故賈云「錯誤」，然經於冬前惟書「七月」，不見餘月，或陽生歸在八九月閒，經有闕文，未可定也。

使毛遷孺子於駘。　賈曰：「齊邑。」《齊世家》注。

案：顧氏棟高曰：「或曰在今青州府臨朐縣界。」

七年傳 周之王也，制禮，上物不過十二。　賈曰：「周禮：王合諸侯，享禮十有二牢，上公九牢，侯、伯七牢，子、男五牢。」《吴世家》注。

案：《周禮·掌客》云「王合諸侯而饗禮，則具十有二牢」，注：「饗諸侯而用王禮之數者，以公、侯、伯、子、男盡在，是兼饗之，莫敵用也。」《掌客》又曰：上公「饔餼九牢，其死牢如飧之陳，牽四牢」，飧五牢合牽四牢爲九。侯、伯「饔餼七牢，其死牢如飧之陳，牽三牢」，飧四牢。子、男「饔餼五牢，其死牢如飧之陳，牽二牢」。飧三牢。服引此文也。

知必危，何故不言？　服曰：「諸大夫誠知伐邾必危，何故不早言也？」本疏。

案：服以此二句合下「魯德如邾，而以衆加之，可乎」皆爲孟孫言。孟孫不欲伐邾，以子服「危將焉保」之語爲然。云「二三子以爲何如」，欲諸大夫所對與子服言合，則季孫意沮矣。乃諸大夫阿附季氏，反以滅小爲是，孟孫因曰諸大夫意中豈不知伐邾必危，何故不言可危之狀，而反爲是言乎？如服所解，於文爲便。杜以「知必危，何故不言」屬上，「爲諸大夫言」以下二句方是孟孫語，而解之曰：「知伐邾必危，自當言，今不言者，不危故也。大夫以答孟孫所怪，且阿附季孫。」解似迂曲。

衆君子立於社宮。　服曰：「衆君子，諸國君。」本疏。賈曰：「社宮，社也。」《曹世家》注。

案：各本皆作「諸國君妾耳」，宋本作「妄耳」是也。疏以服云「諸國君爲妄耳」，然疑服本當無「子」字，故以衆君爲諸國君。若有「子」字，服當不如是釋也。杜無注。《史記》亦作「衆君子」，或涉彼文而然。正義曰：「不識姓名，故唯曰『衆君子』也。」若然，則曹叔振鐸夢者，何以又識之也？鄭衆曰：「社宮，中有室屋者。」

乃背晉而奸宋。　賈曰：「以小加大。」同上。

案：《隱三年》傳云「小加大，所謂六逆也」。曹是小國，背晉奸宋，是「以小加大」也。

九年傳 遇水適火。　服曰：「兆南行適火。卜法橫者爲土，立者爲木，邪向經者爲金，背經者爲火，因兆而細曲者爲水。」本疏。

案：南方屬火，云「適火」，故知兆南行也。其所云「卜法」，以五行之象會意，當是相傳古法。《書疏》曰：「卜筮之事，體用難明，故先儒各以意説，未知孰得其本。今之用龜，其兆橫者爲土，立者爲木，斜向徑者爲金，背徑者爲火，因兆而細曲者爲水。」孔氏所云用龜之法與服卜法相同，是唐時猶存此法。

十年傳 吴子三日哭于軍門之外。　服曰：「諸侯相臨之禮。」《吴世家》注。

案：《禮記·檀弓》：「朋友，吾哭諸寢門之外。」異姓諸侯有朋友之誼，故曰友邦。其相臨之禮，若在國亦當哭諸寢門之外。今在師，故哭於軍門之外。

案：顧氏棟高曰：「今濟南府治東近章丘縣界有賴亭。」

侵及賴。　服曰：「賴，齊邑。」《齊世家》注。

十一年傳 公孫夏命其徒歌《虞殯》。　賈曰：「《虞殯》，遣殯歌詩。」本疏。

案：正義曰：「禮：啟殯而葬，葬則下棺，反，日中而虞。蓋以啟殯將虞之歌，謂之『虞殯』。歌者，樂也。喪者，哀也。送葬得有歌者，蓋挽引之人爲歌聲以助哀，今之挽歌是也。舊説挽歌，漢初田橫之臣爲之。據此，挽歌之有久矣。晉初荀顗制禮，以吉凶不雜，送葬不宜有歌，去之。摯虞駮之云

『《詩》云「君子作歌，維以告哀」。葬之有歌，不爲害也』。復存之。」

其有顛越不共，則劓殄無遺育，無俾易種于茲邑。　服曰：「顛，隕也。越，墜也。顛越無道，則割絶無遺也。」《吴世家》注。

案：《離騷》云「厥首用夫顛隕」，王逸注：「自上下曰顛。」《易·雜卦傳》云「大過，顛也」，虞注：「顛，殞也。」《説文》：「隕，從高下也。」越爲墜者，《禮記·緇衣》云「毋越厥命，以自覆也」，注：「越之言蹷也。」《楚辭·惜誦》云「行不群以顛越兮」注、《成二年》傳「越于車下」注並云「墜也」。不共爲無道者，「共」與「恭」通，《書·堯典》「允恭克讓」鄭注云「不懈於位曰恭」，《周語》云「夙夜恭也」，注「夙夜敬事曰恭」，《周書·謚法解》云「尊賢敬讓曰恭，無此則無道矣」，故不共爲無道。「劓」，《説文》「剿」之或字，《廣雅·釋詁》云「剿，斷也」。《十五年》傳「以戈擊之，斷纓」，《史記》作「割纓」，是割亦斷也。「殄」者，《爾雅·釋詁》云「絶也」。言有隕墜先緒而無道者，當割絶之，勿使有遺種也。

屬其子於鮑氏。　服曰：「鮑氏，齊大夫。」同上。

使賜之屬鏤以死。　服曰：「屬鏤，劍名。賜使自刎。」同上。

案：《史記·吴世家》及《伍子胥傳》並云「賜子胥屬鏤之劍以死」，是屬鏤，劍名也。《一切經音義》十二引《通俗文》曰：「自刻曰刎。」又二十五引《字略》曰：「斷首曰刎。刎，割也。」

孔文子之將攻太叔也。　服曰：「文子，衛卿也。」《孔子世家》注。

胡簋之事。　賈、服曰：「夏曰胡，周曰簋。」本疏。○疏止引「夏曰瑚」一句，然杜注「夏曰胡，周曰簋」，即本賈、服，故疏云「杜亦同之」。

案：《禮記・明堂位》云「夏后氏之四璉，殷之六瑚，周之八簋」，胡即瑚之省文。《韓敕碑》云「胡輦器用」，胡輦即瑚璉。據《明堂位》文，則當云「夏曰璉」，然《論語集解》引包注、《明堂位》疏引《論語》注並云「夏曰瑚」，與賈、服同。疑《記》文本云「夏之四瑚，殷之六璉」，今作「夏璉」「殷瑚」者，互倒耳。皇侃疏以鄭注《論語》爲誤，則六朝以來已曰「四璉」「六瑚」矣。惟瑚屬夏、璉屬殷，故夫子順以舉之曰瑚璉也。簋，《説文》云「黍稷方器也」。

鳥則擇木，木豈能擇鳥？　服曰：「鳥喻己，木以喻所之之國。」《孔子世家》注。

季孫欲以田賦。　賈曰：「欲令一井之閒出一丘之税，井別出馬一匹、牛三頭。」本疏。

案：《周禮・小司徒》云「九夫爲井，四井爲邑，四邑爲丘」。《司馬法》云：「四邑爲丘，有戎馬一匹，牛三頭，謂之匹馬丘牛。」云「一井之閒出一丘之税」者，《魯語》云「季康子欲以田賦」，仲尼曰：「先王制土，其歲收，田一井出稯禾、秉芻、缶米，不是過也。」仲尼惟言一井所出，則此云「田賦」者，謂用一井之田賦耳。《小司徒》後鄭注云「賦謂出車徒給繇役也」。《司馬法》曰：「井十爲通，通爲匹馬。」通即《周禮》之丘，是出賦從丘爲始。今於一井之田而定爲賦，是以一丘之供令一井出之矣。韋昭云「昭謂此數甚多」，似非也。下雖云「收田一井」，凡數從夫井起，故云井耳。

十二年經　公會吴于橐皋。　服曰：「橐皋，地名也。」《吴世家》注。

案：《漢書・地理志》「九江郡橐皋」注引孟康曰：「音拓姑。」顧氏棟高曰：「宋紹興十一年，兀朮屯兵柘皋，槖訛爲『拓』，又訛爲『柘』。今廬州府巢縣西北六十里有柘皋鎮，俗猶名會吴城。」

【傳】昭夫人孟子卒。昭公娶于吴，故不書姓。　賈曰：「言孟子，若言吴之長女也。」本疏。

案：經書「孟子」，傳者恐後人知宋是子姓，誤以爲宋女。曰「不書姓」，明經云「孟子」，子非夫人之姓。賈體會傳意，以孟是長女亦稱子，故云「若吴之長女也」釋經書「孟子」之意如此，非以子爲姓也。

今吾子曰：必尋盟。若可尋也，亦可寒也。　賈曰：「尋，温也。」《論語・爲政》疏。服曰：「尋之言重也，温也。寒，歇也，亦可寒而歇也。」《儀禮・有司徹》疏。

案：《儀禮・有司徹》云「乃爇尸俎」，注：「爇，温也。」古文「爇」皆作「尋」，記或作「燖」。《春秋傳》曰：「若可燖也，亦可寒也。」《禮・郊特牲》「血腥爓祭」注：「爓或爲燖。」是「燖」「爇」「爓」一字，皆温也。今傳作「尋」，古文也。《中庸》「温故而知新」，鄭云「讀如燖温之『温』」，是尋爲温也。又《説文》云「㝷，繹理也」。繹有重義，故《爾雅》曰：「繹，又祭也。」服謂尋之言重，是以尋爲㝷也。其曰温者，與賈説同。寒爲歇者，對燖而言，火熄則寒，故寒爲歇。云「寒而歇」者，猶云火歇而寒也。

侯伯致禮，地主歸餼。　服曰：「致賓禮於地主。」本疏。

案：正義曰：「侯伯，諸侯之長，謂盟主也。地主，所會之地主人也。」然則服云「致賓禮於地主」者，❶言侯伯既爲盟主，則地主亦在賓列，當致賓禮也。賓禮者，正義曰：「禮賓，當謂有以禮之，或設飲食

❶「賓」，原脱，今據上文補。

與之宴也。」

【十三年傳】吴人告敗于王，王惡其聞也，自剄七人於幕下。　賈曰：「惡其聞諸侯。」服曰：「以絶口。」《吴世家》注。

案：云「惡其聞諸侯」者，恐諸侯知其敗信，不能終會，故惡其聞於諸侯也。云「以絶口」者，猶今人言滅口矣。

乃先晉人。　賈曰：「《外傳》曰：『吴先歃，晉亞之。』先敘晉，晉有信，又所以外吴。」同上。

案：《外傳》者，《國語》也。《吴語》云「吴公先歃，晉侯亞之」。此云「先晉人」，與《外傳》異。賈以《外傳》來之列國所紀敘事，雖有曲筆，而盟歃先後不容妄説。至魯史公書其事，宜其移易，以示抑揚，以晉侯讓，故先書晉，且復外吴示華夷之别，傳因而實之。下文子服景伯稱吴爲伯，又曰「君將以寡君見晉君，則晉成爲伯矣」。又曰：「且執事以伯召諸侯，而以侯終之。」明是吴人先歃，故稱吴爲伯。恭冕謹案：「乃先晉人」，文承司馬寅説之後，則「先晉人」謂吴先晉人也，《内》《外傳》義同，注家始謂有異耳。

【十四年經】春，西狩獲麟。　賈曰：「周在西，明夫子道繫周。」本疏。「《書》稱『鳳凰來儀』，今麟不言來，非外來也。」□□。❶ 服曰：「言西者，有意於西，明夫子有立言，立言之位在西方，故著於西也。」本疏。「麟，中央土獸，土爲信。信，禮之子。修其母致其子，視明禮修而麟至，思睿信立而白虎擾，言從乂成

---

❶ 「□□」，當是《釋例》。

而神龜在沼，聽聰知正則名川出龍，貌恭性《詩・麟趾》疏「性」作「禮」。仁則鳳凰來儀。」《禮記・禮運》疏。

賈、服曰：「孔子自衛反魯，考正禮樂，修《春秋》，約以周禮，三年文成致麟，麟感而至。」本疏。　序疏引作「孔子以哀十一年自衛反魯，而作《春秋》，約之以禮，故有麟應而至」。

案：《桓四年》「公狩于郎」，《莊四年》「公及齊人狩于禚」，郎、禚皆書地名，此既狩于大野，亦當書地，乃不書地而云「西狩」者，明夫子道繫西周，故麟自西得也。「道繫周」者，《孟子》曰：「《春秋》，天子之事也。」《中庸》云「仲尼憲章文武」，是修《春秋》以文武爲憲者也。「《書》稱『鳳凰來儀』」者，《皋陶謨》文。自外謂之來，如《昭二十五年》「有鸜鵒來巢」是也。「今麟不言來，明非外來也」，《禮運》疏引《異義》云「陳欽説：麟，西方毛蟲，孔子作《春秋》有立言，西方兑，兑爲口，故麟來」。服以麟爲中央獸，不從陳説，而以吾立言之説解西狩，故曰「夫子有立言，立言之位在西方也」。又《異義》曰：「《左氏》説麟是中央軒轅大角獸。」《公羊疏》曰：「《春秋》説麟生於火，遊於中土，軒轅大角之獸。」案：鄭謂緯爲説，則《左氏》説即《春秋緯》，而服用之説麟所屬之位，先儒各就意解，故《異義》又曰：「《公羊》説：麟，木精。陳欽説：麟是西方毛蟲。許慎謹案：《禮運》云麟、鳳、龜、龍謂之四靈。龍，東方也。虎，西方也。鳳，南方也。龜，北方也。麟，中央也。」鄭駁云：「古者聖賢言事亦有效，三者取象天地人，四者取象四時，五者取象五行。今云麟、鳳、龜、龍謂之四靈，則是當四時明矣。虎不在靈中，空言西方虎者，麟中央，得無近誣乎？」按：鄭此駁以許引《禮運》，不合《禮運》四靈，有麟無虎。記禮者以意自配麟爲西方。許引《禮運》之下而云「西方虎」則爲贅詞，云「中央」

麟」，則爲移置，故鄭駮之。若以五行言之，則《曲禮》曰「前朱鳥而後玄武，前後即南北，朱鳥，鳳凰屬。玄武宿有龜。《考工記》云「龜蛇四斿以象營室也」，注：「營室，玄武宿。」左青龍而右白虎」。左右即東西。水、火、金、木各有所屬，中央土則以麟配之，是也。《詩·麟趾》傳云「麟信而應禮」，箋云「今公子亦信厚，與禮相應，有似於麟，信屬土」。鄭不異毛説，則亦以麟爲土獸矣。土爲信者，《白虎通·情性篇》云「脾所以信何？脾者，土之精也。土尚任養萬物爲之象，生物無所私，信之至也」，是土爲信矣。云「信爲禮之子」者，又《五行篇》云：「五行所以更王何？以其轉相生，故有終始也。木生火，火生土，土生金，金生水，水生木。五行之子慎之物歸母。」是木生火等輩，爲母生子也。又《情性篇》云「南方尊陽在上，卑陰在下，禮有尊卑，故心象火」。若然，土爲信，火爲禮，火生土，故云「信爲禮之子」。云「修母」「致子」者，《昭二十九年》傳：「龍，水物也，水官棄矣，故龍不生得。」正義曰：「漢氏先儒説《左氏》者，皆以五靈配五方，龍屬木，鳳屬火，麟屬土，白虎屬金，神龜屬水。其五行之次，木生火，火生土，土生金，金生水，水生木。王者修其母則致其子，水官修則龍至，木官修則鳳至，火官修則麟至，土官修則白虎至，金官修則神龜至。」此漢儒本《左氏》説義推修母致子之法，服亦同之。《書·洪範》疏引鄭云：「《五行傳》曰：『貌屬木，言屬金，視屬火，聽屬水，思屬土。』」《漢書·天文志》曰：「東方春木，於人五常仁也，五事貌也。南方夏火，禮也，視也。西方秋金，義也，言也。北方冬水，知也，聽也。中央季夏土，信也，思心也。」若然，則「視明禮修而麟至」者，火修致土也；「思睿信立而白虎擾」者，土修致金也；「言從乂成而神龜在沼」者，金修致水也；「聽聰知正，則名川出龍」者，水修致木也；「貌恭性成，則鳳凰來儀」者，木修致火也。「孔子反魯在哀十一年，考正禮樂，修《春秋》，約以周禮」者，《史記・孔子世家》云「孔子追迹三代之禮」，《論語》云「吾自衛反魯，然後樂正」，《史記》又云「因史記作《春秋》，據魯親周」是也。「三年文成致麟」者，自十一年至此爲三年。文成致麟，謂修禮致麟，麟感母修故至。

小邾射以句繹來奔。　賈曰：「此下弟子所記。」本疏。服曰：「《春秋》終於獲麟，故小邾射不在三叛人中也。弟子欲明夫子作《春秋》以顯其師，故書『小邾射』以下至『孔子卒』。」《春秋序》疏。

案：《公羊》《穀梁》之經皆至獲麟而盡，《左氏》經更有此下者，「弟子欲存孔子卒，故因經之末并録魯之舊史以續經也」。故賈於此别之，明此下非仲尼修矣。「小邾射不在三叛人中」者，《襄二十一年》「邾庶其以漆、閭丘來奔」，《昭五年》「莒牟夷以牟婁及防兹來奔」，《三十一年》「邾黑肱以濫來奔」，傳曰：「邾庶其、莒牟夷、邾黑肱以土地出。」《春秋》書三叛人名以懲不義。今射以句繹來奔，與三叛同。若「獲麟」以下仍是孔子所修，則彼傳亦當舉之，不舉者，足證此下至「仲尼卒」是弟子所記。

齊陳恆執其君，寘于舒州。　賈曰：「陳氏邑也。」《齊世家》注。

案：惠氏棟曰：「《史記・齊世家》『田常執簡公于俆州』，司馬貞曰『俆字从人』，《説文》作『郐』，並音舒。《戰國策・齊一篇》曰『楚威王戰勝于徐州』，高誘曰『徐州或作「舒州」，是時屬齊』。按徐、舒古字通。」

傳 春，西狩于大野，叔孫氏之車子鉏商獲麟。　服曰：「大野，藪名，魯田圃之常處，蓋今鉅野是也。」《孔子世家》注。「車，車士微者也。子，姓。鉏商，名。」本疏。○《史記索隱》引子姓。

案：《爾雅·釋地》「十藪」云「魯有大野」，其藪夏屬徐州。《禹貢·徐州》云「大野既豬」，周屬兖州。《周禮·職方》云「其澤藪曰大野」，與《爾雅》合，是大野爲藪名。云「魯田圃之常處」者，《詩·大叔于田》釋文引《韓詩》傳云「禽獸居之曰藪」。田者，《大司馬》云「遂以蒐田」「遂以苗田」是也。圃者，《車攻》詩云「東有甫草，駕言行狩」，《韓詩》作「圃」，是田狩之地亦曰圃，故圃田爲鄭藪，今大野是魯藪也。「魯田圃之常處，蓋今鉅野是也」者，《漢書·地理志》山陽郡「鉅壄」注云：「大壄澤在北兖州藪。」《水經·濟水注》引何承天云「鉅野，湖澤廣大，南通洙泗，北連清濟，舊縣故城正在澤中。今曹州府鉅野縣之西有鉅野故城」。「車，車士微者」，謂叔孫氏之御車者。《家語》作「叔孫氏之車士曰子鉏商」。王肅即本服説注云「車士，將車者也」。子鉏商，服以子爲姓，鉏商爲名。王肅《家語注》同。杜以「車子」連文云「車子，微者。鉏商，名」。

以爲不祥。　服曰：「麟非時所常見，故怪之，以爲不祥也。」《孔子世家》注。

仲尼觀之，曰：「麟也。」然後取之。　服曰：「仲尼名之曰麟，然後魯人乃取之也。明麟爲仲尼至也。」同上。

案：《公羊傳》曰：「有以告者曰：『有麕而角者。』孔子曰：『孰爲來哉！孰爲來哉！』反袂拭面，涕沾袍。」何休注：「夫子素按圖録，知庶姓劉季當代周，見薪采者獲麟，知爲其出。何者？麟者，木精。薪采者，庶人燃火之意，此赤帝將代周居其位，故麟爲薪采者所執。西狩獲之者，從東方王於西也，東卯西金，象也。言獲者，兵戈文也。言漢姓卯金刀，以兵得天下。不地者，天下異也。又先是螺蟲冬踊，彗金精埽旦置新之象。夫子知其將有六國争彊，從横相滅之敗，秦項驅除，積骨流血之虞，然後劉氏乃帝，深閔民之離害甚久，故豫泣也。」按何氏以讖緯釋經，直以麟爲劉氏來，其説荒誕，服故顯異之，曰：「明麟爲仲尼至也。」正義駮之，曰：「服以仲尼名之，即云『爲仲尼至』，然則防風之骨、肅慎之矢、季氏之羵羊、楚王之萍實，皆問仲尼而後知，豈爲仲尼至也？」按：《禮運》曰「鳳凰、麒麟皆在郊棷。則是無故，先王能修禮以達義，體信以達順故，此順之實也」。《詩・麟趾》疏引《中候握河記》云「帝軒題象，麒麟在囿」。又《唐》傳云「堯時麒麟在郊藪」。又《孔叢子》云「唐虞之世，麟鳳遊於田」。《詩釋文》云「麟，瑞獸也」。《草木疏》云「麕身，牛尾，馬足，黄色，員蹄，一角，角端有肉。音中鐘吕，行中規矩，王者至仁則出」。《白虎通・封禪篇》云：「天下太平，符瑞所以來至者，以爲王者承天統理，調和陰陽。陰陽和，萬物序，休氣充塞，故符瑞並臻，皆應德而至。」若然，則麟非無故而至。今周衰魯微，麟不當至而至。説《公羊》者假以貢媚漢氏，説愈不經。服以修母致子，明麟之至實爲孔子，庶非矯誣。孔氏不達此旨，乃援防風之骨、肅慎之矢以相稱難，豈朽骨、古矢亦如麟之應瑞而至乎？斯不倫矣！

齊簡公之在魯也，闞止有寵焉。　賈曰：「闞止，子我也。」《齊世家》注。

案：《田敬仲世家》曰：「子我者，監『監』一作『闞』。止之宗人也。」史遷采他説，不足據。

諸御鞅言於公。　賈曰：「鞅，齊大夫也。」同上。

子我夕，陳逆殺人，逢之，遂執以入。陳氏方睦，使疾而遺之潘沐，備酒肉焉。　服曰：「夕，省事。子我將往夕省事於君，而逢逆之殺人也。陳常方欲謀有齊國，故和其宗族，使陳逆詐病而遺也。」同上。

案：《成十二年》傳云「朝而不夕」，《昭十二年》傳云「右尹子革夕」，《魯語》云「卿大夫夕序其業」，序業即省事。子我因省事而當入告，故暮見於君也。《田敬仲世家》云：「田釐子乞事齊景公爲大夫，其收賦稅於民，以小斗受之其粟，予民以大斗，行陰德於民，而景公弗禁。由此，田氏得齊衆心，宗族益强，民思田氏。」是陳氏謀有齊國久矣。《爾雅·釋詁》云：「詐，僞也。」《内則》云：「其間面垢，燂潘請靧。」使逆僞病不能櫛沐，則面垢易生，因遺之潘沐也。

饗守囚者，醉而殺之，而逃。子我盟諸陳於陳宗。　服曰：「子我見陳逆得生出，而恐爲陳氏所怨，故與盟而請和也。陳宗，宗長之家。」同上。

案：「陳宗，宗長之家」者，《喪服小記》云「繼别爲宗，繼禰爲小宗」。《士昏·記》「宗子無父，母命之」注：「宗子者，適長子也。」然則宗長之家謂陳氏。繼别之家，止義：「謂指陳成子也。」

初，陳豹欲爲子我臣，使公孫言己。　賈曰：「豹，陳氏族也。公孫，齊大夫也。」同上。

我遠於陳氏矣。且其違者，不過數人，何盡逐焉？　服曰：「言我與陳氏宗疏遠也。違者，不從子我者。」同上。

案：言於陳氏疏遠，明己不當立也。云「不從子我者，不過數人」，蓋懼其盡逐也，此見陳宗之和，故許豹以位而對者如此。

子行曰：「彼得君，弗先，必禍子。」子行舍於公宫。　服曰：「彼謂闞止也。子謂陳常也。止於公宫，爲陳氏作内間也。」同上。

案：《周禮·司戈盾》云「及舍」，注「舍，止也」，故以「舍於公宫」爲「止於公宫」。《後漢·光武紀》注：「間，諜也。謂伺候閒隙也。」

成子兄弟四乘如公。子我在幄，出逆之。遂入，閉門。侍人禦之。　服曰：「成子兄弟八人，二人共一乘，故曰四乘。成子兄弟見子我出，遂突入，反閉門，子我不得復入。閹豎以兵禦陳氏。」同上。

案：正義引《世本》云「僖子生昭子莊、簡子齒、宣子其夷、穆子安、廩丘子鑿兹、芒子盈、惠子得」，連成子爲兄弟八人。八人四乘，則知二人共一乘也。子我在幄，本在門内，以成子兄弟至，出逆之，則在門外，成子輩見其出，遂馳突而入，反閉子我於門外，故不得入。侍人爲閹豎者，《周官》序官「寺人」注「寺之言侍也」，是侍人即寺人。又「内小臣：奄上士四人。内豎：倍寺人之數」，寺人是奄豎之類，故曰奄豎。《月令·仲冬》云「命奄尹申宫令，審門閭」，注：「奄尹，主領奄豎之官也。是内宫門閭，奄豎掌之。」今見陳氏閉門，故以兵禦。《史記》云「宦者禦之」，是也。杜云「子我侍人」，失之。

子行殺侍人。　服曰：「舍於公宫，故得殺之。」同上。

案：子行在公宫爲内應，故得自内而殺侍人也。

公與婦人飲酒于檀臺，成子遷諸寢。　服曰：「當陳氏入時，飲酒於此臺，欲徙公令居寢也。」同上。

太史子餘。　服曰：「齊大夫。」同上。

聞公猶怒，將出。　服曰：「出，奔也。」同上。

案：成子曰：「何所無君？」是欲奔異國之辭。

所不殺子者，有如陳宗。　服曰：「陳宗，先祖鬼神也。」本疏。

案：《祭法》注：「祖、宗通言耳。」然則曰「陳宗」者，即云陳之先祖也。云「鬼神」者，連文耳。正義曰：「此稱『有如陳宗』，猶定六年孟懿子謂范獻子曰『所不以陽虎爲中軍司馬者，有如先君』。」此亦然也。

屬徒攻闈與大門。　服曰：「屬徒，會徒衆。宫中之門曰闈。大門，公門也。」《齊世家》注。

案：屬爲會者，《齊語》「兵車之屬三」注「屬亦會也」，《大司馬》「屬其植」司農注「屬，聚會之也」。云「大門，公門」者，謂宫之正門。《聘禮》曰：「公出送賓及大門内。」《郊特牲》：「賓入大門而奏《肆夏》。」《成十年》：「壞大門及寢門而入。」是舍寢門外。凡庫、雉、路皆得爲大門也。

適豐丘。　賈曰：「豐丘，陳氏邑也。」同上。

殺諸郭關。　賈曰：「齊關名。」同上。

將殺大陸子方。　服曰：「子方，子我黨，大夫東郭賈也。」同上。

案：下文東郭賈奔衛，故知即子方也。

事子我而有私於其讎，何以見魯、衛之士？　服曰：「子方將欲奔魯、衛也。」同上。

十五年傳 將以尸入。　服曰：「在牀曰尸，在棺曰柩。」本疏。

案：「在牀曰尸，在棺曰柩」，《曲禮》文，彼注云「尸，陳也，言形體在也。柩之言究也」，正義曰：「在牀曰尸者，古人病困氣未絶之時，下置在地，氣絶更還牀上。既未殯斂，陳列在牀，故曰尸也。《白虎通》云『失氣亡神、形體獨陳』是也。在棺曰柩者，三日不生，斂之在棺，死事究竟於此也。《白虎通》云『柩，究也，久也，不復變色』。然尸、柩亦通名也。案《曾子問》云『如小斂，則子免而從柩』，此謂小斂，舉尸在爲柩也。《春秋左氏傳》『贈死不及尸』，是呼未葬之柩爲尸。」

書社五百。　服曰：「書，籍也。」《孔子世家》注。

案：「書，籍」者，謂以社數書于策也。《荀子·榮辱》「循法則度量，形辟圖籍」注：「籍，謂書其户口之數也。」今人言户籍、籍貫矣。

舍於孔氏之外圃。　服曰：「圃，園。」《衛世家》注。

案：《太宰》「園圃毓草木」注：「樹果蓏曰圃，園其樊也。」《詩》「折柳樊圃」傳：「圃，菜園也。」

二人蒙衣而乘。❶　服曰：「二人，謂良夫、太子。蒙衣爲婦人之服，以巾蒙其頭而共乘也。」同上。

案：知婦人之服者，下云「以姻妾告」，故知爲婦人服也。《内則》「女子出門必擁蔽其面」，故知以巾

---

❶ 「乘」，原作「人」，據《春秋左傳正義》改。

蒙其頭也。

孔氏之老欒甯問之，稱姻妾以告。　服曰：「家臣稱老，問其姓名。」賈曰：「昏姻家妾也。」同上。

案：「婚姻家妾」者，《爾雅·釋親》：「婿之父爲姻，婦之父爲婚。」《説文》：「姻，婿家也。女之所因，故曰姻。」「婚，婦家也。禮：娶女以昏時。婦人陰，故曰婚。」《釋親》又曰：「婦之父母，婿之父母，相謂爲婚姻。」故文每多連舉。《我行其野》詩云「婚姻之故」，《士昏禮》云「某以得爲外婚姻」，《晉語》云「納女工妾三十人」，注「妾，給使者」，是姻妾爲婚姻給使之人也。

遂入適伯姬氏。　服曰：「入孔氏家，適伯姬所居。」同上。

孔伯姬杖戈而先。　服曰：「先至孔悝所。」同上。

太子與五人介，輿豭從之。　賈曰：「介，被甲也。輿豭豚欲以盟。」同上。

案：《周禮·旅賁氏》「軍旅則介而趨」注：「介，被甲。」《説文》：「豭，牡豕也。」《方言》云：「豬，北燕、朝鮮之間謂之豭。其子或謂之豚。」是豭、豚皆豕也，故謂豭爲豚。「輿豭」，欲與孔悝盟也。《周禮·戎右職》云「盟則以玉敦辟盟，遂役之，贊牛耳」。《十七年》傳曰：「孟武伯問于高柴曰：『諸侯盟，誰執牛耳？』」若然，則諸侯盟用牛，而此以豭，《何人斯》疏引鄭《駮異義》：「盟者，人君用牛，伯姬、孔悝以豭，下人君耳。」《詩疏》「耳」作「牲」，誤。《校勘記》未及檢，今從本傳疏改。

遂劫以登臺。　服曰：「於衛臺上召衛群臣。」同上。

案：《定四年》傳「郲子在門臺」，然則衛臺當即門臺，故得以召群臣。

聞亂使告季子。　服曰：「季路爲孔氏邑宰，故告之。」同上。

案：《弟子列傳》：「子路爲衛大夫孔悝之邑宰。」此服所本。

召護駕乘車。　服曰：「召護，衛大夫。駕乘車，不駕兵車也，言無距父之意。」同上。

案：傳作「召獲」，此依《史記》作「護」，或服、杜本不同也。《攷工記》「故兵車之輪六尺有六寸，乘車之輪六尺有六寸」注：「兵車，革路也。乘車，玉路、金路、象路也。」《巾車》「玉路以祀；金路以賓，同姓以封；象路以朝，異姓以封；革路以即戎」注：「即戎謂兵事。」若然，欲有兵事，當乘兵車，今駕乘車，其不拒父明矣。輒，蒯聵子，故曰「拒父」。

行爵食炙。　服曰：「欒甯使召季路，乃行爵食炙。」同上。

案：上云「欒甯將飲酒」，則未行爵；云「炙未熟」，則未食炙也。及告季路後炙已熟，乃飲酒食炙。服以「欒甯行爵食炙」隔「召護駕乘車」一語，故指明之。

奉衛侯輒來奔。　服曰：「召護奉衛侯。」同上。

案：召護將奉衛侯出，故駕乘車。又中隔「行爵食炙」一語，恐後人迷懵，故明言曰「召護奉衛侯」。正義曰：「此句顛倒，辭義不允。」若倒此一句，則上下各自相連，當是後來誤耳。恭冕謹案：傳文當是「欒甯行爵食炙，既畢，亦與召獲同奉衛侯來奔」，未必句有顛倒。

季子將入，遇子羔將出。　賈曰：「子羔，衛大夫高柴，孔子弟子也。將出奔。」同上。

案：《弟子列傳》：「高柴，字子羔。」

弗及，不踐其難。　賈曰：「言家臣憂不及國，不得踐履其難。」同上。

案：《説文》：「踐，履也。」

食焉不辟其難。　服曰：「言食悝之禄，欲救悝之難。此明其不死國也。」同上。

公孫敢門焉，曰：「無入爲也。」　服曰：「公孫敢，衞大夫。言輒已出，無爲復入。」同上。

石乞、孟黶敵子路。　服曰：「二子，蒯聵之臣。敵，當也。」同上。

案：「敵，當」，《釋詁》文。

君子死，冠不免。　服曰：「不使冠在地。」同上。

案：《曲禮》曰「冠毋免」，注：「免，去也。」兵死則身踣，不結纓則冠去委地矣，故以不免爲不使在地。

十六年傳　稱一人，非名也。　服曰：「天子自謂『一人』，非諸侯所當名也。」《孔子世家》注。○《册府元龜》七百九十六。

案：《曲禮》云「君天下曰天子，朝諸侯、分職、授政、任功，曰『予一人』」，注：「《覲禮》曰：『伯父實來，余一人嘉之。』『余』『予』，古今字。」正義曰：「自謂『予一人』者，言我是人中之一人，與物不殊，故自謙損。」《白虎通》云：「王自謂一人者，謙也，欲言己才能當一人耳。故《論語》云『百姓有過，在予一人』。臣下謂之一人者，所以尊王者也。以天下之大，四海之内所共尊者，一人耳。」若然，一人惟天子得稱之，若諸侯則曰寡人、曰孤、曰不穀，不能以一人爲名也。

使處吴境，爲白公。　服曰：「白，邑名，楚邑。大夫皆稱公。」《楚世家》注。

案：《楚世家》云「以爲巢大夫，號曰白公」。《伍子胥傳》：「遂召勝使居楚之邊邑鄢，號爲白公。」史遷以白公非因封邑得稱矣。然巢、鄢互異，且是時巢已入吴，不得以封，則遷説非也。《通考》以吴人伐慎，白公敗之，謂慎爲勝封邑，亦誤。杜預曰：「汝陰褒信縣西南有白亭。」是則白是楚邑，勝稱白公，當封此，故服云「白，邑名，楚邑」。「大夫皆稱公」，如申公、息公是也。

請以戰備獻。　服曰：「欲陳士卒、甲兵，如與吴戰時所入獻捷。」本疏。

案：《大司樂》「王師大獻，則令奏愷樂」注：「大獻，獻捷于祖。」《隱五年》傳「入而振旅」，杜云「整衆而還」，《僖二十八年》傳「晉侯振旅，愷以入于晉，獻俘授馘」，《襄二十五年》傳「鄭子産獻捷于晉，戎服將事」。陳衆獻捷，軍旅之常，若邊境小捷，非國大勝，不必依此禮也。今白公爲此請者，蓋藉整旅之意，以與吴戰時所俘獻捷，得以爲亂，故知戰備爲陳士卒、甲兵也。正義駁服云：「陳列甲兵、士卒以入王宫，人情所不許。」按服云「與吴戰時所入」，謂所得吴俘也，並無「入王宫」之文，孔氏增成其説，以相詰難，非允論也。

而以王如高府。　賈曰：「高府，府名。」《楚世家》注。

案：《説文》：「府，文書藏也。」府本以藏文書，引伸之，凡物所聚皆曰府。《一切經音義》九引《三蒼》：「府，文書、財物藏也。」《曲禮》「在府言府」，謂寶藏貨賄之處。此高府亦當是藏物處，猶魯府名長府也。《周禮·太宰》「以八灋治官府」，注「百官所居曰府」，非此府也。

以如昭夫人之宫。　服曰：「昭王夫人，惠王母，越女也。」同上。

案：《六年》傳：昭王「卒于城父，逆越女之子章，立之」。故云「惠王母，越女也」。

十七年傳 紫衣狐裘。　賈曰：「紫衣，君服。」本疏。

案：正義曰：「紫衣爲君服，禮無明文，要此云『紫衣』，良夫不合服之。《玉藻》云『玄冠紫緌，自魯桓公始也』，鄭玄云『蓋僭宋王者之後服也』。《管子》稱齊桓好服紫衣，齊人尚之，五素而易一紫。孔子云『惡紫之奪朱』。蓋當時人主好服紫衣，君既服紫，則臣不得僭。今傳言紫衣爲良夫之罪，明紫是君服，良夫僭之，故言『紫衣，君服』也。」

國子實執齊柄。　服曰：「秉，權柄也。」《史記索隱》二十。

案：陳樹華云：「《索隱》引『柄』作『秉』，又引服虔云『秉，權柄也』。是服本作『秉』。」按《爾雅·釋詁》「秉，執也」，傳云「執齊柄」，服自以秉釋執，非服本作「秉」。《索隱》是涉服注而誤，亦非以柄爲秉也，陳説非。

如魚竀尾。　賈曰：「竀，赤色。魚勞則尾赤。」本疏。

案：《攷工記·鍾氏》注引《爾雅》「再染謂之竀」，《釋文》：「『竀』，本又作『赬』，亦作『赬』。」今《爾雅》作「赬」。《説文》：「經，赤色也，从赤，巠聲。❶《詩》曰：『魴魚經尾。』赬，經或从貞。䞓，或从丁。浾，經，棠棗之汁。泟，浾或从正。」然則「經」正字，「赬」或字。「竀」又从泟，變也。今《詩》作「魴魚

❶「巠」，原作「經」，據《説文解字》改。

赬尾」，傳：「赬，赤也。魚勞則尾赤。」賈本《毛傳》。《詩正義》曰：「《釋器》云『再染謂之赬』，郭云：『赬，淺赤也。』魴魚之尾不赤，故知勞則尾赤。《哀十七年》傳曰：『如魚赬尾，衡流而彷羊。』鄭氏云『魚肥則尾赤，以喻蒯聵淫縱』。不同者，❶此自魴魚尾本不赤，赤故爲勞也。鄭以爲彼言彷徉爲魚肥，不指魚名，猶自有肥而尾赤者。服氏亦爲魚勞。」然則賈、服同。《詩疏》引鄭衆「魚肥而尾赤」，今傳疏引鄭云「魚勞則尾赤」，「勞」字誤，當作「肥」。

衡流而方羊裔焉。　賈曰：「橫流方羊，不能自安。裔，水邊。」本疏。

案：衡流爲横流者，《攷工記・玉人》注：「衡，古文；横，假借字也。」「方羊」，《詩疏》引傳作「彷徉」，《史記・吴王濞傳》「彷徉天下」，《漢書》作「方洋」，是「方羊」與「彷徉」同。《離騷》「聊須臾以相羊」，王逸注「須臾、相羊皆游也」，故鄭衆以相羊爲遊戲。《楚詞・招魂》「彷徉無所倚」，王逸注「言欲彷徉東西，無人可依」。《莊子・逍遥遊》「彷徨乎無爲其側」，《釋文》：「崔本作『方羊』。」《廣雅・釋訓》：「彷徉，徙倚也。」東西徙倚，是不能自安之貌，故賈曰「不能自安」也。「裔」，《廣雅・釋言》「邊也」。以繇言魚狀，知其彷徉者爲水邊矣。

見戎州。　賈曰：「戎州，戎人之邑。」《衛世家》注。

立公子起。　服曰：「起，靈公子。」同上。

---

❶ 「同」，原作「回」，據《毛詩正義》改。

二十二年傳　請使吴王居甬東。　賈曰：「越東鄙，甬江東也。」《吴世家》注。

案：《吴語》云「寡人其達王于甬句東」，韋昭曰：「今句章東海口外洲也。」其地又在甬江之東。杜云「海中洲」，❶即舟山，今爲定海縣。《地理志》「會稽郡句章」自注：「渠水東入海。」渠水當即甬江。《越語》云「東至于鄞」，句章之東與鄞相近，是爲越之東鄙。顧氏棟高説句章即句無。案《越語》云「南至于句無」注：「今諸暨有句無亭。」《地理志》句章、諸暨兩縣，顧氏合爲一，誤也。

二十四年傳　是躗言也。　服曰：「僞不信言也。」《釋文》。

案：陳氏樹華云：「《説文》引《春秋傳》曰『噧言』，疑即此『躗言』。」錢氏大昕云：「杜云『躗，過也』，《釋文》『躗，户快反』，與噧音何介切相近。古文从口、从言之字多相通。《説文》兼收『噧』『譪』二字，『噧』訓高氣多言，『譪』訓譀，『譀』又訓誇。大徐本作「譀，誕也」。誇、譀，義較過尤長。然則『噧言』即『躗言』，亦可爲『譪言』也。」按：錢氏説是也。《説文》「譪，譀也」，「譀，誕也」。「譀」，又作「⿰言忘」，云「俗譀从忘」。「⿰言忘」即「謊」之異文，《説文》云「謊，夢言也」。《釋文》云：「《字林》作『躗』，云『夢言』意不慧也。」惟「躗」本是「譪」，「譪」訓「譀」，「譀」「謊」同，故《字林》以《説文》釋「謊」之「夢言」，轉以釋「躗」也。噧是誇誕，故服云「僞不信言也」。

❶「杜」，原作「韋」，據上下文意及《春秋釋例》改。

二十五年傳　衛侯出奔宋。　服曰：「此下但有『適城鉏以鉤越』，無奔宋之事，其説未聞。」本疏。

案：下文云「拳彌曰『請適城鉏以鉤越，越有君』」，乃適城鉏是衛侯。實適城鉏未嘗奔宋。此云「奔宋」，故云「其説未聞」。杜云「城鉏近宋邑，宋南近越，轉相鉤牽」。正義曰：「蓋衛侯出近宋境，似欲奔宋，衛人以奔宋告也。」

二十七年傳　故君臣多間。　賈曰：「間，隙也。」《魯世家》注。

公遊于陵坂。　服曰：「陵坂，地名。」同上。

後序

右《春秋左氏傳賈服注輯述》二十卷，嘉興李次白先生所著也。先生生於乾隆癸卯，多見當時耆舊。嘉慶戊午，洪稚存太史至嘉興，先生年甫十六，聆其緒論，即深企慕。先生《攬青閣詩鈔》卷上《洪稚存先生建言詩》有「鴛水聽詩如昨日」之語，自注：「戊午歲，遇先生於馮七硯觀察橫經書舍。」卷下《題洪稚存太史集後》云「龍頭何幸返家山」，自注：「先生爲吴中後七子之冠。」甲戌、乙亥閒，謁孫淵如通奉於江甯，事以師禮，《詩鈔》卷下《孫淵如夫子五畝園落成恭賦》云「多感師門憐立雪，入園先許醉顔酡」，自注：「甲戌臘月二十七日，師招陶山、曼迦諸君子宴集園亭，德亦與焉。時園未落成。」爲題《山館樂神圖》。《詩鈔》卷下：「臘月十九日爲蘇文忠公生日，同人集五畝園作會，即用集中《游蔣山》韻題淵如師《山館樂神圖》」，後序云「問年記亥」，當丙子公生之前。故詩、古文詞大率與孫、洪相近，而邃於《春秋左氏》亦復相同。太史《左傳詁》一書久已傳播，通奉《春秋集證》亦有功經學之書，其《凡例》云：「春秋事迹見於諸子百家者甚多，皆三傳所無。此編網羅放失舊聞，竊附史學之後，不爲解經而作，故事迹詳而議論不録。然證佐集而事迹彰，則得失是非，無難立判，不待多採議論，而褒貶之義自明。」雖僅自附於史學，而其有功於經術也大矣。雖未刊行，而稿本已具，咸豐庚申閏三月，毓崧寓居東臺，杜小舫方伯時官泰州分轉，客有攜《春秋集證》稿本求售者，自隱公至莊公，共抄本四册。自閔公以下，聞尚有二十五册，因價昂未購。其書未署撰人姓名。檢其《凡例》二紙，係用十三行墨板印格，中縫有「平津館」三字，平津館係通奉齋名。又檢第四册莊公三十二年案語，内引「家侍御志祖」云云，旁用朱筆改家爲孫。按志祖係仁和孫頤谷侍御之名。通奉《冶城遺集》内《題家頤谷侍御深柳勘書圖詩》有「天與吾家難王肅」之句，此稿改家爲孫者，蓋用鄭康成注《周禮》稱鄭大夫、鄭司農之例，足證其爲通奉之書矣。前四册初校在辛未，通奉自德州引疾還江甯，即在是年。四册之末皆書「辛未五月某日邵子峰初校」。據《通奉年譜》，是年官山東督糧道，三月督運，五月回至德州，七月引疾，重九前一日抵金陵。自五册以下是否寫定於辛未以前，抑或告成於壬申以後，非懸揣所能知。《通奉年譜》辛未以前，常州張氏紹南所撰，壬申以後，江甯王氏德福續撰，皆未言及《春秋集證》，意者作譜之時，偶未見其稿歟？然通奉於先生既恨相知之晚，錢衎石給事《李次白墓誌》云：「淵如孫先生僑居金陵，賞其詩，走與語，大驚，恨知之晚。」徐辛菴侍郎《李次白傳》云：「時陽湖孫廉使星衍亦僑寓金陵，君投以詩百韻，即相得甚歡，與上下古今，窮晝夜不息。」諒必出其稿以相示，況《凡例》所言，欲補輯各門，《凡例》云「古人事迹傳聞異辭，别作案語折衷其是，俟諸書成之後」，又云「此編既採諸子百家輔翼三傳，則列國地名、人名、官名有不盡見於經傳者，應别作《春秋地名考》《姓氏表》《職官表》以補前人之闕」。安知不引以相助？錢誌云：「孫先生善病，晚年所著書多付次白爲卒其業。」是此書緣起，實因游通奉之門，徐傳云：「其在金陵時，孫廉使輯漢、魏之説經者爲《十三經佚注》一書，命同志諸人分任之。君著有《春秋左傳賈服注輯述》若干卷。」而編次體裁，則與太史爲近。書中引用孫説稱爲「孫先生」，卷六《僖四年》傳「昔召康公」條、卷十六《昭九年》傳「辰在子卯」條，並引「孫先生疏證」云云。引用洪説稱爲洪氏，卷四《莊元年》傳「絶不爲親」條、九年傳「及堂阜而税之」條、卷七《僖二十六年》傳「夔子」條、卷十《成十七年》傳「懼不敢占也」條，並引「洪氏亮吉」云云。因有受業、未受業之分，而宗旨所存，則二公皆其生平願學，故此書實事求是，由古訓以通大義微言，凡《春秋》與《周禮》表裏，《左傳》與《國語》《公》《穀》異同，賈、服兩家與經傳子史符合者，一一溯其原委。自天文、五行、輿地、職官、名物、度數，莫不條分縷析，疏通證明。至於杜注與賈、服相違者，正義多曲從杜説，則必爲之權衡時地，揣測事情，援古義以表微，掃浮詞以解惑，不啻發蒙振落，摧陷廓清，洵可謂《左氏》之功臣，景伯、子慎有靈，必當引爲知己。此固由於天資卓犖，稽古功深，而亦因早見孫、洪，有以開先路之導也。先生重師承而兼隆友誼，非道義之友，未嘗往來。今安徽學使閣學餘姚朱公與先生訂僑、札之交，結范、張之約，哲嗣鎮夫隨侍節署，與先生從子少石、次孫、杏孫聯聲舉之，蹤紹紀、群之雅，世敦古誼，久要不忘。哀輯先生遺書，延寶應劉君叔俛精校付刊，屬毓崧作序。閣學與先君子己卯同年，夙仰光儀，未經摳謁，遽承委撰，不敢固辭。爰就先生師友淵源加以申述，俾讀其書者，知親師取友乃爲學之大綱。趨嚮端，斯經術邃矣。若夫搜采之多，抉擇之慎，考正誤文誤義之精，則叔俛序跋言之已備，兹不贅焉。同治丁卯三月，後學儀徵劉毓崧謹序。

跋

去歲讀次白先生詩集，沈雄超脱，兩擅其長。集中間有脱落不全處，久香閣學命先生令孫廣爲搜羅，竟於故紙堆中尋得若干首，悉心校對，遂成完璧。此固劍氣珠光，不容泯没，然非閣學之篤念故交，則又未必於灰燼之餘尚能掇拾完好如是也。和以此悟詩文之傳有幸、有不幸。如次白先生之詩之卓卓可傳，而淹没於荒寒闃寂之區者不知凡幾。而生平所稱莫逆之交往往當時則然，没則已焉，求如閣學之用心，無間存没，千百中無一二也，可慨也夫！時同治丙寅重午後六日，武進程兆和謹跋。

跋

此書冕前既序之，今歲久香閣學取稾本屬重校，且爲審定。既畢，乃復於閣學曰：「漢儒注《左氏》者自賈誼始，《後漢·儒林傳》：「賈誼爲《春秋左氏傳訓詁》，授趙人貫公。」其後劉歆、鄭衆、賈逵、馬融、延篤、彭汪、許淑、潁容、謝該、服虔、孔嘉各爲之訓釋，而諸家中以賈、服爲最備，故學者多並稱之。《隋書·儒林傳》：「傳《左氏》者甚衆，其後賈逵、服虔並爲訓解。」陸德明《經典序録》亦祇列賈、服二家注。顧自杜氏《集解》、孔氏《疏》出，而二家遂亡。近時金谿王氏謨始有輯本。次白先生輯此注稍後王氏，而搜采較多，抉擇尤慎，如《左傳序》疏引賈云「孔子覽史記，就是非之説，立素王之法」，此賈氏《春秋序》文，《隱十一年》「夫許，太岳之胤也」疏引賈云「四岳，官名，太岳也，主四岳之祭」，此賈氏《周語注》文，而王氏以爲《左傳》注義，非也。《詩·南山》疏引服云「蓋魯桓公之喪從齊來」「以文姜爲二年始來」二句，語氣不接，中間當有脱誤，而王氏仍依疏文連引之。《禮記·祭法》疏引服云「曾祖之廟曰祧者，以魯襄公於時冠于衛成公之廟。成公是衛今君之曾祖，曰祧也」，服氏此注祇「曾祖之廟曰祧」六字，餘皆疏引申之語，以傳疏及《士冠禮》疏證之自見。傳疏云「服虔以成公是衛之曾祖，即云祧謂曾祖之廟也」。《士冠禮》疏云「服虔注以祧爲曾祖者，以其公還，及衛，冠于衛成公之廟。成公，衛曾祖，故以祧爲曾祖廟」。而王氏概列爲服注。宋本《哀七年》傳疏引服云「衆君子衆國君妄耳」，「妄耳」是孔疏文，毛本誤作「妾耳」，而王氏亦列爲服注，非也。

至其述義，援據傳注，疏通證明，能不失經注之意。而考正誤文誤義，如《隱八年》注「先者見獲」誤倒於「必不往相救」之前；《僖二十六年》注「夔楚，熊渠之孫」，「孫」當作「子」；《宣四年》注「兵車旁幔輪」，「輪」當作「轂」；《成十六年》注「袴而屬于跗」，「袴」上當有「若」字；《襄二十七年》注「楚君」，「楚」疑作「燕」，「君」字下屬；《昭十三年》注「鄭伯爵在男畿」爲賈本義，「『男』當作『南』」，南面之君」爲賈或義，「『男』當作『南』」句上，當依《國語》注補「或云」二字，皆誤文之顯然者也。《桓五年》「旝動而鼓」，從杜氏以旝爲旗，不取「飛石」之説；《昭八年》「自幕至于瞽瞍」，從鄭氏「幕爲舜先」，不取「舜後虞思」之説；《十六年》「其祭在廟已有著位」，從杜氏「爲助君祭」，不取「孔、張先祖配食」之説；《十九年》「楚子之在蔡也」，從杜氏以楚子爲大夫時往聘蔡，不取「楚子爲蔡公時」之説，皆誤義之顯然者也。蓋《春秋左氏》經傳，自國朝以來爲此學者，若顧氏炎武之《杜解補正》、沈氏彤之《小疏》、傅氏遜、惠氏棟、馬氏宗璉之補注、洪氏亮吉之詁，雖昌言古注，而遺略猶多，其所發明，亦未有能及此書之精博者也。先生同時有吴沈文起、儀徵劉孟瞻兩先生，皆專治是經，俾古注爲杜氏乾没者得以衆著於世，使及見此書，當必推許，引爲同志。是則先生之學必能自致不朽。而闇學之亟謀剞劂，篤念故人於無已者，其風誼又曷可及也！同治丙寅十月，後學劉恭冕謹跋。

《儒藏》精華編選刊

已出書目

白虎通德論
誠齋集
春秋本義
春秋集傳大全
春秋左氏傳賈服注輯述
春秋左氏傳舊注疏證
春秋左傳讀
道南源委
桴亭先生文集
復初齋文集
廣雅疏證
龜山先生語録
郭店楚墓竹簡十二種校釋
國語正義
涇野先生文集
康齋先生文集
孔子家語　曾子注釋
論語全解
毛詩後箋
毛詩稽古編
孟子正義
孟子注疏
閩中理學淵源考
木鐘集
群經平議
三魚堂文集　外集

上海博物館藏楚竹書十九種校釋
尚書集注音疏
尚書全解
詩本義
詩經世本古義
詩毛氏傳疏
詩三家義集疏
書疑　東坡書傳　尚書表注
書傳大全
四書集編
四書蒙引
四書纂疏
宋名臣言行録
孫明復先生小集　春秋尊王發微
文定集

五峰集　胡子知言
小學集註
孝經注解　温公易説　司馬氏書儀　家範
孳經室集
伊川擊壤集
儀禮圖
儀禮章句
易漢學
游定夫先生集
御選明臣奏議
周易口義　洪範口義
周易姚氏學